COLLECTION POÉSIE

ARAGON

Le Fou d'Elsa

POÈME

... Je pratique avec son nom
le jeu d'amour.

DJÂMÎ.

nrf

GALLIMARD

J'ai partagé le melon de ma vie
Et comme au sourd le bruit et le silence
Les deux moitiés en ont même semblance
Prends la sagesse ou choisis la folie

I

Grenade

Brave, pour peu que je trouve une occasion favorable, lâche si je ne la trouve pas...

MO'ÂOUIYA BEN ABOÛ-SOFYÂN

Tout a commencé par une faute de français. Dieu sait pourquoi j'ai dans ma bibliothèque cette collection du *Ménestrel, journal de musique* qui, à partir de 1833, publiait tous les dimanches une romance inédite. Ce sont de grands volumes encombrants que je n'ai fait que feuilleter. Fallait-il que je fusse désemparé pour les rouvrir en 1960, quand mes yeux tombèrent sur l'une de ces chansons dont les paroles sont de *M. Victor le Comte*, de qui je ne sais rien, et la musique de *Mlle Pauline Duchambge*, cette amie de Marceline Desbordes-Valmore, et pourtant ce n'était pas cela qui me retint, mais le titre : *La Veille de la prise de Grenade*, en raison d'une obsession longue de ma vie, comme, vous savez, ces rêves qu'on retrouve, ces rêves *rerêvés* qui vous ramènent à une maison qu'on n'a jamais vue, un monde uniquement nocturne, avec ses fleurs et ses lumières, des rapports entre les gens qui n'ont rien à voir avec les liens entre ceux qui nous entourent éveillés, tout y est changé, les sentiments, les hiérarchies, la philosophie ou la religion, les codes, les coutumes, les vêtements... pourtant on les retrouve après des mois, parfois des années d'absence, avec une réalité poignante, si bien qu'il arriverait facilement qu'on dît : tiens le fauteuil qui était là, la dernière fois, n'y est plus, ou d'un personnage : vous avez vieilli, mon ami... Grenade, la Grenade aux derniers jours, la Grenade assiégée par les Rois Catholiques, a passé, je ne sais d'où la première fois, peut-être d'un journal d'enfants, dans ma songerie, et sans doute qu'ici c'était une Grenade comme sont cathédrales les reliures romantiques, un couple doré sous la cloche de verre d'un dessus de pendule :

Mais avant de courir où le clairon m'appelle
viens encor sur mon cœur, car, à l'amant fidèle,
un adieu de sa belle
porta toujours bonheur
porta toujours toujours bonheur...

Ce n'était pas la porte de mes songes, et j'aurais avec mauvaise humeur refermé ce grand in-quarto sur hollande, imprimé chez Poussielgue, 12, rue du Croissant-Montmartre, n'était qu'au premier vers de la romance me retint une sonorité de corde détendue, une bizarrerie dans le premier moment dont je ne compris point où elle résidait :

... La veille où Grenade fut prise
à sa belle un guerrier disait..

Pourquoi l'amertume était-elle dans ce premier vers si grande à l'oreille, et comme dans la bouche ? *La veille où Grenade fut prise...*, je le répétai trois ou quatre fois avant d'entendre que tout le mystère en résidait dans une faute de syntaxe : on dit, bien entendu, *la veille du jour où...*, et non *la veille où...* C'était précisément de ce divorce des mots, de cette contraction du langage que venait le sentiment d'étrangeté dans ce poème de parolier, une de ces *beautés* apollinariennes qui résident dans l'incorrection même. Là était la clef des songes, et j'allais répétant *La veille où Grenade fut prise... la veille où Grenade fut prise...* jusqu'à ce que cette persistance machinale engendrât de moi une manière de chanson que je crus d'abord venir d'une image parallèle, ce terrible 13 juin 1940, quand, avant que le courant fût coupé, dans une maison du Maine, j'entendis la nouvelle de Paris tombé... ou peut-être était-ce l'un de ces « adieux au monde »... Enfin, je venais de me prendre en flagrant délit de vol, d'un vers de romance j'avais fait le crochet d'une serrure singulière, et voilà que le pêne fonctionnait... *La veille où Grenade fut prise...* Il y avait dans la chanson, pour moi, un tout autre mystère: les mots m'avaient engagé sur un chemin inattendu, m'identifiant avec le roi de cette ville mythique, ce Boabdil dont je sais bien comment il a pénétré dans mes rêves, mais pouvais-je vraiment, et dans quel miroir, me voir sous les traits de ce personnage, dont apparemment l'image déformée est née de la poésie espagnole, du romancero morisque, de la légende ennemie? Drôle de Hamlet, à qui tout un monde est le pauvre Yorik! Oui, je sais, d'où il m'est d'abord venu, comment il est monté sur les tréteaux de mon théâtre intérieur. Depuis cette année de ma première communion, j'ai retenu, comme le texte d'un catéchisme hétérodoxe, ces phrases d'un livre de prix paradoxal qu'on m'avait donné à l'École Saint-Pierre de Neuilly:

La chute de Grenade est aussi fameuse que la chute de Troie: la romance qui fait soupirer se fixe dans la mémoire des hommes qu'elle amuse comme la tragédie les affermit. El rey Chico, *le petit roi Boabdil, lâche, traître et assassin, est pour nous caché à demi par les branches tombantes de ce laurier-rose sous lequel il se déroba, un jour que ses soldats mouraient bravement pour sa cause. Nous lui sommes indulgents et nous le parons, parce qu'on l'avait surnommé* Zogoïbi, *le malencontreux, et qu'il était né sous une mauvaise étoile. En regardant la porte par où il quitta l'Alhambra et dont il demanda, pour suprême faveur, qu'elle fût à jamais murée, en descendant le chemin qui va du côté de Saint-Antoine-le-Vieux et qu'il fit construire pour fuir au camp des chrétiens sans rencontrer ses Maures, on se dit que ce roitelet méprisable, pour tant tenir à l'existence, avait dû connaître d'incomparables voluptés...*

Ce n'est que bien plus tard que je m'avisai de la nature des sources barrésiennes, et que l'idée me vint que toujours un roi vaincu doit être lâche et traître quand ce sont les vainqueurs qui écrivent l'histoire. Lorsque, dans les années vingt, je rendis visite à Maurice Barrès, lui en faisant la remarque, il me regarda d'un air de surprise où peut-être y avait-il quelque soupçon du mauvais esprit en moi, de l'Allemagne amnistiée, de je ne sais quel prince de Hohenzollern dont j'eusse voulu prendre la défense, ou Parsifal qui n'est pas sans ressemblance avec l'Enfant-Roi, dont il avait péché pour ce *Regard sur la prairie* dans *Du sang, de la volupté et de la mort* et il murmura moins pour moi que pour le masque de Pascal qui lui faisait vis-à-vis : « C'est bien la première fois que je rencontre un défenseur de Boabdil... » Ce qui n'était pas répondre. Et, à vrai dire, j'attendis quarante années pour être ce défenseur... Ainsi l'auteur de *L'Amateur d'âmes* allait me devenir ce que fut à Wieland Lucien de Samosate. C'était quand, ayant traduit la diatribe de cet auteur sur la vie et la mort de Peregrinus, Wieland s'imagina si fortement l'homme décrit qu'il fut saisi de doute sur la véracité de l'image et se prit à penser que les actions reprochées au modèle n'apparaissaient si odieuses que parce qu'on en ignorait les mobiles. Il les chercha dans les auteurs anciens tout un soir et une partie de la nuit, tant qu'il finit par s'endormir : alors Peregrinus Protée le visita dans son sommeil, racontant son histoire, que Wieland écrivit au réveil... Moins heureux, j'ai dû chercher Boabdil, qui se dérobait derrière son buisson de lauriers-roses, c'est-à-dire sous les fleurs arabes portées à partir du pays de Nadjd, des temps anté-islamiques à la chute de Constantinople, vers le nord et l'Asie par la Perse, à travers le brasier d'Afrique jusqu'à l'Andalousie où ruissellent les eaux de neige. Et Boabdil n'avait point pour moi l'empressement de Peregrinus à renseigner Wieland sur lui-même. À sa recherche, par toute la forêt d'Islâm, je me perdais dans Bagdad et Alexandrie, au fond des sables touareg, à l'extrême occident des îles musulmanes, où tout venait démentir les données reçues. Et il n'y avait pas que de l'Enfant-Roi chemin faisant que je devais réformer mes idées. J'appartenais par la tradition, l'enseignement et les préjugés au monde chrétien : c'est pourquoi je ne pouvais avoir accès à celui de l'Islâm par la voie directe, l'étude ou le voyage. Seul, ici, me guiderait le songe, comme ceux qui descendirent aux Enfers, Orphée ou Dante...

Le temps passait, il y avait des années entières sans que le rêve de Grenade me revînt. Il m'a fallu avoir les cheveux blancs pour comprendre ce qu'il y a de vertigineux dans cette expression d'indifférence, travailler à temps perdu. C'est quand on mesure enfin le peu qui vous reste, au mieux ou au pire à votre choix, sur cette terre, qu'on sait vraiment ce que c'est que perdre le temps. *Son temps*, comme on dit, sans frémir.

Pourtant tous les rêves ne se font pas les yeux fermés. J'ai été à Grenade, à la fin de l'automne 1926, quand déjà les vents s'y glaçaient. C'était la Grenade du Baedecker et celle de Washington Irving: *The city of Granada lay in the center of the Kingdom, sheltered as it were in the lap of the Sierra Nevada, or chain of snowy mountains*... Ô l'heureux homme! Il avait pour lui seul l'Alhambra que les Espagnols d'alors laissaient à l'abandon, il y habitait pour écrire sa *Conquest of Granada*... Pour moi, après trois jours ici passés, et une nuit au Sacro Monte, dans la Grotte des Gitans (et le vent glacé qui venait de cette *chaîne des monts neigeux* me faisait bizarrement songer à son nom maure, le *Cholaïr* ou Mont Solaire*), j'étais parti pensant y retourner, mais l'histoire dispose de nous et, quand je revins en Espagne, déjà Grenade était marquée au front par le sang de Federico. Et là où était tombé Garcia Lorca, revenant d'Afrique avec des cavaliers maures, un autre conquérant interdisait l'accès aux gens de mon espèce. C'était quand le nom même de la ville vermeille me revint par un tout autre cheminement.

Pourquoi nous créons-nous des pays légendaires, s'ils doivent être l'exil de notre cœur? Tout ce qui m'a jamais enivré, tout ce qui m'a tourné la tête, et la musique, et la peinture, et l'héroïsme, et la poésie, quand je me retourne en arrière, il me semble le voir couler vers moi de toutes parts, converger en moi comme pour ensemencer, fertiliser une seule terre, en lever la moisson de ma vie, préparer le terreau de mon amour. Wagner ou Tchaïkovski, Shakespeare ou Rimbaud... Vermeer ou Dela-

* À vrai dire, les Maures l'appelaient *Djebel Cholair es-Sadj* ou «Mont du Soleil et de la Neige», le soleil est avec eux parti, la neige aux Chrétiens restée.

croix... un homme n'est qu'un instrument préparé pour les mains d'une femme. Et pour elles, ce sont plus que toute chose, les douleurs et les rêves qui le modèlent, le façonnent de la brute qu'il était...

Ce n'est pas coïncidence, mais convergence. Il fallait qu'un jour vînt où je tins de la femme que j'aimais uniquement, je veux dire que j'aurai uniquement aimée, un chant de son pays lointain, étrangement possédé de Grenade :

Гренада Гренада Гренада моя...

Ce poème de Mikhaïl Svetlov, je l'ai connu par Elsa, je l'ai écouté, à la demande d'Elsa, dire par son auteur alors même que sa langue m'en était inconnue, je n'y entendais que ce refrain de Grenade... ce poème où se mêlent aux coursiers arabes les chevaux cosaques, la Guerre Sainte à la guerre civile, l'Ukraine à l'Andalousie... Il devait devenir l'âme de ce roman d'Elsa, bien plus tard, où tournoie le grand tourment du XXe siècle, des hommes et des femmes à leur patrie arrachés, la voix de ce sentiment nouveau, comme une conquête moderne, l'internationalisme prolétarien, pour lui donner son grand nom ensanglanté... c'est sur ce poème qu'est bâti *Le Rendez-Vous des étrangers*, et je sais trop de quel prix est payé un roman pareil, pour n'y pas lire notre double destinée, le mystérieux appel de Grenade, l'expression de ce qui enlace nos deux vies, nos deux songes mystérieusement réunis...

Grenade mes amours Grenade ma Grenade...

Je vous dis que je n'avais pu si longtemps rêver d'elle que ce ne fût pour que s'y trouvât liée finalement celle sans qui pour moi tout n'est que sable aride. Peut-être est-ce de ce livre de 1956 enfin que me vint nécessité d'écrire une sorte de poème où se retrouveraient, s'étreindraient, se mêleraient, se féconderaient tant de pensées secrètes, de musiques intérieures, toute ma vie en moi portées, et qui demandaient que je leur donne épanouissement. Que m'était Grenade avant Elsa, qu'une nostalgie après tout comme une autre? Toute graine, il lui faut à la fois le sol et le soleil pour fleurir. Et c'est ainsi que Grenade se leva de la terre de mes songes à la lumière de la femme, qui en avait prononcé le nom... À ceux qui diront que c'est artifice, et croiront que son entrée ici dans le poème, par la voix d'un vieil homme et de sa folie, est simple fiction de théâtre, à ceux-là qui ne verront que rhétorique à l'écho dans le vieillard de Grenade, à l'âge qui est à des mois près le mien, du poème de *Medjnoûn et Leïlâ* que Djâmî acheva d'écrire à Hérât huit ans environ avant la chute de Grenade, alors qu'il avait, lui, soixante-dix hivers, à ceux qui prendront cette histoire pour une simple fiction, que voulez-vous donc que je dise? À ceux qui me reprocheront d'y avoir mêlé la prose et le vers, et des formes hybrides du langage qui ne sont ni l'une ni l'autre de ces polarisations de la parole, me faudra-t-il apprendre que la poésie arabe est le plus souvent l'illustration d'un commentaire en prose ou d'un traité de poétique, qu'interrompent des exemples ou poésies? Et que le français comme l'arabe peut se plier à tous ces intermédiaires du vers compté au langage courant, et parmi eux la prose savante au sens qu'on le dit de la musique, dont le *sadj* arabe est l'exemple donné par le Coran. À ceux qui ne liront *Le Fou d'Elsa* qu'en s'y tenant à la lettre, je dirai d'accompagner Boabdil écoutant dans la nuit le disciple d'Averroès... Ou je rappellerai ces mots de Chateaubriand en tête des *Aventures du dernier Abencérage*, expliquant pourquoi son livre n'avait point paru quand il l'écrivit: *La résistance des Espagnols à Buonaparte, d'un peuple désarmé à ce conquérant qui avait vaincu les meilleurs soldats de l'Europe, excitait alors l'enthousiasme de tous les cœurs susceptibles d'être touchés par les grands dévouements et les nobles sacrifices. Les ruines de Saragosse fumaient encore, et la censure n'aurait pas permis les éloges où elle eût découvert, avec raison, un intérêt caché pour les victimes...* Il n'y a point aujourd'hui de censure, mais c'est que nous avons perfectionné tout cela. Au reste, les Espagnols du temps de Goya ne ressemblent guère à ceux d'Isabelle la Catholique ; d'ailleurs les Maures se disaient Espagnols, et Chateaubriand n'avait point connaissance du vrai Boabdil autrement que Washington Irving ou Barrès. Le massacre des Abencérages sur l'ordre du Rey Chico, pour quoi Barrès l'appelle *assassin*, est la chose la moins certaine du monde : les auteurs musulmans estiment que ce fut le fait du vieux roi Aboû'l-Hassân, ou de son frère Al-Zagal, mais non de Boabdil dont les Ibn es-Serrâdj étaient l'appui principal pour s'en tenir au témoignage d'Auguste Müller. C'est la belle Chrétienne qui, au héros de Chateaubriand, montre la fontaine à l'Alhambra qui reçut les *têtes défigurées des Abencérages*... Au vrai, l'auteur ne tint l'anecdote que de Perez de Hita, dont le livre ne fut traduit que deux ans après sa visite à Grenade. De quels mensonges s'écrit ainsi l'histoire, il ne semble pas que les siècles y aient rien changé. Et ce n'était pas la censure qui retarda la publication du *Dernier des Abencérages*, où l'histoire n'était que le masque d'un amour : le manuscrit, François-René de Chateaubriand le lisait à Méréville, chez son ami Alexandre de Laborde, de qui, sans doute, tout le monde en Bianca reconnaissait la sœur, Natalie de Noailles, et devinait sous l'apologue cette rencontre par quoi se termine l'*Itinéraire de Paris à Jérusalem* en Andalousie. Mais fallait-il imposer à Mme de Chateaubriand cette proclamation publique de la passion de Bianca et du voyageur qui s'en revient de Tunis à Grenade ? En 1817, Natalie aura sombré dans la folie, René huit ans encore attend l'assurance de l'irrémédiable, et Louis XVIII ne lui aura suffi qui n'avait raison de perpétuer la censure napoléonienne... L'histoire, il s'agit bien de l'histoire, et Grenade, qu'est-elle à Chateaubriand ? que m'est-elle ?

Les desseins qui sont ici profondément les miens, ou trop facilement sous la métaphore apparaissent, ou détournent peut-être le lecteur de ce que je dis pour moi seul, pour d'autres plus tard, et qui est au-delà de *la lettre* des mots, pour moi le sang des choses. De ces choses, dont le Coran prétend que l'interprétation n'est connue que d'Allah.

Mais je ne défends pas ce que j'écris ou vais écrire. J'ouvre ici seulement le rideau sur un univers où l'on m'accusera peut-être de fuir le temps et les conditions de l'homme que je suis. C'est peut-être de cet homme-là que je sais ce que de moi l'on ignore... Le rideau, toujours, est de pourpre et lourd à soulever. Je le répète, il a suffi d'une chanson naissante, d'un vers volé, d'une phrase fautive...

Tout a commencé par une faute de français.

CHANT LIMINAIRE

J'ai tout mon temps d'homme passé
Sans lendemain dans les fossés
Attendant une aube indécise
La mort à mes côtés assise
Enfant-roi du palais chassé
La veille où Grenade fut prise

J'ai vécu comme un insensé
Dans l'Alhambra des vents glacés
Les yeux défunts la lèvre grise
Jet d'eau qui murmure et se brise
Miroir par avance blessé
La veille où Grenade fut prise

Je suis une nuit dépensée
Qui cherche au matin ses pensées
Un joueur qui n'a plus sa mise
Déjà déchirant sa chemise
Qu'on vise un cœur déjà percé
La veille où Grenade fut prise

La veille où Grenade fut prise

D'abord il y eut un long temps de guerres qui ressemblaient à des tournois. Et c'est ainsi que va la légende, et qu'elle renaît pour Delrio, le héros d'*Un amateur d'âmes*: *Depuis la porte d'Elvire jusqu'à celle de Bivarambla, il voulait que tous les lieux de l'Alhambra prissent dans l'imagination de son amie leur sens grand et naïf, et que par leurs légendes ils s'animassent des dames morisques et de chevaliers sarrasins en jupons verts, manteaux rouges, éperons d'or, larges étriers d'argent, montés sur des cavales baies et sur des genets tout fiers de leurs harnais et de leurs plumes...* On ne croit pas à la guerre quand elle n'entre pas dans la maison ; on ne croit pas au destin quand il ne met pas sur vous sa griffe. Il y a le peuple pacifique, et chaque jour le murmure de vivre inépuisablement repris. Le cheval à la noria qu'il tourne, la *nà'oûra* disaient les Maures, apprendra le désastre de la flèche égarée dans son ventre. En attendant...

Et nous vivions sans trop savoir ce qui se passait au loin sous nos couleurs, les tortures, les enfants en monstres changés, la perversion de toute chose, le sang épars au rire atroce. Il ne semblait pas que jamais dût se retourner le cyclone, et les patients travaux aveugles se poursuivaient, inventant races de fleurs, ciselant pour qui des bijoux, brisant à des musiques savantes les phalanges du virtuose... et j'ai longuement regardé par la vitrine dans cette échoppe du Palais-Royal, l'artisan qui fignolait des soldats de plomb pour les faire pareils à ceux de Nerwinde ou à ceux de Fleurus...

Ô nuit des invasions, de quels mots ces petits lingots bariolés furent-ils accueillis par les paysans wallons, comme je le fus, tapant à une porte de ferme au mai quarante quelque part de ce côté-là, par un garçon criant à sa mère : Les soudards ! Les soudards ! Et comment cela se disait-il dans le *mardj*, le grand verger grenadin, quand surgissaient les cavaliers de Ferdinand ? ou les moudjâhidîn du Zagal ? Tout se mesure au territoire des vocables, au court chemin fait pour qu'ils changent... et dans le temps.

Et ce monde qui est nous, et son passé, tout y prend sa place paisible, et les cruautés, la barbarie incendiaire, les famines… chapitres de l'Histoire qu'innocemment l'écolier charrie avec lui, s'arrêtant sur sa route à la fuite des moineaux. Et pas seulement à cet âge : à tout prendre il me semble toute la vie avoir ainsi traîné entre la maison de ma mère et le pupitre où j'allais reprendre les problèmes abandonnés. Mais je m'égare à cette école buissonnière : je disais que tout cela où nous avons dans les siècles complicité, l'épicier du coin, ces dames au five o'clock, l'homme à manches de lustrine, et ces gens de charrue ou d'étable, moi-même, en un mot les Français, nous semble à jamais teinté de la douceur nôtre, oublieux des cages de Louis XI, du Palatinat ou des Dragonnades… Qui donc jamais en notre nom brûla les écoles ! Peut-on comparer à la Guerre Sainte des Musulmans notre guerre angevine ? Et dans notre gorge il ne sait, le vocable *Andalousie*, rouler que tendrement comme un chant de tourterelle… ayant perdu le v des Vandales avec le chant maure… Aussi bien, de bouche à lèvre, de Maure à Chrétien, les b et les v s'équivalent, et Barrès incertain parle de la Porte de Bivarambla que les plans espagnols nomment Bibarambla, mais facilement les gens prononcent Vivarambla, les Maures appelaient Bîb er-Ramla, Bâb er-Ramla, et que de toute façon je ne traduirai point Porte de la Sablière.

Dans le rêve que je faisais de Grenade, il y avait un grand jardin descendant la colline du Généralife, je ne sais appartenant à qui, et j'imaginais mal l'énorme travail des jardiniers chaque année y replantant les bulbes : mais au premier printemps, qui est encore chez nous l'hiver, il se couvrait de millions de jacinthes, bleues, roses, blanches, ou d'indigo… si serrées, si serrées, que les feuilles avaient peine à ouvrir leur éventail vert, et celui qui aurait ici perdu son alliance, jamais ne la retrouverait… une invasion de jacinthes, y serpentent de rares sentes étroites, où les amoureux ne peuvent passer de front. C'est ce jardin de mes poèmes, où tout fleurit pour toi seule, à qui la jacinthe est soupir, souvenir et caresse. Tu me reproches de n'avoir su y ménager les chemins que je puisse t'y accompagner autrement que ton ombre. Mais pouvais-je empêcher l'énorme broderie polychrome de couvrir ainsi toute la terre, sauf où j'ai ménagé cette piste de zoulaïdj, d'azulejos, large à l'étroitesse de ton pied ? Je te mènerai dans ce champ votif, par ses bouquets odorants, comme une danse de mon âme ; je te conduirai, à reculons devant toi, entre ces écueils de fleurs... Ô jacinthes, pareilles à d'immenses villes miniatures, tours et clochers, cœurs et couleurs, bourdonnantes d'abeilles, comme un orchestre de baisers...

Cette céramique florale pare encore une vie qui s'ignore menacée. Une ville de vanniers et de poètes, de charrons et de marchands, de potiers et de drapiers, de couteliers, de faiseurs de briques... Et il se chante des chansons dans les puits des rues sombres, et la campagne s'ouvre aux jeunes gens étourdis de ses parfums. Au-dessus de Grenade, hors les murs, une clameur comme d'enchères au marché des biens invisibles...

LA BOURSE AUX RIMES

Tout ce que Grenade peut avoir de poètes vient au bord de l'eau captée afin d'y disputer jusqu'à l'épuisement du soleil
Et tant cette ville en compte que c'est comme un champ de perdrix
N'apprend-on pas les vers avant de savoir lire à défaut même du Coran
Depuis que ce peuple a rempli l'Espagne à la façon d'une coupe
Et les guerriers ont oublié l'odeur des chamelles
Les enfants déjà quand il se passe des choses étonnantes
Se lèvent pour improviser d'une lèvre couleur de pluie
C'est un lieu bordé d'arbres qui de toujours se regardent dans l'étang noir
Surveillant leur propre croissance inverse
Et l'on ne pouvait rien imaginer de plus propice à discuter des licences
Et des voyelles qu'on allonge et des consonnes entre elles substituées
Si bien que les plus jeunes ne disent rien craignant
De montrer le défaut de leur science

Celui-ci qui se dresse et qui parle premier
Les mots viennent manger le pain sur son épaule
Il assigne leur chant aux oiseaux et leur rôle
Et sa lèvre est toujours le printemps du pommier

La poésie est faite pour les Rois pour leur plaisir à la fois et leur gloire
Choisis ton vers qu'il soit à leur mesure et mets au bout la rime pour y croire
Or peins l'Émir de la couleur de Dieu que son portrait soit pris pour un miroir
Fais-lui grand l'œil et le bras redoutable ainsi qu'il faut à son peuple le voir
Qu'il tire l'aigle et marche sur le lion et dans sa main la biche vienne boire
Attache ainsi ton savoir et ton sort aux pas qu'il fait dans l'âge et la mémoire
Sois le buccin sur les gémissements confonds toujours la légende et l'histoire
Mets sur le front des princes de Grenade un jour d'été qui n'ait jamais de soir
Sache poncer leur corps harmonieux et donne-leur l'aile de la victoire
Trouve pour eux les paroles de feu qui font les nuits moins longues et moins noires
Et qu'à leur pied demain puisse venir tout bas chantant rêveusement s'asseoir

Celui qui l'interrompt parle les yeux fermés
Est-ce pour écouter un mètre intérieur
Son langage semblait d'abord être d'ailleurs
Comme un ange perdu dans un lieu mal famé

Rendez-moi rendez-moi l'obscurité de l'âme et le désordre d'être au fond des cris roulés rendez-moi la clameur sans but et le psaume absurde où s'ébroue un ballet d'ombre s'éprend de soi la soyeuse ténèbre ah rendez-moi ce balbutiement profond où j'oublie enfin le martyre de mentir et la sujétion des choses

Là seulement pour moi cette mer sans rivage ou si vous préférez cet abîme sans fin réside ce qu'on peut nommer la poésie

J'appelle poésie un conflit de la bouche et du vent la confusion du dire et du taire une consternation du temps la déroute absolue

J'appelle poésie aussi bien le cri que le plaisir m'arrache ou la phrase écrasée avec une pierre

J'appelle poésie à la fois ce qui ne demande point d'être compris et ce qui exige la révolte de l'oreille

Mais votre poésie ah non je ne l'appelle pas poésie

Ils l'ont fait taire ils parlent fort et tous ensemble
À chacun son système à chacun sa beauté
Ils portent tous un enfant mort d'avoir chanté
Qui leur semble bouger parce qu'eux-mêmes tremblent

Il y a dans le champ des adolescents aux yeux d'hyacinthe

Il y a des courtisans prompts à saisir l'aurore ou l'ouragan pour en faire une écharpe au souverain

Il y a des hommes qui si longuement épuisèrent leurs jours à polir les mots qu'ils sont depuis longtemps insensibles à l'harmonie

Il y en a qui s'émerveillent de toute sonorité fleurissant d'eux

Il y a des voyageurs qui se sont assis pour chercher l'inspiration sans la trouver

Il y a des possédés qui ne se lavent plus si bien qu'ils ont perdu le droit à la prière

Il y a des chanteurs si laids qu'ils attendent un passant qui offre à leurs poèmes l'encolure d'un portefaix

Il y a des femmes dont les extrémités sont teintes

Il y a des fous qui disent ce qu'ils ne comprennent point

Et d'abord un vieillard si finement usé qu'on dirait travail d'araignée

Donne pour thème aux discours ce poème que voici
De rime râ me semble-t-il et dans le vers parfait
Épousant le mètre kâmil

CHANT DE LA BÂB AL-BEÏRA

Quand tu rompis ta lance à la porte d'Elvire
T'en souviens-tu dis-moi du beau temps qu'il faisait
Et les yeux des remparts au loin qui te suivirent
Ressemblaient les fruits noirs saignant aux cerisaies

Ô paysage énorme à ta course ouvert comme
Un miroir où se heurte et s'étonne le vent
T'en souviens-tu dis-moi des chevaux et des hommes
Et de l'immense orgueil d'être jeune et vivant

Les cavaliers avaient l'air d'aller à l'école
Habillés pour la mort aux couleurs du matin
Ils chantaient doucement des chansons sans paroles
Et regardaient mûrir le jour de leur destin

T'en souviens-tu dis-moi quand tu rompis ta lance
Au sortir de Grenade et du pressentiment
Qui fit dans ton armée un moment de silence
Et posa sur ton front sa pâleur un moment

Mais déjà les tambours menaient la promenade
Et les slouguis rivalisaient avec le feu
Quand tu rompis ta lance au sortir de Grenade
Le ciel laissa tomber son grand bouclier bleu

Alors il se fait un tohu-bohu de cigales Chacun
Bourdonne de reproches et reprend
L'image et la musique et les mots impurs et la banalité des scansions
L'un voudrait la couleur des vêtements l'autre le bruit des chevaux
Et les femmes s'ennuient qu'il ne soit pas question de l'amour

S'étonnant de l'absence ici de ce Kéïs
Qu'on appelle Medjnoûn et semble en ce pays
Dernier malgré son âge à rimer les baisers
Il s'agit bien voyons aujourd'hui de ce fou
Ridicule et les plus jeunes lancent le poème proposé comme un palet sur les mares
Savent-ils bien ce qu'il contient de larmes savent-ils
Ce qui soulève l'entendant le sein de ce guerrier pâle
En marge de la dispute appuyé sur sa lance

À lui qu'importent le mètre et la rime
Mafâ'ilatoun *ou* moustaf'iloun
Il n'entend que le sens cruel de la parole
Comme l'effilement d'un couteau passé sous ses cils
Et que le vers soit une tente attachez-y comme vous pouvez les cordes aux pieux
Lui se rappelle son jeune âge et comme il tenait à la bride le cheval
Du Roi nasride alors
Que l'essaim noir des Roûm entoura ses naseaux hennissants
Ô soldat pareil au matin quand le soleil n'a pas encore évaporé la rosée
D'où te viennent ces longues larmes sur ta joue
Six ans de toi n'ont donc point fait un visage de cuir
Il est vrai que ces vers sont imparfaits et pauvres
Comme une paume de mendiant à la porte d'un cabaret

Il est vrai qu'ils sont pleins de maladresse et de réminiscences
Et sans doute pour le siècle où nous sommes le rythme
Prête-t-il à sourire aux nouveaux musiciens

Mais je me souviens de ce temps dont il parle
Quand Boabdil était prisonnier des Chrétiens

Rien n'est tout à fait comme il paraît. Mohammed ben Aboû'l-Hassân ben 'Abdallâh qu'ils disent Boabdil demeure à travers les siècles l'Enfant-Roi, *el Rey Chico*, parce qu'à treize ans, la Reine Aïcha az-Zegri, sa mère, l'ayant fait fuir de l'Alhambra, il devint en 1476 le roi Mohammed XI à Ouâdi 'Ach que nous connaissons sous le nom de Guadix. Qui donc a inventé le laurier-rose ? Il ne semble pas que l'Émir el-Moslimîn se soit ménagé, il était aux premiers rangs quand, en 1483, il lui fallut combattre. Fait prisonnier dans ce combat à ciel ouvert, emmené dans les chaînes à la cour d'Isabelle et de Ferdinand, pouvait-il abandonner les siens à la ruse et à la férocité des Rois Catholiques ? Il avait pu mesurer de quoi se fondait le Royaume Catholique, cette religion au visage terrible qui multiplie les idoles figurées. Avait-il alors pris doute de ce qui fait le pouvoir des Rois... le sien pour qu'il subsistât ne fallait-il pas la lumière du Croissant devant l'obscurité de la Croix ? Mais ce Coran qu'on enseignait en son nom, qu'il entendait mal, était-ce à ses yeux la vérité ou la contrepartie des Évangiles ennemis ? Car Allah garde pour lui le sens caché de ses paraboles, et le livre sacré demeurait à Boabdil lettre close en ses *ayât* qui sont domaine de Dieu seul. Sans doute a-t-il accepté la rançon exigée de sa liberté, qui comportait son jeune fils et des promesses qu'il n'a pas tenues, de retour dans sa vérité, car est-il un Juif ou un Chrétien pour placer sa parole plus haut que son peuple ? Pouvait-il compter sur les grands de son royaume, qu'il savait achetables avec de l'argent, des terres et de belles esclaves ? Il est revenu, n'a point tenu la parole donnée aux Infidèles... il se bat, il négocie, il essaye de tromper les bourreaux de l'Islâm... Pourquoi nous faut-il accepter de lui l'image de la propagande castillane ? Il importe à celle-ci qu'il soit faible et pâle, enfant perpétuel, quand le voici déjà dans la maturité de l'homme. La vérité de l'ennemi, c'est la caricature, et de cet homme l'avenir ne va connaître rien d'autre. Ah quelle horreur j'ai de cette pratique qui, chez mon pire ennemi, dégrade le visage humain ! Encore une de ces vérités pour le peuple, auquel il faut, dans ses ténèbres, que le Roi d'en face ait la hideur des traits et le grotesque de l'âme ! Je n'aime pas ces arguments physiques. Il me faut pourtant les supporter. Ne suis-je pas d'un camp ? Et tous ceux qui tirent sur ceux de l'autre camp... Je ne puis rien, je le sais, contre cette abomination, qui déshonore l'homme dans l'homme, et ses sentiments, sa famille, sa mère au besoin...

Je me souviens d'une histoire qui semble ici n'avoir rien à faire. C'était à la fin, semblait-il, d'une guerre. Dans le monde moderne, avez-vous remarqué, les guerres finissent plusieurs fois... J'étais d'une armée en retraite à travers le pays de ma douleur. Nous l'avions traversé des brumes du nord au soleil tragique de l'extrême midi. Rien ne pouvait plus être espéré. Notre Grenade à nous était déjà tombée. Dans une petite ville comme une paume ouverte, soldats déconcertés, nous assurions encore l'ordre des charrois. L'un de mes hommes, un jeune garçon, avait été mis là, sur une place, où se croisait la diversité des chars et des arabas. Une cité d'avant Boabdil, et le poète ici dont je me souvenais était de ceux qui au XIIe siècle, permettez que je ne compte pas selon l'hégire, avaient marié les leçons du chant maure à la nostalgie de chez nous... Bref, notre homme de garde ici planté au carrefour agitait ses bras comme un moulin qui n'aurait jamais fait autre chose, et la docilité des fuyards, des régiments en retraite, à ces signaux inventés était surprenante et burlesque. Une docilité déchirante...

C'est alors que deux femmes s'approchèrent du signalisateur, deux femmes âgées, à pied, arrivées ici Dieu sait comme, et lui parlèrent. Lui, il s'en foutait pas mal. Si encore, cela avait été des poupées... Bien que même ça, ce jour-là. Elles lui parlaient, demandant quoi? leur chemin sans doute, des renseignements sur le gouvernement, mon bonhomme tu parles où il l'avait, le gouvernement, à cette heure. Et d'agiter les bras, de tourner le menton comme une flèche, tout ça pour se prendre au moins un peu au sérieux soi-même, si quelque chose au monde, rageusement...

C'étaient la mère et la sœur du président du Conseil, elles le lui confièrent, probablement pas pour se vanter, pour l'intéresser, ce jeune homme, parce qu'en fait à cette minute il n'y avait guère de quoi se pousser du col, évidemment, les pauvres femmes, elles n'en savaient rien encore, il faut un certain temps à se faire à cette chute des grandeurs... et elles ignoraient que déjà, je crois, ou ça n'allait guère tarder, leur fils, leur frère venait d'être arrêté par le nouveau pouvoir pour plaire à une sorte de Ferdinand pas très catholique, ce fils et ce frère qui avait donné bien du contentement à la famille... Pourquoi est-ce que je vous raconte ça ? Ah oui, à cause de la pitié infinie. Est-ce que nous avions l'ombre de raison de tendresse pour ce Premier ministre tombé, qui avait incarné la folie d'une guerre où on nous vendait au détail ? Eh bien, voyez, jusqu'à présent j'en parle en retenant les noms de ces femmes dans mes dents... Cela serait mal vu que j'aie, moi, pour elles, autre chose qu'une certaine condescendance narquoise. Et imaginez-vous que je ne suis pas sûr qu'en réalité j'éprouve à leur endroit un sentiment aussi restrictif. Je suis tout prêt à n'avoir pour elles que les yeux du malheur. Oh, je sais, le malheur était celui de mon pays... Mais mon pays, aussi bien, ce sont ces deux pauvres femmes lasses, qui ne comprennent guère aux événements et l'une d'elles a posé un petit sac, bien lourd, à terre. Qu'y a-t-il dedans ? Des bijoux, probable, des souvenirs d'une vie, la photographie de leur grand homme. À cette heure de décomposition de la patrie, où donc est-elle dans mon cœur la sainte colère ? Me faut-il l'avouer... il n'y avait en moi que le respect. Vous ne saisissez pas le rapport des choses : eh bien, c'est que pourquoi voulez-vous que j'aie plus de férocité pour Boabdil que pour Paul Reynaud ?

*

Les années ont passé. Son père mort, Mohammed a chassé de Grenade son oncle, le cruel Zagal, qui avait osé se dire le douzième Mohammed, il combat les étrangers, Castillans, Catholiques ou Polythéistes, dont le Zagal est devenu l'allié...

Que vous l'appeliez Boabdil n'y change rien : cet émir est le dernier Roi de Grenade et ce mot comme une feuille amère qu'il mâche, voilà longtemps qu'il est dans sa bouche et son sommeil, longtemps qu'il y retient ce terrible sanglot. Pas plus à rien ne change rien que vous donniez à la Garnatâ des Maures son nom dégénéré de Grenade, à la rivière qui passe à ses pieds pour aller se jeter dans le Guadalquivir, l'Ouâdi'l-Kabîr, ou bien sa forme castillane ou bien sa forme française, Genil ou Xénil, aux dépens des orthographes islamiques, Sandjîl, Chanil ou Chnyl... Et tout l'héritage andalou, Mohammed XI le Nasride, qui descend des Ansâr, Compagnons du Prophète, l'a maintenant entre les mains, avec ce peuple fait de toutes les tribus jadis ennemies, qui vinrent d'Afrique et s'arrachèrent ce paradis, si bien qu'on voit aujourd'hui dans le djound royal, c'est-à-dire l'élite des guerriers grenadins, côte à côte des Berbères Sanhâdja et Zanâta, vieux rivaux du désert aux temps nomades, aujourd'hui ensemble défendant la dernière place-frontière de l'Islâm.

À MOHAMMED BEN ABOÛ'L-HASSÂN BEN 'ABDALLÂH ÉMIR AL-MOSLIMÎN

Avance Roi vaincu devant l'histoire et la légende
Qui n'as grandeur que de la catastrophe et du tombeau
Sur tes pleurs que le grand rideau rouge du temps descende
Voici le visage qu'on t'a fait le trouves-tu beau
Est-ce ta joue est-ce ton front sous le fouet de l'offense
Et tes yeux désormais tout aussi déserts que les cieux
Aimes-tu cette pâleur d'étoile et cet air d'enfance
Reconnais-tu ta lèvre à comment y tremble un adieu
Acteur tes bras royaux et bruns quand retombent tes manches
Soudain c'est le sort dénué de l'homme qui s'y tient
Déchire devant nous ton cœur avec ta robe blanche
Le sang de ton peuple au bas qu'on le prenne pour le tien
Tu n'es plus qu'un parfum triste et pervers qui s'évapore
Les vents vont balayer les traces de ce que tu fus
Ton nom comme la mâche-fleur qu'un soldat mâche et mord
Ton nom même est un autre et ta mère ne l'entend plus

Ton nom jusqu'à ton nom d'enfant t'est pris comme un domaine
Le nom de tes plaisirs le nom des femmes qui t'aimaient
Et le nom de ta gloire éteint dans la mémoire humaine
Ce nom dont l'avenir te destitue à tout jamais
Comme une approche d'aviron vers un rivage d'île
Comme une balle d'enfant dans un escalier qui fuit
Une rime à je ne sais quoi d'amer ô Boabdil
Une corde brisée à la guitare de la nuit

UN ESPION DE CASTILLE FRANCHISSANT LE DJEBEL CHOLAÏR AS-SADJ PARVIENT AU-DESSUS DE GRENADE

Ô froide et brûlante à la fois pécheresse au corps de corail
Ville des Juifs aux mille et trente tours dans tes rouges murailles
Genoux talés percé d'aiguilles sourd de neige et l'âme en sang
Je te découvre et tes jardins d'amandiers à l'ombre du Croissant
Fille de Mahom sous ma robe à qui j'apportais des clous
Et l'arbre du Vrai Dieu comme la lettre d'un amant jaloux
Te voilà terre philosophale à mes pieds d'où sort l'orange
Et j'ai peur maintenant de trop bien comprendre les Mauvais Anges
Séduit par l'attrait de l'enfer à retrouver l'Andalousie
Je suis envahi tout à coup par un parfum d'apostasie
Grenade à chair de violette et de jasmin dont le vent mène
À moi comme de bains publics une anonyme odeur humaine
Tel est le désir au ventre que j'ai de toi que je me dis
Que pour connaître la senteur du bois il faut un incendie
Et je ne te posséderai jamais autrement pour moi-même
Je suis l'émissaire d'un Roi chargé de te dire qu'il t'aime
Qu'il ira de force ou de gré te prendre bientôt dans ses bras
Te serrer dans ses jambes d'or tant que le ciel en saignera

Je ne vais pas te raconter ma longue et déplorable histoire
Et pourquoi je flaire le vent quand je longe des abattoirs
Et de qui je suis le jouet Comment je ne m'appartiens plus
Car ma vie est derrière moi Seul obéir m'est dévolu
Il ne reste rien de ces jours ici qui furent ma jeunesse
Et l'écuelle est renversée où nul n'a bu le lait d'ânesse
Je suis le fruit tombé de l'arbre et l'objet de perversion
Taché talé honni jauni sali séché par le vent noir des passions
J'ai joué mon ciel et mon sang j'ai brûlé mes jours et mon ombre
J'ai payé d'une éternité la saison de mes plaisirs sombres
J'ai roulé l'image de Dieu dans la boue et l'ignominie
Et dans mon propre cauchemar c'est moi qui moi-même punis
C'est dans mon miroir que je lis le roman de mes propres crimes
Devenu mon propre bourreau devenu ma propre victime
Prisonnier de ce que j'ai fait prisonnier de ce que je fus
Et chaque pas m'est pour le pire à quoi je n'ai droit au refus
La calomnie est mon devoir la corruption mon système
Qui je veux perdre je noircis du fard de mes propres blasphèmes
Du stupre caché de mes nuits du sang que répandit ma main
Soldat de cette guerre affreuse où le mal est le seul chemin
Je suis venu voir ici le défaut des murs les lieux d'échelle
Et dans l'âme des gens la brèche et l'heure où dort la sentinelle
Il faut sonder le désespoir frapper où l'homme sonne creux
Qui tremble perdre sa richesse ou celui qui est malheureux
Faire lever l'ambition dans les pâtures subalternes
Semer au créneau l'incrédulité soudoyer la poterne
J'épongerai l'étoile au ciel je couperai sa gorge au cri
Et seuls les chevaux remueront vaguement dans les écuries

Mais vertige de ta beauté quand j'ouvre ta ceinture d'arbres
Je trahis mon maître et la Croix dans tes cours d'ombrage et de
  marbre
Je perds le Dieu de mon baptême à l'eau fraîche de tes vergers
Sur la musique de mon cœur il n'est plus que mots étrangers
Sur les pentes du Cholaïr je suis comme l'infant Sanchol
Qui rasa sa tête et changea pour Chandja son nom d'Espagnol

Pour cela nul ne sait quel fruit parricide il avait mordu
Ni si vraiment c'est pour quelques maravédis qu'il s'est vendu
Moi c'est une façon de langueur qui corrompt l'air de ma narine
Mon ombre n'est plus sur mes pas mon cœur n'est plus dans ma
poitrine
Seigneur mon Dieu pardonnez-moi de vous préférer ce vin doux
Et le parjure est sur ma langue et je vous renonce à genoux
Et je frémis comme l'incestueux dans les bras de sa mère
Car cela ne se peut terminer que dans une terre amère
La jouissance même est pour lui sa honte et son dénuement
De quelque côté qu'il se tourne il y trouve son châtiment
Et je suis pire que celui qui profane sa propre souche
Moi qui trahis ma trahison et qui mens à ma propre bouche
En désaccord l'âme et la main par une infâme comédie
Mêlant la mort et le baiser les péchés et le paradis
Déjà je vois la gorge à l'air rouler dans d'autres bras la ville
Et de sa chair il adviendra comme de Cordoue et Séville
Où les paroles du Coran se barrent de mots en latin
Et chaque rue ivre et sanglante est devenue une putain
Que baisent des soldats heureux proférant des jurons étranges
Pour qui toute nuit désormais aura le parfum de l'orange
Ils promèneront avec eux un carnaval de dieux géants
Et le suaire et la cagoule et le feu pour les mécréants
Ils installeront leur chenil au seuil des palais almohades
Et mettront leur linge à sécher sur le visage de Grenade

*

Or était Grenade une ville qui ne suit plus les commandements toute aux chansons dans son décor de siglaton d'Antioche où l'on donne sans remords forme humaine au bois

Or était Grenade ouverte aux enseignements impies

Or Grenade avait le goût des tentations dans sa bouche

On y enseignait de meilleur cœur que le Coran la poésie

Par la fenêtre de la madrassa tu n'entends point les paroles du Prophète mais

La récitation d'Ibn-Zaïdoûn ou d'Al-Gazâlî

Et les voix des enfants répétaient la fiction des Cieux selon celui qui l'écrivit en prison sur la demande du Prince d'Ispahan quand je passai dans cette ruelle où le soleil faisait à terre un étroit trait du métal tiré des rivières

Qu'on appelle ici tibr *et je ne sais pourquoi ce mot pour moi brille autrement que le restant de l'or du monde*

LA FICTION DES CIEUX SELON IBN-SÎNÂ

VOIX DU MAÎTRE	VOIX DES ENFANTS
Le premier ciel	Le premier ciel que décrit Avicenne Est de la Lune où les cités neuf sont Les gens petits et vifs comme poissons Y vont oiseaux s'ils quittent notre scène N'en parlent point pourtant dans leurs chansons pourtant dans leurs chansons
Le second ciel	Le second ciel est celui de Mercure Où plus petits et plus lents sont les gens Aimant les arts et plus intelligents Dix bourgs ayant mais nous demeure obscur Pourquoi Mercure est nommé vif argent est nommé vif argent
Le ciel troisième	Le ciel troisième a forme de royaume Dit de Vénus où la femme est le Roi Et ses sujets sont sujets à la joie Le luth y chante et la bonté l'embaume Quant aux cités j'en compte trois fois trois trois fois trois

Ciel du Soleil — Ciel du Soleil est le ciel quatrième
Les Solariens sont grands de taille et beaux
Les approcher est chercher son tombeau
Mars Jupiter vont cinquième et sixième
Saturne sept dont on sait ce qu'il vaut
ce qu'il vaut

Le huitième est — Le huitième est une plaine déserte
Où Zodiaque a ses douze régions
Ici rien n'est comme ailleurs nous songions
L'astre s'y meut qui de loin semble inerte
Demeurant seul bien qu'il fasse légion
fasse légion

Enfin le ciel — Enfin le ciel neuvième est sans planète
Soleil étoile ou comme vous voulez
Et ce champ n'a que des Anges pour blé
De Dieu semé qui son grain nous transmette
Vouloir divin pour notre cœur meulé
cœur meulé

Ces deux derniers — Ces deux derniers sont cieux de la matière
À l'Occident formant la Mer de Boue
Mais l'Orient présente à l'autre bout
Un vide lieu comme une Terre entière
Et l'air y est ce feu dont les eaux bouent
les eaux bouent

Par au-delà — Par au-delà tu découvres des rives
Pour ce qui vit sans parole et sans bruit
Poissons serpents toute fleur et tout fruit
L'or et l'argent la nuée et l'eau vive
Dans un climat visité par les pluies
par les pluies

Ici tu vois — Ici tu vois les formes les espèces

Et n'en écoute pas plus long le promeneur épiant ce peuple qui ne répond plus aux descriptions qu'en donnent moines en chaire où pour sa part il sent palpiter comme papillon je ne sais quelle âme dont il s'épouvante ne sachant s'il peut ou doit œuvrer à sa perte

Et se signe passant au pied de ce pépiement non pareil à l'essaim pieux des patenôtres par chez lui

Lui-même en l'ignorance de ce qu'il conjure ou le démon d'Islâm en ces enfants ou l'enfer qu'il porte en lui-même et lui fait oreille velue haleine de feu pied fourchu

LE FOUNDOÛK

Ni les femmes ne portent ici, qu'occasionnellement, le voile, ni n'est à l'homme sans turban refusé le sang sucré de la vigne qui va tête nue, le taïlassan léger à l'épaule. Et quand vient l'âge du cheveu, c'est propreté qu'on le passe au henné tant que le blanc ne l'emporte pas comme un linge, si bien qu'hommes et femmes entre le temps de l'amour et celui de la sagesse ont la tête rouge en ce pays. Ce peuple est un bouquet dont on ne sépare point la diversité des fleurs, et l'aloès y croît avec la Rose de Saron. On n'a jamais songé dans Grenade étendre un moucharabieh entre Ismaïl et Israïl. C'est orgueil seulement, rien ne l'y force, qu'un Juif porte la calotte jaune. On eût dit que passant la mer les violences d'Afrique étaient tombées comme un vent qui n'a plus raison du désert ou des récifs. Cela pour l'homme sous sa ceinture cachant la croix, qui arrive en été de la cruelle Espagne, est étrange, et révoltant peut-être, à lui dont les yeux fument encore des bûchers, depuis dix ans déjà par tout le royaume du Crucifié brûlant dans les fêtes populaires. Le Juif ici n'est pas publiquement consumé. Pourtant quand le nouveau venu dans les tavernes parle à des soldats qui boivent, il entend passer dans leurs voix africaines les préjugés anciens, les mots qui ressemblent aux couteaux égorgeurs. Qui sait, entre qui tourne les yeux vers Rome et qui prie en direction de La Mecque, il y a peut-être un langage commun prêt à se réveiller dans l'esprit d'extermination...

Vers le soir, le visiteur s'est assis dans une sorte de caravansérail, qu'ils appellent ici foundoûk, parmi les marchands venus de l'Orient, les montagnards descendus des Albacharât, les marins à la recherche de souvenirs anciens ; les piliers autour de la cour y soutiennent deux étages de balcons d'ombre, des chevaux, des bœufs et des mulets l'encombrent, un bruit d'armes et de chansons. Rien n'a dans ce patio de désordre la sévérité castillane, et qu'y viennent des femmes aux yeux cernés de khôl et bruyantes de bijoux a ce naturel du scandale. Comme les idées autour du mouton servi à des hommes tannés par l'âge et le ciel. Et l'on entend mêler les dieux antiques au Coran, les philosophies de Sicile et d'Égypte. L'homme écoute. Il a l'âme bouleversée de ceux qui furent élevés à se taire. Partagé entre la curiosité poignante et la crainte du Ciel. Déjà, dans la Kourtouba des Califes, Cordoue arrachée à l'Islâm, et consacrée à la Vierge, n'avait-il pas décelé les traces de Moses ben Maïmon, toujours vivantes depuis le temps des Almohades ? Alors ce jeune Juif avait pris le masque musulman pour survivre, et avec lui la falsafa païenne, Aristote, Aflatoûn que Grecs prononcent Platon. Ici, plus besoin, après deux siècles et demi, ne lui serait de couper ses boucles, plus besoin de confesser par mensonge une foi étrangère, ici où, dans le corral, entre les chiffres du négoce et les récits obscènes des marchands d'esclaves, on surprend sans étonnement des propos qui ont le parfum du Maïmonide, et nient le paradis et l'enfer.

S'il est singulier que dans une place menacée, il pénètre encore tant d'étrangers, venus d'Afrique et d'Asie, des marchands de la mer Tyrrhénienne, voire des Francs ou *Ifrandj*, comment cela ne donnerait-il point sentiment de sécurité à l'homme de Castille, et même il n'est point seul ici, on reconnaît sans gêne au milieu des Musulmans d'Espagne des Chrétiens qu'amènent on ne sait quels trafics, et qui ne se dissimulent point, étant faits *moustâ'min*, c'est-à-dire couverts par un traité de sauvegarde, un amân. La guerre, pour les Grenadins, n'implique pas de frontières fermées: les peuples se mêlent en Andalousie... Il n'en va pas de même aux yeux de l'espion, qui voit là, par un secret tressaillement, le signe de la déchéance et l'assurance d'un écroulement prochain. Mais, à suivre cette lézarde, il y découvre, vivace, à son aise, un parasite qu'il lui est autrement révoltant de trouver dans le Juif, ouvertement mêlé aux Andalous. Comme il en fait remarque, malgré lui ou presque, à son voisin, un fermier du mardj, la *prairie*, l'immense verger qui traverse le Royaume, et que les Castillans nomment *Vega*, venu apporter les produits de sa terre en ville, celui-ci répond comme un homme qui a les préoccupations d'entre les seconds et les troisièmes labours de ses terres, et sur la remarque qu'il y a moins de distance entre ceux qui croient en Jésus et ceux qui croient en Mahomet, qu'entre eux les uns ou les autres et ce peuple qui tua le fils du Charpentier, s'interrompant de mâcher une feuille d'artichaut, le paysan se tourne alors vers ce Roûmî, maigre et brun comme un cep après la vendange, et sa voix prend l'enflure qu'il faut pour se faire comprendre d'un étranger:

L'HOMME DU MARDJ IMPROVISE UN POÈME EN RÉPONSE À L'ÉTRANGER

Que ce soit Allah que mon maître serve ou Jésus
Ne m'est point d'indifférence bien
Que je n'aie après tout croyance que de la plénitude ou non de mon écuelle Voyez-vous
Ce n'est pas pour les vergers lourds d'abeilles
Ni pour les mines ou l'argent lavé dans l'eau de la rivière
Que nous sommes prêts à mourir mais pour l'Andalousie
Pour ce creuset de l'homme et de la douleur
Cette épaule de chair où je m'appuie à la fin de ma journée

Pour l'odeur du jasmin dans le repos du soir
Et le Juif est plus près de mon cœur sans doute
Qui dans Grenade a grandi
Que le Barâbir qui vient d'au-delà de la mer avec le bleu de sa barbe
Et me ressemble ou le Castillan qui a du Maure dans le sang plus souvent qu'il ne pense
Le bâtard comme sur l'austérité du mur a poussé la joubarbe
Nous vivons après tout en bonne intelligence ici nous et nos chiens de princes
Et je fête le Mihradjân le jour au Mozarabe ailleurs qui est la Saint-Jean
Je ne veux pas qu'un Berbère ici régnant m'ordonne
De renverser mon vin par respect de la religion Ni
Que l'évêque de Cordoue arrive avec ce prétendu Roi d'Espagne
Pour brûler qui ne confesse point sa foi
Au premier je dis que La Mecque est de l'autre côté
Qu'il aille au désert se nourrir comme la perdrix
Et à ce monarque avec ses chevaux mangés de tiques
Qu'il regarde la maigreur de son peuple avant d'envahir ma vigne
Nous ne sommes pas de ceux qui se contentent d'un oignon sur le pain bis
Nous avons inventé la rime et la musique aussi bien pour les autres que pour nous-mêmes
Car nous partageons toute chose de plaisir et d'utilité
Avec celui qui vient pacifiquement s'asseoir sur notre terre chaude et fertile
Et qu'il apprenne de nous à greffer l'arbre et cultiver les fleurs
Où nous avons amené l'eau de très loin par la ruse et la roue
Et si ma fille alors lui ouvre sa robe
Qu'ils prennent plaisir ensemble Ainsi
L'étranger perd jusqu'à la mémoire d'autre chose que l'Andalousie
Ainsi la lumière andalouse entre en lui comme le ruissellement des montagnes

Comme la royauté de l'homme et la griserie
D'un printemps de surprise entre la neige et le feu

Le paysan soudain, parce qu'il s'est élevé contestation des bêtes attachées à la pile centrale, se lève agitant ses manches et son bâton, délaissant son interlocuteur pour un groupe de colères. Alors l'espion de Castille s'est tourné du côté des Juifs assemblés, s'approchant d'un groupe de rabbins qui semblaient accueillir ici cet homme vêtu de cuir et d'acier noir, quelque transfuge peut-être des armées catholiques : non par attrait pervers de ce gibier des flammes, qui appelle l'Espagne du nom de Sépharad et prétend que Séville, l'Ichbiliya des Musulmans, par les poètes appelée Hims, est déformation de l'hébreu Chiboleth qui veut dire l'épi... mais à cause de ce voyageur qu'ils sont venus accueillir à l'auberge, et dont lui croit reconnaître les traits rudes et rusés, le hâle à ses mains et son cou, la violence du regard... Que viens-tu faire ici, navigateur sans navire, en telle compagnie ? Je t'ai vu plusieurs fois dans les ports d'Italie, à Lisbonne, à Salamanque... est-ce bien toi, qui traînais parmi les chevaux et les piques quand Leurs Altesses royales vinrent à Cordoue en l'an 1486 de Notre Seigneur... Depuis près de dix ans les Juifs brûlaient par ordre royal. Était-il donc vrai que tu fus de ce peuple qui va chercher les jeunes filles dans les couvents pour les prostituer et qui empoisonne les puits ? On le disait au Saint-Office, et je ne sais quelle protection s'étendait sur toi, quel envoûtement peut-être a vingt fois de toi détourné le châtiment des renégats. Que viens-tu faire ici, développant sur tes genoux une carte des mers où sont dessinés des anges joufflus et les signes des constellations ? Si je retourne au camp de Jésus, crains cette fois, Colomb, la dénonciation mortelle, qu'on en finisse avec tes histoires de rotondité de la Terre, répétant l'hérésie de Toscanelli ! Sans doute, as-tu passé les limites, ayant manqué recevoir le bel argent catholique, pour demander aux banquiers de Grenade ces subsides de gréements vers les Indes, cet or maudit pour ouvrir comme une putain la robe océane vers les pays infidèles. Ah, notre Reine cent fois dissuadée a trop rêverie de t'aider, misérable *chueta*, seulement que je revienne, et pour toi le bûcher s'apprête ! Il me semble étouffer de voir les salamalecs de ces choucas noirs, tout ce rabbinage où l'hébreu barbote dans l'arabe, et Chammaï congratule Ezra échangeant des mots kocher, bonjour ta barbe, blanche ou bleue, bouches à blasphèmes, baragouineurs de Bible, balbutiant la Gémarre ou la Michnah, bonjour, Ribbi Menuhin, bonjour Ribbi Nahon, Ribbi, Ribbi, Ribbi, Daoud, Balaam, Hillel, Aben-Baruch, Aben-Zakhar, Abigabaon, Abimelech, Barakiba, barbets baveux et bavards, bredouillantes brebis, gibier de bûcher, quel but ténébreux, quelle baratinerie, quel blousage, quel batelage, quel bernement, quelle billebaude, quel gobe-mouches, quel abus, quelle abomination, quelle cabale obscurément combinez-vous à voix basse avec ce brigueur de bateaux, cet armateur du Sabbat, ce diable de bénitier, ce bouc de mer, ce boucanier, ce double-front, ce trompe-l'œil ?

Or, si je regarde cet homme aux gros traits, les yeux saillants, le menton qui fuit, la peau grêlée, et qui sait d'où il vient, où il va, je me souviens qu'un soir de Madère, il y a dix ans de cela... et que faisais-je à Madère alors moi-même... il dit qu'il renoncerait au paradis pour l'or d'Ophir, cherchant sur la Terre au-delà des eaux les étoiles... je me souviens de l'avoir à Lisbonne épié, dessinant des cartes où figuraient des continents inconnus... je me souviens, on le disait à la recherche de l'Éden, et croyant trouver le Cathay au Ponant comme à la rencontre de Marco Polo... enfin justifiant mille hérésies au nom de la conversion des Sauvages... mais qui savait qu'il fût un meurtrier du Christ ?

Le soir tombait comme une orange. Il passait dans la rue un parti de jeunes gens joyeux dans des habits de scandale. Ô Grenade, ô ville de tentations, où le mal a les yeux si beaux qu'on le prend pour le bien... mais que chantaient-ils donc, les impies ?

CHANT DES VAURIENS

Porteurs d'oiseaux et de poignards
Jeunes gens couleur de l'orgueil
Les pieds agiles comme l'œil

Ô les pierres que vous jetez
Feu qui se met le soir aux femmes
Cyclones du bonheur d'autrui
Voleurs de volaille et de fruits

Ô votre rire dans les haies

Sans or que pris sans droit que d'être
Bagarreurs des quartiers éteints
Qui sentez le sang du prochain

Poulains d'enfer ô frénétiques

Qu'importent les murs et les hommes
Ce sont des verres renversés
Le plaisir est dans les fossés

À quitte ou double ô loups de terre

Violeurs des lois et des femmes
Ivres de vivre à pas vingt ans
Vous que l'on prend avant le temps

Chenapans ô célibataires

Blasphémez quand vos dents sont blanches
Jetez votre âme à vos pieds nus
Battez-vous premier qu'on vous tue

Comme gibier au coin des rues

Étouffez dans vos bras les ombres
Criez Dieu mort et faux l'amour
Brisez comme paille les jours

Enfants nés pour la fin du monde

Ô blousons noirs jeunes hommes avant d'atteindre en vous l'homme avant d'éprouver cette force de votre âme jetés à la violence d'être où plus qu'en ce pays ivre d'œillets et de lavandes fleurit le séducteur d'Islâm d'après l'Islâm aussi bien et qu'il soit de Grenade ou de Séville ainsi que le Don Juan feint du siècle treizième de Christ le même soleil leur fait la bouche aux baisers prompte et le plaisir sans lendemain avec pour morale la ruse et le triomphe au mécréant

Car Moslimîn ou Chrétiens la jeunesse d'abord appartient à l'éblouissant royaume de tromperie et plus blanches sont les dents plus cruel est le louveteau

*

Quel parfum tout à coup levé quel vent dans le sable a fait sortir d'eux-mêmes ces jeunes gens à la tombée du jour

Il y avait des paresseux en qui s'était longuement formée on ne sait quelle image et des musiciens en sourdine amorçant un air qui ne s'achève point

Cela partit d'une place ou d'une cour ou peut-être d'une fontaine à l'eau narquoise

Il y avait de la force à revendre on s'était bousculé par jeu mais l'étroitesse des ruelles

Ne permettait pas que plaisanter se fît à l'ampleur des épaules

Et puis on se sait las à la fois de porter sa jeunesse au dâr-al-kharâdj où les femmes sont peintes

Qui donc a soudain grand ouvert les vantaux de l'écurie aux poulains

Regardez-les se poussant à courir à rire à se parer de ce qui leur tombe sous la main pour leur équipée

Les joueurs de pandore marchent devant on dirait la grand'noce d'une génération cela ressemble aussi diablement à une guerre qui commence à une volée d'oiseaux à un coup de folie à un coup d'épée

Ils se sont donné toute la campagne hors la ville ils en vont prendre étourdiment possession

C'était bien la peine de les envoyer à l'école où l'on apprend ensemble à psalmodier la religion

Maintenant voyez un peu l'éclat de leurs regards leurs dents blanches et leurs couteaux

Pourquoi faut-il quand on a tracas de faire l'amour que ce soit toujours comme si l'on se préparait à la tuerie

Et la chanson qu'ils se volent de l'un commencée à l'autre passant alterne l'obscénité sans mesure et la candeur des étoiles

Évidemment ce sont les moulhoûn qui sont responsables de tout comme on appelle ici les musiciens à gages

Ces gens-là ne valent pas la corde pour les pendre à tout bout de champ prêts à se louer aux débauchés à faire perdre la tête aux gens avec les danses et les chants

Et c'est un excellent alibi pour tous les chapardeurs de fruits de bijoux et de femmes

Est-ce qu'ils se font idée un instant que nous sommes à deux doigts de la perte de l'Islâm

Que ces fauchaisons où meurt le soleil du soir le sang des leurs s'y préfigure

Ont-ils idée un instant de ce qu'augure au fond du paysage un frémissement d'étendards Et ces croix au-dessus des bûchers lointains

C'est l'été sur la campagne et les gens ont quitté leur village où dans le parfum des foins ces chenapans avant eux vont entrer sous le prétexte invoqué d'une fête ou d'un concert

Tout le jour au milieu des travaux les paysans ont tourné la tête aux heures de prière vers les muezzins dont la voix ne se bornait pas à donner grande leçon de Dieu mais rappel encore pour eux des vannes à ouvrir que l'eau se précipite au creux des aryks irriguant la terre

Ainsi la fraîcheur du sol et celle de l'âme vont un même pas

Mais maintenant qu'ils reviennent voilà près des fermes où s'en étonnent l'âne et le bœuf cette tornade avec ses instruments et ses rires

Et la pintade fuit dans une peur justifiée

On ne sait trop comment les accueillir ces gens de Grenade et sans doute y a-t-il parmi eux des sacripants qui n'ont pas quitté pour rien la ville Et des Gitans dont brillent la bouche et les yeux

Toute sorte de petits marchands de mendiants d'hommes de louage ou d'artisans les ont suivis chiens derrière une voiture de boucherie

Dans l'espoir d'un os ou des entrailles

D'un spectacle interdit débauche ribote rixe ou crime sanglant

Avec cela que pour nous d'un mot c'est la bagarre et qui sait à quoi tout cela tend le pillage ou pire Il est fréquent

De trouver le long du Xénil après leur passage un homme qu'ils ont roué de coups qui s'en fut mourir à l'écart

En tout cas il ne faut point les laisser s'approcher des femmes car

Alors ils ne savent plus ce qu'ils font

Blasphémateurs de toute chose et de la religion n'ayant retenu que le mépris de leur mère et le plaisir du guerrier

Aussi les avez-vous vus jeter la pierre au vieux chanteur des rues

Le fou le faux Kéïs Ibn-Amir an-Nadjdî qui donne au mot amour un sens tout autre que le leur

Eux qui professent qu'on piétine la fleur respirée afin qu'elle ne se fane point

Et parce qu'ils ont le rire de l'aube il se trouve toujours des jeunes filles

Pour s'élancer vers eux comme vers le poignard

S'il y a meurtre qu'on en tienne responsables tous parents d'un fils ‘azib c'est-à-dire d'un célibataire et la mère en soit comme le père arrêtée

UNE FILLE QUELQUE PART AU BORD DU XÉNIL

Ils sont venus avec des fleurs
Avec des chansons de voleurs
Et des étoffes de couleur

Le jour les fuit la nuit les craint
Plus pâle que leurs tambourins
Leur lèvre a goût de romarin

Et leurs baisers saignent la mûre
À peine il frappe la mesure
Leur pied a perdu sa chaussure

Dansant déjà comme on gémit
Entre les bras de son amie
Et déjà la terre en frémit

La voix leur sort on dirait l'âme
On dirait du fourreau la lame
On dirait du ventre la flamme

Ils ont les yeux de l'Arabie
Ces garçons pareils au pain bis
Si prompts à quitter leurs habits

Comme un fleuve sort de ses rives
Qu'on les prendrait pour la chaux vive
Car l'eau même leur est lascive

Ô trouble d'un soir étoilé
Vous qui semblez vous qui semblez
Bleuets noirs dans le sein des blés

Cruelle ivraie à qui s'enivre
Rien qu'à vous voir le cœur se livre
Le cœur se meurt à vous voir vivre

LE FAKÎR

Et ils s'en furent boire au bord de la rivière, dans une auberge de bateliers et de bandits, une khâna, qui payait tribut disait-on aux collecteurs d'impôts pour que de la ville on ne s'occupât de ce qui s'y passait, d'ailleurs on y trouvait toujours quelque exempt du sâhib-al-medîna, ce que vous appelez un agent de la police municipale, cuvant son vin s'il ne courait les salles après une créature peinte, laquelle ne payait pas pour se faire payer. Les moulhoûn s'installèrent dehors et jouèrent avec un bruit d'enfer une danse où deux par deux les jeunes gens montraient leur prestance et leur impudeur. Et ils mimaient la chasse et la guerre, les villes prises et les filles violées. Le vin était lourd et sucré, qui avait à tour de rôle raison des plus jeunes. C'est alors que survint l'homme et qu'il se mit dans sa maigreur et sa misère à tourner sur lui-même les bras étendus, d'une telle vitesse que tous les danseurs en semblèrent chassés comme des mouches avec la serviette. Les uns en furent dégrisés, les autres perdirent à ce vertige le peu qu'il leur restait de raison. Le danseur, dans sa robe couleur de terre, qui s'ouvrait sur les cyprès de sa poitrine, les pieds nus et déchirés, la tête rasée découverte, décharné comme un épouvantail, pivotait dans le vent de ses manches et de ce moulin vivant partaient des soupirs qui s'enflaient, des grincements de meule, la plainte d'un blé qui souffre sous la pierre, la fureur des dents, la colère des articulations... des mots s'en dégagent soudain, sur quoi retombent les draps du mouvement, puis ils percent d'un genou, d'une épaule, jusqu'à se faire nus à l'oreille, en désordre, mêlés, giratoires, enfin prenant, par la force qui fuit le centre oral, le sens vertigineux de l'eau claire en suspens dans le seau renversé...

Ôpar ôpar ôpar ô parole de Dieu
Malheur pâleur couleur douleur des pleurs pleurs pleurs
Et la ville à Dieu qui eut le *malheur* de déplaire
Demeure sur la colline assise dans sa *pâleur*
Ses tours perdent la *couleur* du sang répandu dans la *douleur* et la colère
L'étranger s'assied dans la splendeur insolente des pierres
Ha ha ha mes bras mes pauvres bras mes chevilles
Vous avez brisé mes os étreint ma gorge et percé mes joues
Ma tête est exposée aux oiseaux sur les murs déshonorés
L'orgueil des jets d'eau s'est tu le jour s'est fait de plâtre
Il ne bat plus jamais une seule porte dans les nuits
Mon peuple est dispersé le saule pleure pleure

Et quand fléchissait la course des phrases l'impossible survint
La toupie
Accélère double triple décuple sa vitesse de révolution
Comme un éclair apparaissant au bout des deux manches
D'où sortent ces couteaux agiles dans les doigts
Semblables à l'effroi d'ailes de pigeons escamotés
À des verres vides qui s'emplissent à nos yeux d'un vin d'imagination
Brusquement dont le danseur se frappe
Et la main gauche a poignardé le bras droit
Le corps se taillade ah comme les dagues le travaillent aux côtes

Sans que le mouvement ralentisse avec le sang perdu
Sans que l'être bondissant en semble rien savoir ni sentir
Si bien que l'incantation parfaitement insensible aux blessures
A repris son développement circulaire et le paon
Frappé n'en fait pas moins la roue

Dieu Dieu Dieu Rossé blessé percé transpercé chassé
Je suis monté sur un lion qui m'a porté dans sa crinière à travers les eaux sans fin de la mer
Au troisième jour l'air s'est chargé de sable et des oiseaux ont crié le rivage
Je me suis jeté sur toi terre d'Afrique ainsi que le jeune homme
Entrant dans sa première maîtresse et qui ne sait prolonger son plaisir
Dix ans je t'ai parcourue avec des supplications et des caresses
Je t'ai ensemencée avec mes chants et mes cris
Je t'ai dix ans arraché des larmes dans la brutalité de ma prophétie
Je t'ai demandé tes fils pour les faire mourir
Pour les jeter comme un pré fauché sur l'Andalousie
Pour les massacrer dans la plaine et les massacrer dans les montagnes
Je t'ai demandé vainement leur sang d'écarlate
Pour en farder Grenade aux couleurs d'Islâm
Dix ans j'ai roulé comme un sanglot d'Alexandrie à Marrâkech
Dix ans j'ai hurlé la peur de ce qui va maintenant venir
Alors j'ai tourné mon désespoir et ton refus vers ma patrie
Et je me suis embarqué comme Tarik pour le rocher couvert de singes qui sont des Juifs punis d'Allah
Mais le Roi d'Ifrîkiya ne m'avait point donné ses trois mille chevaux
J'ai soulevé de mes clameurs les monts Albacharât
Il s'y fait dans le temps présent la volonté du Tout-Puissant
Ô vous qui n'entendez point le bruit de cette boucherie
Gens du royaume bétique à tout ce qui n'est pas votre joie

Rendus sourds par le doigt de Dieu pesamment sur votre oreille

À nouveau la voix tombe et se disperse et les mots font autour du fakîr une pluie de fleurs
À nouveau rien ne se comprend plus de ce qui force l'orifice de sa lèvre
À nouveau le dessus est pris sur toute chose par les tambours
Et le rire des mauvais garçons ne voit plus qu'un mendiant qui s'exténue à girer sur un axe brisé pour qu'on lui jette des dirhams
Et les servantes de l'auberge attendent qu'il tombe à terre pour
Apporter le mouton fumant
À nouveau le brasier de l'homme se rallume et ses flammèches tombent sur les auditeurs cherchant la paille et l'incendie

Non non Seigneur non ne prends pas ma bouche
N'y mets pas le feu de ta langue ô terrible baiser
Qui me ravage de ce que je ne veux ni croire ouïr ni voir pourquoi
M'as-tu visité pourquoi m'as-tu traité comme une âme prostituée
Et me voilà sur la place publique crachant
Ta flamme au milieu des badauds qui reculent
Non Non Seigneur ne me force pas de parler ton langage
Ne me fais pas résonner de tes malédictions
Grâce ah je brûle de Dieu dans mon gosier grâce
J'étouffe je suis tout violet de ce viol divin j'agonise
Je ne reconnais plus ma voix je suis
Habité de ta vengeance ô glaive et j'entends dans la stupeur
Mon visage dire ce que j'aurais voulu faire sombre
Et ma propre destruction sort de moi
Non non Seigneur je ne le dis pas je ne le
Dis pas dis pas dis pas je ne
Le
Dis ah n'écoutez pas cet autre en moi qui se substitue

À moi Malheureux détournez de moi votre Malheureux
La main de Dieu m'étreint Je ne puis Malheureux
Plus résister Prenez garde

Et le convulsionnaire se roule sur le sol dans des cris d'animaux il est
Toute une ménagerie épouvantée avec des bruits de groin et d'ailes
Une basse-cour sens dessus dessous la fuite des bœufs sous le fouet la ruade entre les brancards des chevaux de trait
L'hystérie à l'approche du Voleur
Or voici qu'il devient la gaine de Dieu même
L'enveloppe indigne du verbe et son luth Il frémit
Il frémit Il ne résiste plus Il se plie et se dresse il palpite il parle
Il a parlé

Nous t'avions prévenue ô ville de carthame et de pourpre
Et cet enfant que tu t'es donné pour roi soit la pierre de l'accomplissement
Nous avions dressé le père contre le fils et le fils contre le père
Et comme ce n'était point assez pour toi de ce signal
Nous t'avions intimé plusieurs fois l'ordre de chasser l'impur et l'impie
Mais les Juifs sont demeurés assis sur ton seuil qui se sont vantés d'avoir un cœur incirconcis eux qui refusèrent de combattre au jour de Bedr
Vous écoutez la musique ensemble et partagez les fruits dont nous avions béni votre terre alors
Que la peste noire et la sécheresse régnaient chez vos ennemis
Aussi avons-nous renversé l'ordre des choses pour votre perdition
Nous avons soufflé dans leur poitrine aux incroyants la fureur et la cruauté
Nous avons mis dans leurs mains le fer nous leur avons donné le tonnerre sur des roues

Ils sont entrés dans les places lointaines et dans les places proches
Et bien qu'ils fussent aveugles et sourds ils ont vu notre voie ils ont entendu notre voix
Ils sont nos envoyés qui foulent au pied votre superbe et votre herbe
Ils piétinent votre duplicité d'hier jusque dans vos prières
Qu'ils entrent chez le savetier ou qu'ils entrent chez le monarque
Avec la lance et le fusil la flèche et l'arc
Et qui peut démêler jamais de celles des filles d'Israïl vos entrailles répandues
Hé quoi vous avez oublié la leçon des temps zîrides quand nous chassâmes comme un porc Joseph ben Samuel Ibn-Nagrîla
Et Bâdîs alors qui régnait à Grenade pour prix de ce Wazîr et de ses coreligionnaires
Nous avons ouvert sa bauge à la meute des Sanhâdja son propre peuple par nous contre lui dressé
Quatre mille Juifs sous ses yeux périrent avec Joseph par la main berbère et c'était le neuf de Safar il y a de cela quatre cent trente années lunaires
Elles ont suffi que vous retombiez dans le fumier d'Israïl
Ne savez-vous pas que l'or des Juifs arme aujourd'hui contre vous le bras des Roûm
Mais nous avons inspiré leur justice et dans le même temps les bûchers flambent à Karis et Toulaïtoula qu'ils nomment Cadix et Tolède
Pour l'anéantissement des premiers et le triomphe des seconds sur vous
Et nous avons fait licite pour eux l'emploi du feu pour purifier la terre et vous ne serez point préservés de la mort d'Israïl
Nous sommes sans reproche à l'Infidèle de l'arme dont nous avons eu rigueur d'Alî même

Nous sommes dans le poignet prompt à taillader votre face
Dans le ventre du soudard déshonorant vos filles devant vous
Nous activons le feu païen dans vos demeures

Que les enfants de votre plaisir grillent dans leurs berceaux
Nous voici devant l'Alhambra sur le visage de la Croix
Et voyez alors votre Roi dans son ignominie et son désarroi
De sa main remise les clefs de Grenade à ces envoyés de notre puissance
Qui vont l'appeler Boabdil et le caresser comme un fils dans la honte du soleil
Et pour vous qui écriviez *Dieu seul est vainqueur* au front des monuments de votre vertige
L'heure est venue où les mots s'incarnent dans la punition
Où vous éprouvez la vérité de notre parole et notre promesse tenue

Il est aux confins de lui-même il ne touche plus le sol il partage le pain de Dieu dans sa bouche
Il ne sait plus qui lui souffle les mots
Ô pieds de l'inspiré pieds bondissants et gelés touchez touchez terre car
C'est odieux à voir se prolonger ce bond qui ne finit point
Déjà les verres se sont remplis et les jeunes gens se partagent
Les uns cherchant l'ombre féminine et d'autres rêvant du sang versé l'on
N'entend plus sa propre pensée avec les tambours et les cithares
Faites circuler le vin de dattes que l'on boira tout droit de l'outre
S'il n'y a point assez de gobelets pour tous ces chenapans
Et retombée enfin la marionnette dont
Le Saltimbanque a d'un coup lâché les ficelles
Dessus s'est penché cet homme de Castille qui s'était
Mêlé comme une médecine amère au vin de Malaga
À la tourbe des suiveurs couverts de paille et de poussière
Quel langage parle-t-il à cette oreille encore tintante de Dieu
Le persan le pehlvi l'arabe j'ai
Peine à distinguer les mots noirs comme le jais

Ne me reconnais-tu point *a-t-il dit* sous le poignard des années
Ce ravage du front les hiéroglyphes de la peau les dents perdues
Les mots tatoués à ton bras comme au mien ne te rappellent-ils entre nous
Cet échange du sang au mépris de ta loi comme de la mienne
Regarde encore une fois le compagnon du sacrilège ô Hamet
Les temps sont venus qu'à nouveau se rencontrent les hiboux
Les temps sont venus pour toi pour moi pour Boabdil
Une fois de plus tu vas boire avec moi le vin de l'imposture
Et meure le royaume nasride alors que le mensonge de sa naissance est déjà flétri comme une fleur ancienne
Dérision soit sur le dernier fils des 'Ansâr
Nous sommes la nouvelle perfidie à quoi la puissance échoit
Et le domaine dévolu le plaisir prolongé de l'homme au-delà de lui-même
Regarde devant toi fakîr ébloui comme l'esclave soumis à la volonté du maître immonde

Nous voici liés pour l'enfer qui vient dont les flammes prennent un goût pour toi de paradis

L'ALCAÏCERIA

La rue à la largeur des épaules frayées
Descend comme un orvet d'argent entre les coffres
Les tapis les mouchoirs et les manteaux rayés
Dans les cris les regards les désirs et les offres

Toutes les couleurs que l'Orient séria
Amarante safran corail jade ou turquoise
Un chant d'étoffe emplit la Kaïssâriya
Au soleil de l'hiver sous la tente tortoise

Voix d'eunuques discutant les prix entre soi
Bagarre de marins et cavaliers zénètes
Juifs étoilés palpant les laines et les soies
Gardes noirs que poursuit l'offre des proxénètes

C'est dans le souk une singulière partie
D'échecs Chaque marchand accroupi sur sa case
Le cordonnier frappant son pied de fer L'outil
Dans la main l'équarrisseur Sur le tout la phrase
Odorante du méchoui
Vendeurs d'oraisons

Porteurs d'eau philosophes vanniers saltimbanques
Mendiants et fripiers étalant ce qu'ils ont

Esclavons à l'étal cherchant ce qu'il leur manque
Qui caressent la joue et tâtent le jarret
Des chrétiens prisonniers gens des cités à sac
Soudans crépus Voleurs de chevaux navarrais

Mais voici caquetant de baraque en baraque
Et leur rire léger comme un jouet d'enfant
Ce bruit de bijoux qu'elles font quand elles bougent
Promenant leurs yeux d'antimoine sur les gens
Les femmes aux doigts teints dans leurs vêtements rouges

Oh qui n'est pas sensible à la pourpre beauté
C'est du sang qui tressaille en nous qu'elles se couvrent
Il semble qu'à leurs pas la voix nous est ôtée
L'homme en chacun de nous s'émeut Son âme s'ouvre

Comme une écharpe du Yémen Le tisserand
D'abord pâlit Le verrier ressemble à la bouche
De son four Mais le boucher lui c'est différent
Qu'est-ce qui le secoue à perdre ses babouches

C'est qu'il a vu le Fou vous savez bien le Fou
d'Elsa
        Non
                Tout le monde se retourne pour
Rire un coup car c'est à se démancher le cou
Que ce vieillard dément qui parle de l'amour

D'abord il se prend pour Kéïs l'Amirite qui mourut d'amour au pays de Nadjd et sans doute que les navigateurs qui eurent à leur bord le poème de Djâmî et de Hérât où règnent les fils de Timoûr

Ignoraient porter à travers la Méditerranée une plante qui rend fou
Comme ceux-là par inadvertance à leur bagage mêlé des noyaux de Syrie
N'imaginaient point le mardj autour de Grenade un jour ensemencé secouant au printemps des boucles de cerises
Et je ne sais quand vint ici le manuscrit orné d'enluminures
Des amours de *Medjnoûn et Leïlâ* qui n'ont fini d'être chantées
À quel prix ni dans quelle échoppe d'Andalousie il fut acheté pour qu'en moins de cinq ans passés depuis que le poète l'acheva
La graine de l'insanité conservée au fond de l'écriture eût germé donné cette plante de la folie à l'al-Baiyazin
Et voici qu'un lecteur s'y est à l'amant de Leïlâ si bien identifié
Que comme lui pour tous il a perdu son nom et le nom de son père
Comme lui nul ne l'appelle plus que le Medjnoûn qui veut dire le Fou
Substituant seulement à Leïlâ le nom de sa bien-aimée
Un nom qui n'est d'ici ni du Magrib ni de la Perse
Un nom qu'on n'a jamais chanté le soir dans les caravanes d'Arabie
Et qui ressemble beaucoup à un fruit glacé dans l'été torride
Un vocable de neige et de fleurs qui vient de régions inconnues
Et vous voyez bien que celui-là qui peut marier le ciel d'ailleurs au vers ramal
Et non point comme le vieillard de Hérât en persan reprenant à Nizâmî de Gandja son héritage
Cette Leïlâ d'Arabie à Delhi qu'avait chantée à son tour Khosroû l'Émir
Le Medjnoûn andalou son audace à rebours des traditions de notre poésie
Ayant adopté le chant vulgaire du zadjal qu'inventa le mécréant Ibn-Bâdjdja
Lui comme un idolâtre qui ne connaît pas le chemin de la pierre noire
Tourne son culte révoltant vers une femme à l'Islâm étrangère

Au contraire de cela qui est admis non point seulement aperçue et par mille obstacles séparée
D'un amour impossible d'où sort la démence comme l'eau de la fontaine
Mais sa femme et non pas la femme à un autre donnée
La femme de sa vie et de ses bras la femme qui demeure sa longue musique
Aussi n'avons-nous pas respect de sa démence inexplicable
En rupture avec toutes les règles de l'amour convenu
Et qui semble une gifle à nous tous qui vivons tranquillement avec nos épouses nos concubines
Passant de l'une à l'autre et parfois sans tragédie
Fermant les yeux sur leurs amants
C'est pourquoi nous rions de cet homme quand il croise notre chemin
Prenant les devants de l'insulte et la pierre dans la main
Prête à être jetée avant qu'il ait commencé ce chant d'Elsa comme une usurpation
Comme un déni de la coutume héritée
Comme un objet de scandale à l'heure de midi
D'autant plus insupportable qu'il n'est de loi pour le qualifier crime
À moins de l'inventer à son usage
À moins d'imaginer pour cet amour un autre crucifiement
Que celui des pieds et des mains
Tenez qu'est-ce que je vous disais voilà qu'il chante
Intolérable comme la répétition de soi-même
La récidive insolente du péché
Toute une hérésie à lui seul et d'autant plus monstrueuse
Qu'il n'y a pas de roue aux membres de l'insensé
Pas de chevalet pour briser la démence
De chevaux pour disloquer la poésie

*

Or les enfants suivant le diseur de zadjal
Comme les feuilles font le vent le long des rues
L'œil noir et le pied nu derrière lui dévalent
Vers les faubourgs écrus croquant des fèves crues
Et leur rire se tait alentour goutte à goutte
Quel peuplier géant semble partout neiger
Sur la nuit en plein jour et le chant qu'ils écoutent
Des constellations dans leur coton léger

Comme il arrivait au pont qui a nom du Peuplier le Medjnoûn chanta ce qui ne s'adressait à personne non plus que fait le vent dans la cheminée ou l'eau des moulins dans la roue et je le dis à ma manière n'ayant pris nul soin de calquer le vers andalou monorime à la façon des longues laisses des preux Charlemagne et plus par souci d'écho de rotruenge d'ici que de zadjal de là-bas et ce me soit cas de dire une fois pour toutes que je n'ai point songe de je ne sais quelle reconstitution de ce qui fut Une fois pour toutes entré dans cet 'alâm al-khayâl ce monde de l'imagination où je roue à ma voix romance et rêve à ma nuit

Et il n'y avait de la mort de Bajazet à Racine l'écrivant pas même cet espace-temps qui me sépare de l'instant où mourut Lénine. Au moins qu'on m'accorde la marge d'erreur encore à quatre siècles trois quarts honorable au tireur dans la durée

Je disais donc qu'il arrivait au pont au Kantarat al'Oûd qui mène à cette promenade où vont les amoureux

ZADJAL DU KANTARAT AL'OÛD

Elle seule elle a le ciel
Que vous ne pouvez lui prendre
Elle seule elle a mon cœur
Qu'on l'ose arracher ou fendre
Elle seule atteint les songes

Qui mettent mes nuits en cendres
Elle seule échappe aux flammes
Comme fait la salamandre
Elle seule ouvre mon âme
À ce qui ne peut s'entendre
Elle seule et qui sait d'où
Vient l'oiseau vers le temps doux

Elle seule qu'elle parle
C'est comme faire un voyage
Elle seule et son silence
A la beauté des ombrages
Elle seule et tout l'amour
Me sont un même visage
Elle seule et les merveilles
S'étonnent de son passage
Elle seule et le soleil
À peine y peut faire image
Elle seule et qui sait d'où
Vient l'oiseau vers le temps doux

Elle seule et tout le reste
S'en aille au diable vauvert
Elle seule et j'ai pour elle
Seule ainsi vécu souffert
Elle seule ô ma romance
Mon sang mes veines mes vers
Elle seule et qu'elle sorte
Je demeure dans l'enfer
Elle seule et que m'importent
Cette vie et l'univers
Elle seule et je sais d'où
L'oiseau chante le temps doux

Ô paroles à la lèvre inconsidérément envolées... Comment veux-tu que ton zadjal ne te revienne point frapper au visage, homme qui ne mesures l'expression à comment elle est d'autrui reçue ? Comment veux-tu que les gens ne te tiennent à crime de leur préférer ton amour, et de mettre en balance au profit d'une femme tout le poids de l'existence et la perle de l'aube et la pierre des douleurs ? Comment veux-tu qu'ils te pardonnent l'excès de ton âme, eux qui vivent selon la règle et l'étalon, à toi dont la langue est d'hyperbole et l'œil d'éblouissement ?

Ne sais-tu donc que ce monde où tu vis fut de toujours et à jamais demeure celui du pieux mensonge ? Eux tous, qui n'ont crainte hâter la mort d'un père afin de le dépouiller, ces voleurs de bonheur et ces pillards de rêves, spéculateurs de la famine et débauchés secrets, usuriers et gardes-chiourme, maquereaux et revendeurs de chair et de sueur, tortionnaires légaux, assassins et monarques, ou ces gagne-petit des palais, de la guerre et de l'orgie, ah, comme à bas prix tu leur procures l'occasion d'exposer leurs sentiments nobles, leurs cœurs généreux, l'amour de Dieu, de leur prochain, du peuple ! Et, sous le masque de la bonté, ne se trouve-t-il point un chanteur qui sache dire le visage immonde et puant de la Bête, une incantation qui fasse mourir les déguisés de leur odeur révélée ? Quand la vertu cessera-t-elle d'être ce parfum par quoi la décomposition se dissimule, et les siècles passent en vain, les sociétés se succèdent, les dieux, les philosophies, la peste ne change que de costume, et la charogne à son aise étale au grand jour son mufle maquillé... Il n'y a pas une aspiration de l'âme, une grandeur de l'idée, une générosité de l'homme, au bout du compte qui ne serve d'éventail à la puissante Hypocrisie, toujours victorieuse et toujours adulée. Elle a pour cortège les hommes de cérémonie, à qui parole n'est jamais autre que déjà pesée, éprouvée, ajustée, langage que de cette politesse, où se trouve le prix quotidien qu'ils sont payés, les hommes de citation, les hommes-échos, qu'un mot suffit à faire pivoter sur leurs convictions, tant ils sont bien graissés, bien huilés et reconnaissants de l'être... les hommes de prosternation changeant plus facilement d'idole que de liturgie... Et si tu ne vois pas de quoi je veux parler, ne te tourmente pas: point n'est besoin de Grenade aux derniers jours pour l'entendre, à l'imbécile cherchant à lire entre les lignes, qu'il lève le flambeau de sa main tremblante, et lise son infamie au premier semblant de miroir!

Et la parole soit comme avant une bataille: Écartez-vous de ma route, ô Hypocrites!

Car si je veux parler à cette femme, et quelle différence y a-t-il de la prière ou du chant, je ne vais pas cacher mon amour sous la religion, faire semblant de tourner à Dieu ce qui revient à cette femme, et mes ablutions se fassent pour elle, et pour elle prononcés les noms de ma bouche.

Vous vous vantez d'avoir pieusement offert cent noms à Allah, oublieux que c'est lui-même sans vous qui se les est donnés, ou tout au moins quatre-vingt-dix-neuf et le sien, les disant les noms les plus beaux, comme si c'était là de votre part munificence. Et moi, je vous le proclame, à cette femme je donne tant de noms admirables que pour les compter dessus vous n'avez suffisance d'étoiles. Vous dites: «Quelle est-elle donc qu'il lui faille tant de mots à la décrire?» *Et moi, je vous réponds, ô Hypocrites, que votre dieu s'il s'épuise avec cent noms dont le sien, cela prouve que vous lui vouez un culte avare, et moi, je vous affirme, ô Parcimonieux, que celle que je chante a de toute façon les noms les plus beaux: qu'elle choisisse et s'en fasse un collier d'un jour, aussitôt jeté je lui tends toutes les pierres de rare éclat que votre prière pauvre ignore...*

Écartez-vous de ma route, ô Hypocrites! Voici le lieu, voici l'ombre et la lumière séparées, voici l'Homme que je charge de se tenir pour moi tourné vers où je situe Dieu, la paume en direction de ma kibla, droit, les pieds écartés l'un de l'autre, car plus grande est l'offrande si tu n'en vois pas la main, plus profond le chant dont tu ne peux situer la bouche.

Prends ma place, vieillard, sois mon cœur et mon cri.

CELLE DONT LE NOM S'ÉCRIT DIVERSEMENT

Une chambre d'ombre avec la haute fenêtre étroite perdue où le soleil ne pénètre à l'heure de la prière licite que d'un doigt jaune à terre pointé sur un manuscrit dont la calligraphie aligne tous les étendards de la langue persane où neigent les points diacritiques si bien que semble ici se poursuivre la Guerre Sainte et non la louange de l'être aimé

Et le chant ramal de Djâmî s'est au Coran substitué

Une chambre d'ombre où ne se voient outre le calme et le parchemin que cette cruche d'une eau froide à quoi s'éteint de temps en temps la soif du poète

Une soif qui l'emplit d'un feu sans fin qui le fait sans force

Une soif toujours la même amère amère amère

Et la planche où dormir un livre usé par les yeux la porte

Donnant droit sur la rue à travers un rideau

De perles noir et blanc un rideau d'écriture

Une chambre d'ombre fauve un homme seul sur ses jambes croisées

Tout là-haut dans Grenade au fond de l'al-Baiyazin

Où gîtent des fauconniers des Gitans des pauvres et des princes

Il est n'importe quelle heure On entend des enfants au dehors ou la prosternation sonore du muezzin

Tout là-haut dans Grenade et l'homme n'a que faire de parler ou de rire Il n'est de place

Ici que pour la solitude et rien d'autre et le silence et rien

d'autre où suis-je et ne faut-il pas demander à qui vit ici pardon de cette entrée au cœur de lui-même et rien d'autre
Mais en vérité je ne suis pas dans cette chambre
Où sans me voir tout à sa propre folie
Cet homme fait de lui-même économie

Tout là-haut dans Grenade au fond de l'al-Baiyazin

Et rien ni les marches de pierre ni la persienne rayée
Ne donne accès sur cet homme ni le plafond d'obscurité ni
Le bourdon parfois d'une mouche

Et sur les murs se répète un mot entre deux alif les lettres sîn et lam de droite à gauche ainsi que je les lis à l'envers de mes yeux latins comme une interrogation S L est-ce elle est-ce Elle à la craie au charbon à la craie au couteau à la craie à l'encre à la craie et qui s'inverse en lettres grecques êta lambda sigma alpha de gauche à droite à hauteur de l'homme à genoux ou latines à hauteur de la bouche ou cyrilliques à hauteur du front ΕΛΣΑ ELSA ЭЛЬЗА...
Et qui reconnaîtrait dans l'alphabet d'Occident le mot EN-XA qui vient de l'avenir au pays du Sud-Pacifié
Ainsi les enfants font de la rue un jeu tatoué les nomades un langage entre eux que ne comprend point la maison marquée ou des hommes aux yeux fuyants le blasphème et l'obscénité
Et dans cette chambre aux premiers jours que nous eûmes n'était-il t'en souviens-tu pas tracé sans fin *Celui qui aime écrit sur les murs Celui qui aime écrit sur les murs Celui qui aime*
Comme une ponctuation du secret du silence

Tout là-haut là-bas dans Grenade au fond de l'al-Baiyazin
Et c'est à la fois une chambre une cellule une cave une grotte ainsi qu'en habitent les Gitans d'aujourd'hui qui n'écrivent aux murs par lettres mais par signes la langue des voleurs
Car l'amour de cet homme-ci n'est-il pas le Vol une cabale de

l'avenir le Vol une effraction de mon âme le Vol de ce qui va naître et l'ombre reine à mes yeux dérobée ô sorcellerie

Personne ici n'entre On sait

Qu'il en sort un vieil homme appelé le Fou derrière qui

Les garnements quand il chante s'assemblent le suivant par les ruelles

Et parfois il se trompe et psalmodie un langage lointain qu'ils ne peuvent comprendre une Perse perdue ou la noirceur d'Éthiopie

Ou disent les Esclavons dont s'entoure le Roi dans le Palais Rouge al'Hamrâ

Je ne sais trop quelle clameur kymrique

Et les garnements derrière lui frappent leur bouche de cet étrange nom étranger

Par une dérision des doigts de la langue et de la salive

Là-haut dans l'al-Baiyazin d'où descend la marche et descend le zadjal et les femmes se tournent vers lui riant Voilà Kéïs

Le beau Kéïs du pays de Nadjd chante ô Kéïs ta Leïlâ dont le nom ne se peut retenir dans sa bizarrerie

Chante ô Medjnoûn celle que tu ne montres point

Il passe et le porteur d'eau remplit attentivement les cruches

Que pas une goutte n'en soit perdue

Qui vient des citernes sous l'al-Kassaba dont il paye au Palais de l'Émir redevance

Le Medjnoûn passe avec sa cour dépenaillée il chante il descend dans Grenade où se fait le train de tous les jours

Malgré la haine et le mépris de ceux qui ont science de la poésie, et s'appuient sur le Coran où il est dit que l'amour des voluptés qui viennent de la femme, comme celui des chevaux de race et des terres arables, est tromperie des hommes, à quoi Dieu donnera substitut véritable dans une autre vie — et comment ont-ils oublié qu'il est dit aussi : De toute chose nous avons créé un couple, — *malgré les quolibets et l'injure, au milieu de la foule, à travers les quartiers pauvres ou dans la campagne parmi les valets de ferme et les troupeaux, il passe, le Fou, dans les haillons de sa vie, les ravages du temps sur son visage, il traverse le malheur et la menace, il se hâte, ayant peut-être pressentiment que ce qui n'est point maintenant chanté ne va jamais l'être. Et ne le jugez pas selon votre morale d'état civil parce qu'il a pris le nom d'un prince d'Arabie étant d'humble naissance et non point du pays de Nadjd, mais de cette colline à l'est de Grenade qui en est appelée où les amoureux venaient se promener, si bien qu'il ne l'a point volé, le nom d'An-Nadjdî d'où sans doute ses rêves dérivèrent du côté de l'amant de Leïla, Kéïs Ibn-Amir. Ne lui dites pas qu'il vaudrait mieux déclamer des poèmes qui mettent aux mains grenadines les armes, le feu dans les cœurs et l'intrépidité sur les fronts. Que d'autres cette fois s'en chargent ! Lui sait dans sa chair et son âme que chaque instant de cette saison d'avant l'incendie est ce qu'il lui demeure à glorifier l'amour de qui porte le nom de mon amour. Vous êtes sages et justes, ô gens qui pesez toute chose à la façon de l'or et de l'argent, de la turquoise ou des zoumourroud ! Mais, moi qui vais mourir, je n'ai pas trop de chaque respiration pour nommer Elsa... Je vous donne ici les poèmes du Medjnoûn, tels que je les ai surpris, mêlé aux mendiants et aux gamins des rues, car il parle pour moi, dans cette Grenade appelée vie, où je ne crains ni la honte ni le rire, mais seulement de n'avoir pas dit avant le crépuscule une chose pour quoi je suis né.*

Chants du Medjnoûn

Fu chiamata da molti Beatrice li quali non sapeano che si chiamare.

DANTE, Vita nuova.

Alif Lâm Sîn Alif, voici les signes du cœur voyant.

Il ne nous est rien parvenu des chants nombreux qu'au long de sa vie Kéïs Ibn-Amir an-Nadjdî, qu'on appelle Medjnoûn Elsa ou Al-Zâ (ce qui est barbare, le zeïn comme le sîn étant lettres solaires, et donc l'on devrait dire Es-Sâ ou Az-Zâ, d'où probablement la supposition que ce nom étrange pourrait être un camouflage de celui de la déesse préislamique Al-Ozza...) il ne nous est rien parvenu des chants que le Medjnoûn égrena par les rues, les champs, les vallées, ou dans ses variables demeures, non plus que ne sont transcrites les prières de l'homme pieux, si beaux que soient les noms qu'il donne à Dieu. Cependant, lorsque déjà par l'usure de son corps on put voir la trame de son existence, les cordes de son âme comme un luth qui a traîné sur toutes les pierres marquées de ses genoux, il advint qu'aux pas du Medjnoûn un gamin s'attacha dont les parents n'étaient point connus, et qui prit soin du vieil homme, pour lui collectant les offrandes de ceux qui l'ont entendu chanter, lavant le seuil de sa maison, lui portant l'eau, prenant soin de ses vêtements et des étoffes de son lit.

Le diseur de zadjal se fit habitude de ne le pas remarquer, l'appelant Zaïd, qui fut le seul nom qu'on connût à l'enfant. Ainsi Zaïd devint son ombre et son serviteur, silencieux et rapide, ayant la couleur de l'olive et la prestesse du lézard. Comment il apprit à écrire, et non seulement l'arabe, mais toute sorte de langages, on suppose que cela lui vint à la fois d'une famille de lettrés juifs qui habitaient au voisinage du Medjnoûn, et d'un talent précoce et singulier, peut-être d'origine surnaturelle. Toujours est-il qu'on le voyait assis calligraphiant à merveille ce qu'une mémoire surprenante lui avait permis de retenir des improvisations de son Maître, et jamais il ne lui en demandait correction, car le Medjnoûn tenait l'écriture faite pour un seul nom qu'il ne traçait que sur les murs.

C'est à Zaïd que nous devons presque les seuls chants notés d'An-Nadjdî. Les titres qu'ils portent sont du scribe, lequel les inventait pour faciliter référence aux gens de savoir en demandant la copie, qu'il faisait sur ce papier de chanvre et de lin nommé chatibi *d'après la ville qui le fabrique, et l'enfant en apportait l'argent à l'al-Baiyazin, dans une écuelle d'argile. Il y a eu des hommes de science par la suite pour s'étonner que Zaïd n'ait jamais fixé les zadjal ou autres poésies qu'An-Nadjdî consacra, comme il est de connaissance commune, à l'histoire de Grenade et à ses malheurs, mais seulement ceux-là qui disent d'Elsa et de l'amour d'elle. Quand Zaïd plus tard tomba dans les mains de l'Inquisition, il fut torturé afin de lui arracher explication de cette singularité. Tout ce qu'on obtint de lui, qui n'avait semblance d'aveu, fut que l'écriture n'est point faite pour ce qui passe, mais pour ce qui demeure. Et comme on lui avait mis la main dans le feu, s'indignant qu'infidèles qu'ils fussent les Rois de Grenade lui semblassent moins qu'Elsa dignes de mémoire, il cria de douleur que, suivant l'enseignement de son Maître, l'avenir de l'homme est la femme, et non pas les Rois.*

Rien n'est tout à fait ce qu'il
Semble à raison
La vie est une maison
Sombre et tranquille

Si dans la chambre à côté
Je te devine
C'est toujours de la poitrine
Mon âme ôtée

Chaque bruit m'est comme un trouble
Qui vient de toi
Il n'est plus terrible loi
Qu'à vivre double

Je meurs à chaque moment
De ce que j'aime
Et pourtant je vis quand même
Dieu sait comment

Que songeons-nous de l'amour
Qu'amour ne nie
Le cœur jamais n'en finit
D'être où il court

Commentaire de Zaïd: Il n'y avait qu'une seule chambre à la maison d'An-Nadjdî. Il y a donc lieu de penser que ce chant fait allusion à un palais des gens de l'avenir qui auront tous deux chambres, l'une pour aimer, l'autre pour pleurer. Je n'ai point donné de titre à ce poème, parce que mon Maître une fois m'en dit qu'il pouvait aller tête nue.

MEDJNOÛN

Ô nom que je ne nomme point et qui s'arrête dans ma bouche
Comme un objet de pureté qui briserait son propre son
Comme la fleur dans le tilleul avant de la voir que l'on sent
Ô nom de vanille et de braise ô comme l'oiseau sur la branche
Léger à la lèvre tremblante et doux au toucher de la main
Comme le verre que l'on brise et qui ressemble une caresse
Comme l'aveu d'une présence au bord de l'ombre tentatrice
Nom de cristal loin dans la ville ou tout près murmure d'amant
Ô nom qui rougit sur ma langue et si peu que je le prononce
Je n'ai désir qu'à demeurer comme sa traîne ou son parfum
Qu'à n'être plus que sa poussière un souvenir de ses pas fins
Qu'à son sujet l'on ait de moi comme une vague souvenance
Ou moins que ça comme d'un trille un tremblement ou d'un soupir
D'on ne sait trop ce qu'on oublie un geste d'elle ou d'un accent
D'une ombre au mieux dans la voix même ou dans l'orchestre le buccin
Moins qu'un écho dans l'escalier qu'un bruit de porte qui se perd
Et si pourtant l'on a mémoire un jour ou l'autre que je fus
Disant ce nom qui n'est que d'elle et qui me trouble dans mon âme
Qu'on daigne alors selon mon cœur me laisser être un anonyme
À son parage à son passage et qu'il soit dit c'était son fou

Commentaire de Zaïd: An-Nadjdî m'ayant une fois enseigné que, l'année où Grenade fut seule d'Espagne épargnée de la peste noire en l'autre siècle, mourut de ce fléau dans une ville des Ifrandj la seule femme dont le nom pût être à ses yeux comparé à celui d'Elsa, mais il ne le prononça pas ce jour-là comme d'idole, ajoutant qu'il souhaitait plus qu'à aucuns l'attacher à ces vers, qu'il prétendait avoir imité du poète de cette morte, dont je ne sais comme il me dit avoir fait voyage à l'extrême terre du Nord, une île du nom de Thulé ou Dernière Thylé. Et s'il usa du nom d'icelui, je n'ai pu le retenir, composé de sons qui n'existent point dans la gorge andalouse. Alors j'ai appelé ces vers *Medjnoûn*, comprenant que mon Maître avait voulu me faire entendre par là que s'il acceptait d'être appelé du nom de Kéïs qui mourut d'amour au pays de Nadjd, Leïla ne pouvait être substituée à Elsa, que par très faible allégorie.

LE BOUQUET

Tu avais beau faire et beau dire
Je fus cette ombre qui te suit
Le temps par tes doigts qui s'enfuit
Comme le sable noir des nuits
Le soleil brisé dans la pluie

Tu avais beau faire et beau dire
Je fus là l'hiver et l'été
Un air dans la tête resté
D'avoir été sans fin chanté
Ou simplement d'avoir été

Tu avais beau faire et beau dire
Sur tes pas où tu vas je veux
Être ce bruit que fait le feu
Cet écho qui semble un aveu
L'ave du vent dans tes cheveux

Tu avais beau faire et beau dire
Tu ne te parvins démêler
De ce qui fut ou m'a semblé
De cet amour dont j'ai tremblé
De ce bonheur que j'ai volé

Tu avais beau faire et beau dire
Te fermer à ce que je dis
Jurer Dieu que j'en ai menti
Détourner tes yeux vers l'oubli
Nier mon cœur et ma folie

Tu avais beau faire et beau dire
Voici venus les jours sans nous
Et pour les gens de n'importe où
Je demeure sur tes genoux
Comme un bouquet qui se dénoue
Tu avais beau faire et beau dire

Commentaire de Zaïd: Au dernier vers de la strophe troisième, il y a mot dont j'ai longtemps douté, mais il me semble que ce soit un terme latin par quoi les Chrétiens de la Secte mariale rendent hommage à Maryam, mère de Jésus. Cela montre bien qu'An-Nadjdî avait dû sortir du Dâr-al-Islâm, et voyager en étrange pays, peut-être chez les Ifrandj où, peut-être, il connut Elsa. À moins que, lui qui ne fit pèlerinage de La Mecque, il eût simplement pris pour but de son *hadjdj* des lieux où Elsa devait un jour demeurer ou desquels elle allait parler.

POÈME DES DEUX MOIS DE KÂNOÛN

Mon amour est la violette à la morsure comparable
Mon amour enfonce en mon cœur comme un pied nu fait dans le
sable

Le baiser profond de l'eau guette avec avidité sa trace
Mon amour c'est la douceur de minuit de terrasse en terrasse
Mon amour c'est toi par qui dans les chambres les miroirs s'argentent
Ma seule amour distraite comme l'air comme l'ombre changeante
Ma vivante amour qui marches dans ma vie à pas de jacinthes
Ma belle amour couleur de qui mon âme est uniquement peinte
Dans ta longue chemise du soir ma brûlante amour ma femme
Ainsi que jusqu'à terre des flambeaux descendue est la flamme
Ma déchirante amour comme un bouquet défait quand on y touche
Mon amour sans en souffler plus qu'en tremblant suit partout ma bouche
Mon amour pour qui tout langage est une ceinture défaite
Et la phrase qui se nouait ne sait où donner de la tête
Car à ce seuil de mon amour parler perd tous ses stratagèmes
À cette porte je n'ai plus d'autres mots avouant que j'aime
Qui donc jamais aurait pu dire à l'aveugle ce qu'est le jour
Et le poème meurt d'aimer qui ne murmure que l'amour
Il meurt ainsi que meurt l'année à son dernier quartier lunaire
Comme un royaume sans musique où la mémoire dégénère
J'ai fait celui-ci dans l'heure où je suis dans le trou du malheur
Comme un homme qui ne voit plus le lendemain de sa douleur
Et qui sur sa pierre ne peut inventer de mettre autre chose
Que ces deux mots de *Mon amour* qui sont comme la mort des roses

Commentaire de Zaïd: C'est d'une conversation que j'eus avec mon Maître que j'ai pris liberté de dater ainsi ce poème suivant le calendrier syriaque, comme faisaient les premiers poètes d'al-Andalous. Il avait dit de la vieillesse qu'elle est les mois de kânoûn de l'homme où l'amour demeure alors qu'il n'y a plus de roses.

Э

Nous avons traversé la vie ainsi que chiffres enlacés
Écrits de neige sur le drap de gauche à droite moi d'abord
Initiale à ton sommeil te gardant de l'aube à bâbord
Et sur l'oreiller pâle et doux la lettre d'Elsa renversée
Car l'alphabet de ton pays possède ce signe à l'envers
Que me traduisent les miroirs et qui paraît oiseau volant
N'étant que la courbe d'aimer le refuge d'un geste blanc
Baiser perdu Main des adieux croissant de lune ou cœur ouvert
Dans le paraphe de tes bras leur accolade où tout s'inscrit
Et le bonheur et le malheur jusqu'au matin dormant ensemble
Ô mon amour couleur du temps tout ce qui tremble te ressemble
Ton silence adorable entre en moi comme un cri

Commentaire de Zaïd: La lettre *oborothniya* que j'ai copiée au mur de la chambre d'An-Nadjdî était par lui dessinée de façons infinies, et c'était parfois une mouette volant de gauche à droite, parfois un trident dans l'autre sens, et il l'ornait souvent de fleurs dont j'ignore les noms.

CHARI'

(Le Figuier)

La maison n'était qu'un nœud de ténèbres
Reviens veux-tu bien nos pas recroiser
A-t-elle toujours ses volets funèbres
L'escalier de pierre aux marches brisées

Dis tu t'en souviens de l'enclos de murs
Où les lys avaient follement fleuri

La ronce y poussait dont saignaient les mûres
Nous rêvions alors y chercher abri

J'y revois toujours ta robe légère
Repassons le seuil en vain condamné
Retrouver ici l'odeur passagère
Qui remonte à nous du fond des années

Je trace ton nom sur le figuier mâle
Qui a ce parfum des corps entr'aimés
Ton nom va grandir dans l'écorce pâle
Avec l'arbre et l'ombre au jardin fermé

Peu à peu perdant la forme des lettres
Qu'il s'écarte donc comme font les plaies
Illisible alors au passant peut-être
Ce cri de soleil dont je t'appelais

Les mots que l'on dit sur les lèvres meurent
Le sens qu'ils portaient s'éteint lentement
Il faut accepter que rien n'en demeure
Les baisers sont seuls partis les amants

Je ne t'ai donné qu'un chant périssable
Comme était ce cœur pourtant qui battit
Ah mon triste amour mon château de sable
Les baisers sont seuls les amants partis

Commentaire de Zaïd : Cette fable apparemment a trait à un épisode de la vie d'Elsa et d'An-Nadjdî au pays ifrandjî où vécut au siècle passé cette femme qui mourut de la peste noire, et dont j'ai déjà parlé. Mon Maître faisait souvent allusion à cette ville, où se trouve le tombeau de Lavra, Laoura ou l'Awra, si je me souviens bien, dont il disait, ne fût-ce que pour ses Gitans, qu'elle était une autre Grenade. Il me semble que ce fut pendant une guerre d'invasion qu'ils s'y trouvèrent, il faut croire qu'ils y retournèrent par la suite. J'ai souvent rêvé de cette idée où, selon mon

Maître, c'était tout autre secte d'Égyptiens qu'on rencontrait : comme ceux d'ici s'appelant *Rom-Muni* ou *Calès*, mais au langage des Gitans mêlant des mots semble-t-il venus de l'Orient slave, et pour la mort disent *merla* quand ici en est le nom *marriben.*

LES MAINS D'ELSA

Donne-moi tes mains pour l'inquiétude
Donne-moi tes mains dont j'ai tant rêvé
Dont j'ai tant rêvé dans ma solitude
Donne-moi tes mains que je sois sauvé

Lorsque je les prends à mon pauvre piège
De paume et de peur de hâte et d'émoi
Lorsque je les prends comme une eau de neige
Qui fuit de partout dans mes mains à moi

Sauras-tu jamais ce qui me traverse
Qui me bouleverse et qui m'envahit
Sauras-tu jamais ce qui me transperce
Ce que j'ai trahi quand j'ai tressailli

Ce que dit ainsi le profond langage
Ce parler muet des sens animaux
Sans bouche et sans yeux miroir sans image
Ce frémir d'aimer qui n'a pas de mots

Sauras-tu jamais ce que les doigts pensent
D'une proie entre eux un instant tenue
Sauras-tu jamais ce que leur silence
Un éclair aura connu d'inconnu

Donne-moi tes mains que mon cœur s'y forme
S'y taise le monde au moins un moment
Donne-moi tes mains que mon âme y dorme
Que mon âme y dorme éternellement

Il n'y a pas de commentaire de Zaïd à ces vers, sur lesquels furent mises plusieurs fois des musiques. Il est possible qu'ils soient d'autre source, ou du moins écrits beaucoup plus tard, après la chute de Grenade, quand une certaine contagion de la syntaxe castillane mit sur des lèvres maures, ou comme on dit alors morisques, la forme future du verbe *il sait* comme d'*il est*. À moins que la contrefaçon fût gitane, du temps où les Maures persécutés apprirent de ce peuple errant à vivre hors la loi des vainqueurs. D'autant que la langue des Calès forme un futur par la terminaison uniforme en *a* pour toutes les personnes (à ce peuple, c'est l'impératif qui manque, les Gitans n'ayant à qui donner des ordres).

Le titre est de tradition orale. La musique est jouée au moyen d'instruments peints et décorés de nacre avec quoi des chanteurs ambulants allaient encore porter l'arabe des temps abolis dans les *despoblados* des monts où les Castillans ne se hâtaient point de remplacer les Maures, et où souvent les musiciens étaient assaillis par des loups ou des sangliers.

ÉNIGME

Un grand champ de lin bleu parmi les raisins noirs
Lorsque vers moi le vent l'incline frémissant
Un grand champ de lin bleu qui fait au ciel miroir
Et c'est moi qui frémis jusqu'au fond de mon sang
Devine

Un grand champ de lin bleu dans le jour revenu
Longtemps y traîne encore une brume des songes
Et j'ai peur d'y lever des oiseaux inconnus
Dont au loin l'ombre ailée obscurément s'allonge
Devine

Un grand champ de lin bleu de la couleur des larmes
Ouvert sur un pays que seul l'amour connaît
Où tout a des parfums le pouvoir et le charme
Comme si des baisers toujours s'y promenaient
Devine

Un grand champ de lin bleu dont c'est l'étonnement
Toujours à découvrir une eau pure et profonde
De son manteau couvrant miraculeusement
Est-ce un lac ou la mer les épaules du monde
Devine

Un grand champ de lin bleu qui parle rit et pleure
Je m'y plonge et m'y perds dis-moi devines-tu
Quelle semaille y fit la joie et la douleur
Et pourquoi de l'aimer vous enivre et vous tue
Devine

Commentaire de Zaïd: An-Nadjdî faisait observer que le lin pousse à la fois dans le mardj et au pays d'Elsa. Cela lui paraissait assez dire pour expliquer cette énigme.

LA CROIX POUR L'OMBRE

Les gens heureux n'ont pas d'histoire
C'est du moins ce que l'on prétend
Le blé que l'on jette au blutoir
Les bœufs qu'on mène à l'abattoir
Ne peuvent pas en dire autant
Les gens heureux n'ont pas d'histoire

C'est le bonheur des meurtriers
Que les morts jamais ne dérangent
Il y a fort à parier
Qu'on ne les entend pas crier
Ils dorment en riant aux anges
C'est le bonheur des meurtriers

Amour est bonheur d'autre sorte
Il tremble l'hiver et l'été
Toujours la main dans une porte
Le cœur comme une feuille morte
Et les lèvres ensanglantées
Amour est bonheur d'autre sorte

Aimer à perdre la raison
Aimer à n'en savoir que dire
À n'avoir que toi d'horizon
Et ne connaître de saison
Que par la douleur du partir
Aimer à perdre la raison

Ah c'est toi toujours que l'on blesse
C'est toujours ton miroir brisé
Mon pauvre bonheur ma faiblesse
Toi qu'on insulte et qu'on délaisse
Dans toute chair martyrisée
Ah c'est toujours toi que l'on blesse

La faim la fatigue et le froid
Toutes les misères du monde
C'est par mon amour que j'y crois
En elle je porte ma croix
Et de leurs nuits ma nuit se fonde
La faim la fatigue et le froid

LE MIROIR

Si le miroir mimer osa
La rose et l'or des mimosas
Le saule en fleur au vent qui bouge
La sauge en sang qui saigne rouge
La violette et les lilas
De quoi se parent les yeux las
S'il prit leur regard aux pervenches
À la palombe l'aile blanche
S'il résuma le ciel en lui
Croisa le soleil et la pluie
S'il fut la nuit s'il fut le jour
À la lumière fit l'amour
Il a tremblé lorsque tu vins
A bu tes lèvres comme un vin
S'est perdu suivant ta musique
Au cœur du paradis physique
Ne voit plus rien quand tu t'en vas
Dans son profond sommeil rêve à
Toi seule aveugle à toute chose
Aux mimosas comme à la rose
Insensible à qui le grisa
Et n'est plus miroir que d'Elsa

Commentaire de Zaïd : De quel miroir il s'agissait, de verre ou de métal, nul ne peut dire, et furent propos nombreux de la signification cachée de ce chant. Quand la police de l'Émir fouilla le domicile de mon Maître, elle avait mission de trouver ce miroir qui se disait magique, et servant à lire temps d'hier comme de demain. J'en interrogeai par curiosité d'enfant An-Nadjdî qui me répondit : « Il y a des miroirs d'eau, de ciel (ou mirages)... mais sont les gens trop simples pour entendre qu'il y a miroirs de mots (ou images). C'est pourquoi leur est mystère la poésie. Ces vers signifient puisque enfin le secret t'en importe, que dans ma poésie où parfois je semble parler d'autre chose il n'est image qui ne serve à montrer Elsa, il n'est image que d'Elsa. »

LE CONTRE-CHANT

Vainement ton image arrive à ma rencontre
Et ne m'entre où je suis qui seulement la montre
Toi te tournant vers moi tu ne saurais trouver
Au mur de mon regard que ton ombre rêvée

Je suis ce malheureux comparable aux miroirs
Qui peuvent réfléchir mais ne peuvent pas voir
Comme eux mon œil est vide et comme eux habité
De l'absence de toi qui fait sa cécité

Ainsi dit une fois An-Nadjdî, comme on l'avait invité pour une circoncision, mais les gens trouvèrent ces paroles pour une fête obscures et déplacées. « Qu'a-t-il voulu dire ? — demandèrent-ils à Zaïd, — ne devrait-il ici parler uniquement du bonheur ? » Répétant alors sans doute une leçon de son Maître, l'enfant répondit que pour parler bonheur il faut y croire et que tant que miroirs ne sont que d'autrui, sans eux-mêmes pouvoir en autrui se voir, c'est-à-dire tant que l'autre en toi se voit sans te voir, il n'est que malheur d'aimer.

Alors on les chassa tous les deux.

C'est à cet épisode que va se référer plus tard Zaïd, au début de l'an chrétien 1941, commentant *L'HORLOGE*, et peut-être *LE CONTRE-CHANT* ne se comprend-il pas sans cet autre poème et ce qui le suit.

LES LILAS

Je rêve et je me réveille
Dans une odeur de lilas
De quel côté du sommeil
T'ai-je ici laissée ou là

Je dormais dans ta mémoire
Et tu m'oubliais tout bas
Ou c'était l'inverse histoire
Étais-je où tu n'étais pas

Je me rendors pour t'atteindre
Au pays que tu songeas
Rien n'y fait que fuir et feindre
Toi tu l'as quitté déjà

Dans la vie ou dans le songe
Tout a cet étrange éclat
Du parfum qui se prolonge
Et du chant qui s'envola

Ô claire nuit jour obscur
Mon absente entre mes bras
Et rien d'autre en moi ne dure
Que ce que tu murmuras

LE PLAISIR-DIEU

Dieu le plaisir que j'ai de toi
Qui fait la vie être si brève

Chaque réveil comme autre rêve
Et te retrouver autre fois
Comme à nouveau signer ma trêve
Avec la mort si te revois
Dieu le plaisir que j'ai de toi

Dieu mon plaisir que je te touche
M'en soit le sentir plus qu'humain
Que ne suis-je sur ton chemin
Le blé que ton pied courbe et couche
Ô prendre ta main dans ma main
Déjà les mots rient dans ta bouche
Dieu mon plaisir que je te touche

Mon Dieu présent mon Dieu passé
À tous les instants tu me quittes
Et ce cœur en toi qui palpite
Déjà se renouent tes pensées
Est-ce me fuir qu'il bat si vite
Comme la raison l'insensé
Mon Dieu présent mon Dieu passé

Le plaisir que Dieu je t'ai d'être
Mon enfant toujours au matin
Ce ciel premier proche et lointain
Avant qu'on ouvre la fenêtre
Comme un manteau samaritain
Soleil Soleil qui me pénètres
Le plaisir que Dieu je t'ai d'être

Le doux plaisir le plaisir-dieu
Où le corps de l'âme se clive
Le plaisir qu'à l'eau fait la rive
Le plaisir qu'à voir font les cieux
Le plaisir que j'ai que tu vives
Le plaisir que j'ai de tes yeux
Le plaisir doux le plaisir-dieu

Commentaire de Zaïd : An-Nadjdî disait de ce poème que, malgré ce manteau qui vient des Écritures chrétiennes, il est la seule preuve jamais donnée du seul Dieu que tous les hommes tiennent pour véritable.

POUR DEMANDER PARDON

Si je chante le plaisir
N'en prends point ombrage
C'est pour ton âme saisir
Dans mes doigts sauvages

En saisir le cri l'odeur
La fleur fugitive
Pardonne-moi l'impudeur
Brutale et naïve

La parole au grand soleil
Qu'il eût fallu taire
Ailleurs que pour ton oreille
Le lit les mystères

Fallait-il que par faiblesse
J'en fasse la faute
Fallait-il que je te blesse
Parlant à voix haute

Je n'ai su garder du jour
Les choses qu'on mure
Et le voilà sur l'amour
Fait pour le murmure

Mais en moi pourtant demeure
La place d'un soir
Où dans le silence meurt
Un cantique noir

Comme soudain sur le monde
Se tait la tourmente
Tout se fait jardin qu'inonde
Le parfum des menthes

Mais je crains le moindre geste
La moindre imprudence
L'oiseau s'enfuit la main reste
Sur le cœur qui danse

Doute me vient de moi-même
Et peine secrète
Doute me vient que tu m'aimes
Ah le temps s'arrête

Il prend couleur éternelle
Douleur animale
Être même est criminel
Quand on a si mal

Rien ne cède rien ne passe
Et tout me déchire
Que faudrait-il que je fasse
Comment te fléchir

Tout n'était-il que mensonge
Que les mots cachèrent
Cette atrocité me ronge
L'esprit et la chair

Coûte que coûte j'écoute
L'heure et la souffrance
Je m'étais grisé sans doute
De douce apparence

J'avais cru simplement vivre
Le bonheur d'y voir
J'étais ivre j'étais ivre
Sans en rien savoir

Mon dieu mon dieu quelle absence
Je sens et je touche
Jour et nuit n'ont plus de sens
Le cri plus de bouche

Commentaire de Zaïd : Quand j'eus tracé les lettres de ces soixante vers, mon Maître me demanda de les lui lire, ce que je fis en me détournant de lui, de peur de voir dans ses yeux les larmes. Mais il ne pleura point et dit : « Zaïd, répète-moi ces vers plus lentement, que je les comprenne. »

VERS À DANSER

Que ce soit dimanche ou lundi
Soir ou matin minuit midi
Dans l'enfer ou le paradis
Les amours aux amours ressemblent
C'était hier que je t'ai dit
Nous dormirons ensemble

C'était hier et c'est demain
Je n'ai plus que toi de chemin
J'ai mis mon cœur entre tes mains
Avec le tien comme il va l'amble

Tout ce qu'il a de temps humain
Nous dormirons ensemble

Mon amour ce qui fut sera
Le ciel est sur nous comme un drap
J'ai refermé sur toi mes bras
Et tant je t'aime que j'en tremble
Aussi longtemps que tu voudras
Nous dormirons ensemble

Ces vers appartiennent d'évidence au cycle des contrefaçons morisques ou gitanes d'An-Nadjdî dont nous avons plus haut trouvé exemple, et pour la même raison, de ce messianisme du langage.

GAZEL DU FOND DE LA NUIT

Je suis rentré dans la maison comme un voleur
Déjà tu partageais le lourd repos des fleurs *au fond de la nuit*

J'ai retiré mes vêtements tombés à terre
J'ai dit pour un moment à mon cœur de se taire *au fond de la nuit*

Je ne me voyais plus j'avais perdu mon âge
Nu dans ce monde noir sans regard sans image *au fond de la nuit*

Dépouillé de moi-même allégé de mes jours
N'ayant plus souvenir que de toi mon amour *au fond de la nuit*

Mon secret frémissant qu'aveuglément je touche
Mémoire de mes mains mémoire de ma bouche *au fond de la nuit*

Long parfum retrouvé de cette vie ensemble
Et comme aux premiers temps qu'à respirer je
tremble *au fond de la nuit*

Te voilà ma jacinthe entre mes bras captive
Qui bouges doucement dans le lit quand
j'arrive *au fond de la nuit*

Comme si tu faisais dans ton rêve ma place
Dans ce paysage où Dieu sait ce qui se passe *au fond de la nuit*

Où c'est par passe-droit qu'à tes côtés je veille
Et j'ai peur de tomber de toi dans le sommeil *au fond de la nuit*

Comme la preuve d'être embrumant le miroir
Si fragile bonheur qu'à peine on y peut croire *au fond de la nuit*

J'ai peur de ton silence et pourtant tu respires
Contre moi je te tiens imaginaire empire *au fond de la nuit*

Je suis auprès de toi le guetteur qui se trouble
À chaque pas qu'il fait de l'écho qui le double *au fond de la nuit*

Je suis auprès de toi le guetteur sur les murs
Qui souffre d'une feuille et se meurt d'un
murmure *au fond de la nuit*

Je vis pour cette plainte à l'heure où tu reposes
Je vis pour cette crainte en moi de toute chose *au fond de la nuit*

Commentaire de Zaïd: Comme je faisais remarquer à mon Maître que son gazel se dérobait à la tradition persane qui veut au dernier vers qu'apparaisse le nom du poète, en termes par quoi celui-ci se vante, il me répondit que Djâmî était Persan, mais que Kéïs l'Amirite appartenait à une tribu bédouine, et que c'était l'amour de Kéïs pour Leïlâ qui était son modèle, non point la poésie raffinée de Hérât. Et, pour lui, qu'étant Espagnol il n'avait à se vanter de rien, car dans ce pays sien les fruits sont générosité de la nature et non point de la ruse des hommes. Puis, subitement, il improvisa :

Va dire ô mon gazel à ceux du jour futur
Qu'ici le nom d'Elsa seul est ma signature *au fond de la nuit*

LA CHASSE

Celui-là qui peut la nuit dire
Qu'il garde pour lui son secret
Et qu'il me laisse mon empire
Où l'être demeure en arrêt
Comme un parfum que je respire

Tout ce qui se passe la nuit
Tout ce qu'éveille ton sommeil
Cette forêt d'oiseaux ce puits
De musique à mes deux oreilles
Le tien le mien quel cœur me bruit

Dans la nuit tout ce qui se passe
Les mots muets que je te dis
Nous fuyons et c'est une chasse
À travers un noir paradis
Où les chiens aboient à voix basse

Les chevaux se sont mis au pas
L'ombre frémit qui nous accueille
Où sommes-nous Je ne sais pas
Distinguer à fouler leurs feuilles
Les érables des catalpas

De cet étrange mirador
Où tout le temps est tendre et doux
Mares nous sont de lune et d'or
Où sommes-nous et venus d'où
Amour amer et toi tu dors

LES YEUX FERMÉS

Ne ferme pas les yeux Je suis
De ce côté de tes paupières
Je ne puis entrer dans la nuit
Où vont tes regards sans lumière

À quoi souris-tu devant moi
Quelle ombre en toi marche et te touche
Ah j'ai peur de ce que tu vois
Et d'ailleurs que tourne ta bouche

Notre temps passe Ouvre les yeux
Songe au bonheur que tu me voles
Tu me voles la part des cieux
Que je te jouais sur parole

Comme un qui perdit la partie
Je suis chassé de ton domaine
Vers qui sont tes rêves partis
Sur la rive où tu te promènes

Je sais Tu vis un autre temps
Où tout a changé de limites
Et l'homme même a changé tant
Qu'il semble Dieu mais Dieu l'imite

Un temps dont tu fasses récit
Prenant symbole de Grenade
Et nous nous voici morts ici
Doublement sans Chéhérazade

Déjà l'aiguille tourne en rond
L'heure d'un monde imaginaire
Où l'homme la foudre à son front
Parle plus haut que le tonnerre

Il y dépasse la pensée
La confiant à des machines
Et par des chemins insensés
S'en va découvrir d'autres Chines

Au-delà des soleils connus
Et des déserts inconnaissables
Qui répandent sous tes pieds nus
Des étoiles pour grains de sable

Toi qui le précèdes souvent
Sur les routes l'autre après l'une
Où l'avenir vire au grand vent
Des fins du monde vers la Lune

Toi qui sais les poisons cachés
Et la mauvaise conscience
Les faux-semblants les jeux trichés
La peste de la méfiance

Toi qui vois ce qui est après
Ta voix d'autre saison m'arrive
Mais jusqu'à toi je n'ai secret
Qui permette que je survive

À ce pays où j'appartiens
Je suis enchaîné que j'en meure
Vainque le Maure ou le Chrétien
L'amour de toi seul me demeure

Je sais Tu vis où rien n'est plus
Ce que nous fûmes ou nous crûmes
Même *être* autrement résolu
Déchirée autrement la brume

Et le faux encens dispersé
Des faux prophètes fait justice
Naît sur nos autels renversés
Autre raison du sacrifice

Toute faute autrement jugée
La vie ayant autres couleurs
La mort même fait apogée
Expérience la douleur

Autrement définis le bien
Le mal Autrement toute chose
Toujours déchirant d'autres liens
Osant d'autres apothéoses

C'est où sans moi sans moi c'est où
Tu fais la route de toi-même
Sans moi partie oubliant tout
Oubliant même que je t'aime

Rouvre-moi ces yeux adorés
Pour que j'y retrouve ma femme
Rouvre tes yeux démesurés
À la mesure de mon *âme*

Commentaire de Zaïd : Par exception, le titre *Les Yeux fermés* m'a été donné par An-Nadjdî lui-même, ajoutant qu'il ne voulait laisser à personne soin de formuler ce qui a trait aux yeux d'Elsa.

L'emphase mise au dernier mot fait allusion, de l'aveu de mon Maître, à un livre de l'avenir, à quoi se trouve je ne sais comment le nom d'Elsa lié.

CANTIQUE DES CANTIQUES

J'ai passé dans tes bras l'autre moitié de vivre

*

Tu es l'oiseau divin que l'on dit introuvable
Et pour aller à toi que la mer est profonde
Ceux du grand jour ne sauront jamais que ton nom

*

Au-delà de ton nom quelle chose appelai-je
Qui ne fût aussitôt le sang du sacrilège

*

Quand dans le jour premier entre les dents d'Adam
Dieu mit les mots de chaque chose
Sur sa langue ton nom demeura m'attendant
Comme l'hiver attend la naissance des roses

*

Il n'y a point au ciel assez d'yeux pour te voir
Je n'ai d'autre miroir que mon cœur à te tendre
Il garde pour lui seul ton visage secret

*

Ont-ils science assez pour ton pied sur le sable
Hiéroglyphe adorable et toujours effacé

*

Toi mon soleil de grâce en qui s'évanouit
La visible senteur des louanges humaines

*

Tu es la soif et l'eau le soir et le matin
Corps en qui la couleur est pareille aux contraires

*

Tout ce qu'aveuglément un monde à toi préfère
Est simulacre idole au prix du Dieu vivant

*

Je parle ici la langue des oiseaux
Que l'on voit en voyage
Tracer dans l'air des files de ciseaux
Pour tailler les nuages
Leur vol y semble à traverser les cieux
En découdre la jupe
Vers la contrée inconnaissable aux yeux
Conduits par une huppe
Qui va clamant la Reine des Sabâ
Sa beauté sa louange
Jusqu'au pays au-delà de là-bas
Où demeurent les Anges
Je ne suis pas le grand roi Salomon

Dont frémissait la harpe
Et qui dansait dans le soleil saumon
L'arc-en-ciel pour écharpe
Plus est l'amour que le sien violent
Dont je porte la marque
Moi qui connais le langage volant
Autant que ce monarque
Ma reine à moi n'est pas une statue
Un semblant de la femme
Je dois porter où rien ne se situe
La couleur de mon âme
Je dois porter oiseaux plus haut que vous
Dans vos millions d'ailes
Jusqu'où s'étend la Cité du Non-où
Miroir qui n'est que d'Elle
Et que s'entr'ouvre alors désert de Dieu
Comme au baiser la bouche
Que je sois Dieu qui n'ai que d'elle d'yeux
Ou seulement la touche

*

Ô ma lèvre-hirondelle

*

Ma main timidement à toucher tes genoux
S'étonne d'y sentir qu'un cœur-enfant tressaille

*

Je suis comme celui qui vint sur la colline
Et prit une perdrix dans ses mains par hasard
Il est là ne sachant que faire de sa chance
Ah que la plume est douce et cette peur qui bat

*

Toutes les femmes de ma vie
Étaient primevères de toi

*

Lorsque ma lèvre a gémi tes bras en couronne
Autour de mon âme ont mis leur champ d'anémones

*

Que pouvez-vous savoir du mal que j'ai des mots
Qui sont des vêtements indignes de ton ombre
Vous croyez que je joue et croyez que je mens
Incapables de voir ce qu'en mon cœur je cache

*

Au chant qui saigne en moi qu'est le chant de ma lèvre

*

Je te veille éternellement petite flamme
Immense tout à coup qui te fais mon brasier
Pour un reflet de toi j'abandonne mon âme
Que fleurisse la rose on taille le rosier

*

Car tu peux dire de moi Ceci est mon peuple

*

Tu descends lentement de terrasse en terrasse
Mon bel amour à pas de lune dans ma nuit

*

Ne me parle pas de la mer
À moi qui t'ai toute la vie
Chantée
Ne me parle pas de ta mère
À moi qui t'ai toute la vie
Portée

*

Derrière les murs dans la rue
Que se passe-t-il quel vacarme
Quels travaux quels cris quelles larmes
Ou rien La vie Un linge écru

Sèche au jardin sur une corde
C'est le soir Cela sent le thym
Un bruit de charrette s'éteint
Une guitare au loin s'accorde

La la la la la — La la la
La la la — La la la la la

Il fait jour longtemps dans la nuit
Un zeste de lune un nuage
Que l'arbre salue au passage
Et le cœur n'entend plus que lui

Ne bouge pas C'est si fragile
Si précaire si hasardeux
Cet instant d'ombre pour nous deux
Dans le silence de la ville

La la la la — La la la la
La la — la la — La la — la la

*

D'un tournant ta forme masquée
Ton visage dans l'autre sens
Ton pas ta voix tout m'est absence
Tout m'est un rendez-vous manqué

*

Ma paume avait gardé l'odeur de ton épaule

*

M'entends-tu te parler lorsque tu n'es pas là

*

Ce double mystère parmi
Les connaissances triomphantes
Ma femme sans fin que j'enfante
Au monde par qui je suis mis

*

THÈME POUR LE MOIS DE NAÏSSÂN

Je ne puis t'aimer jamais
Tant que je t'aime

*

Mon bonheur fabuleux immobile avant l'aube
Seuil instable de l'être et du songe un moment

*

Immobile attendant après l'aube ton aube
Je tiens infiniment ton doux bras dans ma main
Tandis qu'en moi fleurit une chose indicible
Sur ta lèvre déjà je vois pâlir demain

*

Ton visage est le ciel étoilé de ma vie

*

Toi qui marches dans moi ma profonde musique
J'écoute s'éloigner le parfum de tes pas

*

Le vent roule aux pentes du toit
De rousses graines d'azerolles
J'ai rêvé si longtemps de toi
Que j'en ai perdu la parole

*

Je suis plein du silence assourdissant d'aimer

*

Connais-tu le pays où la femme est songée

*

Te toucher c'est plus beau que d'être
Et te voir si doux que mourir

*

Ô mon amour ô ma grande herbe
Qu'on m'y laisse à jamais dormir

*

En vain j'avais coupé toutes les fleurs du monde
Elles sont à faner à terre devant toi
Sans eau sans rime

Commentaire de Zaïd: Et, quand il vit le titre que j'avais donné à ces morceaux de sa chair, mon Maître se fâcha contre moi, disant: « Salomon parlait le langage des Oiseaux, et sans doute que cela lui était commode pour converser avec la Huppe ou Simorg, mais qu'aurais-je fait de ce babil, puisque d'Elsa langage ne peut être que de la prière? » *Naïssân* est dans le calendrier syriaque le premier mois de printemps.

LE FUTUR VU

Je te parle et tu me fuis
Je te suis et tu t'envoles
Tes yeux ailleurs qu'où je suis
Ton cœur pris d'autres paroles
Et dans l'aveugle aujourd'hui
Mes jours sont des jours de pluie

Je te parle et tu es toute
À des songes de là-bas
Tu me fuis prenant des routes
Que mon pas ne connaît pas
Je te suis et je redoute
Au loin ce que tu écoutes

Amour qu'est-ce que tu vois
Qu'il ne m'est permis de voir
Que disent-elles ces voix
Trop distantes pour y croire
Pour moi qu'en toi qui ne crois
Et ne puis quitter ma croix

Cette vie elle s'achève
Amour mon seul absolu
Pour toi des soleils se lèvent
Qui crépuscules n'ont plus
Cette vie est longue et brève
Amour d'au-delà des rêves

Demain n'est pas mon verset
Demain n'est pas mon domaine
Je n'y puis avoir accès
Même au bout de ma semaine
L'avenir qu'est-ce que c'est
Je l'ignore et tu le sais

Tu me dis d'obscures choses
Au seuil des temps lumineux
Et c'est comme avant les roses
Les rosiers ne sont que nœuds
Tout fleurit où tu te poses
Elsa des métamorphoses

Commentaire de Zaïd: Le sens de ce chant m'échappa longtemps, je n'en pouvais dépasser la lettre. Il fallut que j'eusse avec An-Nadjdî une conversation que je rapporterai pour approcher de sa signification. En ce temps-là je n'arrivais pas à comprendre ce que mon Maître entendait par le « futur », mot dont il se servait souvent (mais évidemment dans un sens différent de celui qu'on lui donne usuellement), ni ce qui semblait le séparer d'Elsa comme une mer océane. C'était que je n'avais point encore pris leçon de Ribbi Nahon ben Samuel, de qui je tiens connaissance de divers langages, ayant oublié jusqu'au parler dont fut ma prime enfance entourée, appartenant, me semble-t-il, à un peuple nomade (ou qui m'avait enlevé d'un village dont je n'ai souvenir) dont le visage était plus que le mien sombre et disait venir du Zend, pays lointain que j'ai longtemps pris pour le Paradis sur terre, jusqu'à ce que Ribbi Nahon m'enseignât que c'est la région des Indes où l'Émir Khosroû chanta Leïlâ, quand Timoûr en eut précisément chassé les aïeux de ceux-là qui prirent soin de mon enfance.

Si bien que, pour ce peuple et pour moi-même, tout autant que la notion de futur, obscure était la notion de passé.

LA CHEMISE

Une nuit d'automne il me semble
À l'odeur qu'en portait le vent
Nous étions nous étions ensemble
Où donc était-ce était-ce avant
Était-ce après rien n'a plus sens
Que la douceur d'être avec toi
Le temps a perdu sa puissance
Sa couleur son âme et sa voix

Une nuit d'automne ou tristesse
Une pâleur entre nous deux
Et l'odeur de quoi donc était-ce
Que nous parlions était-ce d'eux
Les autres les autres nous-mêmes
Qu'on a peur d'au miroir heurter
Et quand la lèvre a dit je t'aime
Tout n'est plus qu'une fleur jetée

Une nuit que j'étais peut-être
Un peu plus à toi que jamais
Et de moi-même un peu moins maître
Je n'ai pas dit que je t'aimais
Je n'ai pas dit ce qui m'éveille
Ou m'endort c'est même destin
L'ombre tourne autour du soleil
Et jamais que soi-même atteint

Une nuit pour qu'il m'en souvienne
Ainsi ne fallait-il que soit
Ta respiration la mienne
Et rien pourtant plus comme soi
Tu rêvas sans que rien j'en sache
Et rien plus ne m'était certain
Que de penser elle se cache
Entre le soir et le matin

Une nuit c'est une chemise
Où pis que l'oiseau tu me fuis
Pourquoi méchamment l'as-tu mise
Et n'es-tu plus où moi je suis
Si lointain qu'en soit l'abeillage
J'y vois s'inscrire à pas de loup
Les plis secrets de tes voyages
Les songes qui me font jaloux

Une nuit c'est si peu sans doute
Sauf que tu peux facilement
Y perdre mon cœur et ma route
N'importe où n'importe comment
Et dans les mouvements de l'âme
Ton corps a l'étoffe ridé
Je sais l'alphabet de la femme
Plus mystérieux que les dés

Une nuit j'en suis à la trace
Les pas loin de moi descendus
Allant de terrasse en terrasse
Hors de mon paradis perdu
Une nuit dont je n'ai partage
Et dans le livre que tu lis
Je vois que les mots sur la page
Sont les syllabes de l'oubli

LA FIÈVRE

J'ai passé ma vie à craindre en toi cette chose brûlante et comme tout à coup l'enfer la terreur le doute sur la durée et ces flammes de tes mains tes yeux détournés J'ai passé ma vie à redouter le mauvais rêve et tout qui recommence d'une peur imprudemment la dernière fois abandonnée ô mon amour j'ai passé ma vie ainsi qu'un marin qui retrouve dans un paquet d'embruns l'idée-angoisse du naufrage J'ai passé ma vie à côté de toi pour un bruit un mot un soupir un geste ou moins pire un silence à la gorge saisi comme le condamné comptant dans le couloir des pas d'aube approchant qui s'arrêtent s'éloignent

Le feu soudain s'il monte à ton visage
Quel vent l'emballe en toi qu'il dévorait
Et les oiseaux tremblent sous tes feuillages
Où va tomber la foudre ô ma forêt

De quel soleil intérieur vient ce calcinement de ton être comme d'une pierre par un esprit torride habitée une pierre des jours implacables Tout l'univers m'en est un champ grillé sans ombrage ni source où vainement je cherche une fraîcheur pour ton front un linge une neige une conjuration du ciel

Comment le mal en toi trouve-t-il place
Sans lui déjà le cœur est à l'étroit
Dans tes poignets est-ce que l'âme passe
Trop menu corps que de souffrance ais droit

Ce visage que j'ai qui n'a rien de moi gardé que la peur qui me l'as fait crois-tu vraiment que ce soit l'âge et tu ne m'as jamais entendu pleurer de toi derrière les portes tu ne m'as jamais entendu saigner de toi le détournant ce visage tu ne m'as pas vu sous la table briser mes doigts dans mes doigts perdre de toi respiration comme un nageur dans la tempête et ne pas croire et ne plus croire au possible impossible et déjà défaillir

Tu ne veux plus même que je te touche
Tu fuis ma main Tu souffles Tu gémis
Et ma peur suit ta plainte sur ta bouche
Comme un danger pour un instant remis

L'indescriptible était sur toi que les mots n'atténuent pas qu'en vain je jette comme aliment propitiatoire à ce brasier dans l'espoir délirant de détourner de toi cette soif de consumer cette lave d'une nappe inconnue Était *je dis* était *pour croire à l'inaccompli pour rejeter au passé ce qui ne s'est peut-être jamais écarté que d'apparence comme cette fausse tranquillité de la terre entre deux tremblements Ô douleur de la durée*

Dors Le temps seul sa caresse t'apaise
Laissons passer l'orage sur les toits
Je veillerai j'aviverai les braises
Je chasserai la nuit autour de toi

Et ton grand manteau rouge à terre avec sa doublure de toutes les couleurs et ton châle de laine blanc ta main du lit qui pend sans conscience balancée

Commentaire de Zaïd: Celui, *dit An-Nadjdî,* qui d'une femme n'a chant que pour son triomphe et l'éclat de ses yeux peut-on dire qu'il aime et preuve n'en peut être assurément donnée à moins qu'au prix d'une musique à la douleur mariable à l'incertitude d'être à l'obscurcissement du visage à l'égarement de ce qui menace à ce halètement de l'avenir...

Il pouvait ainsi prolonger une phrase à l'infini mais y préféra le silence.

Il dit encore que si les poètes ne montrent jamais leur bien-aimée autrement que dans l'éclat de la santé c'est qu'ils tiennent plus du chien que de l'homme.

LE TIERS CHANT

Je suis la croix où tu t'endors
Le chemin creux qui pluie implore
Je suis ton ombre lapidée

Je suis ta nuit et ton silence
Oublié dans ma souvenance
Ton rendez-vous contremandé

Le mendiant devant ta porte
Qui se morfond que tu ne sortes
Et peut mourir s'il est tardé

Et je demeure comme meurt
À ton oreille une rumeur
Le miroir de toi défardé

Te prendre à Dieu contre moi-même
Étreindre étreindre ce qu'on aime
Tout le reste est jouer aux dés

Suivre ton bras toucher ta bouche
Être toi par où je te touche
Et tout le reste est des idées

Commentaire de Zaïd: Ce jour-là, j'avais trouvé mon Maître hors de chez lui, la porte fermée, et il tendait vers elle une main-sébile... Il semblait donc qu'il eût dans sa demeure pour ainsi chanter quelqu'un à qui s'adressât ce chant, qu'il appela lui-même *tiers*, non pour l'alternance des vers, mais pour la personne tierce vers qui se tournait sa supplication.

Tout à coup, il ouvrit la porte et me montra que la chambre était vide, avec un grand rire triste qui roula jusqu'à l'Ouâdi Hadarrouh, ce torrent dont il ne reste qu'un écho dans la vallée entre l'al-Baiyazin et l'Alhambra, quand les Castillans en réduisent le roulement aux deux syllabes Darro, qui ne charrient plus de galets et semblent bien incapables d'emporter les ponts.

L'AUBE

Qui jamais eut songé sans cet amour de toi
    Sans ce tourment sans cette étoile
Comme à l'oreille de la femme un noir grenat
    Qu'il y eut ce fou dans Grenade
Sans toi je n'eusse été que ce jongleur de mots
    Ce bal de lueurs et de modes
Un caillou détaché sous le pied des démons
    Le jouet du monde et des monstres
Ma tête était ouverte au caprice des vents
    Comme une maison mise en vente
Il ne roulait en moi que les dés de l'écho
    Dont les hasards m'étaient écoles
Quand tu m'es apparue un soir t'en souviens-tu
    Où commença notre aventure
Toi qui m'appris le sens et le goût de la vie
    Qui rendis vue à mes yeux vides
Toi qui tournas mes pas sur la route d'autrui
    Qui me relevas de mes ruines
Grâce à qui j'ai passé par merveille le temps
    Autrement que sans rien entendre
Grâce à qui j'ai donc pris ma part d'homme au fardeau
    Que les autres hommes endossent
À leur enfer ma place et ma peine et mon lot
    Et j'ai du moins vu poindre l'aube

Commentaire de Zaïd : Mon Maître avait lu ces vers à des poètes qui l'en querellèrent pour l'étrangeté de ses rimes. Il leur dit : « Est-ce que le soleil levant rime suivant la règle avec la terre qu'il inonde ? Appelez ce poème *Al-Fadjr*, c'est-à-dire l'aube, comme la quatre-vingt-neuvième Sourate, qui commence par l'invocation du pair et de l'impair. » Il ajouta qu'ici les rimes avaient cette imparité merveilleuse qu'il y a entre l'homme et la femme, et qui donne à la femme l'avantage du dernier mot.

Il me dit encore, plus tard y revenant, que la seule rime parfaite est l'homme et la femme qui ne riment point suivant les traités, et que pour lui toute poésie est art de vivre double. Qu'un jour va venir où cette perfection nommée *couple* sera l'innombrable roi de la terre.

STROPHES DES LIEUX OÙ S'ASSEOIR

Je suis assis au bord des sables
Chantant la mort et les baisers
À l'heure où le ciel embrasé
M'offre portrait reconnaissable
De l'avenir couleur de fable

Je suis assis au bord des vents
Où ne s'entendent que bruits d'ailes
Ne se meurent clameurs que d'Elle
Que d'Elle orages Dérivant
Nuages d'après ou d'avant

Je suis assis au bord des mers
Dont les murmures naufragés
Parlent de pays étrangers
Où comme ici vivre est amer
Mais d'autres comme nous s'aimèrent

Je suis assis au bord du temps
Qui bat qui bat vite plus vite
Veut-il vraiment que tu me quittes

Ce cœur fou qui va l'imitant
Je ne puis l'arrêter pourtant

Je suis assis au bord des rêves
Qui sont uniquement de toi
De toi l'étoile sur le toit
De toi la douleur qui fait trêve
De toi l'aube enfin qui se lève

Je suis assis au bord des cris
Au bord des guerres et des drames
J'ai joué j'ai perdu mon âme
J'ai maintenant les cheveux gris
Ce que j'aimais on me l'a pris

À chacun disent-ils son lot
Se lamenter est inutile
M'entendent-ils Qu'entendent-ils
Ceux-là qui sont sourds aux sanglots
Les larmes c'est pour eux de l'eau

Ne sachant qu'acheter et vendre
Ce cri de toi voient-ils comment
Il fut fait de tous les tourments
Tous les feux et toutes les cendres
Comment le peuvent-ils entendre

Siècle martyr siècle blessé
C'est de sang que sa bouche est peinte
Je suis assis parmi les plaintes
De souffrir n'a-t-il pas assez
Passez passants passe passé

La saison vienne avant son tour
Qui n'aura que toi d'horizon
Ô ma raison de déraison

Par qui minuit règne en plein jour
Autre midi n'est que d'amour

Bonheur de l'un n'y étant plus
Payé par le malheur de l'autre
Alors ce chant qui fut le nôtre
Prenant le sens par toi voulu
Avec d'autres yeux y soit lu

Même au-delà de son mourir
Ce fou que je suis aujourd'hui
Si haut ton nom l'ayant conduit
Murs et cieux à partout l'écrire
Nul n'en puisse ou doive plus rire

Assise alors sur les chemins
Nouveaux ouverts de l'outre-azur
Où rien n'a plus même mesure
Le soleil humain dans tes mains
Dis simplement que c'est demain

Ce poème fut chanté le jour où les ponts du Darro furent emportés avec les maisons dont ils étaient couverts. C'est le seul qui n'ait point été noté par l'enfant Zaïd, parce que cela se passa bien avant qu'il prît service auprès du Medjnoûn*. Personne ne le comprit et tout le monde le reprit.

* 882 de l'hégire (1478 apr. J.-C.), précisément cette année où Christophe Colomb refit le voyage de Pétrarque en 1337 à l'extrême terre de Thulé. Mais c'était au siècle passé l'une des Orcades qu'on tenait pour l'*Ultima Thyle* de Sénèque, Colomb et ses contemporains l'avaient déportée à l'ouest, en Islande. Ainsi varient les rêves de l'homme avec le temps.

LES FEUX

J'arrive d'un lointain oubli
J'arrive du bout de mon drame
Pose ton cœur à terre et plie
Ton genou dessus ma pauvre âme

Le courant de neige qui vient
Des monts perdus où rien ne pousse
Rien ne pleure et ne brûle rien
Bois-le dans la paume des mousses

Où passent les vols saisonniers
J'ai rêvé la nuit près des mares
Le branle-bas que vous sonniez
Ô cauchemars mes cauchemars

Comme un vin du verre brisé
Où suis-je et vais doublant mon ombre
Des violettes écrasées
Saoulent mes pas d'un parfum sombre

Déjà le silence des houx
Déjà déjà la sarabande
N'importe quand et n'importe où
Un trou suffit qu'on y descende

J'ai descendu plus loin dans moi
Je connais le fond de l'abîme
Allumez les feux qu'on y voie
Encore un coup ce que nous vîmes

Quand c'était encore le temps
Où l'étoffe tient à l'usure

Quand c'était le temps palpitant
Où le cœur cogne à sa mesure

Douceur douceur ma destinée
Et sur la lèvre du dormeur
Comme une à une les années
Tous les baisers donnés se meurent

Allumez les feux c'est fini
Dispersez les gens les charrettes
Voici la halte qui me nie
Voici la pierre où je m'arrête

J'écoute d'un coup ce qui fut
Les jours d'ennui les jours d'errance
L'amour plus grand que le refus
Tout le plaisir et la souffrance

Celui-là me donne survie
Si le nom d'Elsa fait qu'il tremble
Si le mot d'amour l'alouvit
Je renais dans qui me ressemble

Ma main sur l'ardoise effacée
Ne croit plus aux mots qu'elle touche
Je ne suis plus qu'un chant passé
Qui garde une forme de bouche

Qu'ils aient perdu fleurs et parfums
Les champs d'hiver demeurent verts
Et descendu chez les défunts
J'y vais garder les yeux ouverts

Aimer mourir ont même éclat
Je veux voir le bout de moi-même
Allumez les feux Me voilà
J'aime

Au contraire du précédent, c'est longtemps après que Zaïd l'eut quitté qu'An-Nadjdî prononça ces paroles, et je ne saurais aucunement justifier qu'elles trouvent ici place à contre-courant du temps, comme une épave qui remonte vers la source du fleuve. Mais peut-être était-ce précisément qu'il s'adressait à Zaïd et, ne sachant où le trouver, se tournait vers l'époque où l'enfant le servait.

L'ENCORE

Faut-il qu'un jour le chant finisse
Le temps va-t-il tantôt changer
Et comme oiseaux se désunissent
Se défaire ce cœur que j'ai

Avant l'avenir et l'averse
Avant notre histoire effacée
Avant que le soleil disperse
Aux vitres nos noms enlacés

Une minute une minute
Avant que soient partis les gens
Rappelez les joueurs de flûtes
Jetez-leur des pièces d'argent

Qu'encore une fois retentisse
La musique de nos amours
Avant qu'au loin s'anéantissent
Les derniers bruits du dernier jour

Il est des « islamistes », comme on appelle au-delà des régions où pousse le palmier une certaine sorte de foukahâ, qui tiennent ce poème pour apocryphe : qui l'aurait pu noter ? demandent-ils. D'autres disent qu'il n'est point d'An-Nadjdî, avançant les noms de plusieurs auteurs qui avaient apporté dans le Magrib la tradition d'al-Andalous. Je le crois bien postérieur, et serais facilement prêt à l'attribuer à un poète du siècle d'Elsa lequel avait connaissance du langage qu'on parle en son pays, tout au moins assez pour connaître ce tableau peint vers 1851 où l'on voit un jeune officier qui pour faire une fois de plus sauter un caniche sur sa canne lui dit : *Ankor iécho ankor*, c'est-à-dire *Un « encore » encore un « encore »* par une manière d'affectation du langage ifrandjî.

II

Vie imaginaire du wazîr Aboû'l-Kâssim' Abd al-Mâlik

I'll sing you a song about a Southern Town where the Devil had his rule.

PHIL OCHS,
The Ballad of Oxford, Mississipi.

Mais rien ne se peut entendre de ce qui fut la fin de Grenade que je ne vous conte, moi qui suis cette aventure des hommes et de Dieu d'un promontoire lointain de siècles et d'idées qu'on nomme avenir, l'histoire de cette destinée comme vous et moi pouvons la comprendre ayant vécu d'autres chutes, vu mourir et renaître des patries et lisant à notre manière dans le Coran la phrase de la Sourate intitulée *Le Voyage nocturne ou les Fils d'Israïl*, qui dit :

S'il est de Notre vouloir que périsse une ville, alors ordre est de Nous donné aux riches qui n'ont plus de frein dans leur scélératesse et, la Parole contre elle incarnée ainsi, nous exterminerons cette ville de fond en comble.

Les hommes de sagesse discutent longuement pour distinguer le mal du commandement divin qui l'ordonna ; il nous faut, à nous, comprendre cela dans les termes de notre propre histoire, et voir comme je l'imagine ce que fut ce wazîr dont Allah fit alors son instrument. Pour la plupart des historiens, c'était un homme vénérable, et d'où ils le tiennent demeure mystérieux. L'imagination dans ce domaine vaut la tradition. Je n'ai point à donner mes sources ni à prétendre ici à l'exactitude historique. La vraisemblance y tient à ce que le personnage décrit soit conforme à la philosophie du pouvoir telle qu'elle apparaît au déclin de la dynastie nasride, non point à la respectabilité de la barbe, à la dignité de la gesticulation.

Elevé dans le rite malékite et le respect de la Sounna, c'est-à-dire de la tradition, Aboû'l-Kâssim 'Abd al-Mâlik était un homme d'une grande piété. À ses yeux, le pouvoir n'était point délégation, mais volonté de Dieu même. Peu donc importait qui transmettait le vouloir Dieu, le Roi se bornant d'en être le chemin. Et la volonté divine avait loisir de changer d'itinéraire. Ce qui assura la continuité de sa vie sous les princes successifs de Grenade lesquels le maintinrent au poste de wazîr de ville. Sa richesse ne nuisait pas à sa piété : les immenses propriétés qu'il avait acquises dans la plaine et les montagnes lui donnaient pouvoir d'influer sur le ravitaillement de Grenade, et il avait tant de fils et de petits-enfants qu'il pouvait partager entre eux la surveillance de ses domaines. Ce qui faisait qu'avec ses esclaves, ses affranchis et ses paysans, il apparaissait comme le chef d'une faction avec laquelle les rois comptèrent. Tant il avait, outre ses quatre épouses, de concubines que, malgré sa grande force et sa verdeur persistante il eût difficilement pu les visiter toutes une fois l'an. Aussi leur avait-il acheté des eunuques esclavons, beaux de corps comme des statues mutilées, le physique à son sens étant miroir de l'âme. Par ceux-ci gardant liaison avec les Esclavons de l'Alhambra, il connaissait nuages et souhaits de l'Émir Aboû'l-Hâssan, d'où sa rapidité à en devancer les ordres. Avec l'oreille du souverain, la domination des campagnes et le contrôle de la police en tant que wazîr de ville, prenant autorité sur tous les autres wouzarâ du Conseil, il eût aisément pu s'élever à l'émirat lui-même. S'il y songeât parfois, Allah en avait autrement décidé.

À un moment où il craignait de perdre la faveur royale (ses propriétés alors avaient subi la sécheresse, il lui était mort beaucoup de paysans), il avait appris par l'un des Slaves que l'Émir souhaitait laisser succession aux deux fils déjà grands qu'il avait eus d'une captive chrétienne, plutôt qu'au jeune enfant de la Reine Aïcha, dont il était las. Le sâhib al-madîna, c'est-à-dire le préfet de police, consulté par le wazîr, mit à sa disposition un illuminé, le fakîr Hamet ben Sarrâdj, un fils de famille qui avait mal tourné lequel partageait sa vie entre la débauche et la sainteté : raisonnablement torturé sous ce prétexte, il avait été amené à servir les desseins d'Aboû'l-Kâssim faisant prophétie que le Chico (ainsi que l'appelait la Chrétienne) allait être le dernier Roi de Grenade.

Aboû'l-Kâssim, s'imaginant l'inventeur du fakîr, n'avait bien entendu fait qu'obéir à Dieu, par son canal agissant, qui avait inspiré à Ferdinand, époux de la Reine de Castille, de soutenir les « fils de la Chrétienne », lequel croyait le faire sur le conseil du Cardinal de Mendoza.

La favorite avait persuadé l'Émir de prouver par le sabre du bourreau sur Yoûssef, le cadet, comme sur Boabdil, la fausseté des prédictions du fakîr : Aboû'l-Kâssim, qui entendait se réserver des cartes pour l'avenir, en fit prévenir Aïcha dont il aida la fuite et celle de ses fils. Ce dont le Roi, sinon certitude, eut du moins soupçon. Aussi quand Aboû'l-Kâssim, le sachant, apprit de la police qu'un complot se formait entre le clan des Banoû Sarrâdj et celui de Banoû Zegri, pourtant toujours l'un de l'autre ennemis, mais réconciliés par la haine des fils de la favorite pour déposer l'Émir et lui substituer Boabdil proclamé roi dans Ouâdi'Ach, que nous appelons Guadix, le wazîr comprit que le vent d'Allah avait changé de sens (c'est quand le jeune Colomb débarque à Lisbonne et se met à rêver de l'Île de Thulé, dernier port sur l'inconnu...). Et lorsque la conspiration, Aboû'l-Hassân aux prises avec l'armée de Ferdinand devant Alhama, rappela l'enfant dans Grenade, Aboû'l-Kâssim 'Abd al-Mâlik devint wazîr de Boabdil par la reconnaissance d'Aïcha, qui lui avait envoyé à son retour, signe apparent du vouloir d'Allah, une coupe merveilleusement ciselée remplie d'hyacinthes, lesquelles avaient l'air de glaçons au soleil dans la doublure d'or du récipient.

Les combats qui se déroulèrent alors jusqu'en 1483 entre Aboû'l-Hassân et les Castillans où, aux côtés du Vieux Roi, le Zagal, son frère, se couvrit de gloire, ne sont pas de l'histoire du wazîr qui, dans Grenade, selon la volonté de Dieu, conseillait une conduite à laquelle Boabdil se conformait, encore qu'elle ne correspondît point aux élans de son âge. Il s'agissait de laisser s'épuiser sous les coups l'un de l'autre ses deux ennemis, son père et Ferdinand. Politique qui est à l'origine de la réputation de couardise faite au jeune Roi, pâle et humilié d'entendre comme une injure le surnom de Chico crié jusqu'aux portes de l'Alhambra. Les choses alors se gâtèrent entre lui et Aboû'l-Kâssim qui persistait à défendre sa politique de non-intervention. L'histoire à la castillane veut que, lorsque le Roi se décida de revêtir ses armes, la Reine Zoraiyma, son épouse, le supplia de demeurer dans ses bras : scène d'opéra qui se combine mal avec le fait que c'est sur le conseil du père de la Reine, 'Ali Atar, commandant la place de Loucha (Castillans, disent Loja, nous Loxa) que Boabdil choisit de marcher sur Lucena, songeant à son retour remplacer le wazîr par un homme plus jeune, des Banoû Sarrâdj, auxquels il devait beaucoup. Mais le désastre de Lucena où, son beau-père tué, l'Émir fut fait prisonnier, sauva Aboû'l-Kâssim de la disgrâce. D'abord, le bruit semé que le jeune souverain avait péri, la douleur de Grenade fit de Mohammed XI le symbole de l'Islâm. Même pour ce chanteur de zadjal, qui ne disait d'habitude aux carrefours que vers d'un amour insensé aujourd'hui ne se distinguant plus des houssab, comme on appelle les conteurs de carrefour (c'est quand Joao II, roi de Portugal, rejette les bavardages de ce Christovam Colon qui demandait qu'il l'ennoblît pour naviguer vers Cipango) :

LAMENTATIONS D'AL-ANDALOUS POUR UN JEUNE ROI

Vous m'avez pris le cœur dans la poitrine
Le seuil du temps d'un coup s'est obscurci
Rien ne m'attend qu'une aube sans merci
Ils ont coupé le palmier de Médine

Des Compagnons voici le dernier sang
Il faut ici chanter la dernière ode
Ce n'est plus Bedr et ce n'est plus Ohod
Qui défendra demain le Tout-Puissant

Ô Mal-heureux est-ce pour ton destin
Qu'ils ont franchi le gué disjoint d'Afrique
Et repassant dans les pas de Tarik
Ton jeune soir fondé de leur matin

Ô Mal-heureux dont la race vint dire
Le nom d'Allah dans le ciel andalou
Et d'un palais par-delà sa mort loue
La gloire Dieu du zénith au nadir

Ô Mal-heureux voici le jour prédit
De ton printemps foulé comme litière
Et celui-là qui gardait la frontière
Tout droit du moins qu'il entre au Paradis

Ô Mal-heureux dont la perte est ma perte
N'entends-tu pas triste Zogoïbi
Où vient mourir la brise d'Arabie
L'Ange égaré cherche ta tombe ouverte

On se hâte trop souvent de chanter les Rois, fût-ce dans leur malheur. Et n'aura-t-il honte de lui-même celui qui vient ainsi d'improviser quand il apprend que Boabdil n'est que captif? Nouvelle qui en renverse d'autant mieux la gloire qu'Aboû'l-Kâssim la fait commenter, afin que si Ferdinand relâche son prisonnier, l'Émir ait besoin de son wazîr de ville et renonce à lui substituer le Ben Sarrâdj. Or l'on se mit à murmurer qu'il fallait rappeler Aboû'l-Hassân. Se craignant dépassé par l'opinion, Aboû'l-Kâssim prit les devants et ramena le Vieux Roi qui le maintint en place, mais dut se retrancher dans l'Alhambra abandonné par les Reines retirées dans l'al-Baiyazin avec les partisans de Boabdil, à la fois menacé d'une surprise des Chrétiens et d'une rébellion dans Grenade. Tant que dura la captivité de l'Émir, le wazîr, tenant balance entre les factions, exerça le pouvoir de fait.

Les deux partis faisaient chacun pour son compte des ouvertures à Ferdinand : celui du Vieux Roi proposait que le fils fût livré à son père qui le fasse périr, celui d'Aïcha, ayant armé le peuple, que Boabdil reconnût suzeraineté des Rois Catholiques. Dévastant tout sur son passage, Ferdinand pour toute réponse se porta devant Grenade, sans que les deux partis s'y opposassent dans la crainte l'un de l'autre, mais n'osa mesurer ses quelques dizaines de milliers d'hommes à une population d'un million, prête, disaient les observateurs, à se battre au corps à corps. Le Cardinal de Mendoza était d'ailleurs d'avis de laisser faire le temps pour déchaîner la guerre civile à Grenade. Politique ressemblant à celle d'Aboû'l-Kâssim dont elle faisait durer le pouvoir. Jamais les tractations n'avaient cessé entre les deux camps et l'accord conclu au château de Porcuna entre les Rois Catholiques et leur prisonnier ne relève pas de la magnanimité d'Isabelle, comme on l'écrit souvent : mesure de cette grandeur d'âme nous est donnée par les engagements imposés à Boabdil, qui comportaient remise comme otages, avec le propre fils de l'Émir, de quatre ou cinq cents jeunes gens de la noblesse, ce qu'il avait bien fallu négocier dans la ville même, où seul Aboû'l-Kâssim avait pouvoir de l'imposer. Et quand à la fin de l'été le jeune Roi se présenta devant sa capitale, la guerre y éclata entre l'al-Baiyazin et l'Alhambra. En contradiction avec la Reine Mère, sur le conseil du wazîr de ville, Boabdil s'en fut à Al-Mariya en attendre l'issue.

Si bien qu'Aboû'l-Hassân apparut comme seul souverain dans Grenade. Ce qui ne faisait pas l'affaire d'Aboû'l-Kâssim, dont la situation ne reposait que sur l'équilibre des deux pouvoirs. Aussi produisit-il auprès du Vieux Roi des témoignages d'éclaireurs et d'espions pour l'engager à rechercher une victoire islamique dans la région de Rondah où ne se trouvaient que de faibles garnisons catholiques. Mais les mouvements grenadins dénoncés, dans le mois même où Boabdil s'était enfermé dans Al-Mariya, la campagne du Vieux Roi se termina par la victoire des Chrétiens à Lopera...

Cependant, malgré les défaites répétées des Maures pendant la fin de 1483 et toute l'année 1484 (où Colomb s'en vient en Castille, ayant volé aux Portugais la carte des mers occidentales dessinée par Toscanelli), malgré la santé déclinante du Vieux Roi aveugle et gardant la chambre. Boabdil demeurait à Al-Mariya : quand son oncle le Zagal surgit devant cette place et s'en empara, le neveu dut s'enfuir, réduit à se mettre à Cordoue sous la protection des Roûm. Dans Al-Mariya, le Zagal fait Aïcha prisonnière, tue de sa main le jeune frère de Boabdil, Yoûssef, et ce Ben Sarrâdj qui avait la confiance de l'Émir, les soldats coupant la tête aux hommes du clan de ce dernier. Est-ce de cette décollation des Abencérages qu'on a tiré la légende des romances et de Chateaubriand ? Qu'elle se passe à Al-Mariya et non à Grenade, que le meurtrier y soit le Zagal et non Boabdil, le peuple andalou n'aime point, d'une main de prince ou d'une autre, que coule ainsi le sang musulman. Et, dans ces jours, le vieux chanteur de l'al-Baiyazin ne chante plus les paroles d'amour pour quoi le suivent les gamins, et les femmes lui crient : « Kéïs, as-tu donc oublié le nom de ta bien-aimée ? » Lui, secoue ses mèches blanches pour à nouveau dire la

LAMENTATION D'AL-ANDALOUS

Dans ce pays sans eaux dormantes
Il a passé comme un printemps
Dont sept siècles durant pourtant
A tourbillonné la tourmente
Le grand torrent mahométan
Dans ce pays sans eaux dormantes

Dans ce pays qui sent le sang
Il a roulé des flots de sabres
Et comme un cheval qui se cabre
Allah vainqueur écrit passant
Sur la poussière de cinabre
Dans ce pays qui sent le sang

Dans ce pays de pierre tendre
Il a remonté le chemin
Ainsi que femme fait la main
Et par le feu la salamandre
Vers les monts d'ocre et de carmin
Dans ce pays de pierre tendre

Dans ce pays d'oranges douces
Voyageur qui s'est égaré
Écoutant la nuit respirer
Il s'est assis dans l'ombre rousse
Pour attendre l'aube dorée
Dans ce pays d'oranges douces

Dans ce pays couleur du vent
Comme c'était déjà l'automne
Quand l'homme des arbres s'étonne
Il est ici resté rêvant
D'un jour paisible et monotone
Dans ce pays couleur du vent

Dans ce pays loin de l'Afrique
Où la bouche a le goût des fruits
Fraîche l'amour comme la nuit
L'eau qui passe à travers l'aryk
Le temps infiniment s'enfuit
Dans ce pays loin de l'Afrique

Dans ce pays mien devenu
Je me suis fait à sa semblance
Où la musique du silence
Bat la mesure d'un pied nu
Comme un enfant qui se balance
Dans ce pays mien devenu

Dans ce pays blanc de narcisses
Dont le cœur est comme le mien
J'ai fait de la beauté mon bien
Peuplant l'azur de mes bâtisses
Devant qui fleurs ne sont plus rien
Dans ce pays blanc de narcisses

Dans ce pays d'or et d'argent
Travaillé comme une timbale
Tout revêt ses habits de bal
Les champs les villes et les gens
L'air a le parfum des cymbales
Dans ce pays d'or et d'argent

Dans ce pays de hautes tours
Où licite me fut le vin
Il avait fallu que l'on vînt
Pour que d'olive et de velours
Aimer se fît ce jeu divin
Dans ce pays de hautes tours

Dans ce pays de poésie
Où la chair a chaleur de cuivre
Et les baisers semblent poursuivre
Un secret de l'ancienne Asie
Les songes sont trop beaux pour vivre
Dans ce pays de poésie

Dans ce pays que Dieu parfume
Quel aigle noir immensément
Plane et prédit le châtiment
De ce que nous sommes et fûmes
Qui ne rêvions que d'être amants
Dans ce pays que Dieu parfume

Dans ce pays épouvanté
Soudain d'une obscure menace
Rois dites-nous ce qui se passe
Quel drame est chez vous enfanté
Qui vous fait hideux à vos glaces
Dans ce pays épouvanté

Dans ce pays tremble la terre
Le ciel se meurt la mer reflue
Rien ne porte en soi son salut
Rien plus à soi n'est qu'adultère
Et rien ne se ressemble plus
Dans ce pays tremble la terre

Dans ce pays en pièces mis
Dans ce pays percé de lames
Ce pays rongé jusqu'à l'âme
Assailli de mille ennemis
Se lève l'heure de l'Islâm
Dans ce pays en pièces mis

Dans ce pays de catastrophe
Cette lueur de l'incendie
Croyez en ce que je vous dis
C'est tout l'avenir d'une strophe
Demain chassé du paradis
Dans ce pays de catastrophe

La torche n'est pas un flambeau
Qu'au poing porte un faux roi d'Espagne
Et ce qu'il gagne il ne le gagne
Qu'à jouer les dés du tombeau
Et si la torche est sa compagne
La torche n'est pas un flambeau

Aboû'l-Kâssim, étranger aux événements militaires, qui n'étaient pour lui que signe de la volonté d'Allah, fit soumission au Zagal. C'est alors aussi que commença la Très Grande Frayeur dans le royaume nasride: les combats jusqu'alors fort éloignés de la capitale, voici que Coïn, Marboulla tombèrent, puis Cartama, les forces castillanes s'en vinrent entourer Rondah.

Ville ronde comme ton nom, taillée en ton milieu d'un grand coup de sabre, et le torrent coule au fond de la blessure. Alors l'homme n'enjambait point le Tajo, la coupure noire et profonde. C'était déjà du moins sur la lèvre du sud une ville de jardins comme celle où je fus si malheureux. Les soirs y avaient même parfum où se mêlaient le passé romain, le passé punique, le passé des Goths, et l'on croyait la place imprenable avec ses remparts maures, l'à-pic de la montagne, et les fossés naturels. Tu ressemblais déjà beaucoup à ma douleur pour ta plaie à cicatriser impossible. Et les Maures, du genou pressant leurs chevaux rapides, tourbillons blancs et beiges, tombaient de toutes parts à l'improviste sur les assiégeants. Ainsi de mes pensées cette nuit-là qui fut si longue... Ô l'odeur de Rondah dans l'ombre de Djoumâdâ al-Aououâl en l'an 1346 de l'hégire! Les années n'ont pu la chasser de ma narine. Ici j'ai désespéré du couple.

Les Castillans avaient pris appui en cinq directions sur les routes vers la cité. Les mouches d'Islâm les harcelaient, détruisant les ouvrages de patience. Alors apparurent les machines qui, des positions retranchées, commencèrent leur travail de démon.

Personne encore n'avait entendu parler des canons, même sous le nom de couleuvrines, mortiers ou bombardes. À Rondah, pour la première fois, des flammes furent lancées du ciel sur une cité des hommes, la pluie maléfique dont parle à la vingt-cinquième sourate le Coran. Pourtant les gens de cette ville n'étaient point, eux, de turpitude, ce n'était pas un peuple impie, et ne s'y faisait commerce de plaisir entre les mâles. Avez-vous sur les toits vu tomber les matières de feu? rouler leur pente aux boules d'incendie? s'ouvrir l'enfer inverse aux maisons d'oiseaux et d'enfants? J'écris ceci, moi qui me promenais dans Paris soudain vide, à cette heure où venait d'y tomber le premier plomb du ciel en l'an 18, moi qui vis en l'an 40 le jugement dernier de Dunkerque... j'écris ceci pendant les jours où l'insanité du feu dévaste à nouveau les villes et les ports sur l'autre penchant de la mer. Comme tout m'est image atroce, atrocement miroir...

La Rondah de juin 1485 ne me détourne ni d'Oran, ni de Grenade: ici, pour la première fois le feu, cette invention de l'esprit, fut perfectionné pour détruire du ciel l'ingénuité de vivre. L'incendie de Rondah, vous aurez beau me dire qu'à Hiroshima comparé, ce n'est qu'une mandarine au prix du soleil, ici commence à jamais l'épouvante.

Et bien que le Zagal fût effectivement le commandant des troupes battues, comme il n'avait point été en personne à Rondah dont le gouverneur se trouvait un Ben Zegri, homme du clan de la Reine Mère, la faction d'Aboû'l-Kâssim fit valoir au peuple que le choix ne valait guère mieux du père que du fils et l'engagea à offrir la couronne au Zagal, véritable homme de guerre, encore dans la force de l'âge, dont le wazîr lui porta proposition à Malaga. Le nouveau Roi prit chemin de la capitale, d'où son frère avait fui sur les conseils du wazîr. Sur ces mêmes conseils, le Zagal fit transporter le Vieux Roi déchu de son refuge d'Almankab, que Castillans appellent Almunecar, dans une résidence plus salubre pour l'été, à Chaloûbiniya, où il décéda dès son arrivée, ayant eu avant de mourir, en marque de sollicitude fraternelle, le cadeau d'une tête coupée qu'il reconnut avec ses doigts pour celle de son fils Yoûssef.

Abou'l-Kâssim persuada le nouveau monarque de faire venir

à Grenade le corps du défunt, que des rumeurs de sa survie n'y pussent servir à d'éventuels complots, mais en lui recommandant un enterrement à la sauvette. Ceci déplut fort au peuple qui accusait ouvertement le Zagal d'assassinat. Ainsi le Vieux Roi après sa mort devenait l'allié du wazîr contre la population du Zagal. Mais dans la ville tout allait à son ordinaire, tant demeurait grande l'habitude au milieu des menaces, naturelle en la vie la confiance aveugle des petites gens, de la 'âmma. Ce que je décris dans la prose sadj à quoi nous a le Coran, dont soit béni le Prophète ! chaque jour à chaque prière donné la pratique :

CE QUE PENSE LA 'ÂMMA

La prose des petites gens s'écoule à l'accoutumée Avec le même charroi de cruches le bruit des chevaux ferrés les doigts tressés de vanneries

Le cri des âniers le tapement des sandales la voix d'un aveugle qui mendie

Et dans la plaine aux ruissellements de main d'homme dans les vaisseaux d'argile un bruit d'abeille et de bobinage ce sont

Les vents de neige au front des mûriers dans les magnaneries

Qu'il y ait quelque part la guerre ordinairement ne les concerne pas Qu'est-ce

Que cela change à l'extrême division du riz qui se mange avec des piments doux

À la fatigue machinale des jours dévidés l'effort de creuser des fardeaux portés l'usure des yeux sur les comptes de marchandises

À l'odeur du mouton grillé

Qu'est-ce que cela change qu'il y ait cette guerre ailleurs aux jambes en croix du tailleur à l'épaule blessant du port de la pierre aux cris de la femme accouchant

C'est leur affaire dans les tours et les remparts à ceux qui pareils à la poésie savante semblent faits pour le mètre taouîl et la rime roû dans la soie et les armes brunies

Eux qui sont les fleurs des jardins perchés les statues

Des terrasses aux soirs de lune alors que la fraîcheur comme un burnous léger tombe sur eux des montagnes

Eux dont la sueur est de musc et de giroflée jaune l'haleine

Sans doute qu'ils parlent entre eux de la guerre entre les rires les chansons des femmes à l'Alhambra

Car les actions qu'ils méditent passeront dans les vers qui se déroulent sous leurs pas comme une Perse d'étoffes

Ils vivent au-dessus de nous dans le long roulement le battement continu des touboûl mais non

Frappés de baguettes plutôt

Caressés de branches de myrtes Non Plutôt

D'un bondissement sans poids de danseurs aux pieds nus et chaque jour

Des messagers fourbus s'abattent devant eux portant les nouvelles dont nous avons les miettes

Et chaque soir s'enorgueillit des morts de la journée

Et ce qui se passe est incompréhensible comme un vêtement qu'on n'a pas taillé selon nos mesures

Je ne sais y reconnaître ni le haut ni le bas ou si c'est la manche ou l'encolure

Suis-je tombé par erreur dans un bazar où l'on n'étale que des fruits inconnus sur les nattes

Asseyons-nous à terre pour tâcher de comprendre ces querelles de héros

Magnifiquement cruelles et mêlées

De péripéties tragiques de phrases qu'on retient pour leur beauté de sentiments grandioses

Ce sont pourtant des êtres de chair à la merci du sabre dont parfois

Ô générosité du geste du bourreau

Sur le marbre rose on voit courir les têtes le sang vite à grands seaux lavé

Même leurs propres fils ne sont pas épargnés

Puis c'est un chant de bronze au passage des ambassadeurs
Émerveillés par l'architecture et la politesse
Qui rentrent dans leur lointaine patrie emportant
Des paroles d'alliance et des objets de perfection
Mais tout cela n'empêche point les récits des soldats couverts de poussière
Et le bruit des murs au loin tombés des places perdues
Et chaque grain de la Grenade à son tour grignoté par des dents castillanes
Et l'insulte de la Croix comme à Cordoue en plein milieu de la mosquée
Bienheureux quand le massacre ne roule pas jusqu'ici comme une bête affolée
Il faut pourtant bien tendre les peaux du corroyeur
Jointoyer les planches des cercueils coudre les selles
Cuire le maïs et porter d'un déhanchement les paniers de figues-fleurs
Il faut pourtant délayer le gypse et préparer
Le lait de couleur dont les voûtes sont peintes
Un jour passe après l'autre avec sa charge de travaux d'étonnements de douleurs ses morts et ses naissances
On n'a pas le temps de démêler la paille et la poussière
Et les vieillards disent qu'il en a toujours été de même
Et le voisin convoitait la femme du voisin le maître dans sa luxure disposait de l'esclave
Il y avait la guerre et l'impôt des jeunes gens qui ne revenaient plus
Et tant qu'il se trouve des hommes il y a des voleurs des rois et des ivrognes

L'humeur et la cruauté du nouvel Émir risquant chaque jour de lui coûter la tête, le wazîr s'arrangea pour que confidence fût faite au Cardinal de Mendoza de la faveur dont recommençait Boabdil à jouir dans le peuple de Grenade qui ne l'appelait plus que le Zogoïbi, avec tendresse et pitié. Et Ferdinand permit au jeune roi de s'installer au nord de la province d'Al-Mariya, presque à la frontière de celle de Toudmir, à Velez Blanco, d'où entrer dans sa capitale si l'armée chrétienne parvenait à fixer à l'ouest les forces du Zagal. C'est en ce temps que Christophe Colomb fut mis par le Cardinal de Mendoza en relation avec les Rois Catholiques à Cordoue. Mais ils avaient la tête à tout autre affaire, préparant pour le printemps une entreprise de grande envergure.

Ferdinand avait pour objectif Loja, que nous écrivons Loxa, que dix parassanges seulement séparaient de Grenade. Aboû'l-Kâssim, craignant de voir son double jeu percé par le Zagal, fit appel à Hamet ben Sarradj longuement caché dans son palais au temps où Boabdil régnait dans la ville. Parvenu à l'âge de parfaite sainteté, c'est-à-dire où, les témoins de sa jeunesse dépravée ayant disparu pour la plupart ou perdu la mémoire, il était généralement tenu pour un saint et vivait de paroles prononcées au seuil des demeures, dont l'interprétation dépendait d'un morceau de mouton ou de quelques artichauts selon la richesse des gens. L'annonce de l'expédition des Rois Catholiques avait soulevé dans la capitale des collisions sanglantes entre le parti de l'Alhambra et le parti populaire tenant l'al-Baiyazin.

Quand Hamet apparaissait au milieu des rixes, on cessait de se battre pour l'entendre, et il jetait l'anathème à la fois sur le Zagal et le Zogoïbi. Les mouvements d'opinion chez les Maures andalous étaient comme les feux dans les bois de pins : une saute de vent, tout s'embrasait. Le danger en parut si grand aux notables et aux nobles qu'ils se réconcilièrent sur le compromis proposé par Aboû'l-Kâssim : paix entre les deux Rois et partage du royaume, le centre avec Grenade et les villes de la Côte au sud restant au Zagal, à Boabdil la périphérie à l'ouest, au nord et à l'est, qui servirait de couverture à la capitale, et où serait acceptée la suzeraineté catholique. Mais Ferdinand fit la sourde oreille, et Boabdil qui avait accepté ce rôle sur des promesses secrètes de son ex-wazîr de ville, s'étant avancé dans Loxa, se trouva devant les armées catholiques. Depuis Rondah, effrayés de la puissance de leurs canons, les Chrétiens n'en avaient plus fait usage. Ici pourtant, au mois de mai 1486, ils recommencèrent leur fin du monde et les troupes mêmes de Boabdil, cette fois, forcèrent leur chef à capituler. La chute de la ville, les conditions, publiques et secrètes, imposées au Zogoïbi, les places alors conquises par Isabelle et Ferdinand, tout cela c'est au Roi qu'il avait devant lui à l'Alhambra que l'imputa le peuple de l'al-Baiyazin et, le Zagal dans la crainte de perdre Grenade s'il en sortait, ne s'opposant pas à l'avance ennemie, toute confiance lui fut retirée. Or, bien que Ferdinand et Isabelle ayant mesuré le pouvoir effrayant qui leur était dévolu avec l'arme neuve ne dussent plus jamais oser l'employer contre les places andalouses, il était devenu suffisant d'amener des mortiers au pied des murs pour que les garnisons se rendissent.

Ainsi les souverains catholiques dissuadaient-ils d'Allah avec cette force de leur Dieu des cités entières, entendant que tous adoptassent leur façon de vivre et de mourir. Ô religion qui vient avec le feu ! Mais la prière obtenue par la crainte n'est que balbutiement, et dans les villes converties surgissent des rébellions, alors même que les irréductibles qui à composer préféraient mourir avaient fui, les leurs les y forçant, comme l'eau pure du torchon tordu, comme une sueur de fierté de partout vers Grenade écoulée. Et à Grenade, qu'on y veuille capituler, cela est impossible sans que les réfugiés ne massacrent qui parle reddition : les Rois Catholiques vont-ils aujourd'hui rouler devant la capitale ces canons muets à Illora, à Moclin, à Zagra, à Banos, à Antequera, à Huescar, à Basta que je ne puis laisser appeler Baza encore de deux années... vont-ils même songer à intimider Grenade ? Qui tire le feu sur l'Alhambra n'encourt-il pas le risque d'être maudit de l'humanité tout entière ? Son nom ne va-t-il écorcher la gorge des enfants ? De cette persuasion venait que la vie courante se poursuivît mêlée à la crainte qui réveille les gens de nuit, mais qu'à les voir de jour on eût jurée oubliée. Plus présente encore à qui monte la garde d'Allah aux limites d'Islâm, — n'a-t-il été dit qu'à ce poste frontière mérite est plus grand qu'au combat ? — et parle haut dans les ténèbres pour y dissoudre les spectres comme sucre dans le café...

Celui dit l'homme habillé d'ombre
Et c'est un soir au mirador
Qui donne sur la plaine obscure
Celui de qui le cœur est sombre
Assez pour y porter la mort
Celui de qui le cœur est dur
Assez pour lancer sur Grenade
Le feu qui réchauffe les pauvres
Le meurtrier l'incendiaire
Mais la phrase ici se dégrade
Comme brume sur le royaume
S'interrompt Ce qu'elle dit erre
D'hier à demain s'y égare
La malédiction demeure
En suspens à ces lèvres d'hommes
Elle se perd dans le regard
Elle hésite frémit se meurt
Dans une terreur de Sodome
Se peut-il ô Dieu se peut-il
Que la beauté des jours finisse
Que s'efface de la mémoire
Tout ceci qui fut une ville
La musique de notre histoire
Tout ceci qui fut une chair
Un peuple un monde une âme un âge
Le rêve des rois et des arbres
Ces choses que nos mains touchèrent
Ce dialogue des nuages
Ces eaux qui chantaient dans les marbres

Mais ce n'est d'abord qu'épouvante dans les voiles du navire où le vent bat le rappel du destin, se heurte à la mâture l'aile d'un grand oiseau noir. Dans les rayons de cire de la ruche, on croit moins qu'un jour d'éclipse aux ténèbres perpétuées. Et l'on fait l'amour persuadé de survivre et la main, sans terreur du tombeau, se pose sur la pierre.

Dans ces années de la Grande Peur, le peuple de la capitale, persuadé de la lâcheté du Zagal, s'était mis à murmurer qu'il fallait en finir physiquement avec lui, l'administration pouvant bien être assurée par un Aboû'l-Kâssim sans couronne. Ferdinand arrivait devant Grenade par le mardj dévasté, mais les combats avaient été coûteux, les Rois Catholiques, le Zagal rejeté dans ses murs, s'en retournèrent à Cordoue.

Alors le Zagal, respirant, fit dans la capitale, par revanche des complots dont il s'était senti menacé, régner la terreur, jetant les uns aux bourreaux, dépouillant les autres de leurs biens, bannissant par centaines des familles entières. Voulant une fois pour toutes asseoir son pouvoir sur tout le Royaume, il projeta de faire assassiner son rival, retourné à Velez Blanco. Ses projets étaient connus du wazîr, qui les communiqua à la Reine Mère. Elle fit dire à Boabdil de rejoindre Grenade où un mouvement se décidait en sa faveur.

Mais ce n'était plus le seul Kéïs qui chantait dans les rues les sentiments du peuple, de plus en plus lassé des princes et de leurs querelles, dont il payait à chaque fois les frais. Il se levait l'idée d'une communauté élective.

AUTRE LAMENTATION

Ô sable divisé dans les mains souveraines
Cruel à toi-même à toi-même confronté
Peuple qui n'es que sang qu'on verse en vérité
Qu'entrailles de chevaux sur l'arène qu'on traîne

Regarde celui-là ton pareil et qu'on tue
Ils t'ont donné la pierre et le couteau pour être
Le bourreau de toi-même à te choisir un maître
Et les coups de ton bras sur qui les portes-tu

Sur qui sur quelle chair dont le cri me déchire
Où s'inscrit la blancheur des flagellations
Et tu frappes ta bouche et c'est ta passion
Ta chute ta clameur et ton propre martyre

Ô sable divisé plus que le chènevis
Peuple en mille micas brisé comme un miroir
À ces princes de Dieu peux-tu plus longtemps croire
Qui jouent aux osselets sur ton ventre ta vie

Toi qui portes la mort peinte dans ta prunelle
Sur ton corps écorché la pâleur de la faim
Qui n'a connu du jour que ce travail sans fin
Semblant éterniser les douleurs maternelles

Jusqu'à quand seras-tu la monnaie et le prix
Dont d'autres pour avoir les cieux feront échange
Jusqu'à quand faudra-t-il que du glaive des anges
À la gloire d'Allah soit ton visage écrit

L'apparition soudaine de Boabdil rallia pourtant autour de lui les pauvres de l'al-Baiyazin d'où le Zagal se portant pour le combattre fut rejeté dans l'Alhambra. La lutte fut longtemps incertaine et, pendant ce temps, Ferdinand était venu mettre le siège devant Ballach, autrement dit Velez Malaga. On prétend que Boabdil l'avait appelé à son secours : il était de la politique de Ferdinand, en raison des promesses qu'il avait du jeune Roi bien que celui-ci ne se hâtât pas de les tenir, d'apporter, demandé ou non, son secours au neveu contre l'oncle. Mais que dans l'al-Baiyazin les prédications d'Hamet ben Sarrâdj servissent alors uniquement à tourner le peuple contre le Zagal tend à prouver que ce pouvait bien être le wazîr qui avait fait appel aux Roûm, lui qui, devant le péril double, persuada l'oncle de tenter un compromis avec son neveu, renonçant à la couronne, pour aller purger de Chrétiens les montagnes et lever le siège de Ballach. Sur le rejet de ses propositions par Boabdil, le vieil homme résolut de garder en ville assez de forces pour tenir l'Alhambra en son absence, et de prendre la tête d'une armée sus aux Chrétiens pour, avec le prestige de la victoire, rallier le peuple contre Boabdil.

Allah l'entendait autrement, et quand les troupes défaites du Zagal refluèrent sur la capitale, Boabdil se vit acclamer de tout le peuple et des notables. À peine le jeune Roi fit-il exécuter quatre grands personnages dont la perfidie à son égard avait été patente. Toute la faction du Zagal confondue par cette générosité le reconnut pour souverain. Et le Zagal se réfugia avec ce qu'il lui restait de troupes dans Ouâdi'Ach, d'où Grenade se pouvait facilement atteindre en cas d'un soulèvement. Ceci sur le conseil du wazîr, lequel ne demeurait auprès du Roi provisoire qu'afin de mieux servir son véritable maître.

Les Chrétiens longuement occupés du siège de Malaga, puis de la réduction des places maures dans l'ouest du Royaume, Grenade jouit d'une période de quiétude où, Boabdil ayant reconnu la suzeraineté de Ferdinand, les ravages des guerres purent être réparés, replanté et cultivé le mardj. Le commerce reprit, on vit affluer des marchands étrangers, les échanges se firent à la fois avec le restant de l'Espagne, l'Italie, le Maroc, l'Égypte et la Perse. La richesse de vivre revint avec une rapidité qui put faire penser que le bras d'Allah avait suspendu ses coups. Mais l'Émir, se méfiant du wazîr de ville, avait chargé des finances et des relations avec l'étranger le Berbère Yoûssef ben Koumiya.

En mai 1488, Colomb vient à Murcie où sont Isabelle et Ferdinand. Mais celui-ci, sortant de cette ville avec quatorze mille cavaliers et quatorze mille fantassins, entreprend de conquérir les territoires de l'est sur quoi régnait le Zagal : la grande peur du feu catholique y fait tomber rapidement toutes les villes et les Rois Catholiques assiègent Al-Mariya en même temps que Basta, clef de Ouâdi'Ach. Les pluies torrentielles, qui dévastaient aussi bien l'Andalousie conquise que la Castille et l'Aragon, forcèrent Ferdinand à renoncer à sa campagne pour cette année-là. En 1489, il revint devant Basta, que commandait Cid Yaya, fils d'Aboû'l-Hassân et de la Chrétienne. Ce prince y soutint le siège jusqu'à l'automne où le Zagal lui fit dire qu'il ne pouvait venir à son secours, craignant de voir Ouâdi'Ach aux mains de Boabdil. Cid Yaya, qui rendit la place où Cristobal Colomo était venu retrouver le Roi Ferdinand, se convertit secrètement au catholicisme et s'en vint persuader le Zagal qu'Allah ayant juré la perte du Royaume il fallait abandonner la lutte. Et Colomb jurait à Isabelle qu'avec l'or d'Ophir et de Cipango il reviendrait délivrer Jérusalem. L'année n'était pas finie que le Zagal s'était rendu.

Ô Boabdil, ô Mohammed ! On va t'accuser de toute chose basse et sordide. Mais ce sont tes demi-frères, ces fils mâtinés de la Chrétienne, leurrés de la couronne, et non pas toi, qui vont porter demain des titres espagnols, et vers l'avenir la race de Cid Alnayar et de Cid Yaya, désormais Don Pedro et Don Alonzo de Grenade, perpétuera le souvenir du reniement. Comment peut-on prétendre te les opposer, au nom de la fidélité au Royaume, quand Cid Alnayar fit abandonner à son père le trône et la ville au profit du Zagal et quand Cid Yaya, qui venait de livrer Basta par traîtrise, négocie alliance entre le vieil usurpateur et les Rois Catholiques, comme lui recevant pour cela des terres dans les Albacharât, les Maures les appellent ainsi *Pâturages*, nous, d'après les Alpujarras castillans, disons les monts Alpuxarras, et l'amène à céder aux Roûm Ouâdi'Ach et Al-Mariya. Qu'y a-t-il là de commun avec les ruses de Boabdil, ses actes de diplomatie en face de la perfidie chrétienne, son oubli dédaigneux des promesses arrachées par Ferdinand contre sa liberté ? Et le Zagal est payé du territoire d'Andrach, Andarax en notre langue, de la vallée d'Alhaurin et des salines de Maleha pour moitié... Il aurait droit au titre de Roi d'Andarax. C'était déjà la dernière lune d'automne de cette année de l'hégire, qui est l'an 1489 de Bethléem. Qui, sinon le wazîr de ville, monta l'insurrection populaire à Grenade ces jours-là, prétendant faire à Boabdil porter la responsabilité de la perte de tout l'occident du royaume et acclamant le Zagal comme un patriote ?

Il y a toutefois dans Grenade assez d'espions et d'émissaires castillans pour expliquer ces brusques sursauts de la conscience populaire, et qu'à rebours de toute apparence le Zagal devenu l'allié d'Isabelle et de Ferdinand lui soit donné pour le drapeau d'Islâm. D'où viendraient d'ailleurs à ce peuple les bruits de trahison semés sur les pas de Boabdil? C'est l'argument des Rois Catholiques, leur arme de chantage contre l'Émir, que ces fuites d'un secret entre eux et lui, et qu'on se mette à dire que, prisonnier, le Roi de Grenade a promis de livrer sa ville et ses sujets à l'ennemi.

D'autant que depuis deux mois et plus Ferdinand s'était tourné vers la capitale du Royaume, commençant ses menaces contre Boabdil au nom des engagements pris par celui-ci quand il était prisonnier, renouvelés après la chute de Loxa. Dans les premiers temps, le malheureux Roi de Grenade avait essayé de ruser, suivant toujours les conseils temporisateurs d'Aboû'l-Kâssim, dans lequel cependant il avait passablement perdu confiance. En fait, Ferdinand à l'automne avait compté sur les promesses de l'Émir pour entrer dans Grenade sans coup férir : ayant vainement menacé Boabdil, s'il ne s'y conformait point, de détruire la ville, il se retira vers le nord pour l'hiver, laissant à l'avant-garde de la province de Jaen, c'est-à-dire de Djaiyân, le poste d'Alcala la Real. La réponse du Roi de Grenade est une grande fantasia qui tourne à travers le mardj, en chassant les petites garnisons chrétiennes et le libérant dans son entier. Fêtes sont alors données dans la capitale du Royaume.

À l'entrée de l'armée, le cœur populaire éclate devant le Roi Mohammed entouré de ses wouzarâ. Et il y a là l'artisan principal du triomphe, Moûssâ ben Aboû'l-Gazî, le mohtassib, flanqué de Naïm Redouan, Mohammed Ibn-Zayan, 'Abd al-Kerim az-Zegri. Le sentiment des pauvres l'emporte sur la calomnie. Et la paix qu'ils croient célébrer est frappée avec la main aux lèvres des femmes sur un rythme imitant le chant du ramier (*ô joie ô joie — ô joie !*), le cortège vers l'Alhambra monte dans ce tambour de bouches, cet effarouchement d'ailes, ce roucoulement de gorge, ce piétinement d'hommes, les étendards balancés, les bronchements des chevaux. Et c'est ici qu'Aboû'l-Kâssim, qui comprend que sa fortune est renversée, anxieusement s'interroge pour savoir ce qu'attend désormais de lui la volonté de Dieu.

LES YOU-YOU

en l'honneur de l'entrée à Grenade
de Mohammed ben Aboû'l-Hassân ben 'Abdallâh
(Dieu lui donne assistance et soutien !)

L'Arc que le bras de l'Ange tend
En plein hiver fait un printemps
    Aux couleurs des lèvres divines
Sur la cité le ciel est bleu
Et ce sont des fleurs s'il y pleut
    Qui vont parfumer les collines
Pour le retour des cavaliers
La victoire a mis son collier
    La vieillesse n'a plus de rides
Toute la ville est accourue
Toute la ville est dans la rue
    Laissant toutes les maisons vides
Il fait si beau si triomphant
Que l'homme ressemble à l'enfant
    La femme ressemble à l'étoile
Le monde n'est plus qu'un palais
Où tout rit tout brille et me plaît
    Comme une bouche sous le voile
Je bats la mienne de mes doigts
Dieu m'a rendu ce qu'il me doit
    À mes pas les pigeons s'envolent
Le jour et la nuit sont mes draps
J'ai pris la vie entre mes bras
    La mort n'est plus qu'une parole

Tout va recommencer d'Adam
La jeunesse a les belles dents
De l'aurore et de l'insolence
La terre où ruissellent les eaux
Parle de l'amour aux oiseaux
Dans le vent qui vient de Valence
Le soir est doux comme une joue
Le jeu des lèvres qu'on y joue
S'y rafraîchit au vin de lune
Ô mon royaume de chansons
Où les baisers sont ce qu'ils sont
Quand le vent vient de Pampelune
Ô mon royaume de joyaux
Où sont tous les sujets royaux
Si le cœur y bat que dit-il
Ô mon royaume de jardins
Où s'ouvre le glaïeul soudain
À la gloire de Boabdil
Ô mon royaume retrouvé
Comme la fleur dans les pavés
Ou dans les champs le trèfle à quatre
Ô mon royaume palpitant
Ainsi que dans le cœur des temps
Le rossignol qu'on entend battre
Ô mon royaume de beauté
Comme tes vêtements ôtés
Tu viens toute nue ô merveille
Ma Grenade à moi mon secret
De qui je ne dis que tout près
Tout bas le nom dans ton oreille

III

1490

... Le Prophète béni de Dieu s'est levé un jour de son mesdjid et a fait de la main un geste de salutation du côté de l'Occident. On lui dit alors: que désignes-tu ainsi, ô Prophète de Dieu? Ce sont, dit-il, des gens de mon peuple plus tard dans l'extrême occident, sur une rive appelée andalouse et vers laquelle doit se produire l'ultime développement de cette religion. Là tenir garnison pendant un jour va se faire plus méritoire que durant deux années devant toute autre place frontière. Là le vivant est toujours de garde et le mort, martyr...

IBN-'ABBÂS,
d'après Ibn-Hodeïl al-Andaloussî.

MONTAGNES, REPRENEZ SES CHANTS, ET VOUS, OISEAUX...

Et les vents à nouveau balancent les étendards rouges des Banoû'l-Ahmar qui vont par sept au-dessus des mille enseignes de soies bariolées des clans et tribus. Les lundis et les jeudis, l'Émir al-Moslimîn sort de son palais, et entouré des étendards et des tambours avec les cheikhs et les wouzarâ, et les cadis, et les ouléma, et tout son djound, c'est-à-dire l'élite militaire, s'en va hors de la ville au-delà du Nadjd, à la montagne d'as-Sebika, où dorment ses ancêtres aux macâbir, et où il reçoit en son palais, entouré de ses proches, les plaintes de ses sujets dans une salle de justice. Les lundis et les jeudis, habillés de leurs plus fins habits, les gens de Grenade viennent demander au souverain appel de l'impôt ou du meurtre, du crime et de la loi. Et il n'y a pas de cité dans l'univers où les gens aient vêtements mieux lavés, tant qu'on dit des Grenadins qu'ils se ruinent pour le savon dont ils frottent l'étoffe.

Ce dernier hiver d'insouciance...

Les nuits de Grenade ne sont que chansons derrière les rideaux de femmes blanches et brunes et les poètes les comparent aux oiseaux cachés dans les feuillages. Or, les danseuses n'étaient point voilées, car la beauté de leur visage avait caractère divin. Mais surtout l'ivresse des bruits harmonieux infiniment plus perverse que celle du vin régnait dans Grenade, dont elle était la gloire. On ne pouvait oublier que si les instruments à corde avaient été amenés de Bagdad un demi-millénaire plus tôt, c'est ici que cet art mystérieux des sons qui s'enchaînent s'était pour la première fois développé pour soi seul, je veux dire non pour l'accompagnement des paroles. Si bien que, lorsque ce divertissement des chants muets de mots avait retraversé la mer, l'Afrique avait appelé cette chose d'elle alors inconnue encore, n'ayant point de terme pour la désigner, de l'étrange nom de *paroles de Grenade*. Et ainsi se répandait au loin une sorte de *mosaïque* sonore ou musique aussi différente des chansons anciennes que les décors des mosquées sont des peintures persanes où l'on voit des chevaux, des sycomores et des guerriers, et parfois des bayadères et des chiens. Ainsi, quand Grenade éprouve en soi les approches de la mort, il semble qu'elle n'ait plus souci de rien que s'emplir de ces phrases muettes, où les sanglots et les rires disent mieux que les mots l'inexprimable de la vie. Ainsi Grenade est toute odeur de musique et les jardins ont plus de flûtes en cette saison que de fleurs : il y a des orchestres sur les murs et les tours, et le luth à cinq cordes répond à la cithare, accompagnée aux bas quartiers par les pandores. La pourpre ici des danseuses n'est plus qu'une guirlande suspendue aux paroxysmes des instruments. Ô merveille! Aucun sens n'est donné à ces bruits harmonieux, faits comme les pavots pour endormir ta raison et libérer ta songerie. Toi seul écris la mystérieuse légende de toi-même au déroulement de ce discours incomparable. Ce haschisch donne à ton âme les ailes de l'éternité. C'est Grenade même qui pleure ainsi qu'une eau de source ou l'amour dans la jouissance démesurée... Grenade qui ne peut à rien croire qu'à son plaisir profond... Grenade dans la nuit grise et rose à la façon des tourterelles... Grenade au roucoulement des cordes au-dessus du Magrib des tambourins et tambours du bas peuple... oublieuse des rossignols de Médine et de Bagdad, roulant le chant andalou dans sa gorge à la dague offerte... Garnatâ pour lui donner son nom de grenat dans cette langue aux belles dents où parole se dit kalâm...

KALÂM GARNATÂ

Ce chant ne se divise pas
Comme d'oiseaux dans leur langage
Il n'est de barreaux à sa cage
Il n'a d'arrêt entre ses pas
Perpétuelle promenade

Ce sont paroles de Grenade

Où commence où finit le mot
Il meurt sans laisser d'héritage
Il n'y a point d'autre partage
Que du soupir et du sanglot
De l'ombre et de la sérénade

Ce sont paroles de Grenade

Dans ce climat bien tempéré
L'âme dort derrière les murs
Et la mandore n'y murmure
Qu'un rêve entre rire et pleurer
Tout s'y fait à la cantonade

Ce sont paroles de Grenade

La voix humaine s'y oublie
Comme dans un miroir l'image
Où l'eau s'éblouit la nage
S'éprend le fou de sa folie
Se perd dans les doigts la muscade

Ce sont paroles de Grenade

Pour y régler sur le cadran
De je ne sais quel astrolabe
Sa course syllabe à syllabe
L'esprit au fond du ciel trop grand
S'égare faute d'alidade

Ce sont paroles de Grenade

Prières sans le nom de Dieu
Sur quoi nul ne sait qui j'implore
Qui je blasphème ou qui j'adore
Ni vers quels cieux tournent mes yeux
L'avenir ou les temps nomades

Ce sont paroles de Grenade

Aussitôt formés que défunts
Où vous enfuyez-vous nuages
Et qui peut sentir au passage
Ce que dit au vent le parfum
Charades charades charades

Ce sont paroles de Grenade

Baisers donnés sitôt perdus
Éclairs d'un été sans orage
Navires voués au naufrage
Beaux enfants pour du vin vendus
Comme une bouche à la bravade

Ce sont paroles de Grenade

Elles n'ont rime ni raison
Comme pieds nus courant les plages
Comme cris de gens de halage
Comme semer hors de saison
Ô musique ô fanfaronnade

Ce sont paroles de Grenade

LE MIROIR BIEN-AIMÉ

Qui sait peut-être suffit-il aux conquérants d'avoir pris toutes ces villes, de tenir Alméria, Malaga, Ouâdi'Ach et Basta (Guadix et Baza dans leur patois)... L'accalmie, dans la ville gorgée de marchandises et de provisions, s'empara des esprits, Boabdil excepté... Un roi de vingt-sept ou vingt-huit ans, que lui reste-t-il de sa légendaire enfance? Mais il avait en lui ce sentiment amer et profond du temps qui passe et, conscient que les Castillans, tenant les côtes d'Andalousie, pouvaient séparer Grenade des montagnes méridionales, les Albacharât dont les pâtures nourrissaient la ville, il ne voulut plus que dépenser ce qu'il lui restait de la grandeur nasride, comme le condamné priant avant de monter au bûcher qu'on lui joue un air à danser...

Et dans l'Alhambra la vie est toujours celle du grand songe islamique, rien n'est que beauté des bâtiments et des esclaves, tiédeur des eaux céruléennes, les oiseaux polychromes, les singes jacasseurs, les antilopes, les lions de pierre... Les Rois n'attendent pas la justice de l'autre monde : et que pourrait leur donner Allah qui valût ce harem aux mille enfants parfaites, le paradis des salles d'ombre et de marbre, les cours aux buissons odorants, les arbres et les fleurs ?

En face, Aïcha, la Reine Mère, habite le Généralife et les grandes fontaines s'y croisent comme sabres de pluie devant elle jusqu'au pied de la colline. Boabdil, quand il est trop las des conseils du hâdjib Yoûssoûf ben Koumiya qui ne voit en toute chose que l'argent, ce qui ne vaut ni moins ni mieux qu'au temps où il écoutait l'ancien wazîr de ville, Aboû'l-Kâssim 'Abd al-Mâlik, qui n'avait qu'Allah dans la bouche et ne proposait rien qu'avec l'autorité du Coran... trop las des plaintes qui viennent de la cité, Boabdil s'en va retrouver cette jeune mère dont il a le visage, comme un miroir bien-aimé. C'est parce qu'il prend ici les seuls avis qu'il veuille suivre qu'on va le tenir pour un prince dégénéré. Ces conseils, cependant, est-ce tout ce qu'il y vient chercher ?

BOABDIL

Ma mère dites-moi d'où vient la destinée
Et si tout est écrit qu'importe ma conduite
M'avez-vous et la vie et le malheur donnés
Si le mal est de Dieu dois-je en payer les suites

AÏCHA

Mon fils Dieu n'est plus Dieu si le mal et le bien
Ne sont également de lui les créatures

Et tu n'es plus le Roi si de lui tu ne tiens
Ton injuste pouvoir ambigu par nature

BOABDIL

Du pouvoir et de Dieu ma mère j'ai douté
Pour prouver Dieu faut-il que le mal s'accomplisse
Faut-il comme Dieu fait punir qui n'a fauté
Pour prouver Dieu faut-il exercer l'injustice

Aïcha regarde en Mohammed cet enfant de lune qu'il fut si beau d'ignorer toute chose et voit l'homme rongé d'être roi de savoir le destin qui l'attend l'homme de chair et de pensée au piège du monde pris qui déjà ne peut plus rattraper les dés lancés n'a choix de recommencer la partie ah que ne peut-elle lui mentir ainsi qu'on ment aux tout-petits et le bercer dans ses bras déshabitués de la tendresse elle dont la vie est déjà si longue et déchirée ayant donné toute sa passion le feu de ses jours et sa ruse à garder pour ce fils un pouvoir qui lui est maintenant d'amertume

Elle brode des fleurs et se tait écoutant les jets d'eau Lui semble avoir deviné quelque chose de ce qui l'habite et comme y trouver prétexte à poursuivre d'autres conversations interrompues

BOABDIL

Mère quel âge avait dites-moi le Prophète
Quand Khadidja la tête rouge de henné
Le prit entre ses bras comme moi vous ne faites
Qui meurs de revenir où de vous je suis né

AÏCHA

Ô mon faon cesse un jeu sacrilège où tu triches
Je comprends le pari par quoi ton cœur me ment
Mais va-t'en retrouver la jeunesse des biches
Je suis vieille et le sais irréparablement

BOABDIL

Mère quand Mahomet à Khadidja sa femme
Fit deux fils et quatre filles dont Fâtima
Vingt ans les séparaient comme l'eau d'une rame
Ose dire qu'il n'était pas vrai qu'il aimât

AÏCHA

Va va je te connais va va je te devine
Jeune fruit de ma chair ô monstre de pitié
Tu ne peux me tromper toi qui dans ma poitrine
Remuais comme un diable et me frappais du pied

BOABDIL

L'amour que je vous porte ô Mère à nul autre n'est comparable
Les femmes m'ont donné le plaisir ainsi qu'une terre arable
Mais je tiens de vous le pouvoir une seconde fois la vie

Mon corps est fait de votre argile en refus de qui fut mon père
Et par blasphème du Coran mon âme et la vôtre sont paires
Mon âme qui tourne vers vous sa longue envie inassouvie

Les yeux de mon âme et mon corps n'ont pas un différent langage
C'est de toujours qu'avec vos yeux le dialogue qui s'engage
De l'homme comme de l'enfant est de ce feu que Dieu défend

Qu'est le narcisse auprès de vous qui régnez entre les jacinthes
Assise au-dessus des jets d'eau dont la prière a les mains jointes
Et marchez à pas de jasmin parmi mes désirs étouffants

Je tremble rien que de vous voir qui ne puis le faire sans crime
Et vous retrouve en mon miroir comme l'inceste d'une rime
Je crains le jour je crains la nuit je crains mon silence et mon bruit

Je ne sais plus où je me perds dans mes regards ou dans mes
songes

Si votre présence m'est pire ou quand votre absence me ronge
Et c'est de vous par qui je suis que me vient ce qui me détruit

AÏCHA

Émir abandonnez ces feintes et ces plaintes
L'âge n'a point en vous la démence calmé
Regardez-moi mon fils comme le temps m'a peinte
Et si même de toi je me puis croire aimée

BOABDIL

Me faut-il donc devant vous dire avec le langage de l'homme
Ces choses de la violence en moi du sang les mots qui nomment
Ce qu'à soi-même tait la bouche et dont j'ai le ventre habité

N'avez-vous pas le souvenir de ce que c'est que la tempête
Inexorable de l'époux qui fait en vous gémir la bête
Me faut-il être devant vous la mémoire d'obscénité

Reconnaissez l'incendie et le meurtre au fond de ma prunelle
Ni vous ni moi ne pouvons rien contre le printemps éternel
Qui n'a d'autre loi que sa loi qui n'a d'autre maître que lui

Pas plus que l'éclair je n'ai choix de vous épargner cet outrage
Et je suis la lance et l'épée et je suis la grêle et l'orage
Ah consentez du moins que je vous prenne entre mes bras de pluie

Puisque je suis le dernier Roi que je sois le dernier cyclone
Il faut qu'un péché sans mesure explique la chute d'un trône
Et pour l'enfer de moi Grenade dédaignée

AÏCHA

Grenade vous attend mon fils allez régner

CELLES QUI SE PROMÈNENT AVEC LES PAONS

Cependant les femmes de l'Émir paressent de salle en salle dans le palais qu'il regarde de chez Aïcha. Doux troupeau, parmi quoi l'habitude à peine à présent distingue Zoraiyma, de qui naquit cet enfant prisonnier, et que l'on tient pourtant pour la Reine véritable. Elle joue avec ses bijoux et s'imagine longuement de quoi ce petit peut avoir l'air maintenant, quel âge a-t-il? Dix, onze ans... peut-être douze... À chacun le temps varie, et faute de comparaison l'homme toujours se perd dans le compte des saisons: ici, dans ce paradis parfait de l'Alhambra, une femme, une Reine, à quoi marquerait-elle coche des jours? Le temps pour elle est la présence, et ce qui manque, où peut-on bien y lire changement? L'absent ne grandit pas, dans la force du corps ou la force de l'âme... Ô mère! toujours jeune mère dont l'enfant à peine encore abandonne son sein... Elle n'a point jalousie des favorites qui, comme elle, traînant ici, ont les plaisirs endormis et les soins sans fin de leurs corps. Que savent-elles de ce qui se passe au-delà du mardj bleui qu'on aperçoit des miradors? Qu'importe à celles qui se promènent avec les paons! Et, à côté des bains, il y a une chambre qu'on dit du Sommeil, où les niches de repos sont pour elles comme les branches d'un bel arbre sombre à des perruches. Fenêtres, portes et piliers forment une forêt, avec ses clairières... Dans le balcon, là-haut, il y a des musiciens que le fer rouge a déchu de voir, qui jouent sans arrêt de longues phrases pareilles à la bouche frappée avec la paume, et de temps en temps s'élève une voix sans regard psalmodiant des mots de Perse ou d'Égypte, des chants d'Afrique ou d'Andalousie...

CHANT DU MUSICIEN AVEUGLE

J'ai payé le prix inhumain
De hanter le jardin des femmes
Moi qui ne parle qu'à leur âme
Le langage des seules mains
Et dans la chambre du Sommeil
Où ma cithare s'émerveille
Ma plainte à leur oreille rôde
Comme une larme d'émeraude
Une goutte de sang vermeil
Devant elles mon genou ploie
Son imploration physique
Si c'est péché contre la loi
De Mahomet qu'aimer musique
De qui vous rêvez-vous la proie
Dormant à demi sans le Roi
Vous dont j'entends tomber les mules
À mes yeux vides inconnues
Prêtes toujours et toujours nues
Du balcon qui me dissimule
Je devine vos mouvements
À quoi rêvez-vous mi-dormant
Telles que je vous imagine
Et si j'enfreins la loi divine
Tant que pécher rien ne m'est doux

Combien dans la salle êtes-vous
Épaules d'or seins de sirènes
Cheveux dont la nuit se dénoue
Nacre flânant perle à la traîne
L'homme de chair plus grande n'a
Douleur qu'être aveugle à Grenade

Où pourtant sa musique va
Droit au cœur paresseux des reines

Je suis le radeau dérivant
Dans l'ombre fraîche au-dessus d'elles
Le songe mâle aux mains de vent
Le vol bas plongeant comme avant
L'orage on voit les hirondelles
Je suis l'orchestre toujours prêt
À chanter toute une forêt
Obscure ainsi que mes regards
Je suis le sanglot des regrets
Pour les plaisirs qu'on espérait
Avoir pris avant que s'égare
Le printemps qui pleure en secret
Parfum qui confond les collines
C'est moi c'est moi cœur qu'on fendit
Ciel défendu bonheur maudit
La mer inondant les salines
La bouche au baiser qui s'incline
Et le mot meurt sans être dit
Sur la lèvre amère du chantre

Ô douceur des filles soudain
Dans mes bras mes jambes mon ventre
Avec l'impudeur du dédain
Toutes les roses du jardin
Et tous les baisers grenadins
De toutes les fenêtres m'entrent

LE BASSIN

Maintenant, dans la cour des Myrtes... ah, laissez-moi préférer le nom que nous donnons à ces buissons, dont le parfum nous vient de Chypre ou de Paphos, aux arraynes *castillans volés aux* rayhâhin *andalous...*

Maintenant, dans la cour des Myrtes à l'Alhambra, auprès d'une fille si belle que je n'ai besoin pour en parler ni de l'antilope ni de l'aurore — et que vous fait au fond qu'on l'appelle Zahrâ'? — Mohammed XI, assis au rebord du bassin, les yeux perdus vers l'est où sur le mur des Bains le nom de Yoûssoûf de Nasride est écrit de triomphaux caractères coufiques, Mohammed XI en son manteau de malf rouge, Mohammed comme s'il avait repris chez sa mère souvenance des temps abolis, s'abandonne à sa propre histoire...

Ô douce almée à la taille de cette heure, et qui ne comprends rien des paroles souveraines, tu m'es juste l'oreille qu'il fallait, attentive et distraite, ouverte au son mais sourde au sens... Et l'Émir rêve haut, sachant mieux qu'autrui son destin...

Un jour d'enfance il m'en souvient *dit Boabdil*
Elle
aimait en lui seulement sa force et s'étonnait
Qu'il lui parlât ne demandant de lui que ce plaisir parfois
Comme tantôt le plus souvent qu'il vous faut feindre Après
Tout ce n'était peut-être pas à elle qu'il parlait
C'est une chose étrange que les Rois *dit-il* Je n'aimais
Pas mon père et pourquoi
L'eussé-je aimé pourquoi cet être lourd l'eussé-je
Aimé qui me regardait sans regard et qu'avions-nous de commun
Sinon cette odeur de meurtre
Elle vient d'au-delà cette vie où se fonde le pouvoir Elle vient

D'un temps oublié le temps du premier qui s'assit sur ce trône et rendit la justice
Moi
je suis celui qui n'a pas après lui ce mensonge
Étant le dernier de cette dynastie et celui dans les mains de qui tout se dissipe moi de qui tout part en pièces
Qu'est-ce que je disais

Il vit soudain la femme et sourit comme alors dans le jardin désert lorsque son père y vint sans bruit à l'heure chaude et regarda son fils penché sur le bassin

Je n'aimais pas mon père il parlait de chevaux
Il avait une vie à lui des enfants des épouses
Pourquoi s'appliquait-il à m'apprendre le sabre et savait-il de moi plus que d'un perroquet

Ô ma mère avez-vous tenu vraiment cet homme dans vos bras
Vous qui sentez le soir comme un jardin de lune
Je ne vous avais pas demandé de me donner pour père un Roi

Il m'en souvient jamais auparavant je n'avais vu sa pensée à lui qui regardait toujours au-dessus de ma tête et tout d'un coup dans l'eau j'ai vu l'arbre à l'envers au milieu des poissons il était là dans le silence de midi
Car je n'ai pas oublié l'heure ni la couleur de sa robe on eût dit
Qu'il s'était habillé pour que je m'en souvienne et pas plus que son poids sur le miroir la surprise pour la première fois de ses yeux pour la première fois cette porte ouvrant sur ce mystère en lui
Sa robe était de zerdaneh d'Égypte d'où des bêtes semblaient me surveiller d'entre les fils d'or

Je n'aimais pas mon père et je sais bien pourquoi
Ni son poids ni son pas son parler son haleine

Ni son poil ni sa peau je n'aimais pas mon père et cette seule fois que j'ai lu dans ses yeux des paroles muettes

La peur et le mépris n'ont pas pour s'exprimer un seul mot qui les joint

Et cette seule fois un sentiment humain dans l'œil de l'homme et j'y ai lu ma mort

Il avait eu ce geste vers mon cou dans l'eau courante où les poissons dorés faisaient voile vers moi des pétales de fleurs tournaient à la surface on était dans ce mois où neige le tilleul

Ma mort avait-elle donc ce visage où ma mère avait su que j'allais naître et ce Roi quelle gêne pour lui que je fusse ainsi qu'un faon parmi ses faons

Plus que la crainte en moi criait la honte

Et le Malencontreux se tut sous les cyprès dont le fruit profondément cache un secret Quelque chose en lui varia comme une barque à l'amarre et sa main caressa la femme

Il se leva dans lui ce parfum de mémoire et la foule courut vers la porte avec les chiens blonds dans un bruit d'armes sur les dalles

Ô Roi *dit-il* ô roi mon père il vous semblait possible d'allier la puissance et la ruse. Et vous ne saviez pas que le siècle eût changé comme un voyageur qui n'est plus le même après l'étape et la poussière ô trop tard venu dans ce monde où les dés ont amené le point depuis longtemps de notre perte Ô rassembleur de terres qui n'as point compris qu'en tes mains vainement se réfugiait l'héritage et quand tu reprenais une ville une autre de toi tombait

Un jour vient quand les Rois n'ont plus loisir de descendre de selle et quelle différence alors entre eux et les bandits car n'est un souverain que celui qui paresse un jour vient quand les Rois ne sont plus qu'un rêve entre les bornes du royaume à l'heure du réveil un jour vient c'est le jour les mots perdent leur sens nocturne et le pigeon roucoule sur le toit d'étranges prophéties

Qui donc t'avait montré cet enfant dans la cour auquel tu n'avais garde alors disant *Voilà le dernier Roi de Grenade*

On rit d'abord d'une parole de fakîr ah jetez de l'or qu'il s'en aille et puis l'ombre se fait sur la chose prédite elle tourne en vous comme un cabri La main chasse l'idée apparemment mais si déjà tu portes ce cœur en toi défunt qui pourrait écarter les mouches du cadavre

Et donc tu regardais ton fils dans l'eau dormante en ce bassin des Myrtes comme alors où je vois aujourd'hui mon destin

Voilà voilà le dernier Roi de Grenade Insensé qui n'as plus maintenant devant toi que cette fin du royaume Et ne va point chercher à conjurer le sort avec les lances de l'armée ayant devant les yeux ton malheur et ne suffisait-il pas pour déjouer le sort avant qu'il règne d'étouffer cet enfant d'étouffer l'histoire en cet enfant

Il n'est pas besoin de parler que tout se sache et nous portions tous deux mon père ce secret Heureux celui qui n'a pas vu sa mort dans les yeux de sa source heureux plus encore celui qui ne piétine pas son propre feu

Jadis n'étions-nous point des cavaliers sans but que notre course et la tente s'ouvrait au bout de la fatigue et nous allions d'un campement à l'autre oubliant derrière nous le terrain conquis

Qu'est-il donc arrivé que je tourne en moi-même au milieu des cendres qu'est-il arrivé que je sois implacablement le dernier Vois comme la terre implacablement sous moi se racornit et déjà de toutes parts j'aperçois ma limite Il n'est même plus besoin de monter sur les tours plus besoin de tendre l'oreille aux trompettes étrangères

Que ne m'a-t-il tué dans ses mains royales ce père ainsi qu'il en eut plus d'une fois l'envie et devant lui fuyaient les gazelles comprenant cette chose obscure en son âme et que ne m'a-t-il tué pour que Grenade vive et regarde ces mains que j'ai c'est tout en moi ce qui me vient de lui tirant plus tôt du côté de ma mère

Hormis pour ces mains de bourreau

Ces mains où tout se dissipe et se perd ces mains sur rien jamais qui ne se ferment où tout se change en poussière et ruisselle d'ombre entre les doigts

Zahrâ' Charifa Zaïdé filles de l'infini que ne rien faire unit plus jeunes que l'eau bleue au vent parfois ridée

Le regard de l'Émir qui les dépasse égare une fuite d'idées

Où lui se désespère et Grenade se perd Zahrâ' Charifa Zaïdé

Zahrâ' Charifa Zaïdé l'une qui se plaint l'autre qui se peint la troisième à l'air d'une enfant grondée

Quel homme sans vouloir les prendre peut les voir tant est leur ventre tendre et passer son chemin sans y porter la main vous fait le cœur se fendre

Zahrâ' Charifa Zaïdé comme luzerne après l'ondée où tout est bonheur du pied nu courir courir et là venu mourir d'une mort ingénue

Je ne songe pas demander Zahrâ' Charifa Zaïdé le plaisir ni choisir entre elles

Il suffit de les regarder gazelles gazelles

Zahrâ' Charifa Zaïdé

Et rien ne peut désormais se résoudre avec des chansons ni l'être humain dans sa jeunesse ni

Le roi qui porte autre souci que du printemps pour quoi les poètes ont toujours dans les palais placé leurs tragédies

Affrontant l'histoire du prince de chair et celle du souverain d'airain

Or voici que cette discorde s'étend aujourd'hui dans la profondeur du royaume et c'est vous ou moi Boabdil

Si bien que je répète maintenant sa lamentation

Non point comme le miroir d'un monarque

Mais l'écho de l'homme

En ce siècle devenu l'héritier de toutes les douleurs de la couronne

Et celui qui meurt de la peste et celui qui meurt de la faim

La femme tombée à genoux l'esclave usé jusque dans l'âme
Chaque misère est un royaume où quelqu'un d'entre nous est roi

PLAINTE ROYALE

Douce diversité des femmes pour ma force
Comme un collier des soirs au matin refermé
Suis-je las de moi-même ou simplement d'aimer
Et le parfum se perd dans l'immense divorce
De l'âme et de la chair de l'arbre et de l'écorce

Un jour on se retrouve au bord du temps brisé
Ne gardant du baiser que la lèvre incertaine
Et ne comprenant plus le sanglot des fontaines
Sans émoi sans mémoire et le cœur dégrisé
Ce cœur on ne sait trop pourquoi martyrisé

Pourquoi m'avoir laissé dans ce désert des sables
Où rien ne me paraît écrit qu'en noir et blanc
Pourquoi m'avez-vous fui désirs lents et brûlants
Comme un enfant déçu lorsque finit la fable
Dont plus grande est la faim lorsqu'il quitte la table
Je suis demeuré seul et triste quand soudain
Vous avez dans ma vie ainsi fait le silence
Je ne me souviens plus que de ma violence
Je ne suis plus de moi que l'ombre et le dédain
Muets sont les oiseaux aveugles les jardins

ZAM'RA DE ZAHRÂ'

Mohammed est triste On ne sait
Comment réveiller les éclairs
Malheur de moi qui l'enlaçais
Croyant comme la paille plaire
Au feu royal cherchant sa proie
Il s'est détourné de ma bouche
Allons dansons toutes les trois
Pour oublier le roi farouche
Ah dansons dansons la zam'ra
Que je le croie entre mes bras

Seins petits pour tes yeux si grands
Charifa viens toi la première
Qui respires l'ambre odorant
T'offrir à sa froide lumière
Tout simplement qu'il te sourie
Ne crains pas que je sois jalouse
Quand j'entendrai comme tu cries
Je danserai sur la pelouse
Ah dansons dansons la zam'ra
Pendant qu'il jouit dans tes bras

Qu'il ait la plus belle de nous
Toi Zaïdé s'il te préfère
Qu'il te serre dans ses genoux
Qu'il entre en toi comme le fer
Tu vas apprendre enfin de lui
Ce qui fait tout bas que je pleure
Car l'amour vient comme la pluie
Le plaisir comme la douleur
Ah dansons dansons la zam'ra
Et qu'il t'étouffe entre ses bras

LES FALÂSSIFA

I

Sans doute ici tout relève de l'arbitraire et je n'ai point eu spectacle de cette âme ni confidence que pourtant j'imagine ah j'imagine ayant le besoin terrible de la grandeur, d'une grandeur qui ne répond pas nécessairement à la convention qu'on s'en fait ou l'orgueil qu'on en affiche aujourd'hui, j'imagine un Boabdil en proie à ces déchirements à nous qui sommes par la chair du temps en voie de disparaître, et par l'esprit appartenons déjà aux étoiles. J'imagine donc qu'à se savoir le dernier roi de Grenade, Mohammed ben Aboû'l-Hassân ben ʻAbdallâh se pose d'autres questions que de conjurer le sort. Entre le passé d'al-Andalous et l'avenir chrétien, entre son peuple promis au massacre et à l'exil, et la future Andalousie, s'il appartient vraiment à l'un ou l'autre camp, il n'a ni à choisir ni à désespérer. Mais peut-être, plus qu'en cette promesse à laquelle manquer lui fut facile, ici trouve-t-on l'explication du trouble qui le porte à se battre et l'en retient, des hésitations qui lui font ce visage équivoque aux yeux brutaux de l'histoire. Il ne pouvait croire vraiment en la mission de l'Islâm, lui qui en incarnait la déroute, et comment ayant dès l'enfance conspiré contre le pouvoir de son père, se fût-il réclamé du droit d'héritage ? Il se sait au parapet de l'abîme, et pourtant il a plus de dix années tenté de ne point basculer par-dessus. Il a de tous côtés cherché justification de son règne et de son existence et, quand il en désespérait, tenté trouver au moins le légataire de son faux patrimoine. Le dernier roi de Grenade... cela pouvait de deux façons s'entendre. Et peut-être eût-il plus facilement passé son hoir à des mains arabes qui n'eussent point été royales, qu'à ces princes polythéistes qui allaient camoufler la beauté musulmane avec la croix et les madones, et camper dans le milieu de l'Alhambra, y élevant le hangar de Charles Quint. Mais quelles mains pourtant, que savait-il de ceux qui vont des siennes reprendre la merveille ? Il avait beau penser qu'il venait d'un mensonge, et tout ce monde autour de lui, fait pour assurer son pouvoir n'était-il pas le fruit des illusions de ce monde même ? Il n'y avait personne qui pût lui apprendre un autre système des choses, une autre vie, une autre notion du mal et du bien. Qui jamais eût approché le jeune Émir avec des mots pour soi peut-être mortels ? Boabdil n'avait point entrée en le secret d'autrui. Ne lui suffisait-il donc point de la splendeur ? Aussi mesurait-il à la beauté des jardins et des marbres toute valeur morale, ce qu'il en peut advenir. Et pourtant le hasard des rapports de police...

LE SECRET

Or il y avait dans Grenade un homme si triste et si beau que c'en était insupportable. On en parlait la nuit dans les demeures si bien que Boabdil le fit un jeudi chercher par les gardes qui le menèrent à as-Sebika comme un scandale avec ce concours de peuple tout autour et le Roi lui dit qu'y a-t-il et l'autre se taisant écoutait les fontaines si bien que le Roi dans la persuasion qu'il ne l'avait point compris répéta plus fort qu'y a-t-il et comme ne venait de réponse déjà se fâchait criant Qu'y a-t-il dans un effarouchement de colombes

Quand l'homme leva vers lui son visage parfait l'étonnement frappa soudain le souverain qui s'assit et répéta cette fois avec douceur Qu'y a-t-il et le monde un long temps fut parfumé par le silence alors l'interrogation se fit inquiète Et suppliante Intolérable au milieu du jour comme une ombre sur toute chose un sentiment de fragilité si bien que la rumeur au loin fléchit dans la campagne et peu à peu la ville en plein midi sembla s'éteindre au fond du ciel pâle

Alors courage vint à quelqu'un des Princes d'aller chercher le bourreau mais Boabdil levant sa main murmura Qu'y a-t-il et l'homme enfin parla Si bas qu'il le fallut prier d'élever la voix qu'on l'entende et cependant les mots étaient simples et clairs dans cette jeune bouche il suffisait d'y croire pour en connaître le secret

Je tremble avait-il dit je suis heureux

Est-il permis au sujet d'avoir satisfaction de son sort, quand le Souverain se résout si mal au sien ? Mais que savait Boabdil de son peuple ? Au lendemain matin de l'audience publique du jeudi, une connaissance plus secrète lui en était donnée, tandis qu'en ville c'était le jour d'assemblée pour quoi le vendredi est nommé *djoumou'a.*

Il avait pris le goût d'écouter longuement ce que de Grenade inconnue, une fois la semaine, venait lui dire le préfet de ville, homme d'âge à qui rien n'était caché des meurtres ou des prévarications. « Sâhib al-madîna, quelle chose d'horreur m'apportes-tu cette semaine ? — Seigneur, à peine un parricide, une femme en morceaux trouvée au Sakkatîn... » Boabdil ne vivait plus que pour le vendredi. Il apprenait ainsi des choses surprenantes sur les bouchers, les gabeleurs, les orpailleurs du Darro, les marchands d'électuaires, les carriers qui extraient l'onyx rouge et jaune. Ainsi, presque chaque fois, il lui semblait entrer plus profond dans la ville, il découvrait les débauchés, les falsificateurs du lait, les accapareurs de farine. Et les désordres qui ont lieu sur le bord des rivières, les lieux où la présence des femmes à peu près assurément implique le scandale, les crimes d'un forgeron gitan qu'il avait fallu jeter à l'al-Kassâba bien que Moûssâ le défendît en raison de son habileté à fabriquer des armes. Grenade ainsi pour lui cessait d'être une abstraite cité : elle se peuplait de gens vivants, avec de petits métiers, des passions et des vices. Et toute sorte de mouvements intérieurs dont il avait honte ou du moins qu'il dérobait à la lumière ainsi prenaient en lui tour naturel d'être le reflet de ce qui se passe en réalité dans les autres. Heureusement qu'il n'était point juge : il n'y aurait eu de coupable qu'il n'eût, avec ce sentiment d'en être le miroir, pour les forfaits les plus atroces, toujours remis en liberté. Ceux qui jugeaient pour lui n'épargnaient pas le sang, mais Boabdil avait coutume de l'ignorer, préférant la poésie aux exécutions capitales.

C'est ainsi qu'il apprit l'existence aux abords de la ville d'un lieu de réputation détestable : non qu'on y fît de la fausse monnaie ou qu'ici les citadins vinssent forniquer, mais pour la perversion de l'esprit à quoi l'on s'y adonnait. Car il y vivait des cultures de la terre des gens qui depuis des générations s'y exerçaient à la coupable pratique des idées. Il s'y réunissait parfois à la nuit des *falâssifa*, ces philosophes pervers, qui sous l'influence des Grecs allaient jusqu'à mettre en doute les fondements divins de la royauté.

Et, disait le sâhib al-madîna, rien ne sont égorgeurs de filles, faux-monnayeurs ou voleurs d'eau, comparés à ceux-là qui, s'écartant de la lettre du Coran, ou des ahâdîth, se font interprètes des paroles sacrées, ce qui ne peut être que pour découronner les paroles du Prophète du sens par lequel est soumis le peuple à l'Émir, car le sens immédiat suffit à les maintenir dans les cadres fixés, il n'y a donc raison d'y chercher subtilité si ce n'est pour la subversion de l'Islâm. Le bien, le mal, la puissance contraignante de Dieu, la revendication humaine du bonheur, les falâssifa s'arrogeaient le droit d'en discuter entre eux. Temps était venu, devant la menace chrétienne, de mettre fin à ces jongleries.

L'envie alors en prit à Boabdil d'un voyage parmi ces prestidigitateurs de la raison, avant que le sâhib al-madîna y fît pratiquer, comme il en avait l'intention, une expédition d'un autre ordre. L'Émir avait peu connaissance d'Aflatoûn ou d'Aristote dont il n'avait entendu guère parler que pour condamner la curiosité qu'en montraient les falâssifa. Nul faïlassouf n'avait jamais franchi le seuil de l'Alhambra. Il ne fallait pas parler de ce projet au sâhib al-madîna, c'était clair. Boabdil y songea longuement. Mais, quand il sut que, les chemins dans les collines se changeant en tapis de jonquilles, les exempts de la ville allaient prochainement se rendre avec des bâtons et des cordes chez les philosophes, il décida de les devancer.

À la différence du calife Haroun-ar-Rachid, il ne se fit point accompagner de son hâdjib ou de l'un quelconque de ses wouzarâ, n'ayant en aucun d'entre eux véritable confiance, en aucun d'entre eux ne trouvant son Dja'far.

II

LE FURET

Et Boabdil s'étant habillé comme un portefaix sortit de la ville et longea le cours du Xénil

Plus il pénétrait dans le commencement d'une nuit qui ressemblait beaucoup à une améthyste mal taillée et plus il imaginait la terre à ses pas rouge de reproches

Des gardes qui passaient avec des sacs sentant le mouton mouillé jurèrent des jurons neufs qui firent un bruit de cuir et de crachats dans l'ombre

Il descendait dans le demi-jour la route obscène des contrebandiers jusqu'où cela fleure le jasmin tout à coup

Que vas-tu chercher roi sans couronne au fond des champs semés de pierres

Que vas-tu chercher sous les oliviers tordant leurs bras implorateurs
La solitude ou la mémoire un secret d'enfance ou l'oubli
Tu as toujours dans les mains la brûlure de la corde alors qu'avec Yoûssef ton frère tu descendis
Interminablement des Tours Vermeilles
Ta prunelle a toujours la lumière à treize ans de Guadix Ouâdi'Ach ainsi que vous l'appelez pour son ruisseau quand ce peuple te prit pour Émir et les flambeaux de Grenade au soir quand tu revins avec Yoûssef sur un cheval bai.
Yoûssef Yoûssef que le Zagal dans Al-Mariya décapite
Sa tête à votre père aveugle portée avec ses doigts qui reconnut ce visage au fond des linges sanglants
À quoi rêves-tu Boabdil Abou'l-Hassân est mort aux mains de ton oncle
Et le Zagal n'a pas longtemps régné que trahir n'a pu sauver ni la grâce de Ferdinand ni les montagnes d'Andrach si bien
Qu'il s'en fut en Afrique avec ses remords et les yeux lui furent crevés à ce qu'on dit sur ordre
Du Sultan de la Région Côtière en sa justice
À quoi rêves-tu Boabdil écorchant tes pieds aux sentes ténébreuses
Près d'une métairie encore au-dessus de la verdure sombre par
Une blancheur de colombier devinée
T'arrêtant écouter ton cœur perdu dans les cigales
Et soudain quelqu'un parle invisible et qui ne t'a point entendu venir
D'une vieille voix rauque et tranquille une voix faite aux vents de glace au soleil consumant à l'alternance des saisons
Une voix où tournent par moments des feuilles mortes
Difficile à comprendre à cause de ce jargon qui n'entre pas dans les palais couleur de terre et de pierraille et qui laisse après soi le sentiment des silex inutilement battus

Mon fils *disait la voix* c'était au temps d'Aboû-Yoûssef-Yakoûb el-Mansoûr le calife au-delà de la mer

Il y a de cela trois fois cent moissons et la mort a sept fois touché les pères de nos pères depuis ces jours d'une autre guerre à travers l'Andalousie

Sur cette pierre devant la maison tant de fois détruite et reconstruite

Sur cette pierre blanche d'où prosterné tu te relèves encore avec les vêtements blafards

Venait chaque jour s'asseoir le réfugié tombé dans la disgrâce

Et c'est de lui que l'enseignement est venu à travers l'époumonnement des siècles jusqu'à moi

C'est de lui que je tiens la sagesse secrète

Qui n'a jamais quitté cette demeure où le soir l'air s'emplit du parfum des térébinthes

À quoi les pères de nos pères ont lentement ajouté

Et grâce à jamais soit sur lui qui le premier

Établit que connaître aux yeux infinis du Très-Haut

Est d'obligation pour les hommes d'interprétation certaine

Ô faïlassouf ô maître des choses par-delà la raison

Aboû'l-Oualid Mohammed ben Ahmed ben Mohammed ben Ahmed ben Ahmed Ibn-Rochd dont le nom là où ne pousse plus le palmier

A mûri comme un fruit amer longtemps gardé dans la bouche

Et les Roûm t'appellent mystérieusement d'un vocable à leur mesure Averroès

Où meurent tous tes aïeux énumérés

Mon père *dit l'enfant qu'on ne voit pas d'une voix changeante à la façon de la mer à l'heure tournante des marées*

On a marché dans l'ombre il a craqué comme des coquilles sous les pieds d'un homme ou des branches

C'est un furet mon fils qui cherche gibier dans nos garennes

J'ai pour lui sympathie Il vient comme nous d'Afrique Il est comme nous avide et le sang lui tient lieu de savoir

Il n'y a point devant lui danger à parler d'Ibn-Rochd

Sans doute est-il de ceux qui n'interprètent point les paroles et pour qui le monde est donné selon les Écritures

Toute chose littérale et crime à qui s'en écarte

Aussi n'entend-il que les mots dans leur élémentaire logique

Et comment n'égorgerait-il point la bête dont il fait sa nourriture

Mais notre maître nous a patiemment enseigné qu'il existait une autre sorte humaine

Qui s'adresse à la première et pense différemment

Non point de façon littérale et pourtant ne parle que selon la lettre

Hommes de discours à qui les premiers sont matière d'emploi

Leur pouvoir jaloux fondé sur la chose révélée

Ici le vieillard s'est longuement tu comme devant le pas nocturne et menaçant du promeneur la cigale

Et Boabdil a senti dans son cœur la colère des Rois

Où veut-il en venir ce paysan qui prétend connaître plus que ses épis

On dirait qu'il va lui répondre à cette lenteur du langage au fond de la nuit renaissant

Et nous de la troisième sorte

À qui ne sont miracles ni mystères ce que nous ne comprenons point encore

Mais choses échappant encore à l'entendement vers quoi nous marchons à tâtons avec le bâton du savoir ancien

Nous à qui toute chose donnée est une machine dont il faut apprendre l'usage

Gens de connaissance profonde et sans qui depuis longtemps l'esprit humain eût rejeté les prophéties

Car sans nous qui sait adapter la parole écrite à ce qui la dément

Nous dont la longue sauvegarde est de prouver à la puissance terrestre

Les services que nous lui rendons

Ibn-Rochd nous apprend pour le bien de la science

À maintenir la vérité croissante entre ceux qui savent s'en servir sans que sa lumière ne les aveugle tandis
Que les hommes de la première catégorie
S'en tiennent aux signes concrets de la religion
Ainsi
C'est pour eux obligation divine de croire à ce qui est figuré
Tandis que Dieu nous impose le doute
Comme un état forcé de la fonction de connaître
Tel est l'enseignement que nous avons reçu

Mon père *dit l'enfant inquiet* ne te semble-t-il point
Que le furet a trouvé sa proie au fond des feuilles
Et je ne sais quel gémissement j'entends qui me ressemble
Mais c'est comme si le vieil homme était sourd autant
À l'interrogation qu'à ce cœur battant dans les fourrés
Et son âme tranquille au-dessous des premières étoiles

Ce qui nous est caché n'est point différent de ce que je touche
Seulement il me faut des générations pour en monter l'échelle
Et depuis qu'Ibn-Rochd est mort nous avons fait
De grands pas noirs dans les miracles
Crois-tu que les canons inventés vont toujours servir aux monarques
Crois-tu que la science à la fin ne prend point avantage sur qui s'en sert
Mais ce n'est pas seulement cette réduction devant nous du royaume obscur
Ce n'est pas avec le temps qui passe et les hommes succédant aux hommes seulement
Cette colonisation de l'inconnu qui grandit
De même à l'inverse il se fait un mouvement d'abord imperceptible
Une tache d'huile sur la mer des hommes
Et la troisième sorte qui d'abord était d'un petit nombre
Avec la lenteur des siècles s'étend gagne les champs d'ignorance inférieurs

Je ne vous comprends point mon père y a-t-il donc deux nuits l'une du savoir et l'autre des hommes

Écoute et retiens bien que nous sommes toujours
Au temps où la vérité ne peut se répandre que comme l'eau du bocal se perdant sur la terre
Viennent les jours où le sol la boive pour des moissons merveilleuses
Et qu'il n'y ait plus qu'une classe d'esprits aptes à tout connaître
Ce que nous tenions pour philosophie alors se révèle mécanisme vulgaire de la pensée
Déjà sans qu'on s'en rende compte il y a dans la pratique humaine
Toute sorte de miracles machinaux qui ont perdu leur visage de merveille
Déjà des hommes de rien sans rien penser commandent
À ce qui paraissait hier le surnaturel
Tu mets aux mains du soldat l'arme pour laquelle hier
On t'eût brûlé comme magicien Comprends-tu
Qu'ainsi se lève la fin des connaissances littérales
Et que c'est précisément ce qui fondait
Le pouvoir avec Dieu confondu précisément
Ce qui semblait inventé pour imposer son règne
Qui va porter dans la foule obscure peu à peu
Comme une épidémie de la lumière

Mon père *dit l'enfant* vous m'aviez enseigné suivant le Maître
Que Dieu l'ait en sa miséricorde
Les trois sortes de gens selon leurs facultés interprétatives
Et l'équilibre de la société comme l'homme ayant ses pieds à terre et la tête dans les nuées
Vous m'aviez enseigné ce monde fixe immuablement
N'est-il pas sacrilège aujourd'hui d'en ébranler la loi de séparation d'en renverser l'ordre établi

Mon fils *dit le vieillard* comment l'homme pourrait-il être sacrilège alors que toute loi n'est qu'en lui
Que le savoir n'est qu'étape du pèlerin
Et qu'importe le chemin qui te mène à La Mecque
Allah ne nous permet point de nous arrêter par l'effroi
Nous avançons vers lui comme une armée conquérante
À chaque pas diminuant ce qui jusque-là demeurait son seul domaine
Traître à lui celui-là qui redoute empiéter sur ses champs
Car le devoir de religion est d'arracher à Dieu sa part
Pour quoi nous avons été créés comme le feu pour brûler les blés mûrs
Et nous sommes au temps du mois où la lune à se lever est tardive
Le furet le furet *a crié l'enfant qui s'est jeté le couteau sur l'ombre Une main*
L'a saisi par le poignet

III

LE REPAS

Quand le maître de la ferme, qui l'invite à se joindre au repas prêt à être servi, salue l'hôte imprévu du nom de calandar fils de roi, Boabdil se sent couvrir d'une mauvaise sueur, s'imaginant percé à jour, et regarde ses mains d'oisif en désaccord avec l'habillement qu'il a choisi, mais se rassure sitôt qu'il a été mené sur l'aire où l'on a jeté des nattes pour les invités et les commensaux habituels, car le maître s'adresse à tous avec cette appellation d'Irak, laquelle apparemment ne peut être que souvenir des nuits d'Ar-Rachid et, s'en étonnant, demande sur le ton de la plaisanterie à la fois et du respect par quelle merveille ici peuvent se trouver, sous déguisements divers, tant d'enfants de souverains par le hasard réunis. Il y a là hommes de tous âges, et certains retour du travail avec leurs instruments, d'autres arrivés de la ville au crépuscule, à qui l'on a donné pour le repas possibilité d'ablutions comme avant la prière. Les femmes de la maison, mères et filles, brus du maître, les plus jeunes voilées, se tiennent en arrière, servant les plats, faisant la cuisine, veillant aux torches qui illuminent la scène. Alors le vieil homme à son jeune hôte, l'ayant à la place d'honneur installé parce qu'il est le dernier venu, explique cette conjoncture singulière avec des mots balancés et comptés, dont Boabdil met quelque temps à comprendre qu'ils sont les vers d'un poème d'un mètre inhabituel où la rime ne varie que sur la fin des strophes, comme si l'on frappait alors dans ses mains. Ô fils de roi! *dit-il... et il s'est dressé, oscillant les bras étendus, les yeux fermés, parlant d'une voix peu à peu montante, tandis qu'une cithare dans l'ombre, et qui donc en joue, semble seulement le suivre et l'appuyer pour qu'il ne tombe point d'une mélodie ancienne et monotone dont la longue houle s'élève soudain quand on arrive à ce bout de la strophe où la rime varie:* Ô fils de roi! *dit-il...*

Ô fils de roi ne prends point ombrage à voir autour de toi la distinction de ta naissance à tant d'autres ici verbalement accordée

Simple orgueil de ma part à l'esclave acheté sur le marché la départir est plus que lui-même encore m'élever qui semble ainsi n'avoir serviteur que de sa haute origine

Et donc tout ce qui pourrait être humiliation de l'homme en son mystérieux contraire ainsi changé

Le sort de chacun non point abaissé mais revêtu d'un masque choisi par une résolution temporaire

Si bien que la société qu'autour de moi j'ai plaisir de disposer à mon gré ne s'étage plus comme les degrés du trône de la lumière califale à la poussière servile mais au contraire

Part de l'humilité des gens pour les égaler par la tête au niveau le plus haut de l'homme et les faire accéder à la splendeur

Aussi bien l'Émir cesse-t-il d'avoir dignité d'émir s'il consent aux travaux sur quoi l'émirat se fonde ou n'est-ce pas plutôt le labeur qui forge la couronne et quand je dis de celui-ci qu'il est un calandar fils de roi regarde dans ses mains sublimes

Aux callosités sont écrits ses droits imprescriptibles sur les biens du monde et les privilèges indiscutés de son hoir

Au martyre des doigts on reconnaît la finesse première de la chair et le sacrifice pour le bien de tous qui ne peut être le fait que du souverain

Seul à voir si large et si loin le destin du royaume à comprendre la nécessité des tâches rebutantes des gestes de la fatigue poursuivis sans égard aux muscles lassés et froissés

Seul à saisir la portée étrange de l'exemple et sans quoi tu n'as ni le pain ni le sel ni le toit de ta tête ou le manteau qui défie à la fois le vent et l'hiver

Ô fils de roi ne t'étonne point qu'il y ait autant de fils de rois dans cette cour de ferme alors qu'il te suffit de lever les yeux sur l'espace au-dessus d'elle et déjà tu ne peux plus arriver à bout de compter les étoiles

Ne sois point comme cet Émir que nous avons là-bas dans l'Alhambra qui pleure dit-on depuis son enfance à cause d'une prophétie

Insensé qui croit qu'un jour va venir sans roi dans Grenade alors que chaque petit enfant y naît pour une couronne étincelante

Et les rois de demain ne peuvent pas plus se dénombrer que les cailloux dans la mer sans fin par la mer amoureusement lavés

Rois d'un royaume aujourd'hui pour nous inimaginable qui nous prosternons devant de petits souverains provinciaux et cruels

Rois de ce que tout le sang versé ne peut donner au plus puissant aujourd'hui des monarques

Rois de trésors devant quoi les empereurs regardent avec pitié leur spectre et leurs armées

Rois de biens qui ne s'estiment point et font pâlir les génies dans les contes où l'on frotte une lampe de cuivre et ne trouve à leur demander d'accomplir que vœux dérisoires au prix des tapis volants de l'avenir

Et regarde seulement ô fils de roi déjà les princes qui t'entourent

Par leur savoir justifiant leur sang et leur rang
Égaux les uns par la terre et les autres par la philosophie

Jeu de scène: ici le récitant s'avance et désigne l'un après l'autre les convives achevant leur bouillie ou les fèves qui ne semblent point par courtoisie apparemment remarquer qu'ils sont l'objet de la conversation entre l'hôte et le dernier venu...

Celui-ci donne-lui le sol d'une colline et vois comme il le prend dans ses doigts
Appréciant le sable qui demande fumure antérieure ou le terreau gras que tu peux ensemencer comme une femme ayant déjà
L'expérience de la maternité
Il sait disposer pour le grain les sillons il connaît les expositions favorables le temps d'excellence où semer
La manière de hâter la germination la qualité d'eau favorable
Et je le dis fils de roi pour ce que de la patience de ses mains sort le lin d'été souple et bleu comme un ciel inférieur
Qu'il sait soigner avec les excréments des oiseaux
Cet autre qui te regarde et rit dépouillant l'artichaut qu'il mange depuis son enfance
Je le salue avec la vénération due à celui pour qui les arbres n'ont point de secret
Regarde autour de toi dans la lune qui s'est levée À perte de vue il y a des collines après les collines
Et sous le lait de lumière innombrables les signes tordus d'une écriture appelée oliviers
Tout cet argent sorti des mains de l'homme que voici
Et si
Les calamités de la guerre ou l'orage ou le gel n'en font point hécatombe ils vont durer dans les siècles des siècles
Dans des temps ignorants de nous de ce que nous avons souffert
Et que c'est cet ouvrier robuste qui a jeté des cailloux dans la fosse où il avait placé sa bouture pour que l'air pénètre dans la terre et la pluie également

Et le fruit a dès l'automne la couleur de ta joue après un jour que tu ne l'as rasée Il ne faut pas

Secouer l'arbre ou le battre d'une perche mais

Doucement détacher l'olive par une caresse des doigts qu'elle ne connaisse violence avant celle du pressoir comme un époux sauvage

Ai-je dit les choses comme elles sont ô

Mouhammed ben Mouhammed al Magribî

Ô maître des chidjâr

Sur quoi l'Africain rit très fort s'inclinant

Je ne suivrai pas le maître du domaine énumérant les royautés de ses hôtes et celui qui mesure aux plantations l'eau dans des conduites d'argile et le Sicilien qui connaît l'art du coton et celui qui arrose les palmiers le plus long jour et la plus courte nuit de l'année

Ni parmi les falâssifa qu'il distingue pour autre sorte de greffes ou marcottages

Et c'est à se perdre plus que parmi les espèces botaniques

Ces infinies variétés de la sagesse dont on ne sait

S'il faut les récolter au mois de tammouz ou à celui d'aïloûl car ils emploient le calendrier syriaque pour la couleur des idées la graine du raisonnement

Et tous ceux-ci *dit l'hôte d'un geste englobant comme les étoiles les yeux ouverts de vingt et un visages*

Tu ne peux les nier fils de roi sans me désobliger qui suis leur père

Et prépare leurs esprits à des royaumes inconnus de géographes

Leur ayant donné ces épouses afin qu'ils procréent

Et soient entre l'avenir et moi les marches de ce qui doit naître

Alors Boabdil à son tour prend la parole et dit :

Ô maître du domaine Allah te bénisse et les tiens
Mais ne sais-tu point Grenade à la merci des Chrétiens
Que parles-tu de l'avenir qui t'en crois sur le seuil
Dans tes fils et leurs fils vainement qui mets ton orgueil
Quand ta race attend à genoux le sabre du bourreau
Tu n'as nul besoin d'avoir des soucis successoraux
Ni de préciser quel esclave sera moudabbar
Nos vains testaments font hausser l'épaule aux Rois barbares
Périssent avec nous le sens et le sang de la Loi
Prêt d'être abattu le figuier sous ses propres fruits ploie
Et dérisoirement crie au bûcheron sa fatigue
Le priant d'alléger son faix et de manger ses figues
Ainsi disant encore intercis des pieds et des mains
Allah akbar tu fais des projets pour le lendemain

Or leur repas achevé ceux qui doivent se lever avant la fin de la nuit ayant obligation de prière antérieure à l'aube et qui ne peut se rattraper dans le temps interdit entre l'homme et Dieu tandis

Que s'élève au-dessus de l'horizon le soleil au moins jusqu'à la hauteur d'une lance

Et quand les lumières seront jaunes

Ce ne sera pas trop de tout le jour aux labours du printemps

Prennent congé des autres qui n'ont calendrier pour leur travail imaginaire incomparable à celui des champs parce qu'il se poursuit dans le rêve et n'a cesse dans le repos les jeux ni l'amour Ceux qui demeurent

Les torches maintenant sans utilité quand la lune à toute chose impose un habit de craie

Vont donner à leur discussion nocturne le thème ouvert par le dernier calandar comme un livre fortuitement trouvé dans les ruines

L'AVENIR QUI EST

Dit un homme jusqu'ici dans l'ombre assis un jeune garçon derrière lui prompt à le servir et Boabdil à mi-voix demandant quel est ce faïlassouf le maître lui répondra qu'il ne s'agit point d'un philosophe mais d'un chanteur des rues nommé Ibn-Amir an-Nadjdî preuve de ne le point connaître que son hôte est un étranger à Grenade

UNE IDÉE NEUVE EN ANDALOUSIE

IV

DÉBAT DE L'AVENIR

Il n'y a d'avenir *a dit l'un* que de Dieu
Il n'y a d'avenir *un autre* que de l'homme

Et c'est au premier que toute chose à faire étant de commandement
Toute marche d'autorité le temps même
Rien n'arrive que d'où l'ordre a source
Les Rois ne sont que la tuile par où l'eau de Dieu coule
C'est lui qui la brise alors même que par des mains indignes
L'assassin de surprise ou la rébellion populaire
Il n'y a que de Dieu voie ouverte à ce qui vient
La bouche en son nom qui parle ou frappe le bras
N'a point délégation de pouvoir et comme le pouvoir
D'élection par le peuple assemblé qui n'exprime volonté que de Dieu
Est de Dieu dans l'imâm choisi
L'avenir est de Dieu l'avenir est Dieu

Ô hérétique il sort de toi *dit l'autre* une odeur khâridjite
Dieu n'est ni le passé ni l'avenir il *est* simplement
L'avenir est de l'homme il est ce que l'homme empiète
Son extension qui n'a point de fin le contraire de la mort
La perfection de l'homme jamais parfaite
Et que tombe la fleur d'une année une autre fleur vient pour la saison nouvelle

Mais non point qui répète la fleur antérieure
Ayant appris d'elle
Et la dépassant par ses couleurs sa force et son parfum

Comment oses-tu traiter autrui de schismatique
Toi dont l'oreille passe le bonnet des mots
Ô mou'tazilite à qui Dieu n'est qu'abstraction lointaine
Émasculé de ses attributs dépossédé du royaume du Mal
Si tu réclames pour l'homme seul le pouvoir du crime
Si tu dépouilles Dieu de le vouloir
C'est pour prétendre mieux des choses révélées
Faire ta chose et dénier mystère à la Parole incréée

Et Boabdil écoute difficilement dont le cœur
Bat de savoir oui ou non si le Mal
Est de Dieu voulu tournant ses yeux de l'un vers l'autre

Mais voilà qu'un tiers bondit entre les interlocuteurs comme un couteau
Et ses cris déchirent la trame
Il frappe dans ses mains couvre ce qui se dit d'une voix aiguë
Clamant L'avenir de l'homme est l'oiseau l'avenir de l'homme est l'oiseau

Alors tous à la fois agitent leur langue et leurs manches
C'est une forêt de mots où s'entrecroisent les branches
Et le jacassement philosophique des ramiers
Ô quel désordre il y a dans la maison de l'Islâm
Se peut-il au brasier préférer l'une à l'autre flamme
Qui d'eux va se précipiter dans le feu le premier

Et celui-ci de la Sounna qui se réclame
Au nom de la loi des Oméiyades
Qui devant lui la contredit se voit de chiisme accusé
Et celui-là prétend ranimer la foi par le blasphème
Et danse dans la mosquée à l'al-Baiyazin

Pour lui l'avenir est dans la mort qu'il hâte En quête d'un bourreau
Il proclame à tous son sang licite et licite la persécution
L'avenir est sa vocation de victime à la plus haute gloire de Dieu
Justement quand la maison d'Islâm est de toute part menacée
Et lui chez les musulmans veut secouer l'indolence
Afin qu'ils lui coupent pieds et mains ne faut-il
Qu'ils aient indignation de ce qu'il dit de Dieu
Impatience impatience du martyre et même ici
Sur cette aire de lune et parmi la sagesse des cheikh
Il tape du pied parce que le temps de la douleur tarde
Et qu'il l'attend comme une fiancée il tourne sur lui-même
Avec des paroles à justifier le sacrificateur
Avec la provocation de l'impiété
Pour faire de leurs gonds sortir les portes
La carpe du bassin jaillir
La cruauté de l'homme

BLASPHÈME POUR ÊTRE MIS À MORT

Il faut être roi qu'on vous crucifie entre un porc et un chien
On nous tue à bien moindres frais qui n'avons pas droit au détail
Avec ou sans raffinement du sabre berbère ou chrétien
Crois-tu qu'on souffre à mourir moins quand c'est de la mort du bétail
Le sang farde pareillement à tous la bouche de la plaie
Et ne comptez pas sur moi pour pleurer les princes comme un saule
Ni leurs mains ni leurs pieds percés ni qu'ils aient perdu leurs palais
Car le fouet déchire aussi bien mon épaule que leur épaule

Or même si pour moi périr ne vient pas de main de bourreau
Si ma fin n'est pas sur les murs à mon tour d'être mis en pièces
Si je ne dois agoniser comme au grand jour fait le taureau
Si ce que tranche enfin ma vie est le couteau de la vieillesse
N'est-ce pas pour moi même écume et même cœur désespéré
Et même colère de Dieu et même fureur du blasphème

Qui m'a donné ce Créateur qui voue à la mort ce qu'il crée
Et me séparant de mon sang m'anéantit dans ce que j'aime
N'y a-t-il pas pour Dieu des mots qui soient de l'homme dent pour dent
Où puis-je y porter le poignard qu'à la fin je l'entende geindre
Est-ce assez l'arracher de moi et le jeter comme un chiendent
Où sa faiblesse saigne-t-elle où son ventre peut-il s'atteindre
Est-il un homme celui-là qui s'agenouille et qui craint Dieu
Je veux porter au Dieu du ciel un coup qui n'ait point cicatrice
Je veux trouver pour sa blessure à la fois le temps et le lieu
Et que la douleur qu'il en ait pas plus que le trou n'en guérisse
Lui qui prétend ne point périr qu'il souffre ce mal infini
Que l'homme éprouve par sa faute et par sa volonté perverse
Puni dans sa Toute-Puissance et son éternité puni
Comme la moisson par l'averse
Comme la terre par la herse

La nuit se fait soudain pleine de criquets comme au brûlant midi du scandale
La peur et la colère ont pris les jongleurs de pensée à contre-pied comme ils avaient dans le ciel lancé tout le chapelet de leurs balles
Ou leur sandale délacée
Qu'avait-on le besoin de ce forcené dans une dispute sublime
Et si le bruit qui sort de lui comme ronfle un frelon
Venait aux oreilles royales

Ne vaut-il pas mieux l'immoler sur place et porter
Sa tête coupée à la Porte d'Elvire où déjà
La lune plusieurs fois s'est vue aux lames des couteaux
Mais est-ce bien Dieu qu'il défend ou ce soûfi lui faisant perdre sa gageure
Le maître de maison quand il s'avance au cœur de la menace et de l'injure
Soit qu'il craigne la félonie ou cette soif inextinguible d'agonie
Rapide avant que le sang ne sourde criant Dieu est dans celui qui le nie

DIEU EST DANS CELUI QUI LE NIE

Celui qui parle contre Dieu c'est qu'il tient dans ses bras son Dieu
Et c'est l'excès de son amour qui noircit sa bouche et son âme
Dieu ne s'irrite point des mots va parle parle de ton mieux
Un homme qui ne l'aime point crois-tu donc qu'il batte sa femme
J'ai pouvoir d'enlever ta peau comme un drap qu'on ôte du lit
Mettre à nu ce dedans de toi où la douleur est prisonnière
Qu'elle se lève en chaque point de ton corps et de ta folie
Comme une jument qui se cabre à peine on touche sa crinière
As-tu vu tes muscles saillir dans l'impudeur de l'écorché
L'horrible couleur de ton sang comme une lèvre qui se sèche
Et tes rêves dans le grand jour comme au grand jour sont tes péchés
Et la main qui plonge dans toi prendre ton cœur à la pêche
Je pourrais bien t'écarteler pour le plaisir du bruit des os
Je pourrais enfoncer mes doigts dans les caves de ta poitrine
Découper fort patiemment ta souffrance avec des ciseaux
Rouler la laine de tes nerfs sur mes doigts en fait de bobine
Mais Dieu me dit Laisse-le donc plus il nie et plus se débat
Et plus à sa confusion j'existe dans ma créature
Et plus le blasphème est affreux plus l'insulte est en termes bas
Je tire d'elle ma substance et de sa fureur ma nature

Veux-tu que je t'aide à trouver des mots sales et monstrueux
Pour les mettre au pied des autels que de l'ordure Dieu se grise
Et plus tu te montres abject plus écœurant et plus boueux
Plus haut va s'élever de toi celui qui te prend pour église
Tu ne peux rien rien contre Dieu de ta colère qui jouit
Il est une flamme soufflée aussitôt qui reprend sa place
Il est l'enfer étant le ciel il est la lumière inouïe
Et si tu la brises du poing c'est ton image dans la glace
Qui porte cette étoile noire entre les yeux en plein milieu
C'est toi qui souffles comme un bœuf
C'est toi qui souffres comme un veuf
C'est toi qui sens au fond de l'être une insuffisance de Dieu
Et comme l'oiseau sort de l'œuf de Dieu nié naît un Dieu neuf
Tu n'y peux rien tu n'es qu'un homme et quels que soient tes reniements
Ton vice obscur ta bouche impure et cette fureur de la bête
Quand tu maudis ce n'est que toi qui en pâtis toi seulement
Qu'étouffe Dieu de son nom seul dans ton gosier
comme une arête

Et toi Medjnoûn puisque ceux-ci qui tournaient les yeux vers demain
Il a suffi de ce soûfi pour en égarer les discours
Ramène vers le ciel futur ces taureaux sortis du chemin
Chante un zadjal de l'avenir et montre à l'homme où l'homme court

Alors Ibn-Amir a chanté

ZADJAL DE L'AVENIR

Comme à l'homme est propre le rêve
Il sait mourir pour que s'achève

Son rêve à lui par d'autres mains
Son cantique sur d'autres lèvres
Sa course sur d'autres chemins
Dans d'autres bras son amour même
Que d'autres cueillent ce qu'il sème
Seul il vit pour le lendemain

S'oublier est son savoir-faire
L'homme est celui qui se préfère
Un autre pour boire son vin
L'homme est l'âme toujours offerte
Celui qui soi-même se vainc
Qui donne le sang de ses veines
Sans rien demander pour sa peine
Et s'en va nu comme il s'en vint

Il est celui qui se dépense
Et se dépasse comme il pense
Impatient du ciel atteint
Se brûlant au feu qu'il enfante
Comme la nuit pour le matin
Insensible même à sa perte
Joyeux pour une porte ouverte
Sur l'abîme de son destin

Dans la mine ou dans la mâture
L'homme ne rêve qu'au futur
Joueur d'échecs dont la partie
Perdus ses chevaux et ses tours
Et tout espoir anéanti
Pour d'autres rois sur d'autres cases
Pour d'autres pions sur d'autres bases
Va se poursuivre lui parti

L'homme excepté rien qui respire
Ne s'est inventé l'avenir

Rien même Dieu pour qui le temps
N'est point mesure à l'éternel
Et ne peut devenir étant
L'immuabilité divine
L'homme est un arbre qui domine
Son ombre et qui voit en avant

L'avenir est une campagne
Contre la mort Ce que je gagne
Sur le malheur C'est le terrain
Que la pensée humaine rogne
Pied à pied comme un flot marin
Toujours qui revient où naguère
Son écume a poussé sa guerre
Et la force du dernier grain

L'avenir c'est ce qui dépasse
La main tendue et c'est l'espace
Au-delà du chemin battu
C'est l'homme vainqueur par l'espèce
Abattant sa propre statue
Debout sur ce qu'il imagine
Comme un chasseur de sauvagines
Dénombrant les oiseaux qu'il tue

À lui j'emprunte mon ivresse
Il est ma coupe et ma maîtresse
Il est mon inverse Chaldée
Le mystère que je détrousse
Comme une lèvre défardée
Il est l'œil ouvert dans la tête
Mes entrailles et ma conquête
Le genou sur Dieu de l'idée

Tombez ô lois aux pauvres faites
Voici des fruits pour d'autres fêtes

Où je me sois mon propre feu
Voici des chiffres et des fèves
Nous changeons la règle du jeu
Pour demain fou que meure hier
Le calcul prime la prière
Et gagne l'homme ce qu'il veut

L'avenir de l'homme est la femme
Elle est la couleur de son âme
Elle est sa rumeur et son bruit
Et sans elle il n'est qu'un blasphème
Il n'est qu'un noyau sans le fruit
Sa bouche souffle un vent sauvage
Sa vie appartient aux ravages
Et sa propre main le détruit

Je vous dis que l'homme est né pour
La femme et né pour l'amour
Tout du monde ancien va changer
D'abord la vie et puis la mort
Et toutes choses partagées
Le pain blanc les baisers qui saignent
On verra le couple et son règne
Neiger comme les orangers

L'enfant Zaïd lui reprend son luth Ibn-Amir
Tourne vers la nuit son visage et
La ruche a repris le bourdon car nul ne songeait
Donner pour leçon cette vulgarité de la pensée aux gens de science qui certitude
Cherchent dans la perfection du langage
Les uns n'ayant en tête que de concilier Aristote et le Coran
Les autres pour qui l'avenir apparaît comme un dictionnaire où toute chose est enfin nommée
Et ce n'est point pour un zadjal par le dit d'un chanteur des rues

Que va s'orienter la discussion des hommes de sagesse à l'heure des confrontations de violence
C'est alors que la parole est prise comme une fille par un grammairien
Qui longuement la besogne d'un plaisir d'évidence
Il dit que nous parlons le langage du Prophète et pour cela
Nous nous passons de donner à notre verbe flexion future ainsi
Que dans leur égarement font les Roûm
Et d'ailleurs quel sens y a-t-il à ce temps qui n'est que de la bouche
Qui ne dit au mieux que le possible ou le nécessaire ou c'est encore un tour de politesse ou d'invention désir ou souhait
Car même l'infidèle a peur du futur de réalité comme d'une effraction du Royaume de Dieu
Après tout qu'est ce mode verbal sinon la conjecture une autre sorte de présent
Plus vague et toujours inaccompli
Une expression de l'immanence des choses rien de plus
Et nous sommes loin de cette innovation de l'avenir
Qui langage suppose étranger au Coran

V

Ô tumulte alors de tous ceux pour qui les choses sont dans le langage
Et l'Émir caché se croit dans un labyrinthe de babils
Il est pris dans les miroirs comme un voleur qui s'est introduit dans la maison d'un physicien
Se retournant qui prend peur de son propre corps déformé
Mais c'est pire de la pensée où tu ne te reconnais plus entre les reflets proposés de toi-même et du monde
Dans les clameurs des mou'tazilites des hanbalites des acharites des autorités brandies

Mais de tout ceci pour le prince nocturne une seule question s'élève qui est de savoir

Si le mal vient de Dieu comme toute chose créée

Si Dieu veut le mal alors que puis-je penser de l'avenir

Boabdil se perd dans le brouillard des terminologies

Comme un oiseau migrateur qui s'est trompé de saison

Et point n'a le temps de s'accoutumer aux mœurs des régions traversées

Il ne suit plus l'érudition des falâssifa moins peut-être qu'en raison de la difficulté des paroles

En raison de la pluralité des sources invoquées

Et le vocabulaire échappe à ce roi dont le bonheur toujours tint aux biens tangibles

Lui qui n'eut jamais à substituer des mots à leur possession

Mis devant cette science à qui connaissance est uniquement du langage

Et maniement de la parole

Mais cet édifice de l'esprit qui ressemble aux architectures écrites de l'Alhambra

N'en a-t-il pourtant habitude ainsi que d'un mihrâb à son pouvoir

À cette heure pourtant conscience lui vient vague et tremblante

De la fausseté du verbe et de la présence en dehors de lui des choses sans nom

Ce n'était d'abord qu'un halo semblable à l'erreur à la limite des champs baignés de lune

Ce n'était d'abord qu'un écho peut-être aux secrets profonds de l'âme

Le mal en moi qui bat en moi

Ainsi le témoignage des yeux écrasés par la paume

Ou ces bruits d'irréalité qui peuplent parfois le silence

Il n'y a point vraisemblance que la nuit emprunte ses couleurs à la vie avant l'aube il n'y a point

Vraisemblance à ce piétinement qui grandit dans le sommeil démesuré de la campagne

Cela vient-il de l'horizon cela vient-il du tumulte des pensées

Boabdil n'entend plus que ceci qu'il ne nomme point comme
On ne nomme en soi ce mal féroce emplissant la poitrine
Il n'entend plus que cette démence en lui sans savoir que c'est l'Andalousie
Il a perdu toute curiosité d'autre chose que d'une imperturbable douleur
Oh je te reconnais je te comprends souverain qui souffre
À cet instant où tu n'es plus qu'un homme de palpitations
Celui qui n'a point senti son cœur comme une bête séparée
Celui qui n'a point entendu l'impitoyable galop intérieur de ce gibier fuyant la chasse
Poursuivi poursuivi par des chiens hors d'haleine et la langue pend dans leur souffle
Celui qui ne s'est point empli du mal montant comme une jarre
Celui qui ne connaît point la peur de ses artères
Comment avec moi partagerait-il l'angoisse obscure de ce roi
Absent de ce qui l'entoure absent de ce qui se dit absent de soi
N'étant plus qu'une oreille au seuil de son effroi
Ah vous pouvez parler parler philosophes
Vous n'avez pas encore trouvé le nom de ce qui n'est justiciable que
Du cri de la chair
Du cri qui s'étrangle Avant de se former qui se renonce
Inutile ainsi qu'un phare tournant dans un pays d'aveugles

Vous pouvez mesurer mon sang médecins mais ce que j'éprouve
Échappe à votre savoir comme l'eau d'un verre déjà plein
Il n'y aura jamais langage à ce qui m'emplit jusqu'à l'épaule
À cette crue en moi d'une mort qui me mord
On ne peut même pas lui demander pitié
Que t'ai-je fait que tu me sois ainsi féroce enveloppe de mon âme
Que t'ai-je fait que tu me sois ainsi déchirement
La clameur reflue à la gorge elle a ses pouces sur mon cœur
Cela déborde dans les bras le marteau me frappe à grands coups

Je ne sais plus ce que je suis ni ce que c'est qui me possède
Cela ne cédera jamais il ne se peut que cela cède
Qui halète en moi qui m'atteint l'être avant la cruauté du matin

C'est un piétinement immense des chemins une course
Qui ne s'en peut tenir aux pistes tracées
Cela vient obstinément du fond du paysage et va verser dans les broussailles
Peu à peu cela prend un pas d'invasion le ciel profilé de fantômes
L'ombre grince partout de gens et de charrettes
On entend le fouet sur la peau dans l'apeurement des troupeaux
De toutes parts on voit brûler des soleils fous au ras de terre

Des bergers vinrent dire qu'il arrivait des convois partout de l'horizon et que les premiers fugitifs à la halte des ânes
Contaient que les Chrétiens depuis le soir sciaient les arbres des vergers abattant le palmier qui tombe avec une odeur humaine
Et tarissant l'huile à l'olive et le cerisier dans sa fleur
Pas un seul grenadier ne reste dans la plaine de Grenade il n'y reste pas un bigaradier pas une orange amère au milieu des champs éventrés dans la dispersion des semences
L'incendie est aux quatre coins la terre jetée aux soldats demi-nus portant la torche et le viol
Les villages fuient les pacages dévastés l'attente inutile des moissons les granges veuves
C'est la fin du monde elle a choisi pour venir cette nuit et non pas une autre
Et ce Fou qui prédisait le couple lui offrant royaume de la terre
Quand l'homme commence à mourir par le blé le maïs et les pommiers

À quelle distance de nous sont-ils les porteurs d'épouvante
De quel côté la menace et pour combien de temps jusqu'à nous

Le reflux des eaux musulmanes bat déjà la colline

Colonnes pâles du malheur fuites soudaines comme le grain d'un immense silo troué des œuvres basses

Je ne sais quel est le pire des pleurs ou des silences

Ils s'arrêtent pour repartir à peine la halte que reprend la peur

Que va-t-on faire d'eux dans Grenade qui déjà s'engorge et d'où tirer les aliments la plaine et la montagne à sac

On ne sait si l'ennemi là-bas les suit les talonne

Ils entraînent à leur passage un peuple abandonnant les fermes les villages

Le flot grossit dans la ténèbre réveillée

Ici déjà des chars des amoncellements la course des enfants et des femmes

Tout ce qu'on prend un peu plus loin pour l'abandonner les pauvres objets de toute une vie

Les bêtes qu'on veut devant soi chasser qui s'échappent avec leurs cris rauques

Les chevaux d'abord les chevaux quel est ce bond d'où vient que l'un d'eux a rompu l'étrave

Soudain le fils à son père a crié se jetant vers le cabrement deviné que le talon d'un cavalier subit tourne de sa force royale vers la ville

Le fils à son père a crié Le furet Père le furet

Tandis que le coursier dans la main qui l'a pris à la crinière et les jambes de domination

Hennit humilié mais cède à l'homme à travers

Les cris de la foule une carriole bousculée un jeune paysan

À terre qui gémit doucement les mains sur son ventre

Et les sabots s'envolent vers le destin du Roi

VI

L'AUBE

Quand le soleil comme un chien jaune a mis sa longue langue rêche
Sur le front blême et la sueur et le sommeil des fugitifs
Ils ont pu voir que tout ceci n'était pas un songe furtif
Leur maison brûle bel et bien l'arbre est coupé la sève y sèche

La terre ouverte en sa grossesse et même au cimetière l'if
N'est point de la hache épargné ni ne demeurera sans brèche
La grange où le travail passé somnolait comme enfant en crèche
Tout-Puissant pourquoi cette plaie et de quoi sommes-nous fautifs

Car l'incendie était de VOUS dont l'impie alluma la mèche
Votre aiguillon nous a parqués aux pentes du Généralife
Et c'est Votre Ange assis sur nous qui nous laboure de sa griffe
Dans notre misère d'ortie au milieu des jacinthes fraîches

Le peuple est debout sur les murs Laissez-nous entrer morts ou vifs
Nous avons nourri vos petits par la charrue et par la bêche
Grenade a senti sur ses pieds mourir leurs douleurs qui les lèchent
Mais craint en ouvrant aux noyés la mer avec eux dans l'esquif

La même bouche à l'aube unit le mal au bien dans un seul prêche
Et c'est ce Dieu qui voulut je ne sais par quel obscur motif
Jusqu'à mourir frapper les innocents les pauvres les chétifs
Qui de nous peut qui peut au poignet le saisir lançant sa flèche

SIÈGE DE GRENADE

Quarante mille fantassins et dix mille chevaux s'étaient abattus avec les lilas dans la Véga ainsi qu'ils appellent le mardj et Ferdinand les commandait, qui dressa son camp aux Fontaines de Guëtar, à moins de deux parassanges de Grenade, deux heures en se promenant. Il avait laissé la Reine Isabelle avec les Princesses et le Prince Don Juan dans la place forte d'Alcala la Real, comme on avait baptisé Kal'at Yahsoub l'ancien, et la cour attendant ici la victoire y chantait des psaumes, jouait aux dés et aux échecs. On y recevait étrangers de distinction, comme cet envoyé de Maximilien d'Autriche, duc de Bourgogne, Messire Jean Molinet, qui faisait si galamment les vers. L'expédition, grâce à l'or des Juifs, par impôt ou confiscation, et les bûchers plus de six mois avaient fait de toute la péninsule une illumination de chaque jour à la gloire de la Vierge et de Dieu, on avait déterré même les morts d'Israël et jeté leurs restes aux quemaderos pour légitimer leurs biens saisis... l'expédition ne se bornait point à ce défi de la tente royale plantée en vue des murs grenadins, des postes en toutes directions expédiés pour ravager la Véga, les approches montagneuses, que rien n'en pût être envoyé qui fît durer le siège, et c'était là pour Ferdinand non point barbarie, mais humanité...

Or, des remparts, bien qu'on vît l'agitation de l'armée ennemie dans le mardj et, vaguement, le camp formé, on voulait croire encore à je ne sais quelle incursion brève, une démonstration passagère, peut-être précédant des négociations de paix. Et l'on disait que ces Chrétiens n'étaient guère bons qu'à faire la guerre aux arbres... Telle était l'influence du printemps, sa douceur, malgré les étendards fichés en terre, et les cantiques entendus à l'aube du jour et à l'aube de la nuit. Mais ceux-là qui plus avaient à perdre y puisaient sagesse et perspicacité plus grandes, pâles et visités de prémonitions. Au conseil du Roi, déjà cela semble comme un parti qui s'exprime. On se croit en d'autres jours quand les dignitaires de notre pays furent au désespoir de la défendre ou le feignirent, jetant l'opprobre sur le soldat, l'ouvrier, l'instituteur... Peut-on maintenir la liaison avec les Albacharât, défendre le pont de Tablate ? Les wouzarâ, les cheikh, tous accablent le peuple indiscipliné de Grenade, et se refusent à y voir une armée. Décompte fait des vivres dans la ville, de la couardise et des rébellions, les dignitaires demandent qu'on engage avec les Rois Catholiques la négociation qui garantirait à chacun d'eux ses biens, après tout qu'on leur abandonne les Juifs ! Si, comme on le prétend, le Roi avait déjà traité avec l'ennemi, pourquoi n'aurait-il pas écouté les hauts personnages auxquels il pouvait feindre céder à contrecœur ? Au lieu de quoi, faut-il croire que c'est hypocrisie s'il prend défense d'Israïl, rappelant qu'il est dit dans la septième Sourate que, des gens de Moïse, il en est qui se dirigent selon la Vérité et qui par elle sont droits ? À quoi c'est un déluge d'ayât contre les Juifs, tant sont grandes la science et la piété des cheikh et des wouzarâ, mais ont-ils oublié que les Banoû'l-Ahmar dont est issu Mohammed XI sont les derniers descendants de ces Ansâr, compagnons du Prophète, dont le chef, Sa'd ben 'Obâda, l'un des Sept d'après la bataille d'Ohod, où les Juifs Gouzman et Moukhaïrik combattirent aux côtés des Croyants bien que ce fût un samedi, intervint auprès de Mahomet pour qu'il épargnât ce peuple des Écritures ? Alors Dieu rendit aveugle de colère le prudent Aboû'l-Kâssim, lequel dans son comportement se découvrit le chef de ceux qui exigeaient maintenant l'envoi dans le jour même de négociateurs aux Fontaines de Guëtar, ainsi soulevant contre lui la violence des militaires. Ou peut-être était-ce qu'il avait en secret promis à Mendoza la persécution des Juifs... L'Émir, qui s'en réjouit à part lui, en prend prétexte pour le destituer du wizârat de ville, ne lui laissant que place consultative au Conseil et plaçant au-dessus de tous les autres wouzarâ Youssef ben Koumiya, nommé hâdjib. En même temps, Boabdil faisait wazîr du Djound ce Moûssâ ben Aboû'l-Gâzî, le mohtassib dont si grand avait été le rôle dans les combats du dernier hiver par quoi l'Émir avait dégagé tout le mardj, permettant ainsi la reprise des cultures dont nourrir la ville.

Moûssâ déclare alors qu'il va réorganiser la fabrication des munitions et des armes, et qu'avec la jeunesse il tiendra tête à l'ennemi. Mohammed XI, lui subordonnant par édit les fils de ceux-là mêmes qui voulaient livrer la capitale, ordonne que soient rouvertes les portes, à son retour dans Grenade renforcées de pieux, de barres et de chaînes, afin que puisse pénétrer dans la cité le pitoyable essaim des réfugiés pour qui, près de lui, descendant du Généralife, sa mère était venue plaider. Tandis que leur flux se précipite de tous côtés dans la cité, au milieu s'avancent — Place ! place ! — dans la fanfare des instruments de cavalerie, le nouveau général d'armée et ses seconds sur leurs chevaux de bataille, avec l'élite de leurs soldats, le djound, et les armes d'Islâm à nouveau vont briller dans la plaine.

CHANT DES COMBATS INUTILES

J'ai vu la main qui brandissait le sabre
J'ai vu tourner le cheval sur le pré
Et le fort cri sous lequel il se cabre
Le manteau vole Aux éperons entrés
Le ventre saigne et bondit empourpré

J'ai vu le ciel aux bannières de guerre
Se faire effroi de l'aigle et du ramier
J'ai vu le vent s'enfuir loin de la terre
Le feu se mettre aux cases du damier
Les chiens courir et tomber les premiers

Tranchez les poings des Chrétiens à leurs rênes
Et leur taillez oreilles nez et joues
J'ai vu le sang jaillir de ses fontaines
L'homme plier comme l'herbe à la houe
J'ai vu souffrir sa chair à chaque trou

J'ai vu régner la massue et la lance
J'ai vu la bouche oublier le baiser
J'ai vu le fer égorger le silence
J'ai vu la vie écrasée et brisée
J'ai vu les morts cent fois martyrisés

J'ai vu pour rien faire double massacre
Les ennemis vainement affrontés
S'enfuir traînant leurs entrailles pouacres
Jusqu'à la nuit la victoire hésitée
Et des deux parts la même atrocité

J'ai vu se sauver ce fauve le jour
Dans la colline à la fin du repas
Et sur un lit de monstrueux amours
Lune écartant ténèbres comme draps
Prendre les corps dans l'éclat de ses bras

Aboû'l-Kâssim comprit-il enfin que la volonté de Dieu depuis le commencement avait été de faire de lui l'instrument de la perte du Royaume et que, croyant agir par piété suivant cette volonté-là, il n'était aux yeux du Seigneur (que ses desseins s'accomplissent !) qu'un scélérat dont la scélératesse était par lui tournée au triomphe des vues divines ? Ou plus simplement, n'ayant plus espoir que des armes castillanes pour maintenir ce pouvoir, si longtemps par lui dans Grenade exercé, s'était-il résolu d'esprit froid à servir la trahison ? Je suis enclin à croire qu'en tout cas sa piété lui représentait la chose comme de volonté divine : n'était-il point d'évidence que les Rois Catholiques n'avaient pu gagner la presque totalité du Royaume et venir assiéger sa capitale que parce que le Tout-Puissant leur en avait insufflé l'ordre ? L'heure était arrivée où la parole divine allait s'incarner et se faire réalités les prédictions du fakîr, lequel venait de reparaître en ville, ayant vainement parcouru l'Afrique du Nord pour demander à Marrâkech, à Kairouân et au Caire l'appui des souverains musulmans, qui eussent en Aboû'l-Kâssim trouvé parfait métayer du royaume andalou passé sous leur domination.

Qui encore, sinon Aboû'l-Kâssim, eût pu persuader le vieux Zagal dans ses montagnes que ses jours étaient revenus, si bien qu'il commit la folie avec deux cents cavaliers d'abandonner son château d'Andrach pour mêler aux étendards chrétiens sa bannière rouge, dont ne fut pas plus tôt rumeur à Grenade qu'indignation prit toute la ville contre celui qui en avait été roi, et l'amour pour Boabdil en grandit, qui maintenant apparaissait comme le dernier envoyé du Prophète. L'Émir alors rêva de reconquérir les villes perdues, et il envoya ses capitaines prêcher la Guerre Sainte dans les Albacharât, levant une armée dans les montagnes, et jusqu'aux parages de la mer.

Et toute l'année 1490 avait passé en combats, les Maures surgissant de Grenade et poussant jusqu'au camp catholique, ou rétablissant liaison avec les montagnes du Sud pour le ravitaillement, tandis qu'en ville s'épuisaient les provisions, et les malades marquaient les lieux publics de la malédiction de Dieu. La peste y fit sa rentrée, on en accusait les Juifs. Cependant Moûssâ le mohtassib avait ouvert des forges pour les armes et, comme on manquait d'ouvriers, se souvenant de ce forgeron qu'il lui avait fallu abandonner à la justice du cadî, il y avait fait venir de leurs grottes au nord de Grenade des gitans experts aux métiers du métal. Mais c'était le métal même qui manquait. Parfois, dans le cours de l'année, on avait pu croire dépassé le temps des simples razzias, déjà se développait l'étendard du djihâd, de la reconquête, quand Bahdja, dont le nom signifie Splendeur, que Castillans écrivent Berja, fut emportée au-delà du Cholaïr et des Albacharât à trois parassanges de la mer, dans le sud de la province de Bira ou Elvire, qui semblait la porte même d'Al-Mariya. Ainsi le plomb de cette région de mûriers et de magnaneries tombait aux mains des Moudjahidîn, et l'on menaçait l'antimoine de Bira, et le zinc de Chaloûbiniya... Mais jamais la route de la mer Syrienne ne put être vainement forcée, jamais les Grenadins ne devaient entrer dans Al-Mariya aux Trois Villes, assise parmi les fruits, les bananiers, les cannes à sucre... d'où ils eussent par-dessus la mer tendu la main à l'Empire de la Région Côtière, et jamais alors l'Islâm n'eût plus été chassé d'Europe... Ô rêves, rêves de la dernière nuit ! Si le djound de Boabdil parvint aux approches de Chaloûbiniya, comme il en avait entrepris le siège, il se trouva menacé par les Castillans qui arrivaient de Ballach, aujourd'hui Velez Malaga, à la fois et par ceux qui débarquaient d'une île voisine. Dans le même temps, le port d'Adra qui s'était révolté en faveur de l'Émir se trouva retomber au pouvoir des Catholiques, constituant une menace sur le flanc des Maures. C'était un fils de Cid Yaya, avec une flotte castillane qui avait surpris par déloyauté la place, ayant habillé ses matelots en Marocains. Malheureux insurgés d'Adra ! Il ne va rester dans la ville ni un homme, ni une femme, ni un enfant... Boabdil, au désespoir, lève le siège de Chaloûbiniya et doit se rabattre sur Grenade pour continuer le harcèlement de l'ennemi dont se resserrait l'étreinte, oui, on revenait aux commencements, oui, tout dépendait d'un coup de main, d'une petite troupe, comme jadis à Médine, quand le Dâr-el-Islâm se réduisait à une ville, et tout l'espoir fut mis dans un fossé qu'on creusa...

Ô maison de Dieu tu commences
Et de même un jour tu finis

Grenade et Médine sont semblance
De miroirs par le temps jaunis
Je t'ai mené dit le Prophète
À l'extrême de ton destin
Naître et mourir sont même fête
Et le soir un autre matin
L'homme ne vit que de partir
Et de traverser l'ennemi
Voici le lieu de ton martyre
Que t'avais-je d'autre promis
La grandeur dernière et première
Est donner tout sans prendre rien
Qui brûle c'est de sa lumière
Où vas-tu sinon d'où tu viens
Le lendemain voit le dommage
Qui fut hier notre relais
Regarde à droite ton image
Regarde à gauche ton reflet

Sur le chemin du retour, l'Émir, traversant les domaines concédés par Ferdinand à son oncle et à son demi-frère, y avait encore fait, par la flamme et le pillage, régner la loi du djihâd, et ses troupes revenaient chargées du butin des villages laissés en cendres. Les montagnards des Albacharât, qui virent dans leur propre malheur la vengeance d'Allah pour l'expédition de leur maître alliant ses sabres à Ferdinand contre Grenade, se soulevèrent partout, ce qui força le Zagal à regagner précipitamment ses terres, sans y pouvoir cependant rétablir l'ordre avec ses deux cents cavaliers. Craignant d'y être assassiné, il proposa simplement aux Rois Catholiques et à Cid Yaya de les leur revendre et, avec le trésor ainsi constitué, passa la mer, croyant trouver refuge au Maroc. Mais là, le tenant pour traître à Dieu, le souverain de ce pays lui fit crever les yeux, et le Zagal finit ses jours mendiant, portant au cou pancarte où se lisait : *Je suis le malheureux Roi de l'Espagne...*

De l'autre côté de la mer, vint alors l'heure de la parole du

Prophète sur cette vie appelée andalouse, l'heure de l'extrême combat pour l'Islâm dont le nom, à qui ne se borne point à la lettre, signifie anéantissement de toi dans le vouloir de Dieu.

Parabole du montreur de ballet

... la danse ne peut être considérée en elle-même comme une chose interdite.

ABOÛ-HAMID MOHAMMED AL-GAZÂLÎ.

C'est dans ce temps où chacun comprit qu'il n'avait plus devant lui que le pays de la mort, mais il est facile de mourir quand il n'y a plus que les poitrines de l'ennemi qui te séparent de Dieu, c'est dans ce temps où la douleur fut grande plus qu'à se battre à vivre sans combat dans l'attente de ce qui n'a point de nom, c'est dans ce temps où même l'enfant monte la garde, où la femme frémit de l'homme dans ses bras comme si déjà le sang sur elle en coulait, c'est dans ce temps pis que le désespoir où nul déjà n'a d'espérance, que quelqu'un dans une soirée de Paris, et c'était pour le départ d'une troupe de théâtre vers un pays lointain d'où les hommes frappant du talon s'envolaient pour tourner dans l'espace interdit qu'ils ont repris aux Anges, quelqu'un dans une soirée de Paris, une demeure au-dessus de la ville entre des portes d'ivoire, d'ébène et d'argent, on entendait rire les femmes et l'on ne savait pas que cet homme qui les saluait allait mourir, quelqu'un dit en passant à l'auteur de ce poème qu'il y avait un montreur de ballets qui souhaitait de lui thème à danser pour la saison prochaine. Et l'auteur qui n'était alors qu'odeur de Grenade en fut pour quelques jours tenté. Bruit s'en répandit comme un vin d'un flacon mal bouché, des gens y reconnurent saveur d'Espagne, mais incapables de discerner le Malaga du Xérès, et d'en savoir la date, imaginèrent qu'on allait donner à voir dans le nouveau Palais qu'on a bâti sur la colline de Chaillot, des scènes de cette guerre qui com-

mença par la mort d'un poète à Grenade. Le montreur de ballets vint s'en expliquer avec moi.

La scène est où je vis, les discours sont ailleurs.

LE MONTREUR

Celui qui ne danse point ou qui ne sait de la danse après tout que cette rencontre à l'heure tardive

De l'homme et de la femme un instant dans la musique devant tout le monde entre les bras l'un de l'autre

Ne peut se figurer ce langage des pieds et de tout le corps

Qui ne demande point réponse ou paiement soi-même étant son plaisir mais parle

Un langage plus subtil que la parole ou la musique et tout y est perdu par l'accessoire une rose offerte ou la pancarte

Où quelque maladroit Shakespeare aurait écrit *Je vous aime* afin d'expliquer la chorégraphie

Ici rien ne se dit et tout se danse Ainsi

S'ouvre devant la salle obscure un royaume parfait d'abstraction

C'est pourquoi j'attends de vous non point un décor mais un prétexte

Non point la couleur de l'histoire ou celle de l'Andalousie

Le burnous et la chéchia

Mais un problème qu'exprime la jambe tendue et l'envol des bras

L'ensemble et le désaccord la rupture et la conjonction des pas

Un problème en moi qui se consume et ne peut autrement se résoudre

Et que je partage avec cette bouche noire devant moi

D'un peuple assis dans l'oubli de lui-même et qui suit uniquement le spectacle

Ainsi qu'au tennis l'aller et retour de la balle tournant d'un seul coup

Les tribunes comme un seul cou

L'AUTEUR

À vrai dire j'ai longtemps pensé de la danse
Qu'elle était simple broderie à la musique et c'est pourquoi
Le ballet me paraissait une forme de la fable et non pas un langage en soi
Mais aujourd'hui je ne sais s'il est possible de marier ce qui m'habite uniquement comme un parfum
Avec ce parler d'équilibre et ce bondissement qui se suffit
Le poète au contraire du danseur ne tire point un geste de la donnée
Cette résolution du thème par la virtuosité du corps
Il est celui qui cherche un nouveau vêtement à son âme
Il va de l'image en lui qui se débat comme un oiseau saisi
Vers le ruissellement incontrôlable des choses
Comme un navire submergé
Et c'est pourquoi de lui qu'on peut voir dans les limites machinales d'aujourd'hui traversant la rue
Entre les clous d'aucun calvaire et ce qu'il songe
Doit toujours tenir compte du feu vert ou rouge au carrefour
Naît Grenade une Grenade ou l'autre qui n'est
Ni broderie et ni gymnase abstrait
J'imagine un spectacle à l'échelle du poème
Comment jamais y limiter les survenues
Et quand le pas-de-deux exige les applaudissements de la salle
C'est alors qu'entre une troupe imprévue avec des plumes de coq et des mirlitons de papier
Le monde qui est le mien s'endort sur n'importe quelle idée
Mais rêve aussitôt comme un arbre une amphore une guerre déclarée
Mon art en rien n'est de raison comme le vôtre

LE MONTREUR

Que savez-vous de mon art L'art comme le corps
Change avec l'âge et c'est avant toute chose un besoin
Profond une exigence qui ne vous laisse point de paix

Qui vous pousse à une sorte de chant ou à une
Autre et maintenant j'éprouve en moi cette nécessité d'une œuvre large et puissante
Au-delà de ce que je fus et de ce que j'ai fait
Une œuvre liée en moi par mille nerfs aux vaisseaux de mon sang
Liée à ce qui m'agite et me terrasse à ce qui
Que je le veuille ou non de moi s'empare et m'empêche de dormir
Et je ne suis point le seul qu'a touché ce vent du sud
Ne sommes-nous pas comme des chevaux réveillés par la lune au cœur des pacages
L'un se promène en tout sens secouant sa crinière pâle
L'autre se jette aux barrières de l'inquiétude
Et le poulain hennit de tous ses naseaux vers sa mère
Est-ce que je puis danser encore ces féeries
Par quoi pourtant s'éprouvent le savoir et le droit d'héritage
Et laisser plus longtemps diviser de moi ce que j'ai de commun
Non point avec ceux qui furent mais
Avec les autres hommes de ce temps comme moi des mêmes choses déchirées
Et je ne dirais point la torture et je ne dirais point l'Algérie

L'AUTEUR

Ô chorégraphe ô jeune homme arrivant à la maturité de toi-même et voici que vous vous adressez à moi par un singulier contretemps
Car vous aviez de moi conception pour ce que j'ai fait toute ma vie et ce dédain que j'ai montré des règles et des reproches
Or il croissait en moi ce fruit lent qui seulement aujourd'hui commence d'apparaître écartant mes feuillages
J'ai droit pour ce que j'ai toujours donné de moi-même à sembler aujourd'hui vous décevoir
J'ai droit sans qu'on m'en jette insulte à prendre le chemin détourné de la montagne

Et qui pourrait prétendre que j'ai fermé les yeux devant les jours présents

Moi qui me tins hâssib au carrefour

LE MONTREUR

Plaît-il

MOI

J'ai dit hâssib il n'y a point de mot en français

Et ce n'est tout à fait ni poète de circonstance ni

Chroniqueur hâssib quoi ni journaliste

Une sorte à peu près de pommier de plein vent

J'ai regardé longtemps ce siècle face à face et n'est-ce pas dans mes larmes qu'il a lu ses larmes dites-moi

Je n'ai jamais dissocié le faire du rêver Mon chant

A pris l'événement à la gueule

Et si l'on se souvient plus tard de plusieurs qui tombèrent par injustice c'est à cause d'un vers pieusement que j'ai mis sous leur tête fauchée

J'ai droit qu'on hésite à me reprocher le sentier pris parmi les rochers et les fleurs sauvages

Et l'apparence du retour à ce qui fut jadis une coupe renversée

Je ne vais point vous donner le thème demandé pour la communion du parterre et des athlètes dansants

Il n'y a pour l'instant en moi qu'un seul motif de soleil et d'ombres mêlé

Il n'y a pour l'instant en moi qu'une seule clameur qui les couvre toutes

S'indigne qui veut qu'elle soit de Grenade et de la Conquête espagnole

Aveugle qui n'y voit point sa plaie à lui saignante Aveugle et sourd qui n'entend point l'écho que répond l'homme à l'homme dans les ruines du temps démantelé

Comme si le présent ne comportait pas le double miroir de l'avenir et du passé comme si tout présent n'était le passé d'un avenir comme tout passé n'était symbole d'un avenir

Aussi bien regardez cette femme ici dans Grenade en l'an 897 de l'hégire aux premiers jours de la Lune de Doû'l-Ka'da Voilée ou non d'un simple litâm la guilâla retombant sur les sarâouîl

Elle n'est qu'un volet de la métamorphose et le Fou dont je parle a raison

Qui ne peut la voir en dehors de ce devenir angélique à quoi l'état humain n'est que marchepied provisoire

Sans doute devant lui la route est si longue et si terrible l'espoir qu'il en peut imaginer les jours nôtres que déjà ne soit advenu le règne des Anges

Ô poète utopique et qui n'atteint jamais cette cruelle sagesse aujourd'hui notre lot

À nous qui savons que change autrement la condition de l'homme sans jamais qu'il revête une autre nature

Et dans ce paradis de nos mains et de notre sueur il ne peut y avoir que des hommes par des intérêts d'hommes menés

Non par des volontés célestes mais pourtant

Je me retourne vers Grenade et ces êtres de chair et de sang que je vois

Debout dans la lumière d'agonie à l'extrême occident d'Islâm

Me soient images réelles de cet avenir que nous appelons aujourd'hui

Ici le jeu de scène est non des objets et des personnages : à peine si le montreur de ballets s'est déporté d'un côté à l'autre du fauteuil, la danse *en lui s'est faite des idées, si bien qu'il ne paraît point de conséquence entre ce qui précède et ce qui suit, tenant pourtant au mot* réelles *dans ma bouche, imprudemment avancé :*

LUI

Mais si ce Fou qu'il faut montrer est un vieil homme Ah

Sur le plateau c'est toujours si laid la vieillesse Impossible impossible

Il contrefait le vieillard cassé s'appuyant sur une canne, à droite et à gauche branlant la tête, avançant le menton, remuant les mandibules pour signifier la bouche édentée...

MOI *conciliant*

J'entends j'entends mais quel besoin de montrer la vieillesse il suffit du vieil homme

Qui peut *abstraitement* ici être un danseur très jeune et d'une grande beauté

Peut-être avec un peu plus de force et de développement que ses compagnons

Il ne marche point avec une canne il peut d'autant plus avoir toutes ses dents qu'au quinzième siècle apparemment

Personne n'y regardait aux dents avant trente ans perdues

Ce qui fait que la jeunesse même est une notion toute relative après à peu près cinq fois cent ans et l'âge

Il vous suffirait de le marquer sur sa tête avec de grandes mèches blanches en désordre au-dessus d'un visage sans rides

D'autant plus

Que tout le corps de ballet figurant les hommes aura nécessairement

Le crâne rasé Ce qui dans le domaine capital évite

À la fois l'anecdote et la disparité

LUI *rassuré*

Si l'on peut alors c'est autre chose

Un jeune homme très beau De grandes mèches blanches

Il a fermé les yeux pour ses jeux de scène intérieurs, et c'est dommage qu'on ne puisse y suivre avec lui la mise en place des danseurs, le tournoiement des corps, le vol des mèches blanches... Pourtant, sans doute, a-t-il eu peur brusquement des crânes rasés, de ce ballet d'œufs à la coque, un peu trop complaisamment par moi proposé, comment dire, flattant un peu trop sa volonté d'abstraction...

Les difficultés maintenant viennent de lui :

Mais les femmes dites-moi de quoi vont avoir l'air les femmes
Avec le voile sur la bouche et j'ai oublié comment vous dites

MOI

Litâm cela s'appelle litâm

LUI

Bon Les culottes bouffantes Comment

MOI *très vite*

Sarâouîl mais ne craignez pas ici la bizarrerie ou l'exotisme de la mode grenadine
Dans ce monde musulman les femmes sont au harem ou au dâr-al-kharâdj
Où je ne vous laisse point entrer de peur que vous ne rivalisiez avec
La Fontaine de Bakhtchissaraï ou le Bain Turc
Vous pouvez dans ce ballet faire abstraction des femmes ou du moins
Les réduire aux danseuses
Qui portent des robes appelées *akbâ* faites pour s'ouvrir à la façon des fleurs
Car on n'a pas attendu Christophe Colomb pour le *strip-tease*
Et leur danse a surtout pour but de figurer la pâmoison de l'amour
Si bien qu'elles se renversent en arrière à toucher terre de leur front
Et rouges sur leur blancheur se fendent les étoffes à ramages d'or

LUI

Mais sur la scène pourtant ne faut-il pas
Figurer celle à qui va tout le chant du poème

Comme au Medjnoûn je vous le défends bien car
Toute image est trahison d'Elsa toute forme à l'amour
Et le poème n'est point de son portrait mais de sa louange
On ne la verra pas si belle que soit votre étoile
Mais différente
S'avancer dans le mensonge des lumières
On ne la verra pas comme une actrice admirablement maquillée
On ne la verra pas se contenter de ce balancement harmonieux
N'être que cette femme et ce désir
À l'échelle du regard
On ne verra point agiter si parfaites qu'en soient les proportions
La marionnette de son âme
On ne verra point le visage inventé de son visage
Elle ne dansera pas pour nous étant celle pour qui toute chose est dansée
Celle à qui toute chose est dite à qui s'adresse
L'inquiétude intérieure et c'est ainsi que vers le soleil la fleur se tourne
Mais personne jamais n'a pu le voir en face
Et vous ne la danserez pas vous n'inventerez pas même une simulation d'elle et pour vous elle sera
Dans la salle elle sera la salle à qui s'ouvre la tragédie
Et qu'est Œdipe si la salle est vide et nulle énigme
Alors ne se cache au fond de ses rugissements

Et pour la première fois ici, les apocryphes du Medjnoûn exceptés, dans le poème emploi s'est trouvé fait du temps futur, ainsi par un étrange jeu de scène *entendant marquer qu'il n'est que d'Elsa, que d'Elsa l'avenir, le devenir que d'elle.*

IV

1491

Le temps ce miroir à trois faces
Avec ses volets rabattus
Futur et passé qui s'effacent
J'y vois le présent qui me tue

«Elsa».

À considérer la durée de ce monde, on la voit limitée au présent qui n'est lui que le point qui sépare deux infinis de temps. Le passé et l'avenir sont aussi inexistants que s'ils n'étaient pas...

IBN-H'AZM AL-ANDALOUSSÎ.

L'HORLOGE

Ne peux-tu démontant l'horloge autre l'imaginer Agencer les rouages
Non pour enregistrer le temps qui t'est donné dans son déroulement
Mais le forcer à des chemins que jusqu'ici
Se refuse emprunter ce cheval vicieux
Car si l'homme inventa l'aiguille pour le suivre aussi bien ne peut-il trouver machine à le dompter

Ainsi parle Ibn-Amir sur la place publique et s'en hausse l'épaule et s'en gaussent les gens
Ô Medjnoûn *dit l'un d'eux que reconnaît la foule étant*
Pour sa science du langage honoré jusqu'en Perse et cette habileté d'avoir réponse d'un hadîth à toute question soulevée
Et qui néglige ici pour une fois de faire appel à la Parole incréée
Ô Medjnoûn
Inconsidérément qui mets le Temps en cause as-tu jamais songé
Toi dont la voix combat le vent et les voitures
Qu'il fût un objet d'ombre oiseau de longue étude

Alors Kéïs Ibn-Amir a chanté

L'homme et le temps sont ennemis certains
L'un courbe l'autre et vienne le matin
Où nous fassions nous-mêmes nos destins

D'un seul tenant sans plus suite que veille
Ni divisé dans nous par le sommeil
Ni hors de nous par le cours du soleil

Ce temps qui n'est qu'un vivre morfondu
Ne va ni vient ce temps sans étendue
Pour mode n'a que d'être suspendu

Ce cœur de pierre où palpite ma perte
Ce poids en moi cette matière inerte
Cet oiseau mort les ailes grand'ouvertes

C'est le temps lourd des horizons barrés
Le temps qui passe et pourtant demeuré
Le temps muré qu'on appelle durée

D'après d'avant sans porte ni fenêtre
Toujours n'ayant que soi-même à connaître
Jamais n'étant que le mourir de naître

Qui peut saisir au naseau le moment
Le retourner et dites-moi comment
J'en puis changer l'ordre et le mouvement

Vaincre le temps jusque dans sa loi même
Lui donner sens d'un inverse système
Il n'y a pas pour moi d'autre problème

Mais n'est-il pas autre sorte de temps
Qu'on fait espace à son gré le mettant
Dans une boîte ainsi que guêpe ou taon

À l'homme il est ce qu'au danseur la corde
De retourner qui n'a miséricorde
Et chaque pas sur le pas fait déborde

J'ai si longtemps cru suivre ce chemin
Qui me traverse entre hier et demain
J'ai si longtemps rêvé ce temps humain

Or la foule se dispersait comme limaille ailleurs attirée ayant désir de chants d'autre sorte et Zaïd, qui suivait son Maître en silence, lui demanda s'il fallait de ces vers déduire qu'il y a deux sortes de temps, l'un trajectoire où qui l'imagine occupe toujours son midi, l'autre substance à l'esprit commune et aux choses inanimées.

Alors le vieillard sourit de ce que l'enfant avait entendu mieux que les gens du savoir son discours. Il dit que le temps-espace correspond au langage des Roûm et à leurs vues théologiques, mais que la durée inaccomplie aux gens d'Islâm répond mieux parce qu'elle est elle-même un *islâm*, c'est-à-dire un dévouement absolu sans possibilité de reprise dans l'avenir ou de retour au passé, mais que toute la question demeure de savoir en qui s'accomplit l'inaccompli. Dieu supposé, femme réelle, quelle est la dévolution plus haute, d'Allah ou de la perfection dans sa créature.

Et comme Zaïd épouvanté cependant que son Maître pût balancer entre le temps d'Islâm et le temps de djâhiliya, de la gentilité, An-Nadjdî dit encore que l'*avenir* pouvait bien être conciliation de ces deux créations de l'homme, l'unité du temps-substance et du temps-espace, dans la femme au temps futur.

D'où l'idée à Zaïd vint qu'il en est de l'horloge comme du miroir : elle ne voit pas le temps qu'elle marque. Aussi demanda-t-il à son Maître, si l'horloge n'était pas ce qu'il avait en vue un jour qu'ils avaient été invités à une circoncision. An-Nadjdî répondit d'impatience qu'il ne fallait pas mêler les métaphores et que c'était là tout brouiller.

L'HIVER

I

Ce qui fut défi d'abord ce qui fut joute
Palabres de héraults d'armes de la plaine au rempart
Parade où les chevaux caracolent
Et l'on compare la beauté des habits et des sabres
On va regarder des hauteurs les poudroiements de guerriers
Là-bas comme au manche d'un poignard les pierreries
Un jour tourne

Et la lassitude a crû parmi les cavaliers au matin revenant des razzias nocturnes
Et les chevaux fourbus s'efflanquent La faim
Règne

Il s'est coiffé le Cholaïr de ses bonnets de neige rose
Cet hiver est froid et morose il n'y a plus qu'oiseaux de proie
La ville est pâle et piétine autour des entrepôts de grain
Il gronde une prière sourde
Des gens parqués en plein air sous des couvertures mouillées
Les feux dans les campements d'hiver se font rares

La joue est creuse et l'oreille par le gel percée
Les grands fours délaissés que le vent traverse
Ont la bouche amère aux carrefours
Il n'y a plus de charbon plus une arrobe
Et la fourche entre ses genoux le fahhâm défardé
Insulte le moutakabbil
Ah si vous préférez le bougnat pâli
Incendie un gabeleur *et puis non*
le moutakabbil nostalgiquement qui palpe une paume de poussier
Faute aujourd'hui de pouvoir prélever sur le marchand sa taxe
Il s'agit bien maintenant de chasser les vendeurs de bois à brûler des bazars quand la faim

La faim règne sur ce peuple avec un sceptre de glace
Parmi les braseros noirs
Elle cligne de l'œil à la peste apparue
On n'en finit plus d'enterrer les gens dont le ventre est enflé
Tous les bas quartiers sentent la charogne humaine et l'urine gelée
Jetez des pierres dans la rue aux médecins

La faim règne dans la bouche des enfants à l'épaule des mères
Et le voisin pour une odeur de charogne au gril s'est mis à détester son voisin
On se bat pour une vieille botte Il y a
Des sectes nouvelles qui font leur apparition sur des bornes
Parlant le langage des rébellions
Grenade assise dans le décor de ses noces
Cache comme elle peut ses seins décharnés

La faim règne au mâristân abandonné
L'hospice où vont finir les pauvres
Et les amputés agonisent

Elle règne chez l'insensé que de nourrir on a cessé
Qui hurle derrière les grilles
Elle règne sur ceux qui creusent pour un peu de paille à mâcher
Les caniveaux comblés d'ordure

Le potier ne tourne plus le caolin
Le cordonnier ne trempe plus dans la poix son fil de lin
Que font-ils que font-ils tout le long du jour
Les Gitans ne ferrent plus les chevaux
Et les forgerons n'ont plus acier ni fonte
Si bien que toute arme perdue est malheur
Plus que le pain qui demande sur le camp de l'ennemi
La surprise et les coups de main

Te souviens-tu du goût de la coriandre
Ton doigt retrouve-t-il sur ta lèvre un parfum de cédrat
À quoi mêler maintenant la cinnamome
À quoi mêler maintenant le cumin
L'isfandj et la harîssa qui sait encore ce que c'est
Tu as mangé les derniers oiseaux des balcons et des toits
Tu as tué les chiens qui tournaient sur toi leur épouvante
Tu n'as provision que de haine
Tu n'as d'épices que fureurs

En vain dans le ciel froid et vide
Tu chercherais le dur essaim des oiseaux abâbil
Par quoi jadis de pierres d'argile
Comme une pluie solaire de dentales dal et dad
Dieu fit de l'ennemi feuillage dévoré

En vain tu cherches dans la parole écrite
Un miracle pour qui fut jusqu'au bout fidèle
En vain tu dépouilles le Coran les ahâdîth
Tu n'y trouves pas la pierre où reposer ta tête
Tu n'y trouves pas la pierre un peu plus longtemps pour tromper ta faim
La pierre à la fin pour te cacher des corbeaux

II

Pourquoi ce cœur comme un orage
Pourquoi ces larmes dans ta gorge

À rien ne te servent les mots
Laisse filer ces vaines rames

Un jour vient où le temps est lourd
Mais crains ta bouche et la parole

Qui s'arrache de la douleur
Crains les aveux irréversibles

Crains tes lèvres désaccouplées
Sur ce qui ne se peut reprendre

L'atroce est ne point partager
Cela se nomme la vieillesse

Cette épouvantable pudeur
Dont se détourne l'hypocrite

Ce qui n'a plus droit qu'on en parle
Ce deuil en blanc de soi qu'on porte

Ce sentiment de trouble-fête
Où c'est soi qui ne rime à rien

Ah je sais que l'on va me dire
Que ce n'est pas intéressant

Qu'est le lot de tout le monde
Mais justement mais justement

Commentaire de Zaïd: Ainsi parla mon Maître et les gens ne prêtaient oreille qu'au froid disant s'il est vieux qu'il meure et ne pouvaient entendre qu'une ville assiégée à l'homme ressemble en son temps dernier et je me souvins d'une parole d'An-Nadjdî quand on pouvait encore croire au lendemain comme une confidence à l'enfant que j'étais : *Le jour vient que cette ville avoue enfin son âge.* Et une autre fois : *Tout être a pour destin le malheur de Grenade.*

III

Le sang s'écoule également toute l'année
Et de l'âme et du ventre il vient même douleur
Notre insensible ciel semble en vain pardonner
Pour un peu de soleil pour un peu de couleur
Ô Grenade du temps cœur méditerrané
Comme un bateau perdu dans les sables de l'heure

Les unes s'en vont l'une à l'une Et notre vie
Je dis la nôtre *Tu* es l'autre Et dans la hune
Pour nous deux que fait la vigie

Il va bientôt finir cet étrange voyage
Un mois passe un mois passe et le martyre aux gens
Il est lent de mourir même s'il en est l'âge
Il n'y a que le ciel qui se fasse indulgent
Nous sommes destinés au même corroyage
Et le même bourreau nous ira vendangeant

Mais ce poème que j'écris au vent le sème
Comme baisers à mort ruser Moins fort le crie
Au siècle noir que fort je t'aime

Ce temps présent me coûte un temps que j'ai rêvé
Où l'amour sans remords ait place naturelle
Compagnon je vous suis au même encan rivé

Et si je dis d'Elsa je ne vis que par elle
Un jour viendra le jour qu'à vos yeux soit prouvé
Que jamais à l'écart ne fus de vos querelles

J'ouvre fenêtre au monde à naître où vont aller
L'homme et la femme âme pour âme à deux connaître
    Le futur d'être et vivre ailés

C'est du bonheur d'autrui que je suis à l'écoute
Et c'est déjà beaucoup que d'en payer le coût
Ô mon frère à souffrir qu'est-ce que tu redoutes
Acquitte l'avenir du salaire des coups
Je te parle tombé sur le bord de la route
Et l'arc-en-ciel est fait des larmes que je couds

J'ai tout au moins chanté dans la geôle d'hiver
Et m'aient à charité ceux qui vivent l'été
    Si le vent leur porte mes vers

Tout en ce monde-ci se passe *comme si*
Rien n'y est ce qu'il est Tout est ce qu'il engendre
Toujours c'est d'avoir vu que l'œil est obscurci
Celui qui fit le feu n'est pas la salamandre
L'homme passe à douleur et c'est toujours ainsi
Toute flamme allumée exige un prix de cendres

Qui de souffrir s'arrange il doit croire au beau temps
J'y crois je sais pourtant que le mal guéri change
    Étrangement se répétant

Et ceux qui l'entendaient ne l'entendaient point et le disaient obscur et d'autres de quoi parle-t-il ce n'est que du vent. Ce qui n'empêchait qu'on trouvât ses paroles noires et lui reprochât le pessimisme de ses chants : rien n'est perdu, tout peut s'arranger pourvu qu'on fasse semblant. Les foukahâ de Grenade traversant la rue évitaient les agonisants et comme de la vertu suprême ils parlaient entre eux de la joie.

LE PRINTEMPS

I

FABLE DU MIROIR-TEMPS

Le miroir *dit An-Nadjdî ce jour-là que les jardiniers tentaient gagner le printemps de vitesse avec des oignons fleuris par avance à l'abri du verre* ô Zaïd le miroir est une machine immobile où se moud le grain d'une céréale inattendue

Le miroir *dit An-Nadjdî* qu'il soit philosophie et c'est aux soldats qu'il incombe alors le briser sur le parvis des mosquées

Le miroir s'il était un homme *dit-il encore* ah c'est là tout simplement conjecture d'épouvante

Et de tous les oiseaux sans doute le plus meurtrier

Dans le monde miroir ce qui est à droite est à gauche et tu t'éloignes du miroir comme un baiser qui se rompt

Dans le monde miroir tout est double à la fois et rien n'est que solitaire

Dans le monde miroir il n'est amour que d'un seul et fausse en lui toute réciprocité d'apparence

Dans le monde miroir tout entre excepté le miroir

Si tu es le miroir d'une femme elle ne te voit pas
Si tu es le miroir de toi-même il n'y a porte que de toi sur le monde
Si tu es le miroir d'un miroir de quoi parlez-vous ensemble

Mais si le miroir est du temps au lieu de l'étendue
Que se passe-t-il à son foyer

Et dit encore An-Nadjdî ce jour-là pour l'enfant Zaïd
Imagine seulement un miroir où le temps le temps reflète
Imagine l'image en lui qu'il t'apporte
Ce miroir où tu ne te vois point mais elle
Imagine le miroir-temps habité de l'image-amour

Peut-être ainsi peux-tu saisir le déchirement de celui qui voit l'avenir

II

COMMENTAIRE DE ZAÏD ENTRE DEUX CHANTS

Il arrivait parfois qu'An-Nadjdî parlât devant moi des paroles dont je ne pouvais me résoudre à penser qu'elles fussent pour moi seul bien qu'elles ne prissent point la forme du vers ou la musique du chant Même si

Par quelque arrêt de la voix en ceci qui ne semblait ni mélodie adressée aux autres ni confidence à l'enfant prétexte que j'étais

Il me dictait sans le dicter d'aller à la

Ligne et cela faisait comme un grand geste de sa manche sur le ciel. Il arrivait

Parfois que je sentais le besoin de couper les mots de sa bouche avec l'eau d'un *dit An-Nadjdî* par exemple ou tel détail de la journée en apparence

Étranger étranger aux choses prononcées

Ainsi du jour qu'il me parla du miroir-temps pour la première fois je m'en souviens debout devant le Généralife au loin cela devait être en l'an 896 au début de la Lune de Djoumâdâ al-Aououâl

Ce luxe de la colline en une nuit muée en fleur contrastait avec le temps du siège à faire sourdre aux yeux la rosée-angoisse et qu'avais-je pu dire au milieu du silence de mon Maître

Ô Maoulâna

Et qu'avait-il d'abord répondu j'en ai perdu la filière sinon pour me souvenir qu'il avait parlé miroir

En quelques termes je n'en puis retrouver trace pourtant il me paraît qu'il avait dit de ceux du Généralife aussi bien de la Reine Allah la garde en sa jeunesse que des jardiniers comme un millier de chèvres mais non pas pour brouter

Que ces gens-là ne voyaient pas plus le présent que moi l'avenir faute du miroir qui montre aux uns celui-là celui-ci à l'homme de divination

D'où cette fable qu'il avait dite et que j'ai retenue

III

LES CHEVAUX-JUPONS

Le soleil change obliquement
Dans la cour en arbres les arches
Herbe m'est le marbre où je marche
Je ne sais pourquoi ni comment

Caracolant dans les ronds clairs
Comme bataille d'éléphants

Ce ne sont que jeunes enfants
Feignant les coups et la colère

Debout dans leurs chevaux-jupons
Comme était le Darro vert-Nil
Tourbillonnant autour des piles
L'hiver qu'il emporta les ponts

Imitant l'homme et le tonnerre
Cette guerre ici qui se joue
N'enflamme guère que la joue
Dans le massacre imaginaire

Ils ont la couleur du matin
Nés pour le djihâd et la gloire
Il leur suffit de les vouloir
Pour s'en partager le butin

Aux combats la vie est pelouse
Beaux enfants Droit au paradis
Dieu donne entrée aux plus hardis
Soldats de la place andalouse

Dérisoirement innocents
Au sanglot dernier des fontaines
Princes de terres incertaines
Ah mimez la mort et le sang

Combien de temps dans ces demeures
Où vous vous sentez à l'étroit
Vous reste-t-il gamins de rois
Avant que Grenade ne meure

Et dans d'autres cours ce n'étaient pas les enfants qui feignaient le jeu de kourradj, s'attachant à la ceinture ces chevaux de bois à jupes, se livrant faux combats de beaux hommes à montrer leur force entre eux, mais les guerriers désœuvrés qui regardaient les danseuses dont la robe s'ornait des petits cavaliers d'échiquier comme une provocation des hommes, en souvenir de leurs fantasias, tandis que dans la plaine autour de Grenade il n'y avait plus place laissée aux parades équestres, ni dans les collines à la chasse à la perdrix. Il n'y avait plus que souvenirs dans l'al-Baiyazin, pour le sâhib el-baiyazira jouant avec ses fauconniers aux dés qu'ici l'on appelle *nard*, et autour d'eux les faucons, la filière aux pieds sautaient bas de leurs perches, battant des ailes sur les dalles, ne comprenant goutte à cette paresse des hommes, et leur plainte est d'injustice, à n'avoir plus jamais de proie hormis les leurres, par désœuvrement que les valets leur jettent. Et cela dans le temps où leurs femelles sauvages s'en vont couver dans les îles du fleuve et déjà courcaille dans les joncs la soummânâ fuyant l'Afrique.

IV

Il règne dans la ville une louve inquiète
Qu'on ne voit pas errer mais qu'on entend gémir
Et seul le Fou la suit pour lui dire Qui êtes-
Vous ô femelle de la faim qu'enfants de misère n'ont satisfaite
Ces princes ne sont pas faits pour vos dents ou fils de cheikh ou fils d'émir
Est-elle tempête est-elle épidémie
Rien d'elle ne permet qu'on l'arrête Ni l'écharpe
Où son visage disparaît ni sa plainte fantôme
Comme une main prise entre les cordes de la harpe
Tout devient obscur à Grenade
Il traîne une aile noire aux talons des collines
On ne voit plus brûler l'avenir Le présent
Cache toute lumière à l'âme et les miroirs éteints
Tout est nuit même le matin

Ô homonymes qui désignent les contraires
Rien n'est dit aussitôt qui ne soit nié
Quand le malheur est sur la cité de quelle connaissance fais-tu la chasse

La mort jette sa lumière éclairant
En dehors du langage les choses
Le Fou se perd Que dit son cœur Le vent l'étouffe Où
Va la louve Ah
Je vois céder ses dents de craie en dessous de
Mauve et sale sa lèvre en cendres
Il me semble l'entendre et saisir son secret

Je te regarde face à face ô fin de mon peuple
Et tu ne m'apparais pas comme un beau jeune homme au-devant de lui
Pire que ma mort pire que la mort du bien-aimé
Et ne sont rien les frayeurs qui la précèdent
Au prix de ce qui vient après

Disperse-moi que je n'assiste à la terreur des miens mis en pièces
Disperse mon visage et mes os disperse mon souffle et mes entrailles
Que je n'entende pas leurs cris ni subisse leur déchirement
Dévore-moi Bête immonde tue ah tue
Moi

Maître à qui parlez-vous il n'y a personne et je vous ai cherché partout je vous ai dit Zaïd Et le Fou se fâche Ah toi la voilà qui fuit et d'abord ne t'ai-je pas défendu de me donner ce nom stupide enfant de malédiction Ne vois-tu pas que par ta faute elle s'est reprise interrompue

Qui Je ne vois rien répond Zaïd il n'y a personne et d'abord répond Zaïd Maître que vous le vouliez ou non c'est d'après qui je le donne ce nom qu'il prend sens et d'ailleurs là n'est pas la question vous étiez seul il n'y avait il n'y a personne qu'on l'interrompe et vous ne remarquez-vous pas que je suis sorti de l'enfance

Et depuis quand dit Ibn-Amir ô garnement Zaïd a ri Depuis que je suis un homme Et depuis quand dit Ibn-Amir t'en es-tu moustique avisé Depuis un jour répond Zaïd depuis que j'aime et cela fait tout un long jour

Le Medjnoûn appuyé sur le bâton d'olivier de quoi son pas s'assure a regardé cet enfant d'hier aujourd'hui qui parle de l'amour Comment peut-il quand l'avenir est invisible et s'est voilé le lointain d'être comment peut-il aujourd'hui parler de l'amour et d'ailleurs pour aimer ne faut-il être deux Quel âge as-tu morveux à l'heure où Grenade se meurt quel âge as-tu d'entendre en toi cette musique et pour qui donc

J'ai quatorze ans demain dit Zaïd et Simha dont le nom signifie en hébreu la joie est fille de Ribbi Nahon ben Samuel de qui je tiens de lire et d'écrire et de chanter et ce n'était pas assez puisque j'ai de lui ma joie et je le sais depuis un jour depuis un jour tout a changé parce que j'aime ô mon Maître mon Maître et tout a pris couleur

Alors les mots soudain pour Kéïs déchirèrent un coin de l'obscurité des choses trouvant en lui l'écho profond par quoi la limpidité des eaux s'explique Alors Kéïs ainsi qu'au milieu d'un orage le ciel soudain qui s'écarte sur une lueur d'au-delà le naufrage alors Kéïs soudain sentit ses yeux s'ouvrir il vit un peu il vit un peu de l'avenir

Ainsi dit-il enfant c'est pour toi qu'on prépare ce qui vient Ô Dieu comment te pardonner cela qu'à cet enfant tu promets Que t'a-t-il fait que tu lui fasses cela qui l'attend cela qui tourne sur sa tête

Et Zaïd a compris dans ses jeunes yeux d'homme a compris qu'An-Nadjdî l'insensé s'il pleurait c'était de savoir

Et quand il fut seul de l'enfant homme devenu le Medjnoûn chanta ce qui suit où licence lui fut d'être seul de tous les autres pour donner à ce qui l'habite espace à mesure de l'âme

V

Dans la maison de mon silence où la prière n'a point d'heure
Lorsque la porte est refermée et mon âme a droit d'être nue
Où me tourner vers ma kibla vers quel sanctuaire inconnu
Que toute la nuit de ma bouche ô femme exhale ton odeur

Dans la maison de mon silence il n'est image que de toi
Et tout soleil par la fenêtre en te voyant est pauvre et pâle
Souviens-toi que de Mahomet n'a survécu nul enfant mâle
Ton règne arrive que voici comme un ange assis sur le toit

Je t'offre en moi ce cœur vivant que tes doigts comme un pain partagent
Et la mie au cœur de mon cœur est l'immense malheur des gens
Rien plus n'est urgent qu'en souffrir rien plus qu'autrui ne m'est urgent
La blessure seule d'aimer seule d'aimer peut être gage

Marche en mon cœur que l'on y lise avec ton pied le seul chemin
Avec ton poids mets dans ma chair le sceau des choses admirables
Plus tu me marques dans mon sang et plus je te sens adorable
Et me fais de cire et d'encens pour ta narine et pour ta main

Je t'aime d'une amour sans nom pour n'avoir aucune mesure
Sur quoi l'univers transformé prend son exemple et sa leçon
Et sa musique est l'avenir les mots en changent la chanson
Je t'aime d'une amour sans fin comme fin ne connaît l'azur

Je t'aime d'une amour qui n'aura plus pour Dieu d'âme ni d'yeux
Et de ce crime éblouissant naîtra la lumière éternelle
Aveugle avant voici s'ouvrir l'humanité de sa prunelle
C'est de ce vertige de toi que va l'homme apprendre être Dieu

Et si tu me dis que d'aimer ainsi n'est point aimer en Dieu je te citerai ce que dit le poète de Cordoue à propos d'une femme qui aimait autrement qu'en Allah puissant et grand

Or je savais que cet amour était plus pur que l'eau plus subtil que l'air plus ferme que les montagnes plus fort que le fer plus intimement confondu que la couleur avec l'objet coloré plus fermement attaché que les accidents dans les corps plus lumineux que le soleil plus véridique que la constatation de l'œil plus brillant que les étoiles plus sincère que la perdrix Kat'â plus étonnant que le sort plus beau que la vertu plus gracieux que le visage de Aboû'Amir plus agréable que la santé plus doux que les souhaits plus proche que l'âme plus intime que le lien de filiation et plus durable que la gravure sur pierre

Et qu'importe ce qui peut suivre et jamais effacer ne va cette enchère d'aimer qu'importe que cet amour se propose un autre but qu'Allah s'il fonde à la fin des fins la plus haute image d'aimer Allah même quand je lui fais charité de l'aimer en toi

Dans la maison de mon silence où ton absence heurte les poutres

VI

Or, à la Porte des Étendards, Bâb al-Bounoûd, où fut arboré le drapeau rouge des Banoû'l-Ahmar à chaque fois que le père, l'oncle ou le neveu était proclamé Émir-al-Moslimîn, grandit la foule qui suit An-Nadjdî, qu'on dit possédé d'un djinn, mais que ne chante-t-il d'amour aujourd'hui qui est le premier jour de la lune de Radjab et l'on dit qu'il ne laisse plus de chez lui sortir cette femme au nom si difficile et pour elle seule à présent garde les chants de caresse. Devant lui marche l'enfant Zaïd, sans doute par remords revenu, si ce n'est qu'aujourd'hui Simha ne l'a point voulu voir, Zaïd, écartant comme troupeaux du geste et de la voix ceux qui se mettent sur le chemin de son maître. Et l'on murmure que c'est impiété d'avoir ainsi nommé le garnement par apparente comparaison avec le Prophète, de qui le premier disciple fut l'affranchi Zaïd ben Harissâ. On insinue aussi que c'est pour ce que de Mahomet il est dit à la quinzième Sourate *ô Medjnoûn* qu'An-Nadjdî s'est paré de cette insulte... Et le vieillard est comme un lion blessé, comme un pigeon qui avait perdu la vue et la retrouve quand il se pose sur la terrasse de la Ka'ba, lui qui n'avait d'yeux que de son amour, et se fait gémissement de Grenade.

On dit que c'est ruse en réalité, car déjà commençait à courir le bruit que cette Elsa n'existe point, ou comment doit se prononcer ce vocable étrange? On l'a vu écrire avec un *sin*, et pourtant dans la bouche du vieillard il s'adoucit en *zéin*... On dit que l'orthographe à dessein dissimule un secret d'idolâtrie, car le Medjnoûn doit cacher sous le voile persan d'une Leïlâ supposée une des divinités d'avant l'Islâm, celle à qui Mahomet dans sa jeunesse a sacrifié, paraît-il, un mouton blanc ; et que, si le vieillard écrivait comme il prononce, on reconnaîtrait Al-Ozza qui avait trois arbres samara chez les Gatafân et dont, à La Mecque, les images furent détruites lors de la soumission des Koraïchites... On dit...

Et, si c'est le djinn en lui qui chante à la Porte des Étendards, cet homme, on ne l'écoute que trop, ne voilà-t-il point qu'il ne se limite plus aux litanies de sa femme, qu'il entreprend de troubler le peuple, d'en tourner les yeux noirs vers les tours du Palais pourpre !

ZADJAL DE BÂB AL-BOUNOÛD

Le ciel n'est-il qu'une voûte
À nos fronts qui se situe
D'où sont oiseaux abattus
La foudre tombe qui tue
L'arbre et l'enfant sur les routes

La terre un ruissellement
De sang larmes et sueur
Sans répit pause ou lueur
Un triomphe de tueurs
L'un sur l'autre à tout moment

Devoir au bout de son âge
À qui diable et Dieu sait où
D'avoir vécu chez les loups
Pour être mis dans un trou
Apporter son témoignage

Pourquoi faut-il qu'aille ainsi
Toute chair à quelque enfer
Tout espoir à se défaire
À rien d'avoir tant souffert
Le temps qui nous taille et scie

Je proteste je proteste
Pour l'amour martyrisé
Pour les bouches sans baisers
Pour les corps décomposés
Pour l'échafaud pour la peste

Pour la vie aussi qu'on eut
La mort dite naturelle
Avoir subi les querelles
Qui burinent et bourrellent
Notre visage ingénu

Pour les os qui se brisèrent
La femme à cris accouchant
La sécheresse des champs
Et l'égorgement du chant
Pour la faim pour la misère

Pour ce qu'on a fait de nous
Prenant tout pour de l'eau pure
Qui ne cherchions aventure
Que de la bonté future
Et qu'on a mis à genoux

Au nom des choses meilleures
Prêts à tout ce qu'on voudrait
À tout sacrifice prêts
Pauvres gens bêtes de trait
Qu'on bafoue et mène ailleurs

Pour le mieux donné le pis
Que l'on ait perdu sa peine
Suivi la route inhumaine
À rebours semé la graine
Sous le soleil d'utopie

Qu'on nous trompe qu'on nous leurre
Nous donnant le mal pour bien
Celui qui n'en savait rien
Et qui le mal pour bien tient
N'est-ce pour le bien qu'il meurt

Que ce monde-ci ne fût
Que ce qu'il est ou semble être
Tout prendre au pied de la lettre
Me pouvais-je le permettre
En devais-je le refus

Cette âme en moi qui se ronge
Lui fallait-il accepter
Ainsi d'être limitée
À la fin d'avoir été
Entre deux nuits comme un songe

L'homme est-il ce court défi
Ce sursaut dans la machine
À peine qui s'imagine
Ce cœur à qui la poitrine
Dérisoirement suffit

Il porte en lui davantage
Qu'on l'ouvre et cherche dedans
Comment il joua perdant
Pour qu'hier plus tard aidant
Ceux qui viennent soient plus sages

Moins malheureux et surtout
Plus capables que nous fûmes
Eux par qui demain rallume
Ma cendre encore qui fume
Mon feu remis à la toue

Sinon par nous la revanche
Il viendra cet incendie
Il viendra je vous le dis
Lundi mardi mercredi
Jeudi samedi dimanche

LE PROCÈS

« Voilà, dirent-ils, Ibn-Amir an-Nadjdî, celui qu'on appelle le Medjnoûn... » Les exempts l'avaient amené devant le hakîm, qui est le juge secondaire — qu'Allah l'ait en assistance ! — celui-ci les regarda d'un air d'ennui, car c'était un brave homme et il les connaissait pour ivrognes et débauchés. Et ils avaient lié les mains de ce vieillard et sa robe était souillée de sang, son visage traversé de grands traits attestant l'outrage du fouet : « Qui vous a donné ordre de flageller celui-ci ? » dit le hakîm avec courroux. Puis il soupira, car il les aurait bien fait battre et jeter au cachot tous les deux, mais avec leurs remplaçants il en eût été de même... Il faut des exempts à l'ordre de la ville, et quel citoyen décent peut se résoudre à ce métier ? On n'avait qu'à en passer par ces filous sans vergogne. « Je vous ai dit cent fois qu'il est interdit de fouetter sans ordre du wazîr, du sâhib al-madîna, du cadî ou du mohtassib, et un homme d'âge encore ! Il ne tient plus debout tant vous l'avez malmené, chiens... Enfin, de quoi l'accusez-vous ? » Ils se poussaient du coude et jetaient des regards obliques sur une femme encadrée par deux de leurs collègues, attendant son tour de comparaître. Une kharadjera, elle avait l'air fort à son aise et faisait de l'œil à tout le monde...

« Je vous parle, dit le hakîm, furieux, qu'attendez-vous pour répondre... » Ils dirent alors, avec un faux air de déférence, que leur attention avait été attirée sur le comportement quotidien de cet individu par d'honorables dénonciateurs. « Où sont-ils — questionna le hakîm — les ʻoudoul ont-ils recueilli leur témoignage ? » On appelait ainsi les témoins patentés, seuls autorisés à témoigner en justice, car les témoins de hasard peuvent être des gens sans aveu, et de toute façon basant leur dire sur l'œil, l'oreille ou le toucher, qui sont causes de toutes les erreurs, tandis que les ʻoudoul, hommes de mérite et de religion, n'avancent rien sans se reférer aux Écritures, aussi vivent-ils près de la Bâb ech-Charî'a où le Cadî rend justice, dans des baraques construites pour eux, qu'on les ait toujours sous la main. Ce qui est l'origine d'un calembour, par quoi dans les siècles d'après l'Islâm andalou cette porte de l'Alhambra s'est vue par les docteurs appelée Porte de la Justice, confondant le mot *justice* et le mot *champ de foire*, au lieu de la Porte de la Foire, dérision qui n'était possible sans quelque secret calcul d'Allah (qu'il soit maître de ses desseins !).

Mais les exempts n'avaient point songé cette fois à amener les dénonciateurs, car le crime était flagrant et si énorme qu'ils n'avaient pu se retenir de frapper. « Faites voir vos fouets... » dit le juge, et ils les lui montrèrent. Lui se fâcha des lanières, tressées pour tuer, et je parie que les coups ont été donnés comme il n'est point permis, de toute la force du bras levé, l'homme à terre, et eux de le fustiger debout sur les orteils pour plus cruellement blesser.

Ils avaient trouvé le prévenu devant les dakakîn, c'est-à-dire les bancs extérieurs, de la Grande Mosquée, juste comme on avait chassé les ânes et les bœufs du parvis, pour que leurs déjections ne rendissent point les orants impurs, pendant le salat de midi, et cet homme faisait sa prière tourné non vers La Mecque, mais semble-t-il vers le nord-est, comme si la kibla, en dépit de son nom*, était située quelque part dans les neiges de la

* *Kibla*, littéralement *ce qui est devant*, et par extension *ce qui doit être devant* (pour la prière), en Espagne, signifie sud à la fois, et direction de La Mecque.

djâhiliya. Quand ils lui en avaient fait observation, le mécréant leur avait répondu qu'il ne priait pas en direction d'une pierre, mais d'un être de chair, ce qui est idolâtrie d'évidence, d'autant qu'il résulte des déclarations du susdit Medjnoûn, qu'il s'agit d'une femme dont le nom difficile à prononcer semble d'Égypte ou de Syrie, et devant le refus de se tourner correctement ils avaient tiré leurs fouets, espérant ainsi persuader le délinquant de se conformer à la Loi, mais en vain, si bien qu'ils frappèrent. Alors le hakîm courroucé: «Pourquoi, s'il s'agit d'un crime contre la religion, avoir amené ce fou devant moi? Ignorez-vous que ceci ne relève pas de ma juridiction?»

Ils conduisirent donc le sacripant au mohtassib, qui est l'assistant du Cadî, siégeant à l'habitude à la Bâb ech-Charî'a, et il y avait là un grand concours de peuple pour l'attendre, mais ce jour-là le mohtassib, qui s'appelait Moûssâ ben Habib'l-Gazî, était hors de la cité avec une expédition quérant des vivres aux Albacharât et tournoyait comme un aigle sur son cheval enjuponné, criant des ordres, indiquant de sa lance le chemin de montagne. Si bien que les prisonniers attendirent jusqu'au soir, et le mohtassib ne vint point, mais la nuée des 'oudoul sortant de leurs baraques s'était abattue sur les gardes, les accusés, les témoins primitifs, et découvrant que de ceux-ci il n'y en avait point pour le Medjnoûn, criaient comme des corneilles, exigeaient qu'on les leur confie au plus vite, afin que le lendemain ils pussent eux-mêmes traduire les témoignages au mohtassib de retour. Les exempts durent le promettre avant de mettre leur détenu avec les autres en prison dans l'espoir de l'aube; ils demeurèrent, eux et leurs collègues, avec leurs proies, les uns pour les dépouiller, les autres pour se donner du bon temps à les battre, les autres parce qu'ils étaient ivres et craignaient de se montrer chez eux. Et l'un chanta:

AIR À DANSER

On ne peut pas toujours prier
Ou boire de l'eau de citerne
Les nuits sont longues sans lanterne
Malheur à l'homme marié
On ne peut pas toujours prier

Nager chasser ou parier
Danser et jouer du tambour
Et le vin noir après l'amour
Pour un mot vous vous battriez
Nager chasser ou parier

Les plaisirs sont peu variés
Âne ou garçon fille ou chamelle
On se lasse du pêle-mêle
Le soir est triste au guerrier
Les plaisirs sont peu variés

Il n'y a pas de quoi crier
Pour un maquereau que l'on torche
Pour un vaurien que l'on écorche
Un Juif en passant étrillé
Il n'y a pas de quoi crier

La vie est un jour férié
Que l'on use à faire grimaces
S'il pleut que faut-il que l'on fasse
Revienne le soleil briller
La vie est un jour férié

Moûssâ, fort las de sa randonnée en montagne, écoutait avec ennui les criailleries de sa clientèle accoutumée, car le Cadî se décharge sur lui du petit peuple, des délinquants qui n'ont pas suivi les règles dans l'emploi des briques conformes à l'étalon pendu dans la mosquée, des diseurs de bonne aventure qui ont profité de la main crédule d'une cliente, d'un vidangeur qui n'a point tenu propre la salle des ablutions de la Grande Mosquée, des jeunes gens qui ont fait au cimetière des choses très vilaines avec les veuves surprises sur la tombe de leurs maris... enfin la routine habituelle, et il fallait bien en passer par là, et se montrer sévère, maintenant que les dangers de Grenade rendaient plus coupables et lourds de conséquences les manquements aux règles de la religion et aux us musulmans. Mais il avait l'esprit avec ses jeunes guerriers, rêvant d'un coup de main pour peu que l'Émir le permît... L'étrange aventure à cette place frontière d'al-Andalous de se retrouver ramené à ces entreprises par quoi de Médine le Prophète (Qu'Allah en accroisse la gloire!) cherchait à nourrir les Émigrés! Ainsi finit Grenade comme a commencé l'Islâm et lui, Moûssâ, pour l'Émir, commandait les magazi, tout comme l'affranchi Zaïd ben Harissa auprès de l'Envoyé du Tout-Puissant. Quand vint le tour du Medjnoûn, le mohtassib prêta distraite oreille aux exempts, puis aux témoignages recueillis par les 'oudoul de la bouche des dénonciateurs. Le premier exposé était d'un poète accusant surtout le prévenu de ne point faire les vers selon l'enseignement des Maîtres, changeant de rime à la fin des strophes contre la règle du zadjal et autres crimes du même tonneau. Le second 'adl rapportait les dires d'un témoin que Moûssâ connaissait de reste, c'était l'amîn, ou prud'homme, des chaufourniers, homme retors, souvent suspecté de fraude, bien qu'il s'en sortît toujours, et l'on disait de lui que le soir il attirait les femmes dans son four à chaux. Lui, c'étaient ses mœurs qu'il reprochait au Medjnoûn, insinuant mille saletés touchant la femme d'icelui, forcé pourtant d'admettre qu'il ne la connaissait mie, et n'en savait rien que d'oreille par les chansons du prévenu dont il jurait que c'étaient menteries. Comme de se faire appeler An-Nadjdî quand l'on est issu de quelque berger et d'une putain... Il ne s'agissait pas de cela, mais de l'idolâtrie : impossible, des témoignages savamment examinés par les ʻoudoul, de tirer précision du culte que ce dément portait, disait-on, à sa femme, ni d'ailleurs de celle-ci : à part ce nom bizarre qu'il lui donnait, qu'en savait-on ? La maison du Medjnoûn n'était pas du tout au nord-est de la Mosquée, alors pourquoi se tournait-il de ce côté durant la prière ?

Si, comme certains l'affirmaient, cette Al-Za n'était qu'un masque à l'ancienne divinité des Banoû Gatafân à Nakhla, Al-Ozza, on n'en pouvait pas apporter la preuve, puisque celle-ci était vénérée dans la Ka'ba de La Mecque, aussi bien par ses zélateurs originels que par les Koraïchites et les Sâkifites d'at-Taïf : comment distinguer vers qui se tournait l'accusé dans sa prière, l'idole ou le vrai Dieu ? Selon l'un des témoignages examinés par les ʻoudoul, le nom de cet homme était Kéïs ʻAbd al-Ozza, c'est-à-dire le servant d'Al-Ozza, mais sans doute y fallait-il voir perfidie, car on ne connaît d'Abd al-Ozza, par les ahâdîth, que cet Aboû Djahl ben Hichâm qui insulta le Prophète un jour près du roc d'as-Safa, et le Medjnoûn fit observer qu'il eût tenu à honneur d'être appelé ʻAbd Elsa, mais qu'au pays de sa bien-aimée, s'il était d'usage comme en contrée islamique, de porter le nom de son père, il ne l'était pas de nommer les serviteurs d'après leur rabb, maître ou maîtresse. Pour le reste, les réponses du vieil homme étaient embrouillées et incompréhensibles : dans son langage mystique, il affirmait qu'Elsa habitait un autre siècle dans l'avenir et, quand on lui demanda de la faire venir, il dit que ce n'était point du pouvoir humain d'évoquer un être à quatre cents et cinquante années de distance... Alors Moûssâ se fâcha très fort, ordonnant qu'on amenât cette femme. De l'interrogatoire pourtant, il résulta que rien n'était comme on l'avait cru d'abord, et certes le crime était grave que ce vieillard portât un culte de latrie à une femme véritable, la sienne, qu'on pouvait voir et toucher, ce qui est bestial ; mais quand il s'avéra que personne ne l'avait touchée ou vue, et que l'accusé reconnut qu'elle n'était dans aucune maison de Grenade ou d'ailleurs en cet an de l'hégire, alors tout changea. Monstrueux qu'il fût de donner les noms de Dieu même, et les rites d'adoration, à une femme tangible, le crime était plus grand encore si cette femme n'existait point. Prier une chose qui est de ce monde, en lieu d'Allah, mérite la crucifixion, et diverses tortures publiques. Mais pousser la mécréance à s'incliner devant ce qui n'est point est idolâtrie autrement démoniaque. Le mohtassib se leva, suspendant la séance du tribunal : il ne pouvait juger d'un cas aussi atroce, n'ayant pouvoir d'exorciser le Medjnoûn de son djinn, et l'affaire devait être portée au Cadî al-djoumâ'a, qui seul dispose de peines à la mesure d'un tel crime.

*

L'affaire, de plusieurs jours, ne vint devant le Cadî. Une grande confusion régnait par suite de désaccords entre le nouveau hâdjib et l'Émir touchant la conduite envers les Rois Catholiques : comme tout le Conseil des Wouzarâ, sous l'influence secrète d'Aboû'l-Kâssim 'Abd al-Mâlik, le hâdjib estimait nécessaire de composer avec les assiégeants, mais Boabdil suivant le sentiment de sa mère se refusait à entrer dans leurs vues, et le mohtassib le soutenait, en sous-main, poussant le peuple à manifester sa volonté de se battre et mourir au besoin, que Grenade ne tombât point au pouvoir des impies. Le Cadî se prétendait malade, pour n'avoir à se prononcer, risquant par malchance se trouver du côté qui ne l'emporterait point. Le système n'était pas nouveau, il tendait à amener le hâdjib à se déranger et rendre visite au Cadî chez lui, ce qui en augmentait l'autorité devant les notables, le bruit en étant aussitôt répandu par toute la ville : le hâdjib s'est rendu chez le Cadî, qui va décider de ce qui oppose l'Émir au hâdjib... Le peuple se portait alors devant la demeure du Cadî pour lui crier de proclamer la Guerre Sainte contre les polythéistes. Le procès du Medjnoûn s'annonçait mal : les gens de Grenade n'eussent pas compris qu'on le tuât simplement, il fallait le faire longuement souffrir auparavant, à la mesure de l'impiété, crime contre l'Islâm en toute occasion, c'est entendu, mais qui dépasse prévisions et traditions de la peine quand le règne musulman en Andalousie est à la veille de s'éteindre par le sang et par le feu.

Le Cadî al-djoumâ'a, habillé de rouge, entouré de foukahâ vêtus de blanc, jugeait dans la Grande Mosquée. Le crime contre la religion prenait à ce décor sublime une lumière d'abomination. Il se trouva cette fois tant de gens qui voulurent déposer contre l'impie que les 'oudoul n'y suffisaient pas, et l'on dut les chasser à coups de bâton. La procédure fut longue et, malgré les refus de l'accusé, on lui donna d'office un Procureur, ou avocat, qui parla des heures, s'appuyant sur l'incertitude où l'on était de l'existence de cette El-Sa ou Az-Za pour requérir que le Cadî lui-même reconnût l'incompétence de son tribunal. Au dehors, le peuple hurlait à la mort, et mangeait des beignets au fromage, criant que les marchands trompaient leur monde avec Allah sait quelle bouse donnée pour fromage de Charich, que nous appelons Xérès, y mêlant de la farine, et eux disant que c'étaient moudjabbana du temps de guerre, mais cela n'expliquait rien, car on manquait pour le moins autant de la farine que du fromage, et il devait y avoir de la craie là-dedans... De toute façon, la route de Charich était depuis beau temps fermée au fromage comme aux vins doux.

Le Procureur poursuivait la défense du Medjnoûn : tenant pour établi que l'accusé, comme tous les poètes, était possédé d'un djinn, il plaidait qu'Al-za en était le nom d'où il déduisait que c'était un djinn femelle, une doûl, pour écarter tout jugement qui eût supposé l'exorcisme, car, la doûl, si vous la forcez hors du dément mâle, à le quitter le préfère mort et le tue. Or, il appartient au Juge (Qu'Allah l'ait en sa garde !) d'édicter l'exécution du criminel, si elle est le fait du bourreau, mais lui-même qu'il permette l'assassinat de cet homme en serait tenu complice et responsable devant l'Émir (Le Tout-Puissant lui donne de longs jours !) Ainsi...

C'est alors que le Cadî, qui venait de recevoir message du hâdjib, décida d'entendre l'accusé et, envoyant le Procureur au diable, donna la parole à son client.

Celui-ci se leva comme il put, car il avait été roué de coups à nouveau par ses gardiens, en guise de passe-temps. La prévention avait si longtemps duré que les cheveux lui avaient poussé et des mèches blanches tombaient le long de son visage tanné et balafré. Sa lèvre saignait vilainement d'un sang noir, mal caillé. Il lui manquait des dents. Et de cette bouche horrible, il sortit un chant qui ressemblait à celui de la huppe, quand elle vint de la part du Roi Salomon saluer la Reine des Sabâ :

D'ELSA QUI EST UNE MOSQUÉE À MA FOLIE

Toute figure murale et la crête solaire et le feston de la porte et ce réseau qui réduit l'espace
Et rend le monument raisonnable à la taille des respirations humaines
Toute floraison de la pierre et le narcisse en est jaloux
Comme la bouche est jalouse de la répétition des baisers
Jalouse l'arcade parfaite au-dessus de l'œil de la femme
Toute mosaïque avec son étrange régularité des motifs comme si
J'avais bleui de mes lèvres une chair également où saignent ici et là les traces de ma cruauté
Toute constellation céramique où les yeux prennent un plaisir plus grand qu'à la contemplation de la nudité
Et les salles sont de fausses portes et d'arcatures comme la peau du lézard
Où les plafonds façonnés d'ombre écrivent là-haut dans une langue inconnue
Les secrets de fornication profondément cachés dans le cœur des dignitaires
Tout semble à l'instant lavé d'un meurtre avec la rapidité des esclaves
Et le jaune et le vert ont tant d'éclat que je baisse le regard
Ô beauté de marbre et de faïence où rien ne rappelle la luxure
J'ai tout loisir à la compliquer de fallacieuses géométries
Ses enlacements qui se font et se défont à plaisir je puis

Les regarder devant tous sans qu'on rougisse et personne
Après tout ne songe à me soupçonner dans ma force et n'y voit
Mon étreinte et ma sueur
Comme le cuir parfait de l'homme cache les mouvements de l'âme et du sang dans le monde intérieur
Ou l'écorce dans son dessin sait dissimuler l'arbre
Et même l'arbre ici secrètement imité
Je puis le décrire à voix haute arbre qui n'est plus un arbre avec l'ordonnance des feuillages
Qui ne fut jamais un oiseau ni la fleur parfumée
Je puis le décrire ce cheminement de caresses vers le ciel
Comme des mains remontant la candeur des jambes
La gorge aux étoiles renversée
Les épaules de nuages tout ce qu'il
Est licite de montrer ici dans l'élan de l'architecture
Je puis te décrire ô mosquée ainsi qu'une robe jamais revêtue
Un voile abandonné
L'oubli de ce qui respire
Je puis te décrire à mon envie et nul ne peut entendre à mes paroles le péché

Mais comment seulement effleurer la couleur de ton front
Comment parler de ton souffle ou ton pas ma bien-aimée
Que dire qui ne soit aussitôt profanation qui ne soit blasphème ou massacre
Offense offense à la lumière
Comment un instant prétendre à tracer par les mots ta semblance
Ô dissemblante ô fugitive ô toujours changeante et transformée
Toi que rien n'a pu fixer dans mes yeux ni la passion ni les années
Toujours neuve et surprenante amour amour au portrait qui échappes
Au trait de la parole et du pinceau
Comme la forme incernable du rire incernable comme un sanglot

Rebelle au temps rebelle aux bras qui croyaient t'enserrer dans leurs limites musculaires
Et toute comparaison pèche de pauvreté s'il s'agit de dire ta fuite
Eau qui n'es point humide et ne laisses ni trace ni reflet
Souvenir sans la mémoire et blessure sans poignard
Or s'il n'est point permis de dire la beauté vivante
Où trouver l'accord des tons à quoi se reconnaisse le sommeil
Un miroir un miroir pour l'oubli
Pour la beauté troublante et pure de l'oubli
À celui qui craint de brûler il ne reste que parler d'une flamme abstraite
Il ne reste au peintre que céder le pas à l'écriture
De droite à gauche au fronton des fenêtres
À la frondaison du pilastre
Où le calame forme sur la blancheur un caractère de jais
Comme une chevauchée au désert un profil bondissant d'armes brandies
Et chaque lettre est un pied sur le sable un départ de léopard
Ou soudain le déploiement d'une aile noire au-dessus de la poussière
Alors je m'aperçois que je t'ai donné la place réservée à Dieu
Car de tout temps ici régnaient la prière et sa gloire
Et je l'efface de ton nom fait ineffablement à la fois du sable et de l'aile
Comme un drapeau d'insurrection dans le soleil
Comme une danse de fiancés sacrilèges
Comme une pulsation d'éternité

Je t'ai donné la place réservée à Dieu que le poème
À tout jamais surmonte les litanies
Je t'ai placée en plein jour sur la pierre votive
Et désormais c'est de toi qu'est toute dévotion
Tout murmure de pèlerin tout agenouillement de la croyance
Tout cri de l'agonisant

Je t'ai donné la place du scandale qui n'a point de fin

Il semblait que la cause fût entendue, et qu'importe la folie alors qu'elle est masque d'impiété ? Il n'aurait point été recevable d'expliquer l'excès de la parole, l'outrance devant Dieu, par l'insanité seule. Et d'ailleurs, l'insanité même, qui peut dire qu'elle n'est point déjà châtiment du ciel ? Qui force le criminel à avouer son crime en paroles si ce n'est Dieu ? L'homme raisonnable peut avoir au cœur de lui tous les germes du mal, les pensées de monstruosité, il peut être cent fois meurtrier d'intention, pervers, parricide, il n'importe... puisque tout cela demeure par une force, qui est la vertu, caché, de tous inconnu... Mais si le poison profond suinte de l'âme, si Allah confond le criminel inconnaissable en lui retirant le pouvoir de dompter sa démence, on dit que cet homme est un fou, quand c'est le doigt divin qui marque à son front l'infamie...

Le Cadî venait d'envoyer réponse à Yoûssef ben Koumiya, le hâdjib. Mais en attendait sans doute éclaircissement. Aussi se mit-il à interroger le Medjnoûn, comme s'il voulait tirer de lui révélation d'un monde et le public maugréait de la décision retardée. À certaines réponses, les éclats de voix frappaient les murs : « Pourriture ! pourriture ! » Et des gens sortaient ne pouvant plus respirer l'air de cette lente justice.

CADÎ : Tu dis que cette femme n'est point et qu'elle est. Explique, ô égaré, comment cela, pour toi du moins, est possible...

MEDJNOÛN : Elle n'est point suivant votre conception des choses, parce que tu ne peux envoyer ton exempt la chercher dans la maison telle et telle, et l'amener au tribunal. Mais dis-moi seulement, ô Juge Très-Haut et Très respectable, si, dans ton système, le Tout-Puissant est ou n'est pas : car tu peux bien faire visiter les mosquées par ta police, ou tout autre lieu qui a réputation d'être visité d'Allah, jamais tes canailles (Qu'elles soient sous la protection du Seigneur !) n'ont chance d'y trouver Dieu, ni de le produire à ton prétoire. En déduis-tu qu'il n'existe point ?

CADÎ : Je t'interdis, même par ce détour, de comparer ainsi cette femme avec le Miséricordieux. Elle est ou elle n'est point.

MEDJNOÛN : Ô juge qui as révélation des choses, comment peux-tu dire d'une femme que tu n'as ni vue ni trouvée qu'elle n'est point ? Et si c'est la comparaison qui te gêne, alors, que tu ailles en paix, car, non, je ne m'apprête point à comparer l'incomparable. Dieu, personne ne l'a vu, ne le voit, ni ne le peut voir en ce monde ou il cesse d'être Dieu. D'Elsa, je dis ce que je ne puis de lui dire : elle est, parce qu'elle va être. Dieu, si j'en comprends l'enseignement donné, ne saurait changer avec le temps, il n'a ni passé, ni futur, et c'est pourquoi il y a grand doute à élever de sa présence ou de son présent... cependant je ne veux point ici discuter de la théologie. Mais assurément quelle clameur, si quelqu'un, et ce ne peut être par ma bouche, venait avancer que Dieu *va* être. Juste clameur, même si les raisons diverses de l'indignation suivant les hommes peuvent prêter, par leur diversité même, à la discussion... Et si je dis d'Elsa qu'elle va être, n'est-ce en affirmer déjà l'être qui n'a pas de commencement ? Elle *est* pour celui-là qui voit dans le futur la réalité victorieuse, et qu'est d'autre que cela le futur, Cadî ?

CADÎ : Mais quand tu dis qu'elle va être, ne te donnes-tu pas pour prophète, ce qui est de suffisance que je requière contre toi croix ou lapidation ?

MEDJNOÛN : Ta sentence, ô Juge Très-Sage et Très-Pieux, ne dépend, je le suppose au moins, que de toi-même, et si je suis prophète ne m'en retire point la qualité, me donnant celle du martyr. Mais tout homme est-il dit tel, pour avoir employé la forme de langage qui décrit l'avenir ? Et par exemple, la loi de la Cité, simple expression du Souverain (Que le peuple devant lui se prosterne !) jamais personne sans être taxé d'impiété ne peut en prétendre que les dispositions pour le balayage des ordures ou la vente du bois à brûler sont paroles de Dieu, n'est-elle pas toujours exprimée pour les temps à venir, ordonnant que soit prescrit, que soit défendu, que ne soit point vendu... Cela signifie-t-il que le législateur se prétend prophète ? Je dis que cette femme est qui va être, c'est bon sens et non prophétie.

CADÎ : Je ne te comprends point, Ibn-Amir, si tu prétends annoncer quelque chose dans quatre siècles, ne te donnes-tu par là pour prophète ?

MEDJNOÛN : Si je dis qu'il va pleuvoir vendredi (Ce qui ne peut être que selon la volonté du Tout-Puissant, qu'il soit honoré ce jour-là comme les autres !) est-ce que j'usurpe une qualité ? De deux choses l'une, avant de me juger : attends le vendredi, et s'il n'y tombe l'eau des nuages, alors tu dis simplement que j'ai parlé à la légère, et s'il pleut, me fais-tu décapiter pour avoir dit vrai ?

CADÎ : Tu es plus retors dans ta folie que ce procureur qui a parlé, et ne sait prolonger la vie de ses clients que par chicane et procédure... Si, t'écoutant, je prolongeais de quatre siècles le prononcé du jugement pour voir s'il y eut ou non prophétie d'Elsa...

MEDJNOÛN : Ô Cadî, est-ce moi qui suis retors dont se jouent ici la douleur et la vie ? Ou toi qui m'accuses de te vouloir faire prendre quatre siècles de réflexion quand, sans pour cela tomber sous l'accusation de jouer les prophètes, tu te sais bien être poussière dans un infiniment plus petit délai...

CADÎ : Homme, ce n'est point ici de ma mort qu'il est débattu, mais de la tienne.

MEDJNOÛN : Il te semble, ô lumière de l'Émir, à qui pouvoir est donné de départager l'ombre ! il te semble apparemment que c'est de ma mort qu'il s'agit... Pourtant, chaque minute du monde est début de la vie et de la mort de tous, et non d'un seul homme, fût-il un poète insensé dans une ville, ni un juge, si proche de lui que soit le silence. Et si tu me faisais mettre en croix, parce que je dis que tu vas mourir, et que je *prédis* la décomposition de ta chair, alors c'est toi, pour perversion de ton pouvoir, qui es condamnable à la croix ou à la hache.

CADÎ : C'est assez jouer le bouffon. Justice soit faite...

Il avait d'abord semblé que jeter ce chanteur à la foule était d'heureuse diversion. Car à l'habitude on versait volontiers ce sang de l'esprit d'autant qu'il coûte si peu aux Rois de le répandre, et le Medjnoûn avait au Cadî paru d'autant meilleur bouc émissaire, que cette odeur d'idolâtrie permettait de le condamner moins pour le caractère séditieux de certains de ses chants que pour la défense de la religion. Mais une communication du Palais lui signifia que satisfaire à la foule, par sacrifice de l'hérésiarque, était contraire aux intérêts du Royaume, donnant l'apparence quand les choses n'étaient encore tranchées par le Conseil de l'Émir, de faiblesse devant l'exaltation populaire pour le djihâd, qui confond respect et religion avec le sentiment contre les polythéistes. De plus, un émissaire de l'ancien wazîr de ville (lequel avait gardé accointance avec le Cadî) lui vint dire de la part de son maître que celui-ci souhaitait qu'aucune décision ne fût prise, l'al-Kassaba sans doute assez profonde, assez épais ses murs pour y garder les criminels et que, entrant en ville, les vainqueurs éventuels en statuent, leur sort n'étant point défini dans les capitulations. Un cadeau d'une grande beauté accompagnait l'expression de ce désir : et c'était une fille de douze ans dont les prunelles étaient aussi grandes qu'aux chevaux du Nadjd, comme un morceau de camphre qui se serait voilé par crainte donner jalousie à la lune.

Et les gardes emmenèrent le Medjnoûn dans les caves de la forteresse qui est proue à l'Alhambra, au-dessus du Darro tumultueux, descendant par des escaliers étroits, de salle en salle, vers cette nuit où reviennent les suppliciés, où moins que partout ailleurs semblent utiles les formes futures du langage...

LES PRISONNIERS DE L'AL-KASSABA

I

Les prisonniers comme des cigales qu'un enfant mit dans une jarre
Une grosse pierre dessus tête à tête avec la soif et la faim
Est-ce un bruit d'élytres qu'ils font ou leurs souffles au fin fond du puisard
Oubliés sans doute oubliés liés pliés sur cette faim sans fin
C'est que là-haut sans doute les gardiens autre chose aujourd'hui les ronge
Ils ont leurs malheurs au grand jour et la ville autour d'eux en proie au vent
À toute cette vie inconnue aux captifs et qui leur semble un songe
À ce drame au dehors sans entracte à ce continu déchirement
Pour quoi l'homme naît croît et meurt et qu'il croit expliquer du nom d'histoire
Cette roue à quoi rien n'est objet de respect ni la chair ni l'esprit
Cette mer incessamment qui déferle et se retire blanche et noire

Cette éponge qui les efface à peine sont les mots humains écrits
Les prisonniers ne savent rien de ce qui se passe hors de leurs chaînes
Les prisonniers parlent un langage entre eux depuis longtemps périmé
Tenant en paume leur passé comme un poisson gluant qui se démène
Et leurs yeux cherchent des soleils depuis longtemps qui s'en vont en fumées
Ô fils de la femme humiliés dans votre sueur et dans votre âme
Voici l'instant dérisoire où l'extrême déréliction devient
Pour vous une oasis et c'est comme la main protégeant une flamme
Au creux du cachot vacillant à peine et sur soi-même qui revient
J'entends vos battements ô cœurs qui mesurez le temps à votre horloge
Ô respirations dans la terre ô regards sans objet que la nuit
Vous qui n'êtes plus qu'une mémoire où toute vie à l'envers se loge
Ô torrents souterrains qui n'avez miroir que de votre propre bruit

II

LA PREMIÈRE VOIX

Je suis ici séparé d'elle
Et j'y fais l'essai de la mort
Le temps sans toi m'est infidèle
J'y suis ma propre citadelle
Une boussole sans le nord

Rien ne m'est que réminiscence
Tout rêve bouteille à la mer
Dans cette couleur de l'absence
Rien n'a plus ni sève ni sens
Que faire de mon cœur amer

Ô chant du Medjnoûn voix d'entrailles montant d'entre les reclus par quel chemin venu quelles failles à ses pas ouvertes chant qui n'a point changé de soleil dans les ténèbres plongé fallait-il que cela fût révoltant de l'entendre en plein vent cet amour monstrueux qui ne recule point devant les mots d'adoration fallait-il

Qu'il fît le firmament pâlir et pour l'esclave ou le wazîr virer les couleurs de la vie en donnant aux femmes d'ici mesure d'un tout autre azur si bien qu'à la comparaison dans leurs yeux meurent les turquoises

Qu'on me tienne pour criminel
J'aime d'un amour sans limite
Une créature charnelle
Et cette amour fasse éternelle
Ô Salomon ma Sulamite
Je l'adore depuis que j'aime
Ma tentation de toujours
Ma femme à moi toujours la même
À qui je brûle mes poèmes
Elsa mes uniques amours

Nous est-il possible de supporter mieux que les Juifs jadis cet éloge d'une étrangère et leur Roi comme un long scandale à ses pas déroulant ce tapis de fleurs Et c'est lui qui Salomon nomme et nomme sa Balkis à lui d'un nom d'aucune langue connue

Encore si c'était un mythe un objet imaginaire un être de déraison qui s'évanouisse avec la parole mais non la voilà l'Égyptienne

La voilà que l'on peut toucher qui va qui vient et qui prend l'eau de la fontaine elle n'est point péri ni fée ou métaphore ou thème ou contrepoint de sanglots des instruments à cordes.

Absente paraît-il absente en cette saison comme nous qu'on mit en prison mais avec nous-mêmes et d'ailleurs à des yeux d'amant un cœur dément ne dit-on pas que ce n'est rien le chemin qui mène à Bagdad.

Qu'on nous méprise et qu'on nous raille
Rien ni personne n'y peut faire
Il n'est qu'amour qui vivre vaille
Le cœur y brûle comme paille
Et fait paradis de l'enfer

Riez de l'homme et de la femme
Injuriez-le l'idolâtre
Ah je le suis de toute l'âme
Ma seule musique et mon drame
Mes dieux ma vie et mon théâtre

Il blasphème il blasphème il avoue il proclame il voue un culte obscène à celle qu'on peut voir il lui donne sur Dieu préférence et tourne tout langage à sa louange il fait des mots de notre peuple des colliers dont elle s'amuse un moment des boucles qu'elle ne met point à la tendresse de l'oreille

Des airs qu'on chante et qu'on oublie et qu'on retrouve s'endormant quand on n'a plus rien devant soi que la nuit comme un noir désert

Elsa ma force et ma faiblesse
Je ne suis rien que ta rumeur
Le pas dans l'herbe que tu laisses
Tant bat le cœur que tout le blesse
Toi dont je vis et dont je meurs

Ma reine au loin ma flamme éteinte
Dont se réveillent les miroirs
Toute porte à ton nom pour plainte
Toute chose est ton ombre peinte
Toute lumière ta mémoire

Ah qu'il se taise qu'il se taise et peut-on même dans la fosse ainsi ces louanges souffrir s'il s'agissait d'un djinn d'un ange
S'il s'agissait de quelque chose en nous dont ne soit souvenir
Mais d'une femme d'une femme

Toi que j'éveille et non moi-même
Dans l'eau le verre où je me mire
Et par miracle ou stratagème
Je ne suis plus que ce que j'aime
Je ne regarde plus J'admire

Intolérable vieillard

III

C'est dans les yeux asphyxiés
Que règne l'éclat des ténèbres
Quel rite infâme s'y célèbre
Ou quel marché négocié

Ni rêver ni sentir ni voir
L'homme d'être homme se morfond
Pour ce qu'il fait comme chiens font
La nuit n'est jamais assez noire

Il peut en lui tomber si bas
Qu'il lui faille témoin de honte
Et du moins sa honte raconte
À l'oreille qui ne voit pas

Honte du cœur honte du corps
Entends-tu l'âme qui gémit
Tiens le défi de l'infamie
Où le plus vil est le plus fort

Ce gouffre en toi vois-tu comment
Il s'ouvre en toute créature
Si ton semblable est pourriture
Tu vas pourrir semblablement

IV

LE FORNICATEUR

Moi *dit le fornicateur* je suis ici pour attendre les pierres
Je ne sais pourquoi c'est si long de m'arracher à ce corps
En général on ne peut rien comprendre à leur conduite

Il parlait comme une nuit de printemps
On devinait sa forme aux mouvements de l'ombre aux moments d'éclat de ses regards
Ses pieds bougeaient parfois dans la douleur des chaînes

Tu ne peux pas pas vraiment me voir *disait-il* Je suis beau
D'une beauté terrible à laquelle il n'est miroir qui refuse hommage
Sinon l'effroi dans le cœur d'œil de la femme
D'une beauté qui déchire ses vêtements D'une beauté
Dont la présence au fond d'une foule engendre déjà la peur
Et celle qui demeure avec moi seul que m'importe qu'elle soit vive ou morte
Elle gémit de mon approche avant même que je l'aie effleurée
Dommage que tu ne puisses me voir entends du moins ma voix

As-tu jamais songé à ce que ça veut dire
Le crime de fornication Pourquoi
Ce qu'ils font tous avec les femmes leurs esclaves
Devient un crime quand c'est moi qui ne crains point d'être nu
Parce que je suis fort dans ma jeunesse et que je suis beau je te dis
Moi devant qui jamais n'a pu se détourner une femme
Bien plus que dans mes bras prise dans la curiosité de sa chair
Serait-ce un crime vraiment vers moi sa bouche
Vermeille et vers moi son attente
Ou cet acquiescement soudain des yeux fermés
Un crime le vertige un crime le plaisir

Il remuait parlant ses chaînes sur les dalles
Dans la prison profonde où le peu de lumière se lassait de descendre
Au-dessus des captifs à l'inverse de l'eau d'un puits

Une fois *disait-il* mais je n'ai mémoire où
Où donc c'était peut-être Al-Mariya Choubroub
Toudmîr ou Kourtouba ce quartier de jardins au soir fleurant l'orange
Oulilla sans doute
Je ne pensais à rien je me sentais si bien l'air était roux et doux
J'aurais pu tout autant prendre une autre venelle
Devant moi soudain c'est une histoire banale
Elle m'avait vu la première Il faut vous dire
Qu'elle n'avait le choix ou non de s'adosser à cette palissade
C'était une impasse il paraît je n'en sais rien
Qu'est-ce que cela fait que ce fût une impasse
On avait de toujours elle et moi rendez-vous
Sans le savoir ici

On dirait par Allah que ce gaillard-là pleure
Il faut vous dire

N'es-tu tombé jamais amoureux en dormant
Non ne ris pas ce n'est pas ici lieu de rire
Il arrive en dormant que l'on ait des visites
Et dans l'impasse au fond c'était un peu cela
Cette fille elle n'avait que le poids d'un rêve
Et moi je me suis réveillé comme une brute
Ce n'est que bien plus tard que ça m'est revenu
Ses cheveux ses cheveux comme le musc
Contre le mur et comme un masque
Entre mes mains comme un frémir

Il se tut longuement dans l'attente des autres
La parole on ne sait pourquoi c'était son lot
Comme la nuit du ciel appartient aux étoiles

Je suis revenu le matin j'avais l'air
De celui qui cherche son ombre
J'ai couru dans tout ce quartier
Sans retrouver mes pas d'hier
Les parfums étaient différents
Et c'étaient d'autres palissades
Rien plus à rien ne ressemblait
Nulle part ne faisait impasse
Nulle part on ne m'attendait
Personne ici par où je passe
Un rêve ne revient jamais

Je crois bien que bizarrement
Il s'est mis tout à coup à rire
À rire à rire à petits coups comme on boit des liqueurs brutales

Depuis ce temps j'ai voyagé
Et j'ai volé dans les vergers
Les fruits mûris pour d'autres bouches
J'ai vu des villes et des ports

Le soir il faut bien qu'on se couche
J'ai dormi souvent chez les morts
Et souvent le long des chemins
Aux vivants j'ai tendu la main
Mais le pire ce sont les femmes

On dirait que ce mot lui fend
L'âme

Il y a des femmes au monde
Assez que l'on en soit heureux
Je parle pour les amoureux
Dont la mémoire est une ronde
Il y a des femmes assez
Pour que l'on puisse s'en lasser
Mais moi chaque fois je m'étonne
Soit le printemps ou soit l'automne
Croyez-moi ne me croyez pas
Je remets mes pas dans leurs pas
Chaque femme est une fenêtre
Par quoi me semble reconnaître
Un soir ce qui fut à jamais

Et brusquement voici qu'il se fâche injurie
Quelqu'un dans l'ombre On n'entend plus
Ses mots on ne distingue plus
Les mots durs de ses dents on ne démêle plus
Ce qu'il nous dit de sa colère

Eh bien oui je suis de ceux qu'il faut craindre
Ouvrir par mégarde la porte mendiants colporteurs
Gens sans aveu qui n'ont d'histoire que d'un jour
À qui toute fille est bonne et tout coin de rue
Hommes de sang qui n'ont remords qu'à laisser passer le plaisir
Et ne connaissent ni vos lois vos mariages ni vos ruses
Hommes d'étreinte et de passage et qui ressemblent à l'oubli

Confondent les soirs les baisers les occasions et les villes
Marchant à travers les destins les yeux déjà portés plus loin
Sans autre règle que ce feu qu'ils ont en eux pour qu'ils le donnent
Et pour une nuit sans amour déjà déments déconcertés
Comme une armée à qui l'on n'a plus pensé de montrer l'ennemi

Quand il se tait c'est à chaque fois insupportable
On entend dans la prison tourner les mouches

Ils vont me lapider parce qu'ils m'ont pris avec cette femme
Qui n'était que celle-ci ce jour-là rien de plus
Mais qui tomba sous moi comme une pastèque sur le sol
Ah que je vengeais bien ma vie avec elle pliant les genoux et la main
Contre le mur entrant mes ongles dans le plâtre
Ils ont dit après qu'elle appelait à l'aide pour ce cri
N'était que j'étais étourdi de plaisir ils ne m'auraient jamais pris
Même à quatre Eh bien quoi
Je ne vais pas nier la fornication pour user de votre langage
Moi je suis plus grossier quand je parle de ces choses-là
J'ai des mots comme des organes dessinés
Et puisque forniquer chez vous se paye un prix
De pierres Soit
Ramassez le poids de ma mort
Venez donc le briser ce corps qui dévasta vos blés
Regardez-moi dans le grand jour Voilà l'amant de vos femmes
Que cela donne force à vos bras parmi vos cerisiers défleuris
Calculez bien le lieu du projectile et comme tu le lances
Je suis celui qui ne sera point pardonné pour avoir donné toute cette joie
Je suis la chair triomphante encore aux coups dont elle est trouée
Je suis la possession qui ne peut être dépossédée

Je suis la violence au-dessus de votre pauvre violence
Le ciel des yeux que vous n'avez point révulsés
L'incendie avec lequel insensé qui rivalise
Vous qui ne pouvez contre moi rien d'autre que de me tuer
Et qui des mêmes coups allez tuer ce secret dormant en vous-mêmes
Saigner longtemps de moi pourtant après en avoir fini
Prenant pour le plaisir la docilité de vos femmes
Vous souvenant du lapidé noir et bleu sur le bord d'un champ

Et voici qu'il ne parle plus laissant la place à la pensée
Est-il vraiment si beau qu'il dit ce vagabond de ville en ville
Possédé du péché de chair au point de ne plus rien remarquer d'autre
Hors du temps qu'il habite et des guerres traversées
Coudoyant l'exode et les tremblements de terre
Se faufilant dans la bataille sans en saisir le sens
Ni porter intérêt à celui qui lui fait aumône
Qu'il soit d'Islâm ou non

Y a-t-il donc ainsi des gens qui n'ont de rien connaissance
Sinon de la pesanteur et du sommeil et de la soif et des saisons
Y a-t-il donc ainsi des gens comme des loups dans une avoine
Et peut-être que ce sont eux et non pas nous les hommes
Celui-ci Grenade va mourir Qu'en sait-il Que lui importe
Est-ce qu'il a jamais vu Grenade où c'est lui pour lui qui va mourir
Comment s'est-il glissé dans une place assiégée
Comment s'explique-t-il ces agonisants aux carrefours
Il ne remarque pas les suppliciés sur les routes
Ni le soûfi dans son extase
Les monuments pour lui n'ont pas de sens ni la musique
N'essayez pas de lui raconter l'histoire d'Al-Mou'tamid et d'Ibn-Ammâr
Et si tu parles de l'amour alors crains les images de sa tête
Ne dis pas devant lui le nom de ta bien-aimée

L'Islâm en ses propos aucune place n'a
D'étranges mots parfois se mêlent à ses phrases
Comme le feu se tresse à la paille et l'embrase
Est-ce Grenade ou non qu'il dit Meligrana

Lorsque du fond de l'ombre une voix lui demande
Manuch tu hal busno *je crois bien qu'il répond*
Tout à coup comme l'eau chante en passant les ponts
Me hum calo pralo *Je reconnais la langue*
Des voleurs de chevaux et des jeteurs de sort
Fornicateur voué par les lois à la mort
La chaîne et le boulet pour toi Pour toi la cangue
Et l'oubli c'est ce que tu mérites Gitan
Tu n'es pas Don Juan Tenorio pourtant
Tu lui ressembles comme à la flamme la cendre

V

UN PHILOSOPHE

Comme d'autres vont un jour cueillir la violette
Sur une étoile moi
Je suis descendu vivant dans l'horreur de l'homme

Dans ces lieux de lèpre et de destitution
Où tout a perdu la voix de l'âme et la couleur de l'idée
Il n'y a plus ici de moi que ce que j'en avais chassé du fouet de ma ceinture
Tout s'est défait comme la chair du corps défunt
J'habite avec le crime et l'obscénité l'immense tache des moisissures
Je ne remarque même plus l'odeur de ce qui est corrompu
Ici plus rien n'a cours de ce qui fut monnaie à nos paroles
Ici ma bouche a pris habitude à l'ordure

Ici l'air même hait ma narine et le rêve est l'enfant d'un autre lit chez sa marâtre

Ici la ruse est assise et regarde sans parler un point noir droit devant elle dans la nuit

Toute violence est mise à se ronger les ongles

L'œil et l'oreille ici trichent à des jeux inconnus

Rivalisant de bassesse avec la durée

La présence d'un autre est une aggravation de l'ombre une gifle à l'être

Ô solitude à plusieurs insulte pire à la passion que je fus

Peu à peu je deviens pareil à cet univers dégradé

Je ne peux me retenir d'arracher de moi ce plâtre

Je m'écorche avec perversité le cœur et la plaie

Et plus j'enfonce en ce fumier du monde

Plus j'éprouve à partager cette odeur de gangrène

Je ne sais quel vertige de pierre hypnotisée

Par l'abîme

Tout est bâti sur ce néant qui pue

Moi-même

Qu'ai-je dit qu'ai-je donc avoué Pourvu

Que nul n'ait surpris ce secret à l'aube blême de ma lèvre

Je ne suis pas bien sûr moi-même de m'être entendu

À cet étage inférieur où je parviens où rien ne peut plus se comparer qu'au froid

Et puis qu'importe Apparemment

Je murmure encore un langage d'ailleurs

Une habitude ancienne comme un parasol

Ridicule comme un parasol en enfer

Comme un bouclier dans un naufrage

Tous ces mots que je forme encore en moi ne sont que des rapports

Entre des choses abolies

Tous ces mots qui sont les psaumes d'une religion sans fidèles

Tous ces mots fantômes d'une vie oubliée

Tous ces mots qui perdent forme ainsi que des pas dans la boue
Tous ces mots qui meurent et mentent
Tous ces mots pour le vestiaire et te voilà nu comme un bétail
Tous ces mots faits d'un printemps fourbe
Tous ces mots d'avant le déluge après le déluge sans but
Tous ces breuvages renversés autour de ceux qui n'ont pas bu
Tous ces ravages de pensée aux jardins traversés de grêle
Mais qu'est-ce que c'est qu'un jardin qu'est-ce que c'est que le printemps
Pour ce troupeau que nous voici parqués dans le désert des choses

Maintenant rappelle-toi ceux qui donnaient leur sang pour la gloire
Ceux qui volontiers se damnaient pour la beauté d'une étoffe
Ceux qui priaient sur les terrasses qu'on les vît
Ceux qui plaçaient au-dessus de tout le plaisir
Et je ne parle pas des cavaliers à perdre haleine
Des joueurs qui parient un royaume sur un coup de dés
Rappelle-toi les bateaux ornés de fleurs sur la nuit des rivières
Rappelle-toi les conversations sans fin sur le bonheur et la philosophie
Et cette nuit dans le mardj passée à discuter de l'avenir magnifiquement qui blêmit dans la lumière d'incendie
Il y a dans les jours enfuis un paradis qui fut ta fièvre
Il y a des bras à ton cou que rien n'a dénoué de toi
Il y a dans le matin pur le parler roulé des colombes

C'est ici parmi les voleurs les parjures les maquereaux
C'est ici dans l'abjection des sentiments et du langage
Où la brute est ton seul miroir ton seul écho ton confident
Dont tu sens l'haleine et la peau la présence et l'ignominie
Parmi les hommes et les rats les ulcères et les vermines
C'est ici que le ciel a pris le bleu profond de ta mémoire

C'est ici que je nais lentement à mourir

VI

Il fait noir de ces présences qui ne sont que respirations surprises sauf une à une ces voix qui se détachent du silence-orchestre
Les bouches ne sont pas au même étage On ne sait se penchant de qui l'on s'approche ou s'éloigne
Et l'instrument s'est tu que l'on cherchait sans main
Ô plaintes sans visage
On ne peut pas plus que Plaît-il *demander* Comment allez-vous
Ni s'écrier Quel vent

Nous sommes tous assis chacun dans son passé
Le comptant sur les doigts par crainte de l'oubli
Et lorsque l'un dit Je *l'autre* Que veux-tu dire

Nous ne parlons jamais de la même chose à part l'eau de la cruche
Ou l'aile des chauves-souris

Ce philosophe ainsi là tombé qu'il prit place
À ce repas des Calandars on le devine
Mais comment avec lui renouer ce qu'on eut
En commun Tout a l'air d'un prétexte et comment
En ce lieu-ci reprendre chant de l'avenir
Un jour était-ce un jour je ne sais par quel chemin venu
Le voilà qui comprend soudain ce que j'écoute

A-t-il remis ses pas où nous nous rencontrâmes
Les gardiens apportaient le brouet invisible
Il y avait derrière eux l'aboiement des chiens
Mais quel fut le destin du Maître du Domaine Ainsi
Ce Roi que nous avions a fait couper sa tête
Pourquoi roule-t-elle entre nous
Les détails manquent

Je n'avais pas besoin de le savoir Je veux dormir

RAMADÂN

I

Que sais-tu du dehors toi qui n'as même pas de l'heure ou du jour certitude
Et comment passent les mois si tu ne sais rien des fleurs
Pourtant quand les gardiens de nuit se mirent à mener ripaille
À leurs cris à l'odeur aux jurons aux chants les prisonniers comprirent Dieu nous damne
Qu'était commencé Ramadân

Étrange étrange chose que le jeûne
Au fond des cachots d'une ville assiégée
Mais les gens d'armes sont nourris sur le quint de l'émir
Et le vin pris à l'ennemi n'est-ce pas piété de le boire

Que sais-tu du dehors homme aux fers dans l'ordure
Quels complots sont ourdis quels drapeaux sur les tours
Tu ne vois même pas le soleil de retour
Et la maigreur des gens qu'il fait sortir comme chenilles sur les murs

T'a-t-on dit seulement qu'on n'arrête plus qui mange les chevaux morts
Que sais-tu du dehors ici dans le silence
Même si tu montais sur l'épaule d'un géant tu n'apercevrais pas les cheveux du monde
Inutile de rien demander au geôlier noir qui parle un langage de sourd

Que sais-tu du dehors sinon qu'on n'entend plus jamais les trompettes
Comme si le ciel avait perdu ses oiseaux la ville ses fumées
Y a-t-il toujours des nuits mauves pour ceux qui ne se résignent pas à dormir
Ah le gémissement d'une porte à midi sur le côté d'ombre de la place
Une chanson qui se tait à ton approche d'un jardin

Que sais-tu du dehors maintenant que tes yeux sont inutiles
Inutile ta bouche inutile ta mémoire

II

Un soir il y eut sur les tours un cri
Qui se fit torrent des ruelles
On eût cru tout d'abord le crépuscule à l'occident ressuscité
Un vent se leva dans les hommes qu'il chassa comme des feuilles vers les murs
Même les mendiants secouèrent leurs membres galeux dans l'ombre
Toutes les bouches à la fois flambèrent de la nouvelle

Ô feu mon coq toujours ébouriffé d'aurore
Ô feu ma langue et mon blasphème
Ô feu ma tête rousse ô feu mon rire au loin
Mon cheval emballé qui n'écoutes plus rien

On voyait les mouchoirs de Dieu là-bas dans sa colère
Qui couraient dans la toile et le camp des Chrétiens
Comme des petits chevaux rouges sautant les haies de la nuit

Ô feu qui ne peux être qu'un calcul de providence
Ô feu qui prends aux Rois dans leur étable
Ô feu dont la soif ne se satisfait jamais à la première heure
Ô feu mon cœur fou ma chanson jaune

La bousculade énorme aux créneaux croule à reculons
Ne poussez pas Mes yeux sont faits pour voir cette minute
Et quand tu serais le calife et quand tu serais Mahomet

Feu d'enfer feu de paradis
Ô feu grille les marrons maudits
Ô feu consume les drapeaux du Christ
Ô feu chasse l'homme dans sa chair et sur son cheval

On ne peut comparer cette joie à rien qu'à celle d'une circoncision
Quand les amis viennent du fond de la campagne
Apportant pour l'idâr des concombres et du vin sucré

Ô feu je te dis merci *crient les filles*
Je te prends dans ma bouche ô joli garçon
Ô feu je te mets à mon oreille et je te mets à mon doigt
Mon petit or brûlant mon amoureux des meules

Et jusqu'au lendemain soir à Grenade on avait oublié d'avoir faim

III

Quand la Reine Isabelle était arrivée aux Fontaines de Guëtar avec tout le faste d'un cortège, où l'on voyait l'Infant Don Juan et les Princesses ses sœurs, rien n'avait paru si beau qu'il fut digne d'elle, et le Marquis de Cadix avait à sa souveraine cédé sa tente qui formait en son centre une tour de tentures, élevée au-dessus du camp sur des piliers de lances jointes, du plus riche damasquin de Tolède, où les murs étaient entièrement de soie flottante, et qu'entouraient des chambres de drap peint bordé de brocart. Toute la Maison de la Reine put s'y installer pour dormir, et comme Sa Majesté craignait d'être importunée après sa longue route par la lueur d'une veilleuse à côté de son lit, sa dame de compagnie eut la malencontreuse idée d'en transporter la soucoupe à l'écart, où suffit d'un coup de vent pour enflammer le mur d'étoffe.

Et tout flamba si bien, au désarroi des soldats et des princes surpris dans leur premier sommeil, l'alarme donnée et les bêtes hennissantes cabrées, que l'or des chandeliers, le plomb des coffres, l'étain des plats et des couverts, tout fondit pour ne laisser que lingots dans les cendres des soies et des tapisseries.

Et l'on comptait les morts, appliquait onguents aux brûlés parmi lesquels Messire Jean Molinet, qui sautait sur un pied de douleur, ayant dans un œil reçu flammèches dont il voyait toujours l'éblouissement tandis que s'évanouissait le monde s'il fermait l'autre paupière.

De Grenade où la lueur de l'incendie avait l'air du plein jour, les Maures, après le mouvement de triomphe qui s'était d'eux emparé, se mirent à craindre un stratagème espagnol pour les attirer dans la plaine, où plus d'une fois la ruse castillane les avait engagés dans un traquenard. Boabdil était sorti de l'Alhambra pour gagner cette maison d'été qu'il avait hors de la ville, et d'où l'on voyait clairement la fourmilière en feu, le grouillement des hommes et des chevaux, mais ses conseillers le dissuadèrent de tenter la surprise à quoi Moûssâ songeait. Ainsi l'occasion fut perdue, et le jour survenu dans l'indécision se consuma tout entier en réunions et en discours, tant qu'il fut apparent au soir que l'ennemi avait eu le temps de se reprendre, et que malgré l'énormité de la ruine les troupes de Ferdinand se tenaient prêtes à faire front à une sortie de la cité.

Au soir pourtant l'emporta l'esprit d'offensive et la sortie eut lieu dans un tourbillon de chevaux et d'armes, tout jeté sur le tapis du mardj comme pour un grand festin qu'on donne à des souverains étrangers l'argenterie. Et de même il en était dans l'âme des combattants, tout l'héroïsme hérité des tournois et des traditions, l'exaltation des places frontières, la folie à mourir, et la décision de ne pas reculer dans son propre sang, la vision de Dieu derrière l'épaule ennemie, et l'on n'avait pas laissé de réserves dans la cité, tous les sabres traçaient l'air comme des lunes croissantes, une fois de plus l'esprit d'Islâm traversa les champs dévastés, *Allah akbar !* débordant le Xénil et submergeant les collines, une fois de plus les Castillans enfoncés, dispersés, décontenancés, se rabattirent sur le camp royal où, dans les cendres de l'incendie, on voyait déjà s'assembler les voitures du départ...

Mais telle n'était point la volonté de Dieu, qui renversa la victoire comme du vin de dattes, et le sang fut si grand sur la nappe que l'épouvante l'emporta sur les Maures, qui refluèrent dans Grenade avant même que le matin leur montrât leur visage. Et gloire fut à celui qui portait le signe du Christ et la décision d'Allah.

Ceux qui avaient déconseillé l'aventure maintenant trouvaient devant l'Émir et devant le peuple raison, qui comptaient les morts et les armes perdues. Ne fallait-il pas attendre le dernier assaut de l'ennemi ? Allait-on, dans le désarroi, le deuil et les désaccords, se trouver en mesure de tenir tête aux soldats d'Isabelle et de Ferdinand ? Alors commencèrent les disputes par quoi plusieurs jours se consumèrent. Mais, quand, par des espions, l'on apprit que les Rois Catholiques, tirant leçon de l'inflammabilité d'un camp d'étoffes, avaient pris décision de construire une ville dans l'ancien camp retranché, on se rassura, car si c'était dessein d'enlever d'assaut Grenade, eût-il été besoin de bâtir ?

Ainsi commença cette nouvelle phase du siège où les Grenadins se moquaient de l'ennemi, le laissant à ses jeux de construction. Comment prendre au sérieux ce grouillement de charpentiers, de maçons et hallebardiers avec le beau temps qu'il faisait ? Et les Castillans maintenant semblaient consacrer leurs soins aux travaux et à la venue d'innombrables caravanes, charrettes et mulets, amenant on ne sait quels tributs de toute la Péninsule aux chantiers, si bien que vers les Albacharât à nouveau les sentes n'étaient plus coupées. Il en venait assez maintenant que les Castillans avaient la tête ailleurs, pour remplir les magasins, un million de Grenadins applaudissant à ces processions de grain, de maïs et de viandes, pour lesquelles était délaissé le combat. Trois mille cavaliers en protégeaient chaque arrivée...

CHAOUOUÂL ET DOÛ'L KA'DA

I

Mais il advint que le mieux relatif rendit force à la colère, et qu'ayant eu à manger au mois du grand jeûne rituel, loin d'à suffisance, cependant assez pour la nuit, les Grenadins se prirent de courage les uns contre les autres, et les factions se réveillèrent. Et, comme le pire leur paraissait le bas peuple dont les ambitions s'étaient manifestées par le saccage de la maison d'un homme de gabelle, nobles et notables se disputaient de la méthode à employer pour le réduire à merci. On vit réapparaître les convulsionnaires sur les places, et les uns excitaient l'auditoire à s'armer contre l'envahisseur castillan, les autres clamaient que c'était dans la cité même à la trahison qu'il fallait s'en prendre, désignant aussi bien l'Émir ou le parti militaire ou les Juifs. D'autant que, l'accès de Grenade à nouveau possible, y pénétraient des files de paysans obscurs prêts à croire à toutes les incantations de la magie, à la fois, et des fugitifs des villes de la province de Toudmîr, dont est Moursiya capitale, et de la Côte du Soleil, où les Juifs étaient nombreux poussant leurs ânes chargés d'enfants, leur couverture rayée sur la tête, et déjà le cri chrétien les suivait qui les disait empoisonneurs de puits:

dans cette cité où se levaient des fièvres qui déroutaient la science des médecins, et que de tout temps traversait le chant des porteurs d'eau, la crainte que les Juifs approchassent les citernes les y faisait parquer dans les quartiers à l'écart des réserves de pluie. Et là, les uns sur les autres, il arrivait qu'on les laissât mourir de soif. Aussi les hommes de savoir qu'on écoutait à l'Alhambra dénonçaient-ils ces pratiques, comme stupides et funestes, disant que la sagesse serait ou d'exterminer les Juifs ou de les traiter humainement : car ils devenaient dans Grenade comme plaies infectées, et d'eux s'échappaient les miasmes de maladies qui ne regardaient point à la race, et des musulmans fidèles mouraient du traitement d'Israïl. Outre que tout cela sortait des traditions grenadines, mais allez lutter contre les imaginations d'un peuple qui a faim, que l'ennemi de toutes parts encercle, à qui sans aucun doute les espions de Castille venaient souffler des légendes empoisonnées !

Et s'élevait à la limite de la vue, quand on montait sur les hauteurs, dans les chantiers castillans, une ville de pierre dont on faisait d'abord moquerie et chansons, mais bientôt dont on suivit avec curiosité l'élévation hâtive. Et des émissaires qu'on avait envoyé rôder alentour rapportèrent que par modestie insigne d'Isabelle, la Reine ayant refusé que d'après elle fût la cité baptisée, on avait pris décision de lui donner non point comme l'eût voulu Ferdinand ce nom de galanterie, mais un de piété, croyant par là se rendre favorable leur Dieu crucifié et la foule polythéiste des saints figurés sur des images de couleur, et par des statues à grands frais amenées de leur Royaume, si bien qu'au lieu dit *Fuentes de Guëtar* s'élevait sous l'invocation de la fausse croyance la nouvelle Santa-Fé, déjà qui avait son duc, déjà que les cartographes situaient sur les plans embellis des possessions catholiques. Et d'abord, au cœur des échafaudages, avait monté l'Église où l'on chantait les cantiques de la Vierge, l'on voyait des processions y faire le tour des murs ébauchés avec des cagoules et des croix.

C'est en ce temps que, sur les contreforts descendant de l'al-Kassaba vers l'Ouâdi Hadarrouh, par l'orifice d'une poterie d'aération sans doute, au milieu de cris et d'imprécations obscènes, parvint à un jeune couple qui s'était assis là ne pensant qu'à soi-même, le chant d'une voix comme le vent de la ravine, d'une voix connue et inconnue, comme la ruine d'une maison familière...

Ah j'ai perdu mon cœur en toi
Qui n'est nulle part où je passe
De moi partie avec ta proie
Je ne suis plus qu'un homme en croix
Qui de ses bras l'absence embrasse

Tu m'as le cœur mon cœur ôté
J'en sens étrangement la place
J'en sens la plaie à mon côté
C'était pour toi qu'il m'a quitté
Pouvais-je empêcher qu'il le fasse

Ailleurs ailleurs où je ne suis
Mon cœur te suit comme une chasse
Comme le nuage la pluie
Mon cœur me faut mon cœur me fuit
Comme un chant s'éloigne et s'efface

Tu m'as pris le cœur tu l'as pris
Sans lui je ne vis qu'à voix basse
Comme font les portes qui crient
Et sans toi tout m'est volerie
Nuit m'est le jour et le feu glace

Et dit à Simha Zaïd qui n'avait abandonné sa main dans l'étonnement de ce chant venu de la terre, à cette époque de l'année couverte de pensées semblables à des morsures : « Il est vivant, ô nacre de ma vie, mon Maître qui n'a point cessé d'aimer ! »...

II

Cependant se poursuivait la guerre d'escarmouches, les expéditions d'une nuit, les défis jetés par les cavaliers, les tournois à des lieux convenus sur les collines, les combats dans les montagnes du sud. Et il y avait des héros ramenés sur des civières, morts ou mourants, et l'inquiétude avec la durée était plus grande, et Grenade grondait de craintes et de fureurs, de lâchetés et de résolutions, on y parlait dans des jardins écartés le langage des redditions, mais rien n'en transparaissait sur les visages du plein jour ou dans le parler des lieux publics, car le peuple était encore possédé d'un fol amour de son domaine, armé pour la plupart, et surtout ces soldats repliés dans la capitale des places tombées du royaume, enragés plus que tous, au moindre mot il fallait craindre l'insurrection, les pires excès, d'autant que depuis dix années, ces gens-là avaient, qu'on s'en souvienne, pris l'habitude de renverser les trônes, de remplacer les émirs par le premier prétendant venu, toujours considéré comme le représentant d'Allah... mais cette fois ce serait le triomphe de la populace assurément, avec tous ces agitateurs surgissant, dont on n'arrivait à mettre en prison que les plus maladroits ou les moins soutenus de l'opinion publique.

Et c'était peu que l'entassement des criminels, des prophètes d'hérésie et des libertins dans les caves profondes de l'al-Kassaba, des suppliciés aussi dont parfois les têtes fleurissaient aux murs de la forteresse, après qu'on eut sur eux épuisé les moyens de conviction comme les tortures pour arracher de leur gorge aveu des complicités, des subversions, des contacts avec l'ennemi, dénonciations de leur propre pensée. On disait que Boabdil n'aimait pas ces pratiques, et sans doute était-il trop raffiné pour prendre plaisir d'y assister, mais il lui en était fait récit par le sâhib-al-madîna, les vendredis. Et de ces récits il avait intérêt, moins comme de relations véritables, que d'un genre littéraire à quoi l'Émir se complaisait. Le lui reproche qui n'a jamais pris plaisir aux contes des bas-fonds, de la police et des mœurs souterraines ! Boabdil oubliait les écoutant l'implacable beauté des palais où la mort rôde autrement.

Et d'ailleurs quelle part avait-il au juste à ces arrestations soudaines de citoyens jusque-là tenus pour honorables, à cet arbitraire qu'on finit par trouver naturel dans une place assiégée, dont toujours qui sait si ce masque ne va pas livrer la poterne... Même les familles qui s'étaient vu arracher l'un des leurs étaient prises de doute, et ne criaient pas leur douleur. Chaque disparition amenait, avec la crainte, une sorte de soulagement, comme si l'on eût trouvé l'explication de la situation dramatique où était la ville. Les complots étaient utiles à l'espoir, on en découvrait à tout bout de champ, pour rendre confiance par le sentiment à la fois d'avoir été trahi et celui d'être défendu. Puis cela détournait des projets réels que les notables caressaient chez eux, cela déviait l'esprit populaire...

Les jours après les jours passèrent
Les jets d'eau pleuraient dans la nuit
Il vint d'étranges émissaires
Sur des chevaux aux pieds de bruit
Ils entraient dans un grand vacarme
Comme le sort qu'on joue aux dés
Vêtus de noir et chargés d'armes
En deuil de leur Dieu de Judée
Ils déclinaient leurs noms superbes
Leurs domaines et leurs aïeux
Prêts à verser leur sang sur l'herbe
Pour un sourire dans les yeux
Prêts à se battre un contre dix
Sur leurs étriers d'argent droits
Pour que les Maures se rendissent
Rappelant sa parole au Roi

Émir tu juras sur la Bible
Sur la Croix et sur le Coran
Si mon maître était invincible

D'ouvrir Grenade et dire Prends
L'Alhambra le Généralife
Et nous avions t'en souviens-tu
Gardé ton fils entre nos griffes
Si tu nous trahis je le tue
Faut-il énumérer les villes
De l'arbre tour à tour tombées
Alméria comme Séville
Sous mon joug Malaga courbée
Ô Prince que te reste-t-il
J'ai pris Loja sur mon chemin
Et je campe au bord du Xénil
Guadix et Baza dans mes mains
Ne sont que ruines et que cendres
Et l'Alhambra si je le veux
Raison ne vas-tu pas entendre
Ou j'y fais pleuvoir notre feu
Tes plafonds peints tes cieux de gypse
L'oubli sur eux d'avoir été
Car j'ai l'arme d'Apocalypse
Si je ne m'en sers c'est bonté
Tu le sais bien que je peux faire
Barrer Grenade comme un nom
Y porter la mort et le fer
Dans le chant chrétien du canon

Alors il se faisait un frémir des murailles
Ceux qui portaient ici le soleil à leur front
Et dont les cœurs saignaient déjà comme une taille
Où le rossignol chante encore aux bûcherons
Cherchant leurs femmes et leurs chiens d'un œil oblique
Imaginant l'horreur des fontaines blessées
Tournaient de tous côtés leur prunelle panique
Sur l'incroyable mort dont tout est menacé

Ni la Thora ni l'Évangile
Ne me sont des livres sacrés
Pour le Coran *dit Boabdil*
Rien sur lui n'est jamais juré
Qui soit contraire à sa nature
Mais si tu touches mon enfant
Et profanes tes Écritures
Faisant ce que tout Dieu défend
Le feu du ciel sur toi retombe
Dussions-nous sous le même drap
Trouver notre commune tombe
Entre les bras de l'Alhambra
Comme amants même mêlés morts
L'âme des Rois je te le dis
Trouve à la flamme qui les mord
Toi l'enfer moi le paradis
Il vient un temps qu'il faut qu'on meure
Les royaumes comme les gens
Et croule sur moi ma demeure
Nul après moi n'y soit régent
Me faut-il mendier des jours
Comme les miettes du festin
J'ai suffisamment fait l'amour
Pour voir en face mon destin
Roi de Castille par ta Reine
Maquereau qui compte tes sous
Entre à Grenade et je t'entraîne
Où tu puisses dormir ton saoul
Mais étranger dans cette terre
En sais-tu goûter le parfum
La jouissance et le mystère
Les fleurs et les baisers défunts
Et même un jour ta race y règne
Toujours aux jardins profanés
Clos lui soit pourquoi le ciel saigne
Jusqu'à leur Méditerranée

De quoi peut la nuit défaillir
Et de quoi parle le torrent
Pour quoi le vent d'El-Djezaïr
Souffle une haleine de safran

Alors on entendit la plainte des notables
D'où te vient-il le droit de disposer de nous
Fils de Nasr au malheur assis comme à la table
Qui cache à l'univers ta honte et tes genoux
Tu brûles de brûler nos biens et nos personnes
Enfant qui dans ta main n'eus qu'un sceptre brisé
Promis à ce destin voici que l'heure en sonne
Avec les Rois du Christ il vaut mieux composer

AL-KASSABA D'AUTOMNE

I

Un homme tombe dans le puits
Des mains de sang des yeux de nuit
Comme la pierre et les grenouilles
Et rien ne bouge autour de lui
Rien ne tisonne rien ne luit
Ici la mémoire se rouille
Un homme est tombé dans le puits

Le combien le combien sommes-nous le combien de Doû'l Ka'da

Mais qu'est-ce que c'est que ce bruit
Un rat peut-être qui s'enfuit
Quelque chose de noir qui grouille
Un pas léger qu'un autre suit
Comme descend au four la suie
Paniquement l'ombre se souille
L'homme un homme découvre au bruit

Le quinze seize ou le combien c'est en tout cas de Doû'l Ka'da

Un autre un autre un autre et puis
Encore un ça fait six sept huit
La ténèbre tousse et se fouille
Quel jour sommes-nous aujourd'hui
Et que t'importe niquedouille
Quand ce serait dimanche et puis

Nous sommes *dit le nouveau venu* le dix-sept de Doû'l Ka'da

Et voilà qu'à son tour un de ceux qui ne disaient rien s'anime
Et continue apparemment la confession de ses crimes

II

LE GLORIEUX

Il y a des êtres de chair que la cupidité mène et d'autres cherchent le bonheur
J'ai connu des princes et des potiers comme le sol assoiffés de la beauté des femmes
Des gens de haut-savoir perdant nuits et couleurs à l'algèbre
Des paysans à qui leur sang était moins que vin de leurs vignes
Des cavaliers de la mer avec le visage de sel et l'âme de goudron
J'ai vu périr des serviteurs de Dieu pour un divorce mystique
J'ai vu des mécréants rire sur la roue
J'ai vu préférer la mort à la vie
Et les hommes de l'argile cesser de comprendre les nomades
Ce monde fait d'avares court après des trésors différents
Il n'est de langage commun à ceux qui croient parler même langue
Je les écoute sur les chevaux ou dans les jardins
Je les écoute à scruter le ciel ou construire les digues

Dans le souk ou sur la felouque
J'écoute la voix bleue au soir des minarets
Et celui-ci veut partager ses fils à des royaumes
Cet autre pour soi seul a vertige du pouvoir
Celui-là court une plante introuvable ou porte aux heures de veille une avoine renouvelée au seuil des rimes
Ils échangent entre eux propos de sourds
Qui prenant je ne sais comment teinte à chacun de sa folie
Ils traversent le siècle un enfant mort dans les bras

Comment peuvent-ils ne pas voir
Que tout est vain qui n'est la gloire

Je suis celui qui se tient dans le vent furieux de la renommée
Ravagé dans son corps et son âme Je suis
Celui qui de son propre feu sans renaître se consume
Et n'a que l'amer contentement de son nom comme un galet
Sous son pied fuyant l'abîme et j'effacerai de ce nom le nom de mon père
Je suis celui qui aime infiniment la gloire
Rien ne m'est qu'amplifiant ce bruit de moi-même
Rien ne m'est que ce tonnerre de moi qui s'en va roulant au loin
Là-bas dans le pays des tonnerres
Où se comparent le futur et le passé
Contrée où j'enfle ma voix qu'y demeure ma clameur
Et peu à peu je cesse d'être autre chose que ma statue
Énorme et pétrifiée
Je deviens un cheval à jamais cabré sur un socle
Un geste de colosse au-dessus d'un archipel
Le sphinx d'une ville qui n'est point encore née
La grande voile de rouille battante au mât du navire
Le secret arraché des verreries philosophales
Le tambour qui n'arrête point dans le cœur d'algue des marées
Une phrase à jamais écrite à l'abreuvoir de la terre et du ciel

À l'abreuvoir où l'on peut voir
Que tout est vain qui n'est la gloire

Vous demandez quelle gloire est dans ma bouche
De l'homme qui court le plus vite ou de l'instrument le plus mélodieux
Et vous avez à penser tendance que ce n'est là mot que des chefs de guerre
Car il est bien vrai que d'abord
Nul plus sûrement n'y parvient que celui-là de sang qui la prairie arrose
Et va tailladé de sabres vers les villes de la peur
Mais qui de toi garde souvenance ô sourire des soudards
De vous conquérants conquis par l'oubli brûlures cicatrices
Vos manteaux déchirés comme sont les empires
Ne savent dissiper longtemps les étourneaux
Pourtant je t'envie ô Tarik ta gloire porteuse de singes
Où la péninsule des fruits défie une mer torride
Et celle des bâtisseurs de ruines comme des os sur les promontoires
Je t'envie ô meurtrier qui franchis la mer avec des chameaux
Presque autant que celui qui rend l'âme écartelé pour ses paroles
Un peu moins que celui qui prend place entre les idoles
On sera confondu pour toujours avec une étoile
Car ce qui compte c'est la gloire et non le motif de la gloire
Ce manteau de tes épaules que la main du mendiant touche à ton passage
La gloire fait rêver d'elle-même et détruit ce qu'elle embrasse
Comme un palais jamais si beau que le soir de son incendie

Et rien hormis de s'y asseoir
Ne vaut le vin noir de la gloire

Et tu peux être désaltéré de ce breuvage aussi bien sur un trône ou sur le fumier
Tu vas passer cette porte où l'on croyait qu'il y avait un mur aveugle
Regarde ce firmament prêt à t'appartenir
Et ris de ceux qui bornent leur ambition de mers et de montagnes
Apprends de moi qu'il suffit de l'aimer pour l'avoir
Cette gloire devant toi qui s'ouvre sur le ciel dans l'écartement de ses jambes
Fût-ce au fond d'une prison
Sous les pieds des hommes vivants qui te foulent comme une herbe en champ de foire
Leurs pieds de triomphe obscur et brutal
Et tu mords avec dégoût et délice à leurs orteils de poussière
Faisant sous leur trépignement d'indifférence appel
À ceux qui vont naître d'eux comme un matin de l'ordure des nuits
Appel au balbutiement d'innocence à la germination des semences
À l'arc-en-ciel d'après toi d'après cette pluie ô ma vie
À la justice d'on ne sait quel tribunal d'aube
À la fleur qui sort de l'anéantissement
Au phénomène futur
Appel de la monstruosité de mon désir à ce qui le condamne

À ce soleil de la mémoire
Appel aux glaïeuls de la gloire

III

LE VOLEUR

Ils disent maintenant que je suis un voleur
J'ai beau chercher le commencement aveugle de toute chose
Je ne trouve pas la porte de ma mémoire et le jour de l'explication
De quel enlacement fortuit le destin d'un homme a-t-il sa naissance
Cela s'est levé de nous d'abord comme un jeu
Dans le quartier des fauconniers auparavant je me souviens aux soirs de chasse
Comme nous accourions pieds nus au retour des chevaux
Derrière les hauts cavaliers entre eux parlant des jours du Califat
Et l'oiseau sur leurs poings secouant ses ailes de fureur
De la proie échappée
L'oiseau dupé sous son chaperon de cuir l'anneau d'or sur la gorge
Le gibier pendant aux croupes de sueur dans le jupon vert des montures
Le fouet qui dispersait notre marmaille obscure
Criant narquoise au faucon la devise nasride
Dieu seul est vainqueur Dieu seul est vainqueur
Tant de fois tant de fois le feu des cavaliers dans la plaine
L'alerte aux remparts et le tournoiement au loin des guerriers
Toute l'enfance avait passé dans ces peurs qui s'évanouissent
Et la défaite et le triomphe et cette philosophie au dessus de nous
De toute façon *Dieu seul est vainqueur*

Il y eut ce temps de deux rois dans Grenade
Et nous les gamins déchirés comme une rivalité d'oiseaux

Jetant des pierres dans les rues
Au dehors c'étaient batailles d'autre sorte
Et le feu du ciel tombait disait-on sur les villes du royaume
Par invention de machines que l'ennemi roulait devant

L'un des rois s'en alla l'autre fut notre maître
On ne comprenait rien de ce qui se passait
Mais les printemps ouvraient sur les fleurs leurs fenêtres
Ô parfums parfois dans le soir où l'on ne sait
Se reconnaître du jasmin sur les murailles
Et vint l'année où commença la crainte des entrailles
Je me souviens d'un jour que tous s'en furent chez l'Émir
Avec des cris des bâtons des haches des marteaux
Et cette grande clameur de mourir plutôt
Que laisser dans Grenade entrer les Chrétiens avec leurs idoles

Il y eut encore des caracolements sous les murs et le bruit pluriel des épées
Tous les jours il arrivait à pied des gens qui portaient leurs enfants et leurs fortunes
Encore une ville au loin de prise et le sang
Nous en remonte au cœur tant qu'on ne sait plus où
Mettre tout ce monde et c'est un grand marché de familles couchées
Dans la rue où je marche en riant

Je vous dis que cela s'est levé d'abord comme un jeu

Puis les armes tout près dans le soleil brillèrent qu'on voyait des tours
Un campement de sansonnets sur les champs du ponant
Quel drôle de mot que le mot *siège*
Il y eut des négociateurs habillés d'acier
La ville frémissait de leur présence et criait
Des noms d'amour à Boabdil qu'il les jetât dehors
Il y eut des fantasias de manteaux blancs qui volèrent

Des tourbillons de poussière au loin qui faisaient soudain torches
Mais dès la fin de Djoumâdâ es-Sâni n'avaient-ils point scié les arbres en fleurs
Éventré les cultures que le vent chassât les graines et d'abord
On ne comprenait pas ce que c'était que cette guerre ayant
Des greniers pleins de blé des légumes secs et des troupeaux de moutons dans les rues basses

Les rations se firent maigres avant l'été si bien que pour les soirs d'entre deux lunes
Il y eut des garçons dont se fêta l'audace
Fiers de leur force neuve entre les arçons
Ils racontaient la surprise au camp chrétien les bêtes
Qu'on cerne en leur sommeil et chasse devant soi
La fuite des bergers la sentinelle égorgée
Ô le goût de la viande enlevée à l'ennemi
Le matin qu'on partage sur les places
De vieux hommes expliquaient la règle et la loi du butin
Depuis le temps d'Omar de bouche en bouche
La quinte part pour Allah Qu'Il soit béni
Et si le jour de Bedr le Prophète prit le sabre d'Al-Assi pour préciput
Aucune limite n'est donnée au prélèvement antérieur de l'Émir
Qu'il se serve premier de toute chose un cent du reste ensuite au cavalier
Et deux pour son cheval
Rappelle-toi le verset quarante et deux de la huitième Sourate
À l'Émir en premier son quint

Si bien que la table ne manquait point de chair en l'Alhambra
Mais ceux qui ramenaient le sang de leurs blessures
À leur tout se consolaient disant *Dieu seul est vainqueur*

Je me souviens aussi du Magribî qui me prit en croupe
Et sa lance taillait devant nous la nuit vers le camp des Roûm
Nous étions plusieurs ainsi qui gardaient les chevaux pendant

Le coup de main sur les réserves de riz ou d'épices
En vain réclamant notre part à la rentrée
Et l'un des hommes voilés de toutes ses dents d'Afrique
Nous appela ses jeunes faucons

Un jeu cela parmi nous s'était levé comme un jeu

Ah j'attendais la nuit le cœur battant j'attendais
La course au travers des champs noirs l'embuscade et la ruse
Cette odeur du bétail apeuré la main basse
Sur tout ce qui se mange et se boit car c'est prise de guerre sainte
Et le vin du Chrétien n'est point péché s'il a coûté vie à l'infidèle
Puis vint le temps qu'ils me donnèrent un cheval
Quatorze ans bleuissaient à ma lèvre et longuement je regardais
Les femmes que le soir on voit près des fontaines
Un jeu vous dis-je où plusieurs qui n'avaient point encore eu part de jouissance
Tombèrent l'âme rouge au fossé

Mais petit à petit dans les quartiers surpeuplés qui sentent le fauve
La famine avec ses enfants au ventre gonflé s'installa
Et les mères nous disaient à l'aube entendant le sabot devant la porte
Et le bruit d'armes retirées *Qu'apportez-vous qu'apportez-vous mes petits faucons*
Nous avions beau leur dire la loi du Prophète
Et la quinte part et le sabre d'Al-Assi la tradition
Ces femmes ne voulaient point nous comprendre
À l'automne Grenade eut fugitifs d'autre sorte
Ils venaient par milliers dans la lueur nouvelle des bûchers
C'étaient des Juifs de Cordoue et d'ailleurs qui marchandaient à la Porte
L'asile de Mahomet
Ô bouches de trop qu'habite dit-on la peste
On ne pouvait pourtant pas les rejeter tous à mourir

Maintenant avec l'hiver il y avait de moins en moins de nobles dans la troupe
À la nuit le long du Xénil en armes rassemblée
Beaucoup pris par les mécréants tués en selle ou sans doute
Tout simplement à la longue las de cette gymnastique nocturne
Mais nous qui n'avions d'autre grandeur que ce jeu d'autre vin
Que ce jeu d'autre ardeur
Maintenant nous n'attendions plus l'ombre d'entre deux lunes
Notre course était une lame blanche au travers de la clarté mortelle
Le grand jour de minuit soudain retentissait de nos vociférations
Dieu seul est vainqueur Dieu seul est vainqueur
Cela seul importe et qu'on nous dépouille donc au retour frémissants comme des faucons

Seulement il y a pour attendre le soir de longues journées
Il mourait çà et là des enfants et des femmes
Affreux à voir comme la faim
Et si tu comptes bien pour le Palais s'en vont préciput et quinte part
Et ce qu'est le lot du Prophète sur les quatre cinquièmes encore divisés en cents
Il naît des discussions sans fin pour savoir s'il est juste
Partager la nourriture comme la terre ou des chamelles
Ni se plier en Andalousie aux coutumes du Khorassan ou du Hedjaz
Alors les cris d'anciens témoignent de notre impiété
Car en rien qui ne soit tradition des premiers territoires

Tu ne peux trouver l'eau pure de la Loi
Et quelle différence alors y a-t-il entre un voleur et le soldat de Dieu
Si ce n'est la parole du Prophète
Il n'y a pas une flaque de boue au soleil qui ne doive sa dîme d'or

Pas une poignée de haricots pas une ration d'amandes
Même la femme qui est dans tes bras n'es-tu pas comptable d'elle devant Allah
Et sur quoi ferais-tu le calcul de ce qui te revient si tu n'établis pas d'abord
Différence entre le riche et le pauvre et si
Tu ne connais pas le nom des mesures séculaires

Ceux qui parlent science on les écouterait longtemps
Tant leurs mots sont des noix si haut si loin gaulées
Puis l'envie est en vous soudain de rire et courir et se battre
Et va toujours nous retenir de discours sur la perception de l'impôt des puits à roue
Quand ils seraient deux ou trois à rivaliser d'érudition
Pour savoir à quelle articulation du pied s'arrête le châtiment du malfaiteur
Et cette complaisance à énumérer les peines de ceux qui sont pris en fornication
Car la sagesse du châtiment se plaît à décrire les mains percées
Le cautère dont fume la chair et l'œil puni dans son orbite

Tout cela tout cela n'était-il pas conventions du jeu
Ah cours sans écouter cours cours à perdre haleine

Mais quand il n'y eut plus d'oignons ni de miel
Quand on trouva morts aux matins des chevaux d'une année
Dont on avait arraché le cœur
Qui pouvait prêter à ces discours des oreilles musulmanes
Amèrement qui vit ces choses et pour tout pain se murmurait
Dieu seul est vainqueur

Et voilà qu'ils disent que je suis un voleur
Parce qu'ils n'ont pu sur mes yeux maintenir le capuchon de cuir
Parce qu'ils n'ont pu arrêter la proie avec une bague en ma gorge

Parce que je ne suis point demeuré sur le poing du fauconnier
Parce que j'ai battu légèrement l'air de mes ailes
Parce que j'ai foncé dans la nuit sans égard aux lunaisons
Parce que j'ai donné la part de Dieu sans compter aux fils de ma mère
Ils disent que je suis un voleur

Mais ce n'était qu'un jeu tout d'abord et si vous m'amputez de cette main droite
Qui va tenir la rêne du cheval
Courir vous défendre au rempart si vous tranchez ma cheville
Je ne suis encore qu'un enfant et ce n'est grande victoire à Dieu
D'être vainqueur d'un enfant qui joue encore

Pourquoi m'avez-vous pris pourquoi m'avez-vous jeté dans cette fosse
Je nourrissais ceux qui ont faim je dépensais pour vous ma force
Ma jeune force inconnue encore et surprenante pour moi-même
Comme le jaillissement d'une source en montagne
Et ne mesurais pas le danger à mourir
Si ce n'était plus un jeu c'était pourtant ma vie
En jeu Vous m'avez pris vous m'avez frappé sur le sol humilié dans l'homme naissant
Me voici parmi les criminels qui tous crient qu'ils sont innocents
Vous m'avez saisi comme un oiseau dans vos paumes de violence
Et vous m'avez rabattu le capuchon de cuir et de silence
Vous dites que j'ai l'âge de répondre de mon corps devant Dieu
L'âge de punition des fers au pied de la nuit sur mes yeux
Vous m'avez pris dès avant ma vie au petit matin de moi-même
Avant ces filles douces vers qui tournait le désir de ma lèvre
Et chaque battement de ce cœur dans vos doigts, chaque sanglot de mon grief se heurte à votre étreinte inhumaine

Je n'entends que le bruit d'autres fureurs se morfondant dans leurs chaînes
Vous dites qu'à près de quinze ans déjà ce m'est l'âge de la haine
De la destitution de moi-même étant l'âge du malheur

Je n'ai donc eu de bras que pour la croix
Et la douceur de ces mains pour les clous
De ce cœur aussi *Dieu seul est vainqueur*
De qui je n'eus que pour tomber devant
Le bourreau ces deux genoux ingénus
Ils disent maintenant que je suis un voleur

IV

L'AFFREUX

Vous demandez quelle est ma faute camarades
Si j'ai tué si j'ai volé trahi mon camp
Ce que je fais au fond des cachots de Grenade
Suspect de ne porter ni chaînes ni carcan
Et depuis quand ici je suis là jusqu'à quand

Avez-vous jamais lu la douzième Sourate
Quand Joseph apparut femmes comme aussitôt
Avant qu'il n'eût parlé déjà vous l'adorâtes
Et l'orange à vos pieds roulant de vos manteaux
Vos mains sans en souffrir saignaient sous le couteau

On peut se raconter sans fin pareille histoire
Tout est là dans la pièce et l'Égypte et le sang
Les parures les bras les seins ostentatoires
Les fards profonds et lourds et les parfums puissants
Le port harmonieux de ce Juif innocent

J'aurai vécu sans que jamais les créatures
Tournent comme au soleil un arbre merveilleux
Leur buste lent vers moi par effet de nature
Qui leur fait un moment l'homme pareil à Dieu
Dans cet égarement splendide de leurs yeux

Que ne puis-je arracher cette chair de moi-même
Ce poil et cette odeur et ces gestes connus
Être ainsi que ceux-là tout de suite qu'on aime
Lorsque la porte s'ouvre où les voilà venus
Et dont nul ne s'étonne un instant qu'ils soient nus

Je ne connais que trop mon vertige et mon gouffre
Ah si j'étais un monstre au moins quand seulement
Je suis laid je le sais je le sens et j'en souffre
Comme d'autres sont beaux stupides et charmants
Laid de cette laideur laide laid laidement

J'ai souvent désiré détruire ce bonhomme
Dont l'ombre obstinément à mes pieds me poursuit
Et cette épaule faible et cette bouche comme
Une trace ennuyée aux vitres de la nuit
Je supporte si mal d'être ce que je suis

Rien d'autre que cela dont je sais la limite
Ce long écœurement toujours recommencé
Comme un soir au matin qui ressemble et l'imite
Un caravansérail où s'assied le passé
Les pieds encore las de ses pas effacés

Cette honte de moi tout au long de mon âge
Chaque fois de me voir un peu plus a grandi
Qui me peut enlever de l'âme ce visage
Entre le monde et moi mis comme un loup maudit
Cette caricature à tout ce que je dis

Tout me rappelle enfin la vulgarité d'être
Ce souffle qui ternit la sueur sur la peau
Je suis laid comme une lessive à la fenêtre
Comme un piétinement sur place du troupeau
Et comme la panique oblique du crapaud

Mon crime est d'être laid mon crime est ma semblance
Coupable devant moi de ce corps sans beauté
Chassé par les miroirs et craignant leur offense
Et du regard d'autrui parfois épouvanté
Je vis depuis toujours comme un objet jeté

Mon crime est d'être laid vivre est ma pénitence
L'échafaud c'eût encore été me pardonner
Quel peut m'être le sort pire que l'existence
Pire que l'au-delà dans le feu des damnés
Quel supplice convient au meurtre d'être né

Ils n'ont pas cru ce que j'ai dit J'ai eu beau faire
Tirer mon âme noire au jour comme un hibou
Les promener de cercle en cercle dans l'enfer
Montrer mon pied fourchu mes oreilles de loup
Et mes mains d'étrangleur ouvertes qu'on les cloue

L'horreur que j'ai de moi comme une dent me mord
Au fond de la prison j'écoute avec envie
Le bruit des fers aux pieds des condamnés à mort
Hé quoi tous mes aveux n'auront à rien servi
Ô juges sans pitié qui me laissez la vie

V

LE DERNIER VENU

Je vous écoute *dit la voix de cet homme couvert de mouches*
Il a comme une horrible plaie au coin tragique de sa bouche
On ne l'a point lavé l'ayant jeté dans l'odeur de son sang
On ne sait rien de lui sinon qu'il a dû déplaire aux puissants
Il parle et s'arrête parfois sur le palier de sa mémoire
Je vous écoute *dit la voix dans le plus noir de l'ombre noire*
Peut-être qu'on n'a pas le droit d'être hideux ou de briller
Mais je ne suis pas un voleur je ne suis pas un meurtrier

Tout de même tu es ici ça doit être pour quelque chose
On était sans toi bien assez entreposés dans l'in-pace
S'ils t'ont ramassé tabassé cela ne peut être sans cause
C'est pour de la fausse-monnaie ou bien qu'est-ce qu'il s'est passé

Je n'ai rien fait contre leurs lois je n'ai pas regardé leurs femmes
Je vivais de rien travaillant je disais au passant *Salam*
Aussi longtemps qu'il faisait jour je pliais l'osier des paniers
Mon père et son père avant lui se suffisaient d'être vanniers
Je n'ai pas songé de changer pas plus qu'eux jamais n'y songèrent
J'avais ma vie entre mes doigts que chanter me rendait légère
Qu'il fît du soleil ou qu'il plût moi je n'en demandais pas plus
Et l'herbe des enfants poussait dans la poussière de la rue

Ah *dit le philosophe à moins que pour lui quelque autre je prenne*
C'est toujours la même chanson la vertu vient du peu de biens
Mais pauvre que tu sois pourtant ton corps peut avoir la gangrène
Pourquoi n'aurait-il pas d'ulcère à l'âme celui qui n'a rien

Je ne vous comprends pas Vivre est-ce autre chose que le travail
On ne peut pas toujours dormir et qu'à leur gré d'autres mendient

Voilà que ma peine et mon temps ne paient pas plus le pain que l'ail
Qui donc ne tient pas son contrat Qui je vous prie est le bandit
Et sans rien dire je pouvais mourir et les miens de famine
Mais voilà qu'il est bruit partout de livrer Grenade au Roumi
Mieux vaut à la main m'arracher ce cœur que j'ai dans la poitrine
Et que ce roi fasse de moi s'il veut ce qui n'est pas permis
Crevez mes yeux brisez mes os brûlez la chair de mon visage
Vendez mes enfants au marché Je renonce à ce que j'aimais
Je bois l'urine s'il le faut Jetez ma verge aux chats sauvages
Je renie à la fois la vie et le paradis Mahomet
Mais ayez pitié de Grenade ayez pitié des Tours vermeilles
Pitié des champs et des aryks de la vigne sur le coteau
Et si les maîtres ont trahi sur les murs tout le peuple veille
Il s'est armé de sa fureur et de bâtons et de couteaux
Toutes les femmes avec lui qui frappent le cri de leur bouche
Et cette amertume soudain comme une marée à l'étroit
Qui déverse entre les maisons le raisin des têtes farouches
Et nous étions prêts à mourir pour chasser l'ombre de la Croix
Poussés pressés jetés devant jusqu'à leur Palais de fontaines
Jusqu'à ce seuil de marbre et d'ombre où tout est fait pour les pieds nus
Où des gazelles s'enfuyaient devant notre foule incertaine
Alors les soldats sont venus

ECH-CHITRANDJ

(Les échecs)

I

Doû'l Hidjdja Doû'l Hidjdja mois d'or où les dernières figues font au sol de l'an huit cent quatre-vingt-seize un tapis d'ecchymoses

Rien n'est plus rapporté des campagnes ni le froment ni l'olive Il n'y a pas eu de moisson cette année

La crainte de l'hiver est devant celui qui suit au crépuscule préfigurant la nuit sa propre ombre

Il y a pluie de prophètes plus de prophètes que de feuilles sèches sur les places

Que ce n'est assez de tous les soldats de l'Émir pour les balayer

Et Santa-Fé là-bas de tours flanquée

Porte sur son bliaud la croix de deux rues dont à son bout chaque branche ouvre une porte par où les vents cardinaux comme souffle de Dieu font leur trou

Un champ de mars au centre des quatre arrimé pour qu'y puisse battre le cœur de toute l'armée

Et même les chameaux avec les mulets rivalisent devant Grenade affamée

Au quartier général du Christ apportant fruits viandes et draps armes et vins farine et bras marchands et moines

Processions se voient sur les murs d'où prières et chants semblent bouquets de lances dans la lumière

Chaque jour de nouvelles pièces du jeu de chitrandj sont prises resserrant

La marche autour de la ville pour un savant Chah-mât

Chaque jour approchant d'elle ainsi qu'en son langage dit

Messire Jean Molinet ses *forts taudis*

Par là désignant engins de couverture à l'abri de quoi le soldat chrétien vers les murs bondit

De case en case et male souffrance que lui donne son œil encore après trois mois bandé

L'envoyé de Maximilien n'en chante pas moins dithyrambe du spectacle offert en vers décasyllabiques

Car à ce qu'il paraît musiciens des mots dans le Nord sur leurs doigts les syllabes comptent

Une note à chacune sur leur flûtiau l'ultime portant le cri

De la rime à la façon du nez qui pointe et sont *rhétoriqueurs* par courtoisie appelés

Quelz roix quelz ducz franchois grecz ou latins
Ont faict hutins sus les Marans d'Aufricque
Sinon le roy d'Espaigne et ses affins
Aultres plus fins en lieu de Sarrasins
Hurtent voisins par guerre et par traficque
Au bien publicque à la foy catholique
Nul ne s'applique au vray secours baillier
Chascun entend en son particulier

En cet étrange langage ifrandjî qui donne aux Andalous pour Maures nom de *Marans*

Disant *hutins* les combats les parents *affins* à s'en tenir là

Que nous avons grand'peine à comprendre

II

BOABDIL S'ADRESSE AUX NOTABLES DANS SA MAISON SUR LA COLLINE

Celui qui n'a point connu la captivité
Peut-il comprendre les mouvements de mon âme
Et vous prenez appui de ce que j'ai jeté
À Ferdinand ma couronne pour un dirham
Afin de mieux pouvoir laisser nu votre Roi
Vous couvrant du manteau d'Allah comme un feuillage
Sans voir que les oiseaux à l'envers et l'endroit
N'en ont juste épargné que pour faire une cage
Cessez de m'assourdir du ciel de Mahomet
Mon paradis c'est toi Royaume d'hyacinthes
Et tes champs d'émeraude et d'argent que j'aimais
Quel autre est ton égal ma lumière et ma plainte
Toujours pas cet éden dont je n'ai que dédain
Cette ivresse éternelle et ces vierges parfaites
N'étais-je pas ici le Maître des Jardins
Rien qui puisse passer mes plaisirs et mes fêtes
Rien d'autre ne m'attend que poussière et que feu
Aussitôt que franchis le seuil et la limite
Comment tirer de moi le reniement qu'on veut
Ma bouche s'y refuse et ma langue l'imite
Je suis l'Amant de cette ville dans mes bras
Allez-vous m'arracher vivant à ma maîtresse
Frémissez de me voir sans pudeur et sans drap
À l'heure de sa chair et de notre détresse
Maudite la parole et celui qui la tient
Dément celui pour qui les mots dits sont des murs
Qu'importe avoir menti Grenade aux Rois Chrétiens
À ne me parjurer serait le vrai parjure

Trahir ce qu'on promit le mal n'est pas bien grand
Mais demeurer fidèle à ce qui fut mentir
Cherchez-moi la Sourate ouvrez-moi le Coran
Où l'ordre est-il donné de souffrir ce martyre
Regardez-moi je suis debout dans les créneaux
Le crépuscule de l'Islâm est sur ma face
C'est le dernier pays que Dieu laisse entre nos
Mains où l'ancien pouvoir s'amenuise et s'efface
Voulez-vous que je vive en mon sang répandu
Renégat de mon cœur traître à mon peuple sombre
Voulez-vous que je meure à mon âme vendue
Dans la cour des vainqueurs où va traîner mon ombre
Il est encore temps de montrer ce qu'on vaut
Faut-il croire au succès pour crier la victoire
Il est encore temps de prendre les chevaux
Et de lever nos étendards contre l'Histoire

III

Alors se fit un bruit parmi les cheikh de criquets dans un écart des cultures

On entendit crier leur âme sous leur robe ou bien le cuir de leurs ceintures

Tout était si bien calculé pour que la faute en tombât sur le Roi Chico

Déjà les guitares se préparaient s'éclaircissaient la gorge les échos

Vous n'allez tout de même pas troubler avec de vains scrupules la légende

Tout est prêt à se raconter dans les détails comme les poètes l'entendent

Et déjà sur le Mont Padul le lieu de la halte et du soupir est trouvé

On ne peut décidément compter sur Boabdil c'est selon qu'il s'est levé

Un jour il dit d'un l'autre d'autre et qui croit être remercié de son zèle
Trop vite obéit à l'Émir et déjà l'entend dire un tout autre gazel
Qu'en pensez-vous Si nous le laissions se lancer sur les lances des Castillans
Et pour rare que cela soit c'est beau de voir périr les Rois en bataillant
La paix sur un monarque mort descend toujours comme lumière d'un vitrail
Les vainqueurs toujours parlent d'autre ton quand cela vient après des funérailles

Mais voici que Boabdil a fait appeler auprès de lui ses musiciens
Et là se limite ce soir le conseil qu'il a demandé des Anciens

IV

La merveille de la musique est de n'être que mouvement
C'est comme l'eau que l'on regarde et tout y bouge vaguement
C'est comme l'âme à la dérive où se déforment les nuages
Tout demeure amorce d'un rêve et déjà c'est un autre mirage
Déjà la phrase est d'autres mots déjà son murmure a changé
Qu'elle fleurisse ou se flétrisse elle a demandé son congé
Elle a fui comme fuit le temps comme le temps irréversible
Qui berce et leurre engendre et meurt à la fois flèche à la fois cible
À la fois le jour et la nuit le pourquoi surgi du comment
La merveille de la musique est de n'être que mouvement
Prends ce plaisir de souverain prends ce plaisir de non-souffrance
Toi qui sais bien qu'il te suffit de si peu pour faire silence
Toi qui sais bien que tout parfum c'est un peu de bonheur volé
Tout désir un déchirement tout ciel une porte sans clé

Toute mélodie une aumône à la sébile de l'oreille
Ô miroir indifféremment où l'âme s'endort et s'éveille
Ô sang dont le pouls est pareil à la sagesse et la folie
Ô temps de sable renversé qui ne mesure que l'oubli
Écoute la corde chanter et le vent parler sans paroles
Et ce langage des oiseaux qui fait que les oiseaux s'envolent
Orchestre au champ de blé pareil que plie une épaule d'épis
Fait-il ce bruit d'or de main d'homme où Dieu se grise et s'assoupit
Et toi qui sais qu'amour n'est que douleur et mort que violence
Prends ce plaisir de souverain prends ce plaisir de non-souffrance

V

Qui donc est plus à craindre ô Roi des princes ou du peuple
La fin de Grenade est devant toi qu'il faut choisir
On t'a fait peur de celui qui chante et de celui qui danse on t'a fait peur des Falâssifa des Juifs et de ton ombre
Ton propre sort agité devant toi comme étoffe rouge au taureau
Et tu demeurais le cœur partagé parmi les eaux vives
Ô survivant ta mort ce n'est point que tu la redoutes mais que sera dans le Paradis offert pour toi le fleuve Zandjabil
Même si le boire en a saveur et parfum de gingembre
À côté des fontaines de ta vie
Il faut te résoudre entre ceux qui t'entourent
Prendre un parti te souvenant d'un proverbe d'Afrique
S'il n'y a plus que miettes du repas
Jette à la mer ton âme et ton royaume

Voilà que l'urgence est sur toi de toutes parts
Tu ne peux plus te dérober à la menace des prières
Grenade gronde et tu n'y descends plus jamais à cheval
Pour ne pas voir les yeux de la misère

Or sont dans la Salle des Ambassadeurs assemblés sous le plafond de mélèze et de cèdre à l'Alhambra
Au cœur bleu rouge vert et or des géométries
Les cheikh du Tagr hommes de la frontière les foukahâ de Grenade les câ'ids et gens du Ribât avec l'Émir parmi les ouléma ses wouzarâ près de lui sa mère assise et voilée
Il s'agit cette fois de décider de la vie et de la mort
Du dernier pas de la partie

Ô Mohammed ô Roi ce sont ici faisceaux de ton Royaume
Écoute-les répondant à tes paroles d'un seul mot
Se rendre *il semble qu'ils aient oublié toute parole d'Islâm pour ce parjure de soi-même*
Et voici qu'ils n'ont plus d'oreille qu'à ce
Vieux wazîr que tu chassas Aboû'l-Kâssim
'Abd al-Mâlik à qui loisir est donné du discours comme s'il
Était leur voix leur bouche
Et le battement de leurs cils
Et tu ne l'écoutes plus n'étant que rêve au-delà de la mer des guerriers d'Égypte
Soudans noirs ou qui sait enfin
Attendant réponse du Roi de Maroc car aujourd'hui tu les comprends
Ces Émirs d'avant toi qui firent ici venir la force berbère
Gagner le temps jusqu'à
La venue enfin des cavaliers du désert
Gagner le temps à la course tant
Et si bien que le simoun arrive au pays d'El-Andalous
Balayant l'échiquier du revers de son souffle

Mais tous
Ils te disent qu'il faut se rendre selon ta parole jurée
Que tu donnas serment au Roûm de Grenade livrée
Ils t'appellent contre toi
Ils te somment de toi-même devant l'ennemi

Où débarquer maintenant que nulle part nul port
Ne s'ouvre à la chair d'Afrique
De Kadis à Balansiya ni Moursiya ni Malaga ni
Al-Mariya des Trois villes
Où débarquer de la mer Syrienne à la mer Occidentale
Le vieux fourbe ils veulent qu'il aille à Santa-Fé
Ils ne jurent que par lui levés comme un vent des sables
Ce que la Reine Mère dit aucunement ne les touche
En vain Moûssâ propose ses chevaux et ses hommes
Atteste la loi du Djihâd invoquant Moûssâ
Le livre de la Bravoure et des Braves
Celui des Dormeurs invoquant Ibn-Hodeïl et la Hamâssa
Mais la parole se déprave et tous les mots sont décoiffés
Le vieux fourbe eux veulent qu'il aille à Santa-Fé

Gagner le temps comme un lièvre par les chemins de traverse
Gagner le temps comme une prostituée avec des bijoux
Gagner le temps par félonie aux félons
Et si le mohtassib une fois de plus s'en va rougir de sang la poussière
Rappelle-toi qu'il fut dit qu'un lion s'il conduit mille renards
Vaut mieux qu'un renard à la tête de mille lions
Dieu parle du courage et bénit la ruse

Armer le peuple *a dit Moûssâ mais c'est toujours*
La panacée Il n'imagine que donner sabres aux gens
Dont sera tout d'abord ma tête menacée
Armer le peuple il faudrait voir
Gagner le temps jusqu'à l'hiver
Boabdil a souri comme au jeu de chitrandj
Quand la main sur la tour hésite et tout à coup
Porte au pied du Chah blanc obliquement son fou

Pourquoi choisir plutôt la pomme que l'orange

Boabdil a souri consentant qu'on envoie
À Santa-Fé chargé de cadeaux et de phrases
Aboû'l-Kâssim 'Abd al-Mâlik pour porte-voix
Qu'accompagneront le hâdjib et le Cadî
Car un traître ne suffit à livrer l'Islâm

ET COMMENCE L'AN 897 DE L'HÉGIRE

I

MOUHARRAM

Quel est celui *dirent-ils* qu'on appelle Medjnoûn
C'était encore un jour de grand vent au dehors et comme condamné à mort
La nature y traînait des chaînes
On avait entendu le cliquetis des armes le pas
Des janissaires
Il régnait une puanteur d'hommes dans les fosses
Des injures volèrent dans la nuit quand s'alluma
La torche
Les bêtes fauves dans leurs cages rugissaient la haine à ces bourreaux libres d'aller et de venir
Quand ils eurent de là tiré ce hibou dans la lumière extérieure
Un si bruyant silence en lui se fit qu'il en crut mourir
Se découvrant couvert d'ordures et de plaies
Et lorsqu'il eut passé sa main sur son visage il en frémit
Non *dit-il* mon nom n'est pas Këïs l'Amirite

Je n'en ai l'âge ni le sang ni le mérite
Ou la beauté
Autour de lui ces géants de cuir et de muscles
Démesurés comme aux rois leur Garde semblaient
La dérision d'un monarque déchu
Vieil homme *dit l'un d'eux* tu connais des chansons paraît-il
Qui parlent de la Perse et des chameliers sur les routes
Chante pour nous car on s'ennuie à crever dans une place assiégée

Lui ne comprenait pas ce qu'ils pouvaient de lui vouloir

On entendait au loin le bruit de l'Ouâdi Hadarrouh gonflé par les pluies d'automne
Le ciel était bleu comme seule est blanche la laine
Quelqu'un gémit dans une maison voisine
Et tout à coup le prisonnier vit le monde où les hommes vivent
Ainsi qu'une araba brisée

Chante *lui dirent-ils* car nous sommes las de nous battre
Et de boire le feu défendu De tuer par désœuvrement comme on jette aux mares les pierres
Nous sommes las de toute chose et pas même un juron ne peut m'éclaircir la gorge à présent
Le sang d'un Juif ne réjouit plus mes yeux
Je n'ai plus plaisir à la torture
Chante *lui dirent-ils* à nous tirer les larmes de la tête
Cela fait du bien de pleurer quand la musique est belle et qu'il est parlé des héros
Chante Medjnoûn pour ceux qui ne comptent plus les morts
Un beau chant d'Islâm où nous reconnaissions nos chevaux et la gloire
Et les cheveux noirs des femmes dénoués sur nos pieds
Chante Medjnoûn afin que nous nous sentions magnanimes
Chante ou je lève mon fouet sur toi jusqu'à périr chante

Le chant ne s'accommode pas qu'on mente
Le chant *disait-il* n'est commandement
Eux disaient Chante on te dit chante
Ils l'ont tant frappé qu'il chanta

Et de ce chant tiré de lui je ne dirai rien tant j'ai honte
Ce chant qui n'avait rien d'humain
Tant la vie y paraissait douce
L'homme était bon grand généreux
Des sultans y rendaient justice
Au riche au pauvre également
Et les jours allaient en couronne
Je ne dirai rien tant j'ai honte
Pour tous les mensonges chantés
Pour les mille et une espérances
Pour mon cœur dans les clous jeté
Le ciel descendu sur la terre
Et les miracles imposteurs
Ah les paroles les paroles
On y est pris comme au filet
On voudrait qu'aille ainsi le monde
On ne le voit plus comme il est
On se le fait à son image
Un rien plus beau que les miroirs

Chante *disaient les bourreaux* chante
Il chantait la nuit et le jour
Eux l'écoutaient la tête hochante
Et l'air canaille au mot amour

Si vous saviez d'où je déplonge
Et l'ombre qui me suit partout
Si vous saviez ce qui me ronge
Si vous saviez ce qui me cloue
Et ce vinaigre et cette éponge
Pauvres de vous pauvres bourreaux

Ah fermez fermez-moi la bouche
De crainte d'en apprendre trop

Mais eux n'entendaient que les rimes
Et disaient Chante chante encore
C'était le mois de mouharram
Et par la porte on pouvait voir
Sur le monde noir de son drame
Pleuvoir pleuvoir pleuvoir pleuvoir

II

LE HAMMÂM

Amenez-le-moi ce chanteur *a dit Moûssâ le mohtassib* Dont il m'est revenu rumeur

Dans la salle de marbre blanc par les lucarnes du plafond cela saigne un jour écarlate

Amenez-le-moi *dit Moûssâ tournant sa masse redoutable aux mains des masseurs esclavons*

Et dans l'étouffante vapeur l'eau se fait fraîche à sa peau comme une fille prise de peur

On touche l'air lourd dans l'étuve où le polisseur du couteau comme des œufs rase les crânes

Mais tout ce peuple dévêtu bigarré de stature et d'âge ici qu'oublie-t-il sur les dalles

Personne n'y garde son nom ses habits une fois ôtés sa fortune ou sa pauvreté

Cela sent la royale odeur de l'homme longuement lavé prêt pour l'amour ou la prière

Cela sent le jasmin du sang Et les saponaires sans fin dont les baigneurs frottent l'épaule

Taureaux lévriers et matous velus épilés noirs ou roux dans leur force et leurs cicatrices

Désœuvrés tournant leurs regards vers la piscine d'où surgit une beauté païenne en pierre
Une ancienne Vénus Anadyomène amenée ici de Sicile par des pirates
Qui fait à ces êtres de proie et de plaisir désirer une perfection de la femme
Après quoi toute chair liée à la comparaison se sent profondément humiliée
La créature palpitante désormais moins que la créature feinte pure et blanche
Brume et lueur ô corps à la sueur livrée
Le voisin complaisant bat son voisin de branches

Ils vont donc amener ici le vieux Medjnoûn l'ayant épouillé dépouillé de son manteau
Pénitentiaire qu'il ne soit parmi les autres qu'un homme nu comme les autres
Si bien qu'il se croit libre et refuse à chanter n'étant ni bouffon de taverne ni gitan
Alors le mohtassib est entré dans une colère telle avec cette chaleur d'ici
Qu'il a fallu lui prendre au dos noueux un sang épaissi comme de la gelée de cassis
Chante pour le calmer *dit un chauffeur d'étuve* ou l'on va m'accuser d'étouffer le client
Il chante donc et sa chanson comme au cœur des eaux la statue est insupportablement belle
De la beauté d'idolâtrie et sort de sa bouche flétrie une flamme folle et rebelle
Qui a la forme de l'amour Et lui qu'il garde de ce jour sa bouche de ton nom brûlée
Ton nom ailé qu'il ose à peine héler ton nom qui vient Elsa sur sa lèvre salée
Ton nom comme un manteau magnifique et volé que tient un mendiant dans ses bras de misère

Ton nom comme une zibeline blanche à travers le feu comme un baiser hâlé par le sable
Un oiseau fabuleux sur mon épaule Un bond de l'âme au-dessus du charnier vivant des hommes
Ton nom léger ton nom plus blond que l'air ton nom de blessure et de blé dont ma langue est comblée
Crié dans le vent pur avec les mots Je t'aime *écrit sur la vapeur aux vitres bleues et blêmes*
Un rêve de réveil une peur pantelante un tourment un secret tout à coup révélé
Inquiétude ô ma beauté Ton nom qui m'habite et me bat comme une abeille dans mon crâne
Ton nom qui me prend par la main et qui m'arrache à mon chemin pour me mener sur la montagne
Et vois Le monde est à nos pieds enfant docile à mon défi qui dessine avec ses vallées
Ses tours et ses détours les lettres de ton nom bouclées partout partout dans la géographie
Si bien qu'il n'y a pas un pas qu'on fasse autrement qu'à ta louange autrement qu'à ton éloge
Et qu'il n'y a langage que de toi ma source et murmure d'oiseau que de tes litanies
Qu'il n'y a parfum que de ta venue ô perfection femme ô musique étrange de l'être
Et je traîne par l'univers avec la braise de ton nom comme un souvenir du baiser
Qu'étais-je donc pour toi que tu m'as permis d'être une ombre de ton ombre à ses déplacements
Et ce balbutiement de ton nom qui demeure au plus profond de moi jusqu'à ce que j'en meure

Il est tombé d'un coup sur le sol comme un soleil de la fenêtre
Les gardes l'ont poussé du pied Que faire maintenant de lui
Moûssâ pendant un bon moment hésite au fond de la vapeur
Et puis qu'il soit libre à la fin

Dit-il
Et qu'il chante en plein air

III

Je me suis promené par la ville et j'ai vu soudain le changement des choses
Comment pouvais-je deviner ce qui se passe dans les gens
Peuple qui semble après l'illusion d'une fête une table abandonnée
Et le sourire effacé du visage il n'y reste que fatigue et poussière
Plus que des vieillards encore et des femmes dans l'horreur de leur beauté détruite
J'ai pitié des enfants d'hier impitoyablement marqués dans leur printemps
Que s'est-il retiré de vous que vous voilà devenus couleur d'amertume
Est-ce moi qui ne sais plus regarder qu'avec des yeux déformés par le temps
Est-ce de moi que s'est envolée un beau matin la musique intérieure
Et quand je croise la gaîté d'où vient qu'elle est insulte et sa lèvre ricane
D'où vient que la jeunesse est pâle et déjà comme une eau fuyante et profanée
Les éclats de verre et de voix qui voudraient donner le change entrent en moi
J'ai mal
J'ai mal à la fraîcheur perdue à cette soumission de l'épaule
À ce dessèchement de la joue À ce teint flétri ces stigmates précoces
Ces marques de la vie avant d'avoir vécu ce renoncement du regard
Le pire encore c'est pourtant ce qu'on devine aux plis prématurés de l'âme

Peut-être est-ce pour cela qu'il est défendu de figurer la femme et l'homme
Autrement que d'un signe obscène annonçant la demeure des prostituées
J'ai mal où ça saigne l'aurore à ce commencement en autrui de moi-même
J'ai beau cacher ma face dans mes mains devant vous malgré moi mes doigts s'écartent
Je vous vois devenir et je n'ai pas pouvoir de ne pas voir ce que je vois
Est-ce mon châtiment pour le crime d'avoir rêvé plus loin que mon sépulcre
Pour le crime d'avoir toute la vie en moi porté la secrète chimère

IV

Ô Medjnoûn
Traînant tout le jour par le faubourg des Potiers le Rabad al-Fakhkhârin ou celui de Maouror qui est le Rabad des Marchands d'eau
De pont en pont vers le soir remontant l'Ouâdi Hadarrouh jusqu'au Kantarat Ibn-Rachik le seul pont par où regagner l'al-Baiyazin
Et les moulins rouent tout le long de la rivière et les soukhs font plier les ponts les hommes de police nettoient d'agonisants les abords des mosquées que ne soient pollués les lieux de la prière
Les eaux ruissellent de partout sous les dalles comme des secrets mal gardés

Ô Medjnoûn
Pourquoi tardes-tu à remonter la pente des jardins vers le quartier des Faucons ne sens-tu pas la fatigue de tes membres la poussière dans tes yeux

Et quand par un geste dont ne peut mesurer la grandeur que celui qui vécut en des temps de famine

Une femme déformée de naissances t'ayant reconnu qui sait par cœur des paroles de ta lèvre

Et les répète il te semblait les avoir à jamais oubliées

Ô Medjnoûn

Sont-ils bien de toi ces mots accouplés ou d'un autre ailleurs ailleurs en autre temps

Mon sombre amour d'orange amère
Ma chanson d'écluse et de vent
Mon quartier d'ombre où vient souvent
Mourir la mer

Sont-ils bien de toi ces vers que l'on chante et que répète ici cette femme et te tend

Une chose de richesse arrachée à la chair de ses enfants une chose rousse et luisante et qui pèle et il y a des mois que tu n'as plus vu la couleur d'un oignon

Ô Medjnoûn

Et tu t'es détourné d'elle toi qui n'as de ce jour pris nourriture et ne sais quand disant

Je ne dois manger de ceci car l'Ange peut venir

Ô Medjnoûn

Ainsi parlait le Prophète attendant Israfil ou Gabriel porteur de la Révélation mais ne vois-je pas dans le fond de tes yeux passer la lumière attendue un clignotement d'étoile

Es-tu donc de ceux que vise la Sourate An-Nadjm où il est dit

En vérité

Qui point ne croit en la Dernière assurément donne des noms de femme aux Anges

Et je vois bien que pas plus tu ne crois à la vie éternelle qu'aux Anges mâles

Ô Medjnoûn
Uniquement de cette femme occupé toi qui gardes ton haleine pure pour
Son impossible venue
Tant et si bien que l'oignon demeure dans la main tendue et la vieille contre le mur
S'adosse et te regarde partir

Et toi comme si ta vie avait pour limite et pour but cette demeure sur la butte où se confondent l'avenir et le passé quand tu t'arrêtes sur son seuil pareil au tain du temps dont tu traverses le miroir
Tu diras d'abord le zadjal de l'absence

V

ZADJAL DE L'ABSENCE

Si je disais à voix haute
Les mots de toi qui me hantent
Si je disais à voix basse
La chose au-delà du mot

Si je disais le vertige
D'un secret qui se dissipe
Le temps qui fuit dans la bouche
Et goutte à goutte la vie

Tout est sans poids ni mesure
Trop grave et trop peu cernable

Pour se réduire à des phrases
Forcément inachevées

Et la nuit dans les paroles
Le silence d'être ensemble
Cet amour d'aucun langage
Qui brûle avant de brûler

Cet amour qui se ressemble
Comme fait l'ombre à la flamme
Comme la soif à l'eau fraîche
Et ressemble l'aile au vent

Jamais rassasié d'être
Toujours souffrant sa limite
Et tournant dans sa douleur
Qui n'a soir plus que matin

Qui n'a sommeil et n'a cesse
Et dans l'auberge incertaine
Le voyageur d'avant l'aube
Étoile après l'autre s'éteint

Alors il n'est plus qu'absence
Porte qui bat sur la mer
Rien n'a plus couleur ni sens
Rien n'a pourquoi ni comment

C'est toi seule qui l'habites
Comme l'âme sa demeure
Et toi seule qui parcours
Ses royaumes interdits

VI

Ibn-Amir se souvint ce jour-là de Zaïd en ressentant le départ et l'absence

Et fut alors à sa bouche pis qu'aloès au Medjnoûn sa plante amère qui dit encore

Qu'est cette année à nous d'anéantissement qui commence

D'elle rien si ce n'est peut-être cet amour d'un enfant qui sent en lui s'émouvoir l'homme

Rien de sa longue et cruelle durée

Rien plus ne va naître

Et il n'y aura d'anges ni d'oiseaux ni d'étoiles filantes

Pour disperser la foudre sur Grenade il n'y aura

Que le sort prédit de l'Islâm à la rive andalouse

Ô Dieu cruel quel que soit ton nom même si tu n'existes pas

Ton peuple de mourir croit entrer dans ta gloire

Son sang lui coûte moins qu'un paradis promis

Mais ce peuple est ma chair qu'en vain je te refuse

Mais ce peuple est mon cœur lentement arraché

Et la révolte est dans ma bouche et dans mon âme

De ce peuple inutilement sacrifié

Dis-moi Dieu des cent noms ce que tout cela signifie

Si le triomphe des Chrétiens du moins précipitait l'homme où ces Rois Maures n'ont su le mener

Si le triomphe de cela que tu nous demandais d'exécrer et de maudire

Si le triomphe de cela sur le peuple de ta Parole

Illumine le jour qui vient comme j'y tombe à tes genoux

Or tu ne m'as pas mieux persuadé de Ferdinand que de Boabdil

Tu n'as pas mis en moi ce cri devant la Terre future

Par quoi le navigateur peut mourir maintenant qu'il a vu la rive découverte

Et c'est choix dérisoire de l'Islâm ou de la djâhiliya

Je ne vois que le déchirement des miens sans souhaiter la victoire ni leur défaite
Je ne partage point le pain de ce que tu leur as dit
Meure ta vérité seulement qu'ils survivent
Hélas hélas ils ne vont que changer d'enfer

Et parce que l'enfant Zaïd était maintenant un homme il n'y eut personne pour noter ce chant du Medjnoûn et personne ce soir-là pour l'accompagner à sa demeure où l'eau manquait des ablutions nul repas n'attendait nulle espérance Il n'y eut pas de main pour lui ouvrir la porte écarter le rideau noir et blanc des perles où ne bourdonne en cette saison plus la mouche et plus aucune chanson ne montait avec lui les marches de la maison

Ce soir-là retombait sur le Fou comme il est dit de la sueur d'autrui quand viendra l'heure de la fin du monde

Mais il était seul et tremblait de ne plus retrouver harmonie aux mots qu'il murmurait Seul et cherchant aux mots la destination de sa prière il était las d'un chant qui se tourne vers ce qui n'est pas

Où donc es-tu réalité de la vie où donc es-tu pour l'homme ô femme à qui s'adresse mon destin Mais il était seul et tremblait et les mots prenaient palpitement de prière

Et comme un grand papillon de nuit qui perd aux murs la poudre de ses ailes

Il orientait d'un vol haletant l'évasion de son âme

Il cherchait la porte qui mène aux collines d'adoration

Il cherchait le chemin du sanctuaire d'aimer

Il tournait sa plainte vers le lieu d'elle

Il était un moulin de mots blessés de mots brûlés de mots battus

Et lorsque sa bouche s'ouvrit il sut soudain de tout son corps transporté qu'il n'y a que d'elle prière et le dire longtemps n'osa le nom commençant la prière et n'osa longtemps dire Elsa pourtant sachant qu'il n'est prière qui ne soit prière d'Elsa.

VII

PRIÈRE D'ELSA

Ô toi qu'aucun mot ne résume
Ne cerne aucune étreinte ou ceint
Toi de qui les yeux se rallument
À toute étoile qui s'éteint
Et soit le soir ou le matin
Je suis à ton pied nu l'écume
Dont tu disperses le destin
        Comme une brume

Je suis la bête sur tes pas
Je suis la mer qui suis tes traces
La nuit à ta porte qui bat
Le bruit qui se meurt où tu passes
L'ombre qui te berce et t'enlace
La légende qui te trouva
Jamais à court et toujours lasse
        Entre mes bras

Toi qui renais de mon langage
Toi que j'adore à jointes mains
Toi mon vertige et mon ravage
Qui me rends léger le chemin
Comme à la lèvre le carmin
Permets-moi montrer ton visage
Pour que souffrir soit plus humain
        Mourir plus sage

Grenade meurt où mon cœur gît
Pâles palmiers nouveau Palmyre
Par le doux effet de magie

Qu'en l'étang maure tu te mires
Au dernier soleil des émirs
Amour à rebours resurgie
Puissé-je à demain t'endormir
    L'aube rougit

À l'avenir je te réclame
Reviens-t'en mon amour vers nous
À la dernière heure d'Islâm
Reviens à moi de n'importe où
Et que mes songes se dénouent
Bénis soient le fer et la flamme
Elsa du moins qu'à tes genoux
    Je rende l'âme

VIII

Et s'en était venu de l'Extrême-Occident d'Espagne sur la mer Atlantique, de Balouch Enef qu'appellent Castillans Palos de Moguer, à l'embouchure du Rio Tinto, par la route de Séville, Antequera, Loja, Grenade... s'en était venu portant des rêves démesurés à sa solitude, sur une mule, vêtu des vêtements dus à l'aumône de la Reine Isabelle, à travers le Royaume perdu des Maures, sous la pluie oblique de l'automne... s'en était venu, la tête blanche, et le cœur hanté d'horizons, tenant secrète l'origine de sa vie, ivre de son sang ambitieux comme est le verre du vin rouge recélé... s'en était venu croisant les processions, qui mènent en chemise, sur un âne, aux bûchers, leur crime écrit à la pancarte, les Juifs poings liés, chapeau pointu... s'en était venu si pauvrement que sur les chemins les Gitans en dédaignèrent la proie à l'heure crépusculaire... s'en était venu l'âme d'honneurs assoiffée, et qui peut saisir ses raisons, qui peut comprendre ce vertige des grandeurs dans sa profonde essence, ah, s'en était venu par les carrefours où la Croix depuis peu faisait au passant obligation de se signer, s'en était venu par l'averse et les vents déjà comme en la tempête des mers le capitaine du navire à l'heure d'amener la grand'voile, au camp de Leurs Altesses s'en était venu Cristóbal Colón, songeant d'un monde où Thulé ne demeure ultime terre, suivant la prédiction de Sénèque le Tragique, et soit ouvert un continent immense par un nouveau Tiphys, s'en était venu, déjà se voyant pareil à ce pilote de l'Argo vers une autre Colchide où l'or est troupeau de Toisons, s'en était venu dans la ville neuve où se menait grand'fête contre mauvais temps, et le voyageur s'en étonne, et demande au premier passant, lequel a mine singulière avec son bandeau noir sur un œil, ce qu'il arrive à Santa-Fé.

Et comme celui-ci se débrouillait mal dans son jargon de castillan mêlé de mots étrangers, Christophe Colomb crut comprendre que ce seigneur devait être de France, et donc lui répéta sa question dans un français mêlé d'italien, comme il avait appris à parler naguère étant corsaire à la solde de René d'Anjou. Dont se réjouit grandement Messire Jean Molinet, las de se forcer la gueule à prononcer la jota, *d'abondance expliquant à l'homme à la mule, dont le visage était, bien que hâlé rouge d'avoir navigué, jeune étonnamment pour ses candides cheveux tombant presque aux épaules, que convention venait de se faire avec une ambassade, laquelle était près d'un mois à Santa-Fé demeurée, et s'en devait retourner porter conditions au roy maurus en sa capitale assiégée, où sans doute Leurs Altesses eussent aisément pu mettre la mort et le feu, mais préféraient, plus encore pour épargner les édifices que le sang de leurs défenseurs, ne point enlever de force la ville... Il ne restait plus à terminer la guerre que l'accord de Grenade aux capitulations par quoi le roy maurus baille et délivre au roy Dom Fernand d'Espaigne* tant la cité comme alpusaraire*, toutes les forte-

* *Alpusaraire*, cet adjectif, fait du mot espagnol que nous écrivons Alpuxarras, en réalité ne signifie point (qui est) des monts de ce nom, et doit s'entendre comme traduisant le mot arabe original *al-Bacharât* qui les désigne également, mais signifie prés ou pâturages. *Tant la cité comme alpusaraire* doit s'entendre *comme les champs qui l'entourent.*

resses, chasteaulx, portes, tours et édifices d'icelle place, avec cinq mille vassaux en lieu seur, champestre et non meurez, comme sont barons, subjects et vassaulx soub la domination de sa majesté royale... *il lui fallait renoncer à perpétuité au titre de Roy de Grenade* sans jamais prendre ne usurper nom de roy... expeller tous souldoiers et gens de guerre hors de la cité, et la faire habiter et repeupler de gens paisibles, marchans, méchanicques et laboureurs ; dont, pour admonstrer qu'il vouloit ce que dict est tenir pour chose ferme, solide et fort estable... *il devait envoyer* en l'ost du roy d'Espaigne, six cens des plus notables de la cité, ensemble leurs enfans et familiers... *Mais plus importait à Colomb savoir où logeait le contrôleur général du trésor de Castille, Alonzo de Quintanilla, chez lequel il avait en 1486 à Cordoue eu résidence. Et ne lui semblait Grenade avoir intérêt que de se rendre, qu'on n'en parlât plus, et Leurs Altesses catholiques enfin pussent avoir tête libre à ses projets et ses discours.*

IX

ICI SAIS-JE SI C'EST L'AUTEUR OU LE MEDJNOÛN QUI PARLE

Je suis sorti de ma nuit je suis sorti de ma douleur
Il y avait un grand soleil sur le pas de la porte
Et tout ce qui m'habite a débordé de moi comme l'eau de la cruche
Et j'ai dit les mots de ma chair et de mon âme et j'ai dit les phrases de l'insomnie
Les gens sont passés sans comprendre et quelques-uns fronçaient le front et levaient leurs sourcils
Il est vrai que je ne leur parlais pas le langage de la rue ou de la fontaine et toujours il en fut ainsi des prophéties

À qui m'en prendre qu'à moi-même et pourtant
Pourquoi croyez-vous donc que je déchire mes vêtements et mon visage
À quel jeu croyez-vous que je m'adonne ici
Toi peut-être plus proche au premier rang vois-tu
Ma lèvre et comment la parole au passage la blesse
Blême et noire de sang

Vous ne m'entendez pas et c'est moi moi qui passe pour le sourd
Une manière de vent qui de rien ni personne n'a sens
Je frappe à la porte et le dos de ma main s'y fait mal mal mal
Sans qu'un être humain là-dedans un seul être humain me réponde

Je frappe à votre cœur et c'est moi qui gémis

Vous prenez tout cela pour une allégorie
Vous ne m'entendez pas

Vous ne m'entendez pas lorsque c'est votre drame
Que je l'ai vu soudain soudain de vous meurtri
Qui ne reconnaissez votre cri dans mon cri
Vous ne m'entendez pas

Je suis celui qui regarde en face votre plaie
Comme un miroir où lui-même est peint
Je suis celui que ronge votre lèpre et brûle votre feu
Je suis celui qui parle vos sanglots de demain
Celui qui prend votre tête égarée entre ses deux mains
Je suis celui pour vous qui dans le désert appelle à l'aide et sa gorge s'enroue
Fléchissent ses genoux se brûlent ses yeux au mirage
Celui qui cherche autour de lui l'eau fraîche et revient trébuchant trois gouttes dans sa paume
Celui qui vous donnerait sa salive à l'heure de la soif

Je suis la pitié qui se coupe pour vous le poignet
Voyez voyez je ne suis pas un autre mais vous-même
Ce qui dans vous-même a si mal qu'être semble ne pouvoir durer

Je suis vous je vous dis je suis vous et j'en meurs

Silence atroce et long silence ou vainement j'attends
Vous ne m'entendez pas

Je m'écorche les pieds sur le coupant des pierres
Et je marche vers où souffrir vous est donné
J'ai épuisé mon souffle et ma force dernière
Je m'approche de vous et vous vous détournez
Je vais je vais vers vous

Toute chose est à l'image de ces pays de montagne
Où l'on croit toujours atteindre le sommet
Et l'on monte et l'on monte et le sommet s'élève
Avec vous
Et l'on n'est pas plutôt parvenu pas plutôt
Au haut de la pente Ah finissez sans moi ce que je sens si bien
Pas plutôt pas plutôt Vous ne m'entendez pas

Je vais je vais vers vous par-delà la fatigue
Et tant pis si ma tempe éclate et si je suis
Le chêne foudroyé qu'il faudra qu'on abatte
Vous ne m'entendez pas Vous n'entendez pas mes pas
Si vous ne croyez pas en moi si mes discours
Sont pour vous simplement un bruit dans le feuillage
Peut-être que plus tard celle vers qui je tends
Les bras

Ô l'improbable avenir l'inaccessible
Avenir où tout m'est dérobé
Je n'ai pourtant que de lui compensation de la tristesse

De ce qui seulement dans cette chambre tinte
Où pénétrer n'est pas mon lot La plainte
S'y éteint Avenir toi non plus tu ne m'entendras pas

Pourtant vers toi j'avance
Comme l'élu par le pont au-dessus de l'enfer
Vers toi par le pont qui passe en finesse un cheveu
Vers toi par ce tranchant de sabre où l'équilibre s'enfonce
À proportion des fautes qui me font lourd ou léger
Et la foi que j'ai de cette femme devant moi
Me porte comme la lumière ou le lévrier qui a pris le départ

Vers toi mon paradis vers toi mon toit du monde

Et regarde au-dessous du pont mes frères les damnés
Hélas en les voyant je m'arrête et la lame
Entre dans la plante de mon pied la flamme
Rebrousse chemin vers les années
Sans toi

*

Aboû'l-Kâssim avait fait accepter d'Isabelle et de Ferdinand délai de quatre-vingt-dix jours à la reddition de Grenade sous le prétexte de laisser chance à l'arrivée hypothétique de secours africains. Ferdinand qui tenait tous les ports du Royaume y consentant jouait sur les conseils de l'Ambassadeur maure la carte des espérances à quoi rêvait l'Émir. Mohammed XI qui ne va plus être désormais que le Boabdil des Chrétiens devait promettre allégeance au Couple royal, comme ses cheikh et wouzarâ, tous ses sujets transfèrent aux nouveaux maîtres leur hommage. Il était au Roi déchu concédé ces domaines des Albacharât, et la châtelainie d'Andrach, précisément qui avaient payé le Zagal amené à la capitulation. Droit aux Musulmans était donné de conserver leurs biens, armes et chevaux, de pratiquer leur religion, dans leurs mesdjid, gardant lois d'Islâm, avec leur cadî, leurs foukâha, leurs écoles, leurs boucheries, exempts d'impôts pour trois années, et ne devant plus tard que la redevance même qu'ils payaient à leurs émirs, exempts d'héberger les soldats chrétiens dans leurs demeures, licence ayant de libre circulation sur les terres de Castille et d'Aragon. Il était juré que ces clauses s'étendaient aux Juifs dimmi soumis à l'impôt de capitation.

Ainsi l'Ambassadeur, appuyé du hâdjib Yoûssef ben Koumiya, apportait réponse à toute opposition royale et même garantie aux capitulations de la parole papale : était-ce en ce dernier point trouvaille du cardinal de Mendoza, pour séduire l'imagination du monarque vaincu, ou l'idée en avait-elle été soufflée à Ferdinand par Aboû'l-Kâssim, à qui ressemble cette ruse, on ne sait. Le 22 de Mouharram ayant conclu ce marché dans l'ost des Souverains Catholiques, le vieux wazîr vint le présenter devant l'assemblée des notables à l'Alhambra. Que peut servir de raconter ici le détail de cette journée, et l'orgueil d'Aïcha, et Moûssâ se levant pour réclamer la reprise du Djihâd, et l'unanime entente des notables, des savants et des chefs de corporation, des wouzarâ, du Cadî, du hâdjib même... le Roi seul au milieu des cheikh dont il attendait soutien, et que d'évidence voilà prêts à le déposer, et même en cas de résistance à ne point le laisser sortir vivant de cette salle de splendeurs d'où il écoute au dehors pleurer les fontaines. Et je ne veux point suivre la légende, et Moûssâ qui s'enfuit sur des paroles de feu... Qu'importe ce qu'il advint de lui, qu'on ne le revit jamais vivant ni mort ! On dit qu'il s'en fut sur les bords du Xénil offrir de nuit combat à un parti de cavaliers de Castille et fonça sur eux jusqu'à ce qu'abattu de son cheval, la lance cassée, il n'eût plus qu'un sabre à son tour brisé, et tomba dans son sang, le poing coupé... Cela se chante, mais d'où le détail en vint-il ? Il y a tout lieu de croire que le hâdjib Yoûssef ben Koumiya pas plus que son complice Aboû'l-Kâssim n'avait eu la naïveté de laisser sortir de l'Alhambra ce général désespéré, capable d'amener rupture de la trêve et de la convention passée. Il y avait dans les coulisses de l'Assemblée assez de janissaires, mer-

cenaires ou esclaves, pour sur un signe de leurs maîtres en finir avec ce taureau sanguin, sans que personne en rien sache.

Cependant le dernier Roi de Grenade avait rejeté l'une des conditions de Santa-Fé : sur l'instance de sa mère, il refusait de remettre lui-même les clefs de la ville aux vainqueurs, et d'en baiser la main. C'était là, somme toute, un détail, qu'Isabelle et Ferdinand consentirent, sachant d'avance que leurs historiens raconteraient la chose à leur guise, humiliant devant l'avenir l'échine de l'Émir vaincu. Toutefois, ils décidèrent de hâter l'issue de cette affaire, et par messagers donnèrent directive à Aboû'l-Kâssim et au hâdjib de créer au plus tôt une situation telle que Boabdil n'attendît point le quatre-vingt-dixième jour pour rendre sa capitale.

Les capitulations comportaient exigence d'être rendues publiques avant la reddition. D'ordre du hâdjib, on les fit aussitôt lire dans toutes les mosquées, devant les Moslimîn assemblés. Si bien que dès le début du mois de Safar, Grenade tout entière se trouva face à face avec son destin.

SAFAR

I

Ô MON TORRENT

Quand vint l'aube du péril grand
Fut le mot d'ordre Ô mon torrent

Ils t'ont dit Tue et sois tué peuple admirable
Et comme tu croyais ce qu'ils t'avaient appris
Tu n'as pas d'eux refusé le chemin terrible

Ils t'ont dit Tu n'as rien Ni ton bras ni ton âme
Vente en fut faite à Dieu le Paradis pour prix
Acquitte de ta vie un échange sublime

Ils t'ont dit que la vérité gagne à ta mort
Et tu t'es réjoui que fût d'avance écrit
Ce jour par Dieu dressé devant toi comme un mur

Ils t'ont dit que ton sort est celui de ton sabre
Toi qui de la Lumière ayant fait ton pari
La portes jusqu'au bout dans le domaine sombre

Ils t'ont dit que n'étant licite aucune trêve
Avec les nations qui différemment prient
Le repos de frapper de Dieu même te prive

Ils t'ont dit que ta guerre ignore la retraite
Et souffrance éternelle à qui n'a point péri
Tu les as crus coupant derrière toi ta route

Tu les as crus jusqu'à te mettre les étraves
Tu les as crus jusqu'à te porter le mépris
Tu les as crus jusqu'à te renier en rêve

Tu les as crus jusqu'à la pointe de ta force
Tu les as crus jusqu'en ton cœur le sang tari
Tu les as crus ô mon torrent jusqu'à ta source

Tu les as crus jusqu'au couteau qui te fait brèche
Tu les as crus jusqu'à la nuit de ta furie
Tu les as crus jusqu'au silence de ta bouche

Tu les as crus jusqu'à la terre à ta rencontre
Tu les as crus jusqu'à la plaie en ton esprit
Tu les as crus jusqu'à l'épouvante du ventre

Tu les as crus jusqu'à ne plus croire tes larmes
Tu les as crus jusqu'à ne plus croire tes cris
Tu les as crus jusqu'à ce que tes yeux se ferment

Tu les as crus jusqu'à l'éclat dernier des braises
Tu les as crus jusqu'à tes membres équarris
Tu les as crus jusqu'où même croire se brise

II

Et vinrent les gens chez Ibn-Amir qui ne savaient plus que croire et que penser pour ce qu'il avait si souvent chanté l'avenir et si répandue était la croyance qu'il possédait un miroir où l'on pouvait le lire

Et vinrent les gens chez Ibn-Amir lui demander ce qu'il y voyait d'eux et des temps lointains et du temps proche et vinrent chez Ibn-Amir les gens qui ne pouvaient imaginer la fin de Grenade

Un peu pour qu'il les réveillât d'un mauvais rêve un peu parce qu'ils ne s'y résolvaient point un peu même d'un mensonge ayant espoir qui sait

Car s'ils avaient repris même à tort confiance qui sait un mot vous rend la force et la foi de l'impossible ô Medjnoûn dis-nous que rien de tout ceci n'est vrai

Lui C'était dans la rue entouré par les autres

Il a regardé l'avenir puis il a regardé les gens

Je ne peux pas *murmurait-il et c'était comme toujours ce déchirement*

Il se força de leur parler

Il y a des choses que je ne dis à personne Alors
Elles ne font de mal à personne Mais
Le malheur c'est
Que moi
Le malheur le malheur c'est
Que moi ces choses je les sais

Il y a des choses qui me rongent La nuit
Par exemple des choses comme
Comment dire comment des choses qui me rongent
La nuit la nuit des choses comme des songes
Et le malheur c'est que ce ne sont pas du tout des songes

Il y a des choses qui me sont tout à fait
Mais tout à fait insupportables même si
Je n'en dis rien même si je n'en
Dis rien comprenez comprenez-moi bien

Alors ça vous parfois ça vous étouffe
Regardez regardez-moi bien
Regardez ma bouche
Qui s'ouvre et ferme et ne dit rien

Penser seulement d'autre chose
Songer à voix haute et de moi
Mots sortent de quoi je m'étonne
Qui ne font de mal à personne
Au lieu de quoi j'ai peur de moi
De cette chose en moi qui parle

Je sais bien qu'il ne le faut pas
Mais que voulez-vous que j'y fasse
Ma bouche s'ouvre et l'âme est là
Qui palpite oiseau sur ma lèvre

Ô tout ce que je ne dis pas
Ce que je ne dis à personne
Le malheur c'est que cela sonne
Et cogne obstinément en moi
Le malheur c'est que c'est en moi
Même si n'en rien sait personne
Non laissez-moi non laissez-moi
Parfois je me le dis parfois
Il vaut mieux parler que se taire

Et puis je sens se dessécher
Ces mots de moi dans ma salive
C'est là le malheur pas le mien
Le malheur qui nous est commun

Épouvantés des autres hommes
Et qui donc t'eût donné la main
Étant donné ce que nous sommes

Pour peu pour peu que tu l'aies dit
Cela qui ne peut prendre forme
Cela qui t'habite et prend forme
Tout au moins qui est sur le point
Sur le point qu'écrase ton poing
Et les gens Que voulez-vous dire
Tu te sens comme tu te sens
Bête en face des gens Qu'étais-je
Qu'étais-je à dire Ah oui peut-être
Qu'il fait beau qu'il va pleuvoir qu'il faut qu'on aille
Où donc Même cela c'est trop
Et je les garde dans les dents
Ces mots de peur qu'ils signifient

Ne me regardez pas dedans
Qu'il fait beau cela vous suffit
Je peux bien dire qu'il fait beau
Même s'il pleut sur mon visage
Croire au soleil quand tombe l'eau
S'il pleut tant pis tant pis l'orage
Les mots dans moi meurent si fort
Qui si fortement me meurtrissent
Les mots que je ne forme pas
Est-ce leur mort en moi qui mord

Le malheur c'est savoir de quoi
Je ne parle pas à la fois
Et de quoi cependant je parle

C'est en nous qu'il nous faut nous taire

III

Nous étions venus *direnl-ils* pour voir l'avenir dans ta bouche
Nous étions venus pour le feu de la parole et pour le feu
Même de mourir Un mot de toi nous eût grandement suffi
Pour mourir Nous étions venus rien que pour ce mot de ta bouche
Et de quoi parles-tu Qu'est-ce que c'est que cet égarement
Il s'agit de l'Émir avec l'ennemi qui de nous décide
Et voilà qu'ils ont fait ensemble à présent cette chose impie
Faut-il laisser livrer Grenade et tout le pays musulman
Il n'est pas d'autre question mais toi comme une coquille vide
Tu n'écoutes pas d'autre bruit qu'une mer au loin ton écho
Nous étions venus pour savoir s'il fallait courir dans la plaine
Ou d'abord porter la fureur au Palais de la trahison
Et tu pouvais ô chanteur fou nous mener au bout de nous-mêmes
Nous allions mettre dans tes pas le destin de nos pas derniers
Voilà que tes lèvres ne font qu'un noir murmure de poème
À l'heure où le peuple se lève il veut des mots prêts à saigner
Des mots pour bondir et tomber des mots dont la poitrine éclate
Des mots plus forts que n'est le bras plus pénétrants que le couteau
Des mots qui nous font oublier que nous n'avons que cette vie
Des mots qui soient comme le jour et brûlent les yeux qu'ils éclairent
Il veut des mots terriblement pour s'en griser quitte à se perdre
Il veut des mots qui font courir à ne sentir ni pieds ni sol
N'as-tu pas pour lui dans ta gorge un chant qui soit à sa mesure
Et faut-il que Grenade meure et tu lui refuses ton cri

Alors Kéïs un jour qui naquit sur la colline du Nadjd
Et qui vécut si longuement comme un pauvre à l'al-Baiyazin

Kéïs qui fut toute sa vie ainsi que sur la promenade
Ce grand peuplier qu'amoureux de leurs initiales signent
Kéïs toujours dans l'avenir qui se tournait vers cette femme
Et qui lisait le temps futur à la façon d'un livre ouvert
Sentit soudain se déchirer en lui la substance de l'âme
Et rien devant lui ne fut plus que la lumière de l'enfer

C'est alors qu'un piquet de la garde zénète au nom du Roi s'en vint saisir le Fou sans que la foule
Fît un geste pour le défendre et lorsqu'il tenta de s'enfuir
Devant lui s'est fermé le mur étranger des hommes
Pour lesquels il n'avait ni chanté ni menti

Les mercenaires l'ont jeté dans l'Alhambra comme un paquet d'orties

IV

« Pourquoi, — *dit Boabdil, quand il eut lavé de ses royales mains le vieillard saignant comme s'il eût été son père, et non point ce père qu'il eut,* — pourquoi t'es-tu sauvé de ceux qui venaient te chercher en mon nom ? » *Car, plus que la plaie au visage ou ces entailles des bras sabrés par ses Berbères, lui était insupportable que le seul énoncé de son nom fît s'enfuir n'importe lequel de ses sujets, frappé de crainte. Il s'était souvenu du chanteur à cette heure où brûlait la tente d'Isabelle, au cœur des disputes philosophales, qui s'était, dans la cour d'un fermier du mardj, levé pour accorder son luth et les gens au soleil de l'avenir. Et comprenant soudain que c'était de ce même homme que lui avait parlé Moûssâ le mohtassib, l'ayant entendu dans les bains dire paroles si belles qu'on n'en pouvait rien retenir, le Roi dont le cœur était amer de Moûssâ disparu, qui fut le seul à défendre la ville et le Royaume, une nuit qu'il ne dormait point, avait imaginé d'envoyer quérir le Fou pour lui parler maintenant, à ce seuil du destin, encore une fois de l'avenir, de ce chant dans l'ombre d'été n'ayant souvenir que pour ce vers étrange aujourd'hui plus encore qu'alors, où il était dit que* L'avenir de l'homme est la femme... *Plus étrange encore aujourd'hui que Grenade sur son lit d'angoisse ainsi qu'un agonisant se retourne et nul n'a sentiment de la bizarrerie à ce que même mouvement vers la même minute ait poussé le peuple et son souverain à chercher auprès de ce possédé réponse aux questions qui les assiègent.*

« Pourquoi, — *dit Boabdil,* — ne voulais-tu pas venir me voir à ma demande ? »

MEDJNOÛN

Ô Roi (Qu'Allah t'ait en sa garde, et soit sa volonté faite en toutes choses !), ne sais-tu point qu'il a été écrit que devoir était au Musulman de s'abstenir de fréquenter les princes et sultans, et même de les rencontrer ? À qui les rencontre, il est malaisé d'éviter envers eux cette forme de l'hypocrisie appelée usuellement politesse, et n'a-t-il pas été prescrit à qui, par force, y est contraint d'éviter de les complimenter, car *Dieu est en colère quand on loue les oppresseurs et les scélérats...* Ne fronce point, ô Roi, ton sourcil redoutable, il ne se peut que tu ne saches que ces mots ne sont miens, mais appartiennent à Al-Gazâlî, l'Imâm de Bagdad, disant encore que demander au ciel longue vie à un Roi n'est que souhaiter voir Dieu désobéi sur la Terre.

BOABDIL

Vieillard, le temps n'est plus de ma colère, et sans doute l'excès de ta langue ne tient-il que d'avoir été battu par les gardes, desquels je te promets qu'ils vont souffrir mille morts pour chaque meurtrissure de ta chair. Vous qui de loin voyez l'Émir, sans comprendre quelle est la part au juste de ce que l'on commet en son nom, vous n'avez que représentation vague du pouvoir, ignorant qu'il s'exerce d'abord à l'insu de son possesseur, contre ce possesseur même... Le pouvoir n'est pas du prince, ô Medjnoûn, mais de Dieu. Du moins, c'est là ce qu'on nous enseigne, à nous, qui nous en trouvons les tremblants dépositaires. Tu crois que j'ai voulu que l'on te frappe, alors que j'avais demandé seulement qu'on te trouve, et te dise, ainsi qu'on s'adresse à un saint homme, en te saluant très bas, que le Roi de cette ville expirante, à l'heure de son supplice, avait désir de te parler et de parler à toi seul. Mais ainsi sont forgés les instruments du Pouvoir, qu'ils ne peuvent rien imaginer que la violence et le commandement. Toute forme donnée à l'ordre dont ils avaient exécution ne pouvait à leurs oreilles d'âne signifier que détour, par raffinement royal, à la mission confiée. Ils n'avaient retenu que le désir du Roi, l'implacabilité de l'assouvir.

MEDJNOÛN

Tu sais mieux que moi sans doute Émir par qui seul est au peuple expliqué le sens des paroles divines, l'exacte force de ton bras, mais d'où vient que tu n'en sais mesurer l'effet? Tu rejettes sur tes serviteurs la responsabilité du sabre et du sang, mais d'où leur vient droit et capacité de frapper, sinon de toi, c'est-à-dire de Dieu, par le chemin de ta volonté? Comment peux-tu me demander de distinguer entre le Pouvoir et toi? Commande, s'il en est temps encore, que ces malheureux soient épargnés, qui ne me frappèrent que parce qu'il était pour eux naturel que tu l'ordonnes... Non, ne te cache point derrière eux, ne trouve pas dans leur brutale obscurité l'explication des choses. Tu portes responsabilité de ce qu'ils sont!

(Et Boabdil ordonna qu'il en fut fait ainsi sur-le-champ si bien que vinrent devant le chanteur des rues s'incliner les gardes zénètes à qui l'on n'avait encore eu le temps que de casser à l'un l'épaule, à l'autre la mâchoire...)

BOABDIL, *qui s'est détourné de cet écœurant spectacle.*

Ne m'as-tu point reconnu, non pour le maître de Grenade en sa splendeur, mais plutôt ce calandar comme les autres sous les étoiles, qu'on disait cette nuit-là comme au secours de leur âme humiliée être tous fils de roi. Te souviens-tu de celui qui avait le secret des arbres, de celui dans ses mains qui avait connaissance de la terre et des germinations? Te souviens-tu de celui qui niait Dieu pour en mourir? Et le grammairien parlait du futur, mais toi tu chantais l'avenir...

MEDJNOÛN

Ô fou qui mérite son nom, je chantais l'avenir... mais n'était-ce point toi qui m'y avais provoqué? Qu'étais-tu donc venu chercher sous un déguisement parmi ces hommes? Et croyais-tu pouvoir par un mensonge en eux trouver la vérité? Je me souviens de toi maintenant, portefaix, après le travail, semblait-il, venu t'instruire d'une science en secret transmise: un homme de toile grossière, en qui ne se résumait qu'une seule interrogation...

BOABDIL

Oui, j'étais uniquement une question posée, et vous ne l'entendiez point, déchirés de querelles où je n'avais entrée. Une question, rien d'autre. Et c'était pour elle que j'avais dépouillé la splendeur, que je m'étais fait le plus humble d'entre vous. Pour elle, uniquement. Une question qui s'est levée en moi dès mon enfance. Un jour que dans le clair-obscur des eaux j'avais vu les yeux de mon père. Une question qui m'a suivi dans l'exil et l'abaissement. Une question dont j'ai cherché réponse entre les bras des femmes. Une question dont j'ai cru trouver réponse dans la perfection qui sort d'une main d'homme, et longtemps la beauté m'a conduit par les chemins que je croyais être ceux du Bien. Et c'est pour y connaître la réponse que j'avais voulu sans attendre être Roi. Pour la connaître que j'ai conduit à l'ennemi mon armée. Et quand j'étais prisonnier des Chrétiens, rien d'autre ne me tenait éveillé la nuit: oui ou non, le Mal est-il de Dieu voulu? Sache, ô Medjnoûn, que c'est là profondément le drame des Rois. Le drame du Pouvoir qui ne peut se maintenir que d'injustice. Et si le Pouvoir est délégation de Dieu, c'est sur son ordre alors que le Roi fait le mal pour prouver Dieu, voilà ce que je me répétais dans mon jour intérieur... Voilà la question à quoi je demandais cette nuit d'incendie encore une fois à l'étrange assemblée au cœur du mardj éclaircissement, qui me rendît possible d'exercer mon emploi royal, sans aussitôt me voir dévoré par le doute de Dieu...

MEDJNOÛN

Ainsi tu venais demander à ceux-là dont tu fis par la suite trancher la tête, ou que tes juges ont jetés vivants à la moisissure... tu venais demander prétexte à continuer ton jeu sacrilège, excuse à ton pouvoir, justification de tes crimes... Comme tout à l'heure à mes yeux tu prétendais te sauver accusant tes gardes... Mais, quand il s'agit du Pouvoir, alors il t'est besoin d'un bouclier plus large, une ombre plus épaisse, et tu te caches derrière Dieu...

BOABDIL

Pourquoi m'accables-tu, vieillard, à cette heure où la partie est jouée et perdue? Peux-tu croire un instant que, si je ne croyais pas tenir d'Allah ma puissance, j'eusse pu l'exercer, et consentir à ce sang répandu? Mais il est difficile à une pauvre tête d'homme de concilier la grandeur et la bonté de Dieu avec le Mal qu'il exige de moi que je fasse... Toute ma vie aura passé dans ce cauchemar de Dieu, source à la fois du Bien et du Mal: et quand je voulais laver Dieu de cette souillure d'inspirer à sa créature un mal pour lequel ensuite il le punit, comme un agent double, alors l'épouvante me revenait de penser que si le mal existe en dehors de Dieu, s'il n'est point de sa création, Dieu n'est plus Dieu, le seul, et le Mal s'oppose au Bien, comme le peuple au Roi...

MEDJNOÛN

Ainsi tu t'es donné cette longue incertitude... Que te cachais-tu donc par là, ne le vois-tu point? Si le Mal et le Bien pour toi demeuraient inconciliables en Dieu, cependant tu voyais le Bien, tu voyais le Mal. Ils existaient. Mais avais-tu jamais pu voir le terrain de leur lutte? Avais-tu jamais vu ce Dieu qui se devait d'être d'en être la source jumelée? Décidément les rois n'ont guère d'intelligence. L'idée en toi n'a donc jamais surgi que cette difficulté se pouvait aisément résoudre à la seule condition d'abandonner le prédicat de Dieu ?

Il se fit un grand silence des oiseaux et des fontaines. Ce Roi sait bien qu'où l'a mené le chanteur de zadjal il a souvent erré sans qu'une main le guide. Il a souvent flâné dans ces parages d'hérésie, il a souvent atteint ce seuil terrible et ne l'a point passé. Ses lèvres ne se sont pas descellées sur ce qu'imaginait sa tête. Encore une fois, il refuse un chemin qui s'ouvre à lui, comme un puits à la chute. Encore une fois, il a l'air de ne point comprendre ce qu'il a souvent presque pensé. Encore une fois, l'invite lui demeure sans suites, il évite donner à sa songerie un cours irréversible... Et pourtant s'il a fait quérir Ibn-Amir, était-ce pour que tout subsistât en lui comme si le Fou n'était point venu, qu'il n'eût parlé dans sa sagesse ? N'y a-t-il pas à l'éternelle question posée aujourd'hui perspective de Grenade perdue ? Et Dieu peut donc aussi vouloir cela ?

BOABDIL

As-tu jamais entendu parler des rois fâtimides qui régnèrent il y a cinq siècles en Ifrikiya ? Nous tenons d'un Esclavon qui servit l'un d'eux le texte d'une lettre que celui-ci lui fit écrire. Je le sais par cœur, mieux qu'aucune Sourate du Coran... Écoute ce que disait Al-Mou'izz qui rêvait de quitter son royaume, d'emporter avec lui, qui sait ? en Sicile, en Égypte... son armée et ses biens, ses fidèles et son État : *S'il est*, disait-il, *une âme brûlant de son feu propre et du feu qui se dégage du corps où elle a résidence, c'est bien mon âme de toute part en proie aux chagrins sans personne pour me porter secours, et ne trouvant que désespoir. Si je tente de m'évader de ces chagrins, ce n'est jamais que pour me perdre dans la vanité des détails quotidiens, qui ne sont d'utilité ni pour cette vie, ni pour la vie éternelle. Alors je me vois ou bien comme un fou parmi les sages, ou bien comme un sage parmi les fous...* Qu'as-tu donc à hocher la tête, ô Medjnoûn, comme si tu m'allais dire que c'est là commune aventure pour toi... Mais Al-Mou'izz rapporte aussi ce mot de désespérance qu'avait déjà le père de son père qui se donnait pour le Madhî : *Tu les as devant toi qui te regardent sans volonté de te voir...* Ô désespoir des Rois ! N'est-ce pas ce que je pourrais répéter après le Madhî, qui mourut il y a cinq cent soixante années lunaires de cela, car tous tant que vous êtes, gens de Grenade, vous me regardez, et toi-même, vous me regardez sans me voir. Je suis l'absence de vos yeux, pour Roi que je vous sois, qui tiens d'Allah ce pouvoir de faire le Mal, de vous traiter avec injustice, mais en vain : vous me regardez sans me voir...

En effet, Ibn-Amir pouvait tenir, par déférence, sur le Roi Mohammed le Dernier, ses yeux indifférents : ce n'était pas lui qu'il voyait, mais au-delà de lui l'avenir, le désespoir de l'avenir. En tout son corps criait douleur, en lui montait la fièvre et fleurissait la déraison...

V

De chaque jour qui passe à chaque jour qui vient
Ce peuple au milieu d'un rêve se réveille
Il mesure le temps qui lui demeure sien
Dormir et voir pour lui sont souffrances pareilles
Il mesure sa mort à chaque jour qui vient

Ce peuple c'est moi-même et le mal qui le ronge
Est celui dont je suis sourdement habité
Partagé par l'horreur de la vie et des songes
L'enfer imaginaire et la réalité
Et le mal qui le ronge est le mal qui me ronge

Grenade à ses malheurs n'espère de matin
Elle sait sans miroir ce qui croît dans sa chair
Comme elle je connais ma borne et mon destin
Et l'inutilité d'une dernière enchère
Ni Grenade ni moi n'espérons de matin

Grenade n'attend plus que d'être mise en pièces
Sa longue histoire à rien que mourir aboutit
Et de même ton cœur Écoute la vieillesse
Comme une mer en lui qui monte et t'engloutit
Homme ton cœur est fait pour être mis en pièces

Et tout ce que tu fus tes chants et tes chagrins
Que tout soit dispersé qui n'était que toi-même
Cette Grenade au vent ouverte dont les grains
Tombent comme de toi s'arrachaient les poèmes
Et chantant d'autres chants pleurent d'autres chagrins

VI

Or le peuple de Grenade était en proie au désespoir et dans tous les quartiers de la ville on voyait s'attrouper les gens, agitant des bâtons et des haches, qui menaçaient les palais. Pris d'épouvante, les wouzarâ, les notables se concertaient sur la façon de détourner l'orage. Comment prendre la tête des plus pauvres, des plus obscurs, pour les faire servir à persuader le Souverain de renoncer à ces quatre-vingt-dix jours de trêve, avant que les capitulations eussent force de loi, à le persuader d'appeler la seule armée qui pût désormais protéger leurs maisons et leurs biens, maintenant que même le djound, Moûssâ disparu, ne pouvait être tenu pour sûr, aucune troupe musulmane n'étant prête à obéir à ceux-là qui livraient Grenade aux Roûm.

Jamais peut-être dans l'histoire des hommes il n'y eut pareil désarroi, quand donc une nation fut-elle ainsi sur le point de perdre et sa terre et sa gloire, et sa religion ? Tout ce qui demeurait ici de foi profonde s'était réfugié chez les humbles, ceux qui ne possédaient qu'elle, et pour qui mourir était peu de chose au prix de cette totale dépossession du corps et de l'esprit. Comment se mirent-ils à croire à cette fable d'où vint que démence en prit comme le feu ? On mourait ferme dans la ville où la peste frappait aux portes. Il se disait que c'était là l'œuvre des Juifs et cela n'avait aucun sens d'abord, nulle créance auprès de la douleur populaire. Qui pouvait bien répandre ces bruits ? Mais un peuple est moins frappé par les idées générales que par les faits particuliers qui les illustrent. Il se trouva quelqu'un de qui volèrent les paroles, ayant vu traces sur les murs d'une ordure pestiférée, afin qu'on s'y frotte en passant. Cela n'était d'abord ni clair, ni croyable, mais bientôt s'en levèrent des témoins, de plus en plus nombreux, qui déjà savaient que cette substance, cet enduit mis aux maisons des étroites venelles, était de la bave, disaient les uns, des excréments, les autres, par quoi les fils d'Israïl répandaient le mal afin d'affaiblir Grenade, au point que, si les Berbères à nouveau traversaient la mer dans le délai fixé par les capitulations, il n'y ait plus personne à délivrer dans la cité morte. Déjà se trouvèrent des gens qui frappaient de leurs poings leurs yeux, en témoignage que ces yeux-là avaient reconnu les barbouilleurs des murs, des noms étaient jetés de rabbins et de tailleurs, mais le plus grand succès fut aux dénonciateurs de médecins juifs. Si bien que le hâdjib s'en émut et en fit arrêter une bonne demi-douzaine qui, sous l'effet de la torture, avouèrent tout ce qu'on voulut.

Prédication en était faite dans les rues, et l'on vit apparaître le fakîr Hamet ben Sarrâdj qui mêlait dans ses paroles les Juifs et l'Émir, si bien qu'il y avait même des hommes simples qui se prenaient à souhaiter l'entrée des Castillans, afin d'être débarrassés d'un même coup de ce Roi fourbe et de ses complices, parlant des bûchers chrétiens comme d'une chose salutaire. Les petits groupes d'hier dans les recoins, les impasses, étaient devenus des attroupements nombreux qui débordaient sur les places. Les clameurs montaient, on s'armait de tout ce qui pouvait frapper, trancher, assommer, détruire... Des foules se portaient en courant devant les synagogues. Les menaces et les pierres jetées n'étaient encore que signes avant-coureurs de la tempête. Les femmes se mirent de la partie à cause d'un enfant mort, était-ce de la peste ou de quelque crime rituel, bien que ce ne fût point l'époque pascale, on ne savait. Elles accompagnaient les hommes frénétiques de leurs youyous et de leurs sanglots.

C'est au soir du 25 de Safar, par un vent d'enfer, et la nuit prématurée d'un ciel sombre comme leur âme, et l'Ouâdi Hadarrouh s'était enflé dans l'ornière entre l'Alhambra et l'al-Baiyazin, que les Grenadins atteignirent le comble de la douleur et de la honte, et leurs groupes s'unirent dans les sentiments divers dont ils étaient déchirés, le patriotisme et la foi des uns, la peur insupportable des autres, leur commune haine des riches qui porta les premiers coups sur des maisons de dignitaires, et l'incarnation de tout cela dans les Juifs, vers qui des agitateurs véhéments les tournaient, au point de les jeter sur des maisons misérables, des familles de besogneux, parce que tout le peuple des Écritures à cette heure de la colère et de l'aveuglement leur paraissait les banquiers de la Couronne, que la pauvreté même, ils la prenaient pour une infâme comédie, et, pénétrant où la faim régnait, y cherchaient l'or caché, qui est la marque d'Israïl.

Toute une longue nuit la rage et le pillage ouvrirent les demeures juives, en jetèrent au vent les tapis, les ustensiles, les livres, la vaisselle et la verrerie. Le sang coulait, les passions les plus basses défiguraient le désespoir lui-même. Et pourtant tout cela d'abord était venu de l'humiliation devant l'injustice, de la sainte fureur de la patrie bafouée, de ce qu'il y avait dans ces hommes de dévouement et de pureté, de croyance aveugle en un Dieu pour lequel ils défendaient ici l'ultime forteresse, comme une Thulé perdue à la pointe extrême de l'Islâm, et ils avaient raison contre les Grands qui les livraient aux Rois Catholiques moyennant garantie de leurs trésors, ils ne savaient pas que Boabdil jusqu'à la dernière minute avait encore essayé de rompre les conventions de Santa-Fé, à nouveau parlé de mourir plutôt que de se rendre, ils ne savaient pas que leur Émir fût en réalité prisonnier d'Aboû'l-Kâssim et des wouzarâ, ils avaient perdu le sens de tout ce qui n'était pas leur colère, il suffisait qu'un petit enfant levât vers eux les mains en criant grâce, qu'ils le tinssent pour un ennemi, et l'écrasent sous leur talon.

Toute une longue nuit comme une armoire renversée...

Et c'est alors que chez son père, Ribbi Nahon ben Samuel, fut souillée et tuée à treize ans Simha dont le nom signifie en hébreu la joie, et je ne puis me représenter par des mots formant phrase ce qui fut à Grenade entre le crépuscule du 21 et l'aube du 22 de Safar, je ne puis me représenter Simha que sous les traits d'une autre enfant, dans le siècle où j'ai vécu, dans ce pays des Ifrandj qui est le mien nous appelions ce village des hommes de chez nous Saint-Donat-sur-l'Herbasse, laquelle à sa mère demandait, le temps qu'elle survécut Dis-moi, alors, je vais avoir un petit Allemand? *Elle était de la religion catholique, et son père n'avait pas de boucles pendant le long de son visage. Cela ne se passait pas en hiver mais dans la pleine chaleur d'août. Pourtant plus que les traits dissemblables, les ressemblances ici m'assaillent, et je comprends par ce que j'ai vu ce que j'imagine: le cœur humain s'arrête toujours et partout de même façon.*

Ibn-Amir au matin traînait par la ville son corps rompu, ses blessures... Et le sang battait à sa tempe et le délire habitait son sang...

VII

Al-Baiyazin ô charogne où tournent les mouches
Règne de la terreur Et des objets épars en plein midi
Racontent le ravage avec des morts disposés comme les mots d'un proverbe par les rues
Le viol de vivre et le verre cassé
Et la maison tinte encore des pas du saccage
Quand évitant l'âne abominable ô plaie entrailles dans les pattes renversées
Pivoine douce des narines
Dans la clarté décroissante An-Nadjdî descend
Dépouillé jusqu'à l'os de l'âme à l'atroce du sang
À la fosse du ventre à la nuit de la poitrine
Il a quelque part oublié la rime d'or et l'instrument

Plus rien ne reste en lui qu'une absence physique
Que cette attraction du vide et l'astre éteint des sentiments
Plus rien ne reste en lui de l'ancienne musique
Plus rien de ce qui fut son orgueil et son chant
Plus rien de cet amour qu'il portait aux pauvres gens
Que la place d'ombre et la blessure

Tu t'en vas par la ville où ceux qui donnaient à toute chose raison malgré tout d'être surent
Te prouver d'une nuit que d'eux que d'eux naïf
Ô ce canif en toi dans ton cœur le plus tendre
Même d'eux-mêmes d'eux tu ne peux rien attendre

Tu es là devant cet abîme avec la désolation de tes mains

Voilà qu'est remontée en eux la marée amère
D'autrefois le reflux du fleuve à l'égout
Le reflux du naufrage à l'écume des mers
Le reflux de l'enfer dans l'homme tout à coup
Qu'avez-vous fait de votre longue et lente patience
Péniblement de père en fils
Qu'avez-vous fait de nous vous jusqu'ici
Mes semblables
Qu'avez-vous fait comme le feu dans son délire

Et voilà qu'à nouveau sur vous la marque de la bête excuse explique la tyrannie
La violence reine et je ne puis me jeter à genoux devant un dieu qui me comprenne
Prendre le soleil à témoin pour qu'il nie
Ce que je vois

Le temps passe et je pense et rien n'a même poids

Le malheur était si grand la trahison sur vous la menace conquérante

Et dans la serrure déjà vous entendiez tourner la clé
Ce que vous teniez dans vos doigts déjà vous était volé
Vous voyiez le couteau dans votre fils et votre oreille
Entendait les monstres jouir
Plus une pierre à votre tête une ombre où cacher le sommeil
Un mur debout dans votre imagination
Alors Mais que ne vous êtes-vous plutôt portés à l'ennemi
Vous-mêmes jetés à l'ennemi pour en mourir
Avec des briques et des barres de bois avec la colère et les poings
Vous qui de préférence avez tourné fureur contre les vôtres
Le malheur était si grand dites-vous la douleur de si loin
De si profond criait
Et vous avez été comme le jeune père étranglant son petit parce qu'il veut farouchement dormir
Qui vendit l'aube pour un moment noir
Le scorpion que la fournaise entoure et qui s'en prend à sa propre ombre

Voici les objets familiers la vaisselle et les vêtements
Piétinés saccagés au hasard du mépris pour rien pas même le pillage
Le voisin s'est précipité sur le voisin pour un mot vague et lui a mis les pouces dans les yeux
Toi qui dis *Mais c'était un Juif* n'as-tu pas honte de ta langue

Tout un jour a passé dans mes pas égarés par la honte
Et déjà le soir sourd à ce qu'ouït le jour
Couvre tout d'un manteau lourd et lent de silence
Une rose fleurit encore au ciel des toits
Une rose qui ne craint point passer pour sang versé
Regarde où tu marches poète et cet
Enfant sous ton pied comme du lait répandu

Qu'adviendra-t-il des hommes dès lors que le plus démuni de tout

Ne redoute plus d'ouvrir comme une orange
La femme enceinte ou comme un pain de seigle
Briser le mendiant aveugle
Dès lors que celui-là jamais qui ne fut assis à la table du partage
Se lève à son tour avec le meurtre et le visage du collecteur d'impôts
Qu'il entre dans la famille assise autour de son brouet de misère
Quand déjà le valet d'écurie et le fainéant s'en arrachent les hardes

Ah tant que j'attendais le mal de la puissance
Crime n'était qu'envers au manteau blanc du Roi
Et les larmes coulaient sans avoir connaissance
Du bonheur de souffrir d'avoir faim d'avoir froid
Lorsque c'est un bourreau qui te cloue à la croix

Ô peuple égaré qu'as-tu fait de ton frère
Et que devenir si toi qui dormais sur la terre dure
Si toi qui jetais tes doigts mutilés sous les chevaux harnachés d'or
Si toi sans égard à qui gagnait son pain comme toi comme toi
Dans une main de fer outil Si toi comme nous qu'on brime et qu'on brise
Si toi que le pied comme braise éteint
Si toi comme grain que la pierre écrase
Si toi comme chair que le bras étreint

Comment achever ma vie et ma phrase

*

Ainsi pensait le Medjnoûn et ce qu'il ne disait point tordait sa bouche et de ruelle en ruelle et d'horreur en horreur Et ses oreilles battaient et son cœur était pris dans les griffes d'un dragon.

Il se trouva soudain sur cette terrasse entre deux maisons sœurs au-dessus du torrent d'où jadis il regardait grimper comme une plante par le même escalier d'ombre il avait quinze ans ou moins celle et j'ai perdu ses traits sa voix son nom son souvenir alors n'en parlons plus

Toute la vie a passé plus personne ne va monter les marches ni s'asseoir ici reprenant son jeune souffle et regarde tes vieilles mains tu n'as plus besoin de miroir

Ici tu reviens comme un ressort sur toi-même où la parole fut dans ta bouche un feu tendre

Ici tu reviens mesurer l'étoffe longuement déroulée

Ô gens de chair et de lassitude ô vous qui mêlez vos plaintes de sommeil

Quel langage y a-t-il désormais entre mon désespoir et votre sauvagerie

Quel sens encore a pour vous l'aventure humaine

Or comme il gémissait ainsi quelque chose d'abord au coin de la venelle inaperçu

Bougea contre le mur et le vieil homme eut peur

Pauvre Kéïs quand ce serait la mort ne serait-elle point la bienvenue

Aujourd'hui que tu n'as plus à découvrir la cruauté d'autrui

Mais l'épouvante est la sœur de l'épouvante

Il vit soudain se refléter son effroi dans ce qui le provoquait comme l'eau d'un puits redoute qui s'y mire

Un couple

Le jeune homme avait entouré de ses bras la femme-enfant de tout son corps faisant armure aux regards étrangers pour cette chose douce et palpitante qu'il retenait dans sa caresse

Si bien qu'à peine on devinait la bien-aimée

Tout était immobile étouffant éternel

Et le vieillard en lui sentit la blessure d'une branche d'épines par hasard saisie

Le jeune homme était beau peut-être au moins il était fort à en juger par l'épaule et le bras d'une force qui n'a mesure étant non point la sienne mais

Ce qui ne lui est que pour un temps consenti ce pouvoir qui ressemble à la coupe aussitôt à d'autres passée

Et se croyant surpris sans bien savoir encore qui survient d'abord songeant à protéger ce qu'il étreint d'on ne sait quelle arme quelle atteinte

Il se tournait sur lui-même offrant sa mort de préférence à l'assassin

Le Medjnoûn vit alors ses yeux sa bouche ouverte

Et trembla

Non pour lui-même Non pour lui-même est ce serrement en son sein

Non point pour lui-même

Il venait de comprendre une chose ici que cette femme alors de sa jeunesse avait dite il y avait si longtemps

Une chose portée avec soi cinquante ans cinquante ans passés qui n'avait eu pour lui signification précise un murmure aux buissons de la mémoire demeuré rien qu'un voile aux ronces retenu rien d'autre d'une fugitive bien-aimée

Il la tenait ici dans ses bras lui aussi

Lui aussi contre lui si près qu'il ne la pouvait voir

Et la femme avait dit tout bas bizarrement

Ce qui me plaît en toi garçon c'est ta lumière

La nuit venait vers la rivière il s'éloigna passant sa main sur son visage et pour lui seul redit tout bas C'est ta lumière

Ô nuit dérobe-moi plutôt à la jeunesse

Ah c'est moi qu'il faudrait de bras noirs protéger

Est-il vrai que jadis il rayonnait de moi

De la lumière ainsi

Et c'est ainsi qu'il avait suffi d'un éclair là-bas de ces yeux dérangés dans leur amour pour changer son chagrin de nature et le jeter dans un gouffre tout autre où grondait le torrent des années

Je ne sais comment se fit qu'il revînt à sa couche et dans ses quatre murs perdit conscience de tout ce qui n'était point son rêve, un grand manteau de fièvre jeté sur lui... Son rêve de l'homme et de la femme ensemble l'un à l'autre réponse à toute question, que rien ne peut l'un de l'autre écarter, d'où naît la bonté du monde et la beauté du jour.

V

La veille où Grenade fut prise...

Détestable est la pluie de ceux qui ont été avertis !

Coran.
(Sourate XXVII, verset 59.)

I

LE MALHEUR DIT

Il faut pourtant que cela chante
Je ne puis pas n'être qu'un cri
Cette chose en moi violente
Y cherche une faille une fente
Où passe la mutinerie

Cela me mord à même l'âme
Et me terrasse le sanglot
Cela me brûle sans la flamme
Cela me faut à chaque pâme
Ce mal ne trouve pas de mots

À peine si le cœur fait plainte
Si le rang se permet le bruit
Comme un étranglement de crainte
Comme une cendre mal éteinte
Un bois qui travaille la nuit

Comment voulez-vous que je vive
Par les vents en vain traversé
Les ruisseaux parlent à leurs rives
Il est permis que les captives
Pleurent du moins le ciel passé

Je sens monter à mon visage
Une pourpre de l'incendie
Je suis assiégé d'images
Qui quêtent musique et langage
Et la splendeur du malheur dit

Donnez-moi la bouche des branches
Le sexe sombre des roseaux
Et le narcisse et la pervenche
Le tonnerre de l'avalanche
Et la gorge d'ombre des eaux

Donnez-moi le chant des fontaines
Murcie où sont les soirs si doux
Majorque et les îles lointaines
Avec leurs barques incertaines
Les barrages devers Cordoue

Le pré d'argent près de Séville
L'armoise autour d'Alméria
Et les monts comme un jeu de quilles
Sur les collines de jonquilles
Où Grenade s'agenouilla

Ce pays de mille couronnes
Où le marbre est peint du Coran
La terre à l'homme s'abandonne
Et fait lever des anémones
Sur les pas bleus des conquérants

Un monde à mourir se décide
Les paons dans la cour aux lions
Courent criant comme au suicide
La fin du Royaume nasride
Et leur fausse rébellion

J'entends pleurer au fond des salles
Quelque part une bête rue
Sur une dalle une sandale
Dans les montagnes les cigales
Et le silence dans la rue

Quel sens précis cela a-t-il
Pourquoi suis-je dans ce palais
Ouvert aux vents froids de l'exil
À l'heure où le Roi Boabdil
Demande un cheval aux valets

Ainsi les rois prennent la mer
Et tienne qui veut leur pari
Drapeaux nouveaux neuves chimères
Il n'est spectacle plus amer
Que de voir mourir sa patrie

L'histoire ici que je raconte
Est la mienne mais autrement
Et cependant au bout du compte
C'est même amour et même honte
Que le secret de ce roman

Je suis toujours cette morsure
Le décor ou même ou changé
Rien sinon sa douleur n'est sûr
Si vous répugne ma blessure
C'est cette blessure que j'ai

Je parle écho comme un miroir
Et mes paroles déguisées
Celui soudain qui croit s'y voir
Se perd au fond d'un jardin noir
Où ne sont que tombes brisées

Il n'y a pourtant de romance
Qui ne soit à midi minuit
Et ce qui paraît la démence
Palmyre Grenade ou Numance
A sa raison qui me conduit

Écoutez pleurer en vous-mêmes
Les histoires du temps passé
Le grain terrible qu'elles sèment
Mûrit de poème en poème
Les révoltes recommencées

II

À l'heure où le Roi Boabdil... *déjà les mots arabes tombent de ma bouche comme larmes, déjà Moursiya m'est Murcie, et déjà l'héritage en d'autres mains passé... mon Dieu, rien n'est mon bien, même le rêve, et les vergers d'un peuple à nouveau vont fleurir, un autre y cueillera l'orange et la cerise...*

Qu'il est difficile à l'homme d'être juste au-delà de sa chair ! Demandez au Maure, devant la dépossession de son domaine, de partager les douleurs de l'avenir, de se reconnaître en ceux qui l'ont chassé, d'entendre battre à son tour le cœur espagnol ; cette terre pourtant ne va pas cesser d'être scène de tragédie, et qu'elle ait d'autres dieux ne change rien de son printemps. À l'heure où Boabdil, entre le mal et le bien, désespère à jamais de se reconnaître, identifiant sa défaite et celle de la morale musulmane, qui de ces gens désarmés dans leur croyance peut se représenter les siècles à venir, les souffrances nouvelles, et l'enfer des vainqueurs d'aujourd'hui? Et si Dieu l'a voulu, qu'ici borne à l'Islâm soit mise désormais, il va vouloir aussi les douleurs de ceux-là qui viennent planter cette borne. Un peuple suit un peuple, et retrouve après lui la place où couleront à nouveau les pleurs... comme les Moslimîn suivirent sur ce sol les Agemiès qui disaient Arromana pour Grenade.

À l'heure où Boabdil épouvanté de cette nuit qui vint battre les murs de sa demeure, et du sang répandu, de la mort qui n'a point frappé que les Juifs, mais aussi ses hommes de la cour, les favoris de son règne... à l'heure où Boabdil qui ne croit plus en rien, ne croit plus en son peuple, ou tout au moins en lui ne voit plus que le reproche égorgeur approchant de son lit... à l'heure où Boabdil est pris du vertige de la défaite, et ne cherche que d'assurer sa fuite, et celle des siens, ce qui reste et s'emporte d'une splendeur brisée... il n'y a dans Grenade que la stupeur qui suit la violence, et ceux-là mêmes que le désespoir en fauves féroces changeait, soudain, les yeux dessillés avec le jour, se sont retrouvés dans le désemparement d'eux-mêmes. Ils ont cherché des yeux ces chefs inconnus, aux lueurs des torches surgis, qu'ils avaient suivis pour le massacre, et qu'est-il advenu d'eux? où se sont-ils évanouis?

Rien à présent n'unit plus la souffrance à la souffrance, ni ce Dieu qui trahit, ni ce Roi qui parlait en son nom. Nul principe, nulle foi, nulle communauté d'intérêts reconnue... à l'heure où Boabdil va faire dire aux Rois de Castille et d'Aragon qu'il renonce à ce qui lui était laissé de survie, à ce délai de Grenade en ses mains, à soixante à peu près des quatre-vingt-dix jours consentis. Personne ne sait plus parler à la foule, et quel but lui donner, que lui dire de demain... Les gens d'ici se retrouvent dans le quotidien de leurs haines, des petites histoires de tous les jours, ils sont aveuglés de larmes, si bien que le fiel amèrement leur remonte, et les rivalités mesquines se font jour, la colère est à chaque pas détournée, à chaque pas, sortant de chez lui, le Grenadin se heurte au Grenadin, qui lui fit tort de quelque chose, il n'y a plus de temps à vider d'autres querelles que celle qui se présente au coin de la rue... Personne ici n'écoute ce chant trop tard surgi, que personne d'ailleurs ici ne chante...

III

Ceux qui portent les noms arabes sur les livres qu'ils ne regardent pas leur sang

Car ils ont été plantés dans ce jardin traversé de tant de peuples que nul ne peut dire sous la tente de qui sa mère a couché

Les voilà comme des graines dans la paume andalouse si bien

Mêlés que le Maure a les cheveux jaunes son frère a la nuit sur sa peau Qui peut dire

Où commence le Juif ou l'Espagnol et pas même à son Dieu tu ne peux le reconnaître

Combien de nous sont les mulets de deux croyances

Celui-ci qui tient de sa mère une croix est comme le vent d'Afrique

Et le Mozarabe à la belle ceinture qui danse dans la nef de son église avec la Vierge et le Christ chez les gens de Castille qu'en peut-il attendre un jour sinon

La dispersion de ses autels

Et le Berbère à l'aide appelé d'outre-mer a déjà le pied sur l'héritage si bien

Que ceux de la terre andalouse tombent à sa merci

Déchirés qu'ils sont de toujours en factions en dynasties

Comme si de Mahomet ne pouvait venir que schisme et confusion

Et qui te sauve te dévore avec la dent des faims nouvelles

Ô peuple n'entends-tu pas les tambours de Castille

C'est le dernier jour de trouver en toi ta force et ton feu

C'est le dernier jour de se donner la main

C'est le dernier jour de reprendre le grand drapeau blanc des Oméiyades

Le dernier jour de renoncer à l'insulte et de ne plus renverser le vin sur la table de ton frère

Le dernier jour d'oublier les querelles pour une châtaigne volée

Les malédictions pour une femme qui a pris son plaisir du voisin

Le dernier jour pour les enfants de la seconde épouse à chicaner la terre à la première semence

Le dernier jour pour l'orfèvre à haïr le charretier

Le dernier jour à cracher en passant devant le bâtard ou d'appeler étranger celui qui n'a pas l'accent de ta ville

Le dernier jour du mépris de la méfiance et de la division

Crains qu'il ne soit plus temps d'ouvrir ta porte à l'affamé

De donner au lépreux le baiser de préférence

Plus temps de coudre autre chose que ton linceul

De creuser que la fosse commune

Laisse là tes comptes de querelles ta mémoire de l'affront

Il faut changer la clameur dans ta bouche et les mots dans tes veines

Ne rappelle plus à ton ennemi de ce matin quel fut l'emploi de sa nuit

Ah je battrais volontiers celui qui ne peut oublier cette fois qu'il eut raison

Jette les cartes je te dis car tu ne peux gagner qu'à perdre

N'entends-tu pas hennir les chevaux castillans Souviens-toi seulement

D'Alhama prise des citadelles tombées

C'est le dernier jour comme un champ de blé

Le dernier jour comme une botte de chardons bien liée

Le dernier jour devant toi sans faille

Le dernier jour de courir comme un cri jusqu'au créneau de la muraille

Le dernier jour de Grenade sauvée

IV

Le Fou dort si c'est là dormir
Dans sa chambre de noms écrite
Il a la fièvre et le gémir

Depuis qu'il s'en fut chez l'Émir
Des blessures que vous lui fîtes

Le Fou rêve si c'est rêver
Ce sulfure de la souffrance
De toute chose déprivé
Et la couleur de sénevé
Dans son œil vidé d'apparences

Et le Fou voit si c'est là voir
Que voir le manque et voir l'absence
Hier qui n'a plus de mémoire
Aujourd'hui qui n'est que douloir
Et demain qui n'a plus de sens

Heureux celui qui premier meurt
Avant son peuple avant sa ville
Et que rien de lui ne demeure
S'éteigne à jamais sa rumeur
Sans avoir dit ainsi soit-il

Il attendait il attendait
Le miracle à l'heure dernière
Mais à son âme prisonnière
Mort inutilement tardait
Et les yeux sur lui qui régnèrent

J'ai beau croire amour plus à toi
Qu'à ce désert que mes mains touchent
Qu'à ce silence noir de mouches
À l'anneau tombé de ton doigt
Aux baisers perdus de ta bouche

J'ai beau croire amour à l'amour
À ta venue à ta présence
Tourner vers toi qu'il te devance

Ce cœur qu'aimer a fait si lourd
Déjà sur mon front la nuit danse

Mon regard se voile et s'éteint
Tout s'efface et se décolore
L'âme du corps s'aille déclore
En toi s'accomplit mon destin
Qu'une fois encore j'implore

Encore une fois sois le vin
Dont ma lèvre à la fin s'abreuve
Ô femme ô flamme toujours neuve
Dont jusqu'à la fin j'ai la faim
En qui je trouve ultime preuve

Si le monde n'a d'horizon
Qu'à créer pleurer et maudire
Malheur du zénith au nadir
Du moins vivre avait sa raison
Qui fut jusqu'au bout ton nom dire
Elsa

V

Où sont-ils ceux qui font honneur aux lances de Samhar
Droit dans son vêtement c'est un moine-guerrier qui parle
Le voile sombre est sur le courroux de sa face qui bat son haleine dans sa bouche

Il a suffi de mille et sept cents hommes à Tarik pour mettre le pied de Dieu sur l'Espagne
Et Roderic avec quatre-vingt-dix mille chevaux ne put les jeter à la mer
Dont le Berbère envoya la tête à Tanger que son roi s'en réjouît

Te souviens-tu du jour de Bedr où le fils eut droit de tuer son père qui ne s'était point incliné devant le Dieu sublime

Où fuir devant une troupe double fut interdit aux combattants et leurs coursiers étaient de couleur pie et ils leur mirent des signes distinctifs comme c'est l'usage des anges

Tout semblait ce matin-là perdu mais le mot de ralliement fut *Ô Victorieux*

Te souviens-tu de celui qui cracha marchant à l'ennemi les dattes de sa bouche pour arriver à Dieu sans provisions

Aurais-tu par hasard oublié qu'il fut dit que chaque parcelle de la poussière d'Andalousie a pour prix ce que tu ne peux conquérir par le jeûne et les prières

Et qu'il n'est plus haute dévotion que la guerre de Dieu

Ô couleur de l'Islâm sur ce pays peut-il y rien avoir de plus éclatant de plus beau que mon sang versé sur la terre andalouse

Si ce n'est l'écarlate qu'on tire comme un vin de l'infidèle avant que l'un des siens ne vous tue

Que je tombe de ma selle avec un poignet coupé j'ai l'autre encore pour me battre à pied

Chante jusqu'à la dernière liqueur de ton âme

Et le rire demeurera sur ta lèvre quand ta tête volera

Car tes yeux verront devant eux un paradis plus large que le regard

Ô Roi dernier de ceux qui donnèrent asile au Prophète

C'est ici la place frontière et tu te tiens au bout de l'Islâm

Avec devant toi le seul domaine de la mort

Que ta monture apprenne de tes genoux pressés qu'elle est le cheval de Dieu

C'était un moine-guerrier dont la voix avait l'enrouement du désert

Un Sanhâdjî fait de sable et de renoncement

Jetant dans l'Alhambra sa prémonition gutturale

Géant voilé de noir au seuil de la Cour des Lions

Inutilement beau désormais inutilement fort les éperons sonnant sur la colline cramoisie
Personne ne semblait entendre ses paroles
Ni les reines dont le pied blanc fait rougir les marbres
Ni les courtisans au seuil dans leur brouhaha d'écureuils et de noisettes
Ni les cavaliers zénètes peu pressés d'enfourcher leurs chevaux luisant d'étrille
Ni l'antilope qui circule entre les seigneurs et les esclaves
Mais la main ne peut la caresser qu'elle bondit de côté sur ses pattes de verre
Un moine-guerrier à ce dernier jour de Grenade
Au milieu de la splendeur au sanglot bleu des vasques
Quand il lève les yeux c'est pour voir les prières gravées
Dans la perfection de la pierre et des émaux
Qu'achève le mirhâb des montagnes enneigées
Mais s'il les baisse un moment sur ce va-et-vient de serviteurs et de bagages
Ce désordre d'un palais vidé pour le départ
Tout à coup malgré son encolure surhumaine
Ces bras qui ont porté comme un enfant léger la mort parmi les renégats et les Chrétiens
Ces longues jambes qui tant de fois ont mangé l'horizon
Le Targuî gémit comme une bête forcée au milieu des chiens
Il cherche le Roi du regard le Roi qui va donner l'ordre peut-être
Et ce sera soudain le vol des sabres et des étendards
Je n'aurai pas à contempler de mes yeux la fin des temps nasrides
De mes yeux qui ne seront point fermés par la main des femmes
Ô bondissement

Mais Boabdil n'a souci de ce grand soudard désespéré
Ne sait-il pas de longue main qu'il n'est royaume qui ne passe
Et l'Oméiyade a perdu son palais voilà beau temps

Pas plus que lui ne règne ici l'Almoravide ou l'Almohade
Où êtes-vous Rois des Taïfa comme un manteau mis en pièces
Et toute la grandeur des fils de Nasr ne les aura point sauvés
Voici son tour à lui le dernier de tous
Le Prophète n'a-t-il pas dit La guerre est toujours la ruse
Cela s'applique à comment la finir
Il faut pourtant tenir exactement le compte des bijoux et des tapis que l'on emporte
Et ne pas se laisser distraire par la clameur stupide des guerriers africains
Déjà le mardj a pour toujours perdu son nom
C'est la Véga qui bruit d'armures d'instruments et d'étoffes
L'heure des Rois Catholiques va sonner aux Tours Vermeilles
L'ombre d'Abd ar-Rahman a fui le long des myrtes
Nous n'irons plus nous asseoir dans les vendanges avec les enfants et les femmes
Quelle confiance aurais-tu dans les Capitulations
Meurent les Juifs après tout Qui ne les échangerait contre trente mille pièces d'or
Et ce petit château d'Andrach au cœur de sa taa si bien situé pour la chasse
Où l'on peut se faire oublier en écoutant de la musique

Après tout Grenade est une ville couverte de mouches
Où les princes ont toujours eu maille à partir avec les factions
Les complots le brigandage et la querelle des philosophies
Il suffit à l'homme d'un verre pour boire
Et d'un lit pour y forniquer
Compagnon d'au-delà du Rif qui portes la nuit sur ta figure
Pourquoi restes-tu là planté comme un reproche et qu'attends-tu
Plus muet qu'est au bout d'un mot le ta marbouta
Morabitoun ô survivant incompréhensible d'un peuple que les miens méprisent
Qui n'entreras pas au paradis
Mercenaire démesuré dans ton physique et dans tes sentiments

Toi pillard pour l'effroi des filles dans les villes incendiées
Coupeur de palmiers qu'attends-tu de l'avenir et des polythéistes
Arrache cette noirceur et renonce au Dieu qui t'abandonne
Ou tu seras vendu sur les marchés comme une bête
À quelque paysan dont la noria ne tourne plus
N'es-tu pas las d'éclabousser le ciel de ton sabre de sel
N'es-tu pas las de tuer au nom de ton Dieu
Jusqu'au petit garçon que ta main sous la robe a jugé d'âge à déjà jouir
Moine c'est ton Roi qui te parle Apprends de lui
Que de Rome ou d'Islâm il n'y a point de Dieu
Et c'est folie à l'être de chair que le sacrifice
Car ce qui donne sens à la vie au bout du compte
La morale de tout ceci que nous fûmes
Réside ô soldat sans émir ascète de ce qui n'existe point
Méhariste sans chameau maquereau de ta femme
Dans la prostitution de ton âme et la débauche de ton corps

VI

Qu'importe le détail de ces jours où les Rois viennent prendre place de l'Émir ? N'était qu'en sont presque tous les récits mensonges, afin d'établir la légende où Boabdil devant le couple royal s'humilie, de fonder le récit par quoi le Maure vint pleurer au lieu depuis appelé du Soupir, et de ce que sa mère lui dit à sa honte, dont on ne sait qui l'entendit, pour le répéter aux historiens : et il est au moins fort douteux que la Reine Aïcha trouva l'occasion bonne à des mots lapidaires. Sans doute s'appuiera-t-on plus tard sur le préambule au « Journal de Christophe Colomb », où il s'adresse aux Rois Catholiques, six mois plus tard quand la Santa Maria, *que l'équipage appelle* Marigalante, *prend le large, et qui dit, le mardi 2 janvier de cette année 1492, avoir vu les bannières d'Espagne sur les tours de l'Alhambra,* tandis que le Roi des Maures, sortant de sa capitale venait baiser la main de vos Altesses et du prince, mon maître... *Mais outre que ce préambule contient sur d'autres sujets d'éclatantes confusions de dates (sans doute volontaires), il est à remarquer que Colomb dit bien avoir vu flotter les bannières sur les tours, mais non point la scène du baisemain... Et témoignage plus précis nous vient de Jean Molinet, qui n'avait qu'un œil blessé, et décrit très exactement le calendrier de ces journées, nulle part ne parlant de l'hommage de Boabdil à ses vainqueurs, auquel il eût été certainement convié, et qu'il eût relaté s'il y eût assisté : il ressort de la comparaison de son récit et des manuscrits arabes, que c'est le 2 du mois de Rabi Premier, c'est-à-dire le 30 décembre 1491, que Monseigneur Gustarius de Cardennes avec six cents chevaux et quatre mille piétons rencontra hors de la ville, en réponse à la prière de Mohammed XI, au Palais de los Auxoras, les notables grenadins qui le menèrent à la Grande Mosquée,* dont il prit possession et saisine au nom du roy d'Espaigne, *et sans que l'Émir fût là, après quoi le commandant des troupes espagnoles fit élever* le signe de la croix sur la plus haulte maistresse tour de la ville *et chanter* Te Deum. *Mais à toutes ces cérémonies ne participaient ni Boabdil... ni Ferdinand et Isabelle qui s'agenouillent dans leur camp quand sont élevées les bannières... et s'occupent ensuite d'y accueillir et vêtir sept cents personnes, hommes et femmes, libérés des prisons de la ville, et font avec eux procession à l'église de Santa-Fé. Ce n'est que le jeudi 4 janvier, c'est-à-dire le 3 de Rabi que Monseigneur de Cardennes remet* les clefs des forteresses, tours, châteaux et portes de la ville à Monseigneur Everus de Mendoça... *châtelain de la maison royale, et l'on voit donc que ce n'est pas Boabdil qui les apporte aux Rois Catholiques... Il n'y a depuis longtemps plus d'Émir à Grenade, et les siens, et ses courtisans, leurs biens, ont depuis des journées pris la route des montagnes, quand le samedi suivant, c'est-à-dire le 6 janvier, le lundi 8 seulement d'après d'autres, les Souverains de Castille et d'Aragon, leur fils Don Juan, les cardinaux et archevêques, les chefs de l'armée catholique, les représentants des puissances étrangères entrent avec dix mille chevaux et cin-*

quante mille piétons dans la dernière place frontière de l'Islâm. Jean Molinet ne mentionnera pas le Roy Maurus, comme il écrit, au cours de ces journées... et qu'aurait-il eu besoin de donner alors à ses vainqueurs couronnés les clefs de l'Alhambra où, depuis près d'une semaine, il y avait garnison d'Espagne, dont les soldats assuraient en ville la sécurité, déblayant les rues des meubles éventrés, de la vaisselle et de la verrerie brisées, enterrant les cadavres abandonnés, jetant de la chaux sur les pestiférés morts ou vifs...

Mais je quitte ici ces Rois, les Chrétiens comme le Maure, et, laissant celui-ci dans son Château d'Andrach ou Andarax à sa cruelle destinée, à la trahison du hâdjib deux ans plus tard qui va le mettre en face d'un marché conclu, terres et château rachetés par Ferdinand contre de l'or, si bien que l'Émir n'aura plus qu'à passer au Maroc pour y mourir en combat quarante ans après contre une expédition d'Espagnols... laissant Boabdil aux chanteurs qui en font romances à la gloire du Christ, à la honte des Musulmans, je m'en reviens à ce jour où Monseigneur de Cardennes, grand maître de l'ordre de Saint-Jacques en Léon, fait trois fois lever la bannière de cet ordre sur la plus haute tour, où un hérault d'armes vient crier: Santiago, Santiago! Castilla, Castilla, Castilla! Granada, Granada, Granada! Por los muy altos y muy poderosos señores don Fernando y doña Isabella, rey et reyna de Spaña, que han ganado esta ciudad de Granada y todo su reyno por fuerza d'armas, de los infedeles Moros, con el ayudo de Dios et de Virgen gloriosa su madre, et del bien aventurado apostel Santiago, y con el ayudo de nuestro muy Santo Padre Innocentio Octavo, socorro et servitio de los grandos grandes, por lados, cavalleros y hijoshidalgos de sus reynos!...

Tandis que le peuple et ses vainqueurs ont les yeux tournés vers ce spectacle, les oreilles assourdies des cris repris par quatre mille six cents soldats d'Espagne, Santiago! Santiago!... *trois cavaliers, montant à cru des chevaux qui n'ont que bride, guidant de leurs jambes serrées, en avant pour le galop penchés, ont pénétré le long du Darro, au niveau de la porte des*

Tambourins, dans les faubourgs occidentaux de Grenade, et les voilà qui remontent la pente de l'al-Baiyazin, faisant de leurs bouches pâles dans le visage hâlé des clappements étranges, à quoi leurs montures seules ont intelligence...

Le premier, dont le teint est plus clair, qui arrête son cheval avec ses orteils nus qu'il porte en avant dans les aisselles, saute à bas désignant la maison du Medjnoûn à ses compagnons des mots : Isna peskaro ker, *si j'ai bien retenu ces syllabes d'étrangeté dont ne m'est connu le sens, est un garçon de peut-être quinze ans. Et d'abord seul il entre chez son maître, qu'il trouve sur sa couche les bras bleus et le visage enflé, les yeux fermés, couvert de mouches, et dans son délire disant :*

LES GENÊTS

Que les genêts sont heureux
De qui fleurs toujours renaissent
N'ont saison que de jeunesse
Destin que d'être amoureux

Vif ou mort ah c'est pareil
Si mon pas est dans ton pas
S'il m'égare où tu n'es pas
L'œil se fait traître ou l'oreille

Ô drame de la durée
Demain ressemble à naguère
Cette vie est une guerre
Dont nous sommes séparés

En moi qu'est-ce qui commence
Quel est ce déchirement

Ce long partir de l'amant
Qui sent croître en lui l'absence

Croître en lui l'ombre et l'effroi
D'une nuit qui n'a revers
D'un irréversible hiver
Où nul n'a plus faim ni froid

Je ne sais ce qu'il faut croire
Si l'âme est de moi tombée
Ou sont les genêts flambés
Me laissant la face noire

Vif ou mort déjà le sang
De moi qu'il bat se retire
Il n'y a pire martyre
Que celui-ci que je sens

Je tombe au fond de moi-même
D'une angoisse qui n'a fin
De ne plus toucher ta main
De ne plus dire je t'aime

Cela fait combien d'années
Que je vis de cette peur
Et mesure que je meurs
À mes nuits à mes journées

À ton cœur à ton haleine
Et comme aveugle on devient
Peu à peu je le sais bien
Me fuit ma lumière humaine

Je ne suis qu'un chien blessé
Dont la plainte est si peu forte

Qu'au soir derrière la porte
Sans penser on l'a laissé

Lorsque de moi tu t'écartes
Mon amour indifférent
Vif ou mort crainte me prend
Crainte me prend que tu partes

Rien que d'y songer me tue
Si haut si seule si vite
Si petite si petite
Mon étoile où brilles-tu

Mon étoile vagabonde
Mon étoile et mon tourment
Mon étoile vainement
Que je cherche au bout du monde

Comme une goutte de pluie
Mon étoile qui se perd
Mon étoile au ciel impaire
Une larme au loin qui luit

Mon étoile ma prunelle
Mon pauvre bonheur lointain
Veilleuse avant le matin
De ce grand vide éternel

Mon étoile mon été
Mon étonnement des roses
Toi qui de toutes les choses
Est l'éclat qui m'est resté

Mon étoile bleue et blanche
Ma douleur et ma folie

Ma mémoire et mon oubli
Mon étoile aux mille branches

Ô ma femme et mon enfant
Mon cri mon cœur ma parole
Que tout me voile et me vole
Toi dont mon ventre se fend

Ainsi le temps et l'espace
Vont se déchirer de nous
Comme aux pierres les genoux
Comme un verre qui se casse

Mon étoile que je n'ai
Pouvoir désormais d'atteindre
Et c'est à moi de m'éteindre
Avec le feu des genêts

PLAINTE DE ZAÏD

Et quand je compris que mon Maître Kéïs Ibn-Amir an-Nadjdî qu'ils appelaient selon sa volonté plus que par moquerie le Fou la veille où Grenade fut prise était devenu fou de cette dépossession de son peuple et de lui-même

N'ayant conscience que je sois chez lui comme un voleur entré

Je me suis assis sur le sol d'où les murs de tous côtés couverts pour une incantation sans espoir

Des lettres en tous langages disant le nom de la bien-aimée

Oh tout d'un coup m'est remonté le sanglot de tous ceux-là sur les murs qui tracèrent le secret de leur cœur l'aveu l'appel la protestation contre l'absence

Moi depuis cette nuit de ma chair déchirée avais-je dans ma

stupeur songé même songé d'écrire ainsi le mot *simha* qui signifie encore à d'autres joie ô mot

Qui n'est plus à moi que dérision qui n'est plus ce nom doucement murmuré qu'une voix y réponde

Mot qui n'est plus un nom

Toute la vie est devant nous ce désert d'elle

Mon maître expliquez-moi comment il se peut qu'ainsi soit la créature en son sang séparée

Quand je suis entré chez son père et c'était une forêt dont chaque arbre gisait fumant encore de la foudre

Je n'ai vu qu'elle atrocement je n'ai vu que ceci pour quoi des inconnus m'avaient formé dans leurs embrassements

Ceci pour quoi le monde avait été créé de longue haleine afin que je le visse un jour

Et les peuples sont nés de lointaines montagnes

Ils ont creusé leur lit qui s'en va vers la mer

Ils ont croisé leurs eaux à la façon des sabres

Ils ont couru la terre et souffert pour cela

Toute ma vie est devant moi comme une chose volée

Ah j'ai touché ce corps qu'un homme avait ouvert

Je l'ai pris dans mes bras qui n'avait plus de poids pour son âme envolée

Légère si légère qu'il fallait devant soi marcher le portant dans la nuit vers la cruauté de l'aube

Et mes pieds ignoraient les pierres

Où t'en vas-tu moi-même avec la lune et le vent

Dormeur sur des chemins qui nulle part ne mènent

J'ai traversé l'univers habité prenant tout le spectacle du malheur et les cris de l'agonie

Comme un rite funèbre escortant mon amour

Et je ne me suis point demandé quelle était autour de lui cette troupe et ce piétinement

Ne sentant plus rien que cette herbe fauchée

C'est ainsi que j'ai quitté Grenade avec le fardeau de mon cœur
Et nous allions dans la vallée et nous allions dans la montagne
De quel oubli quelle mémoire en savais-je ainsi les chemins

Que disent-ils qui font cortège vers le jour d'ombres humaines
Et d'où me vient que je connais le langage de ces gens-là
Peut-être que je l'imagine et que c'est moi qui parle ainsi
Des paroles pour me cacher comme en a coutume l'enfance

Tout n'est que mon invention qu'une fumée à ma douleur
Un langage d'il y a longtemps qui fut le jeu d'avant ma vie
Le jeu de n'être point entre le sable et moi
Un langage à dissimuler ce que je pense et que je suis
Dont j'use encore quand je rêve

Le jour le jour ne venait pas bien qu'à son ciel se fût brisé
Le verre pâle de la lune
Et je n'ai compris que plus tard les choses dites dans la nuit
Là-haut dans les monts près des grottes
La terre est pure où Simha dort

*

Ainsi l'enfant Zaïd homme devenu s'en est retourné chez les Gitans d'où jadis il vint par quelque hasard nomade, et nul ne saura jamais s'il fut de leur race ou s'il n'a pas été dans son jeune âge enlevé par eux: la pâleur de ses traits même n'explique rien. Dans les grottes du Cholaïr, les Calès lui font place où dormir. Eux savent se cacher s'il le faut des nouveaux vainqueurs de Grenade. Et sur les chevaux volés en sont venus deux avec Zaïd à l'al-Baiyazin chercher ce chanteur dont il parlait, se reprochant de l'abandonner à la soldatesque des Chrétiens, et qu'ils ont parfois entendu dans les faubourgs, disant d'Elsa, dont parmi eux fut toujours curiosité grande. Car on ne sait si cette femme est d'Égypte ou bien de Thulé... Sur des chevaux volés, Zaïd et les Gitans emportent ce qui demeure du Fou dans sa folie, tandis que l'air de Grenade sonne et résonne des clameurs de l'orgueil castillan — Santiago ! Santiago ! *— et chantent* Te Deum *piétons et cavaliers au plein vent de la victoire.*

Ainsi, dans les étoffes de son lit roulé comme dans ses douleurs et sa fièvre, An-Nadjdî sur les bras du plus fort de ces jeunes gens qui ne tient que des cuisses une monture hennissante et souple, on dirait consciente de tout ce que cela signifie à la façon dont elle évite les cailloux et bondit les obstacles, An-Nadjdî rêve que ce sont les Anges, à cheval, comme dans le ciel des batailles, qui l'arrachent à la vie... Et s'étonne, à travers la nuée en lui, d'entendre les mots qu'ils se crient car il n'avait jamais imaginé qu'autre langue puissent parler que l'arabe ces créatures célestes, et ne reconnaît pas sur leurs lèvres Grenade par eux Maligrana *nommée...*

Ainsi chevauche, inquiet, Zaïd aux côtés de ses compagnons, moins assuré qu'eux sur le cheval nu, et les sabots battant la terre à son oreille semblent répéter l'appel en lui (Simha ! Simha !) *de sa tristesse. Et son petit jayet, chaussé de balzanes, comprend-il donc qu'il porte un enfant malheureux, qu'il a douceur, marchant l'amble, et hennit de ce hennissement qui passe en Islâm pour prière vers Dieu ? Peut-être se souvient-il simplement qu'il fut créé d'une poignée du vent du sud...*

VI

La grotte

(1492)

L'enfer d'Ivan Denissovitch, c'est que le futur n'existe plus...

PIERRE DAIX,
préface à Soljénitsyne.

Quand bien même on aurait dressé ma tente au milieu des étoiles !

ABOU'L-ALA AL-MAARÎ.

For I could part with life, with anything
But only you. O let me dye but with you !
Is that a hard request ?

JOHN DRYDEN, *All for Love.*

I

LE PLONGEUR

Plongeur à qui tout est la mer
Plongeur à qui tout est amer

Sitôt parti qu'il est venu
Moi qui suis mon propre inconnu

Ma lumière obscurément peinte
Et le silence de ma plainte

Où es-tu moi-même où es-tu
Miroir éteint musique tue

Il y a des eaux si profondes
Que l'homme et l'algue s'y confondent

Il y a de si noirs moments
Que l'être y tombe aveuglément

Il y a des souffrances telles
Que l'âme craint d'être immortelle

Des solitudes absolues
Où même le cœur ne bat plus

Rien ne finit rien ne commence
Raison ne trouve ni démence

Et si c'est mon cœur ou ma main
Si c'est ma chute ou mon chemin

D'où je suis que je sois m'efface
Portant mon absence où je passe

Où je vais jamais je ne suis
Et je viens moins que je ne fuis

Ô même moi partout pareil
Sans yeux sans bouche et sans oreilles

Comme une chose révolue
Comme un mot qu'on ne trouve plus

Plongeur plongeur que tomber mène
Exproprié de tout domaine

Scorie à ta propre coulée
Anneau perdu trace foulée

Porte battante lèvre ouverte
Tout m'est image de ma perte

J'entends si bien le temps saigner
Que tout moment m'est le dernier

Et le temps à mes doigts de verre
À mes genoux se fait calvaire

Le temps qui n'est plus ce qu'il est
Comme un feu mis à son reflet

Un aveugle soufflant sa lampe
J'entends le temps battant ma tempe

J'entends le temps j'attends le temps
Dont vivre meurt la vie étant

Plus avant en lui que je plonge
Le temps devient matin d'un songe

Dont fut le sens d'être oublié
Une fois de moi délié

II

JOURNAL DE ZAÏD

Qui parle ainsi ? Je ne sais plus, à veiller ce sommeil murmurant de mon Maître, en cette nuit de la terre où les femmes viennent nous porter nourriture, essuyant le front du malade (et elles disent voyant mes larmes : *Coïn ne orobiéla ne oropiéla*, qui ne pleure pas ne tète pas), je ne sais plus ou si c'est de moi que les mots naissent, ou bien de lui. Peut-être ma douleur s'est-elle avec la sienne confondue et suis-je comme lui le jouet de ce qui m'habite... Peut-être est-ce le songe de ma lèvre ainsi qui meurt sur la sienne, qui sait ?

Souvent une Romî vient près de nous s'asseoir qui m'appelle *Tchabo*, c'est-à-dire garçon comme on me disait au temps d'enfance, et pour elle il ne s'explique guère que je m'occupe de celui-ci qui n'est point de notre race, et qu'est-ce que cela peut me faire qu'un *bousno* vive ou meure ? Mais puisque m'ont adopté les Gitans, ils me passent cette faiblesse envers l'étranger, et comment se procurent-ils le lait qu'on m'apporte pour lui, me disant qu'il est *madjara-tchibel*, pour midi, qu'on m'attend près des feux pour manger. La femme pendant ma courte absence a lavé le malade et changé les étoffes de son lit, chantant à voix basse un air très ancien dont je saisis mal les paroles, où revient avec pitié la déploration *Tchororo tchororo*, pauvre pauvre, car la folie efface la malédiction du sang, et le Medjnoûn en perdant cette ruse des siens, la raison, lui devient aussi pitoyable qu'un Rom... Parfois An-Nadjdî vers elle a tourné la tête, ouvert des yeux qui ne la voient pas, semblant regarder sa parole, il gémit de n'en percevoir le sens, et la chanteuse pour lui redit lentement une *gatchapla*, un couplet psalmodié, lentement, lentement, comme si comprendre était affaire d'en avoir le temps... une *gatchapla* qui parle de la lune et des larmes, parle d'un cheval dans la nuit, et d'un homme qui ne revient pas.

Et le temps est parti sur son cheval cruel qui ne peut courir en arrière et qui n'a pourtant rien devant lui. Que puis-je attendre, quelle aurore, il n'est pour moi de lendemain... *Tchororo tchororo*... comment était jadis cet air qui me tourmente et dont me sont restés quelques mots seulement : *L'avenir de l'homme est la femme*... ah, pitié, ah, pitié de celui qui n'a pas d'avenir ! Ah, l'horreur de celui, *tchororo tchororo*, qui n'a pas d'avenir...

. . . .

Nouvelles sont de Maligrana venues : par un *tchipalo*, un forgeron qui s'est enfui, tandis que tout retentissait des fêtes de splendeur. Les gens qui s'attendaient au massacre, à la famine et au pillage, avec étonnement, avaient vu se remplir les marchés de vivres apportés pour eux : il semblait qu'Isabelle et Ferdinand dont partout était menée rumeur voulussent s'en tenir à la lettre des capitulations. Si bien que les soldats chrétiens murmuraient de voir comment était traité l'ennemi de la veille, et le peuple découvrait qu'on lui avait menti, décrivant les Castillans comme bêtes féroces, les Grands venaient s'asseoir à côté des nouveaux maîtres à la Bâb er-Ramla, dans les joutes par quoi s'exaltaient la valeur des guerriers, l'adresse des cavaliers, la force de leurs bras. Les excès qui pouvaient s'être commis étaient aussitôt réprimés avec une dureté par quoi les Maures se prirent à croire à la protection des nouveaux juges, plus qu'à celle de leurs cadîs. Des familles qui avaient eu projet de gagner l'Afrique par les bateaux ancrés dans tous les ports de la côte, et que les Rois Catholiques avaient frétés pour qui voulait émigrer sans lui en demander le prix du passage, revenaient sur leur décision, déchargeaient les mulets au dernier moment, laissaient reparaître sur leur table la vaisselle d'or et d'argent. Et, bien que fût garantie à tous liberté du culte et de la foi, les conversions étaient nombreuses, chaque jour voyait des abjurations, chaque jour de nouveaux renégats embrassaient la religion du Christ.

Que tout cela m'était étrange... et j'avais soif du détail, et j'essayais de m'imaginer, sans y parvenir, les changements de la vie à Maligrana. Comment les gens n'avaient-ils point honte ? Et se pouvaient-ils accoutumer de baiser la main qui avait porté la mort dans le Royaume ? Ô Tchipalo, dis-moi, qu'advient-il de ce qui fut, et comment peuvent-ils supporter la vue à l'Alhambra du conquérant et de sa cour ? Mais le forgeron riait de moi, car mes questions étaient pour lui naïves. Que je ne comprisse point, par exemple, qu'il soit naturel d'entrer dans la religion du vainqueur...

Ainsi font, il est vrai, toujours ceux de sa race. Ils n'ont religion que du vainqueur. Depuis le temps d'Égypte ou bien avant même, dans ce passé qu'ils ne connaissent point, n'ont-ils pas toujours ainsi pratiqué, du jour au lendemain rejetant comme un habit passé de mode, la croyance des vaincus ? Jusqu'à ces derniers jours, ils confessaient des lèvres la foi des Moslimîn, à quoi leur était-elle bonne désormais ? Et même que par traité les nouveaux rois la reconnussent, ne pouvait tromper leur instinct : tôt ou tard, le pas serait donné à qui prierait la Vierge, et la vie est trop courte pour ne point la devancer...

« Quoi, Tchipalo ? Peux-tu chanter avec eux en latin, pendant que vont brûler les Juifs et les Andalous ? te faire dans leurs processions convulsionnaire ? Comment croire, dis-moi, qu'une femme qui n'a point été visitée de l'homme ait mis bas un enfant de Dieu même ? » Et lui riait de ses dents blanches, disant que toute foi veut que l'on croie à l'invraisemblable, car où serait le mérite autrement ? D'ailleurs confesser une croyance n'implique aucunement cette abdication profonde, et pour les Gitans pas plus Mahomet que Jésus n'est autre chose qu'une formalité.

Je le savais. Mais cela m'est pourtant difficile à comprendre. Et bien que j'aie aussi vécu dans un monde, ainsi que mon Maître, employant le langage imposé d'une religion à quoi j'avais cessé de croire, par une nécessaire hypocrisie, il ne me venait point à l'esprit de comparer cette politesse de langage, qu'à l'incroyant pour la Loi des siens, avec la duplicité gitane et le cynisme qu'en affichait le forgeron. Il me dit une fois : « Tchabo, tu ne connais pas le monde... Il n'y a d'autre loi pour nous autres que de tromper celui qui veut nous passer son joug. J'ai déjà pour ma part appris à faire le Signe de la Croix, à quoi chrétiens entre eux se reconnaissent. C'est payer un prix minime la confiance des gens. *Aromali*, en vérité, ce qui différencie à jamais le Rom du Bousno, c'est que celui-ci honore l'argent comme un signe du travail, et feint de respecter le signe alors qu'il dérobe tout naturellement la chose. Son honnêteté nous fait rire, tenant pour piété de voler qui n'est pas des nôtres, et c'est notre honneur de vivre du vol, comme pour eux de vivre du travail d'autrui... Prendre est le propre de l'homme... »

. . . .

An-Nadjdî reprenait peu à peu conscience. Une conscience animale. Une conscience qui gémit de revenir à la vie. Et cela fait mal assez qu'on retrouve son corps, les membres las, la nuit des yeux, l'âge, cette courbature d'être... Une conscience de forêt qui s'éveille : tout ce que les feuilles cachent, le mystère fuyant des oiseaux... Une conscience d'orage, avec ses clartés soudaines, le vent majeur, les craquements de branches...

Les femmes venaient s'asseoir autour de lui dans leurs robes de couleur. Elles guettaient ce retour du vieil homme à la lumière moins dans l'espoir du chant qui renaît, que par une espèce de pitié cruelle. Et quand ses yeux devançant sa bouche exprimèrent qu'il voyait le monde, avec cette raison des fous, pour qui les choses ne sont pas différentes de ce qu'elles sont aux autres gens, mais sujettes à l'interprétation de la folie... alors, faisant tinter leurs bracelets, assurant les boucles à leurs oreilles, les femmes se mirent à danser pour lui, se relayant, si bien que le temps passait et l'on croyait encore qu'il n'était qu'*olébaratchi*, comme on appelle ici la minuit, quand déjà les premiers rayons du soleil se glissaient à l'entrée des grottes, petits écureuils roux grignotant des noisettes...

Un jour, mon Maître me fit un signe des paupières et je vis qu'il me voulait parler sans en avoir la force. Je vins près de lui m'accroupir, guettant les mots... Il ne disait qu'un nom, comme celui qui a tout oublié, le langage et le chant, pour ne plus se souvenir que d'elle, appelant de ce nom de la bien-aimée toute chose d'usage, et la lumière et la nourriture refusée...

Le lendemain, cependant, il parla. Difficilement. Mais forma des phrases banales ayant, semble-t-il, repris le sens d'autrui. Et le troisième jour, il me sourit et dit : « Zaïd... »

. . . .

Cette nuit, mon Maître m'a parlé. Avait-il entendu le forgeron, j'en doute, et pourtant d'où lui venaient ces paroles ?

« Zaïd, est-ce toi..., — disait-il —, cela vraiment est triste de mourir sans avoir compris comment il est possible que tout change, et vers quoi sans le savoir nous avons toujours couru, comme pierre à l'abîme... M'entends-tu ? J'avais passé ma vie imaginant que la loi du monde était le mieux... c'est-à-dire... qu'il y avait dans l'homme une force profonde, qui le pousse à s'accomplir, si peu que cela soit, comme si sa tâche était de porter un peu plus loin la vie... oh, Zaïd, comme on peut se tromper ! comme on peut... » Puis il est retombé dans ce silence d'où j'ai constamment peur qu'il ne se puisse déterrer.

. . . .

Il pouvait y avoir un mois que nous étions dans cette gitanerie, quand mon Maître me demanda de lui jouer de la musique. Je n'avais pas d'instrument. Une jeune fille me prêta sa guitare et longuement je dus répéter un air qu'An-Nadjdî aimait autrefois. Il se mit à improviser des paroles, puis ne pouvant plier sa pensée au rythme ancien, me fit taire et se contenta de son propre chant.

De surprise, j'en perdis le début, et ne me souviens que de ceci, peut-être où je fais des fautes, confondant ce que j'entendis et ce que je pensais :

Qui peut dire comment s'est obscurcie en l'homme la vue à venir Est-ce l'âge est-ce l'œil ou le pouvoir d'aimer est-ce la douleur de ce qu'il voyait douleur de la distance ou de l'infranchissable ou quoi peut-être ne pouvoir intervenir au temps futur être témoin lié de l'injustice ah comme alors je le comprendrais ou le démenti de nos rêves

À la longue le sang trace de filets la rétine et le réseau se serre devient tache fait si mal à qui dans le temps-vu n'avait limite ainsi que nous sommes tous dans l'espace qui voyons sans effort les étoiles peut-être est-ce là ce qui rend l'avenir opaque est-ce là l'insupportable

Ô mes vingt ans nous avions devant nous cette prairie à perte de regard une absence d'écran qui s'interpose au-delà de nous comme aujourd'hui cette sclérose

Et si je suis séparé de toi je suis séparé de moi-même

Quel mot du langage peut signifier cette dépossession sinon le mot dépossédé

C'est le contraire de cette furie admirable et qu'on dit de l'enfer mais qu'importe le démon le possédé n'est-il celui qu'habite un amour à sa semblance intérieure une présence par quoi l'âme et la chair sont doublées

Le possédé pour qui tout s'exprime au duel sa vie étant symbiose de l'autre et de lui

Mais le dépossédé qui dira sa maison vide et le vent qui la traverse

Qui dira cette nuit de la dépossession sans fin sans fond sans fente

Et je ne puis plus te parler que par prière ignorant où s'en va de moi la parole et perdant chaque phrase vers toi formée

Chaque phrase ainsi que ma substance propre à ta recherche

Or toute prière est prélude à la mort qu'elle se tourne vers toi qu'elle se tourne vers

La divinité qui ne se peut atteindre sans mourir

Peut-être est-ce là vieillir assurément ce sera mourir quand non seulement je ne verrai plus l'avenir mais j'en perdrai le souvenir

Quand l'inaccompli m'échappera quand je n'aurai plus part que de l'irrémédiable

Quand rien de moi n'aura plus prolongement dans la variation des choses

Dans ce glissement d'un présent vague à son lendemain pour quoi ma bouche va cesser de donner forme à la parole

De trouver modulation du verbe qui me fait survivre à ce que je dis

Et c'est comme un musicien qui répète un thème et ne sait plus le développer

À cette minute de fermer les yeux trop tard qui comprend n'avoir été devenir qu'autant qu'il était mélodie

Avec la phrase s'arrêtant muré dans le temps muré dans l'accomplissement verbal

Car il n'y a point forme au langage qui permette hors de soi le jeu de l'achèvement de l'inachevé

. . . .

J'ai surpris une vieille femme à tenir le poignet de mon Maître d'un doigt suivant les lignes de sa main, avec de petits cris, et un langage effarouché. Comme je voulais la chasser, elle protesta qu'elle voulait seulement *penar badji*, dire fortune à l'étranger, et sans lui en prendre paiement : « Comment n'as-tu pas honte ? — lui ai-je dit —, tu sais bien que *penar badji* est une mystification pour les *bousné*, afin de leur tirer l'argent. Celui-ci qui est notre hôte, tu profites de ce qu'il est sans défense pour lui mentir… à lui qui prenait la main du ciel, et lisait l'avenir aux lignes des étoiles ! »

. . . .

(Ici le « Journal » de Zaïd est consacré pendant plusieurs pages à une expédition qu'il fit avec les Gitans aux alentours de Grenade, pour procurer des aliments aux habitants de la Gitanerie.)

III

LES SUCCESSEURS

Que deviens-tu sans moi que deviens-tu Grenade
Je ne te comprends plus ô mon cœur arraché
Tu me survis ma vie et brûles mon bûcher
Autre langage y croît dans les arbres caché
Autre amour y fait promenade

Allons-nous-en ma mort ailleurs parler folie
Puisque nous n'avons plus de place dans la ronde
Sans nous le ciel fleuri sans nous le torrent gronde
Nous voici pour toujours étrangers à ce monde
Puisque Grenade nous oublie

Quel visage avenir caches-tu sous ton masque
Et ce peuple le soir qui va s'asseoir ici
Y retrouvera-t-il nos soleils obscurcis
Cette amère beauté dont nous eûmes souci
Les vers écrits au bord des vasques

Il parle il a sa peine Il danse il a ses joies
Il va croire à son tour à des dieux illusoires
Donner son sang pour rien s'enivrer d'un vin noir
Et dessiner son cœur sur des murs sans mémoire
Où tous les noms meurent en croix

Avenir avenir blé qui n'est beau qu'en gerbe
Et dont le grain se perd avant d'être meulé
Que deviens-tu sans moi ma Grenade étoilée
Ma ville au loin qui semble une barque ensablée
Ô mon minuit étouffé d'herbe

J'entends au loin parler les hommes d'outretemps
Vont-ils tirer de nous Dieu sait quel avantage
Ils sont les successeurs à qui va l'héritage
Savent-ils ce qu'ils font quand ils se le partagent
Je les entends je les attends

IV

MÉLIBÉE OU LES CONVERSOS

Les hautes flammes pures d'un coup bondissent dans la cheminée énorme aux chenets noirs. Le bois vert craque et fume, un parler de jointures, et dans la lumière d'après-midi la grande salle à la fois se peuple des invités et des ombres que jette le feu sur les murs, l'affairement des valets, les boissons versées, les salutations, le mélange des femmes et des prêtres...

Quel sens a tout ceci, que s'y prépare-t-il ? Ai-je bien vers l'avenir tourné le miroir de mon âme ? Il faudrait entendre les paroles de ces gens-là, mais de quel langage usent-ils, comme s'ils étaient autres oiseaux que nous, disant cette année febrero *pour Rabi es-Sâni ? Et de quel février s'agit-il, de quel siècle ?*

Il y a dû avoir erreur d'angle. C'est toujours l'an 897 de l'hégire, qui est pour ces marionnettes-ci 1492, comptant d'après ce faible soleil au dehors. La scène est à Santa-Fé chez le Converso Môsen Luis de Santangel, secrétaire d'État aux Finances de Castille et d'Aragon ; il y a là outre Juan Cabrero, camérier du Roi Ferdinand et Gabriel Sanchez, son Grand Trésorier, le

Frère Diégo de Deza, professeur en théologie, tous Juifs convertis, et Môsen Juan de Coloma, secrétaire d'État d'Aragon, de père chrétien et de mère juive. Andrès Cabrera, Marquis de Moya par la grâce d'Isabelle, secrétaire d'État de Castille, et sa femme, la Marquise Beatriz Fernandez de Bobadilla, grande amie de la Reine, surviennent avec une cour de jeunes gens. Des dames et des poètes. Santangel les a invités pour entendre le premier acte d'une pièce d'un auteur inconnu qu'a rapportée de Salamanque un jeune homme de dix-sept ans, Fernando de Rojas, Converso comme lui, comme ici tous à peu près ce jour-ci, et qu'on attribue assez douteusement à un écrivain de Tolède... Au moins en dit-on mille merveilles.

Avec le Frère Hernando de Talavera, prieur du Prado, et confesseur de la Reine, est entré Messire Jean Molinet dont l'œil droit semble tout à fait perdu. Dans le brouhaha de la politesse, autour d'une longue table de bois foncé qu'on croirait étayée d'épées croisées, les dossiers abrupts des fauteuils, les grandes manches des robes, les collets défaits aux appuis des bras, et sur des tabourets à grand bruit rapprochés des gamins fiers de la nouveauté d'une barbiche en pointe, tout cela se donne moins l'air d'une assemblée d'amateurs de poésie que de négociateurs réunis pour signer quelque traité bizarre, où les femmes ont part, dont plusieurs à leurs pieds retiennent difficilement leur chien, pour connaissance qu'il veut faire d'un voisin. Un grand Christ est au mur, de qui ce manteau de haillons véritables fait plus terrible la maigreur, avec la plaie du côté saignant framboise.

Il est malaisé de démêler les conversations qui se croisent. Mais il apparaît que la Marquise de Moya, qui rencontra déjà le Bachelier Rojas, a quelques doutes de l'origine de cette pièce qu'il intitule la Comédie de Calixte et Mélibée, *de quoi ce jeune homme parle avec une exaltation dépourvue de naturel. Juan de Coloma, pour sa part, ayant insinué que le Bachelier pourrait bien être l'auteur de ce qu'il loue avec si peu de retenue, Beatriz, caressant son lévrier, fait observer qu'il n'y a pas vraisemblance d'un tel excès, quand ce jouvenceau déclare que même en latin rien n'est si beau que cette pièce qu'il va lire, qu'aucune œuvre castillane ou toscane, voire grecque, n'y peut être comparée et cœtera... Mais son mari voit au contraire en cette emphase une raison pour que le lecteur cache son rôle véritable, et se voulant dissimuler d'en être l'auteur, outrageusement la loue afin que l'idée à personne n'en vienne... d'autant que l'exaltation qu'il met à parler de l'amour doit couvrir quelque aventure, ainsi qu'il n'en advient qu'aux très jeunes gens, l'homme fait n'ayant point la tête à semblables balivernes. Mais le Frère de Talavera, qui déjà de la pièce eut primeur, quittant ce jeune ami dont la beauté singulière fait que les dames l'entourent, déclare que l'on va bien voir qu'il est impossible qu'un enfant de dix-sept ans, n'ayant guère plus d'expérience que sa naissante moustache, ait pu concevoir une œuvre comme celle-ci, même si ce n'en est que le départ, le premier acte, où le langage est déjà tel, qu'il faut bien le supposer, l'auteur a dû rouler les bouges, coudoyer les ruffians, partager leur vie assez pour connaître leur âme... Sans parler de l'art même, et de l'invention de ceci qui n'a rien à voir avec les mystères joués par les moines, et tient du poème et du roman, tout autant que du théâtre, destiné à la lecture à voix haute, dans une prose mêlée de chansons, enfin quelque chose d'hybride et de jamais fait, n'ayant guère de chance de rapporter à qui n'a point cru devoir le signer autre avantage que la moquerie des savants, l'indignation des personnes honorables, et le rouge aux joues de la jeunesse. Pourtant, avoue le digne homme de Dieu, il y a dans cette prose on ne sait quoi d'irrésistible, comme un torrent de pensées, duquel on ne voit où il court, mais à croire le señor de Rojas, si peu dessinée que soit l'action dans ce début, tout ce que l'on connaît de l'ouvrage, il ne semble pas que l'auteur, à décrire le péché, ait mis des intentions impies... À l'en croire même, il aurait eu en tête de présenter en Mélibée une jeune fille d'une grande piété, qui repousse l'assaut des désirs du beau Calixte, étant de famille où les sentiments religieux sont d'autant plus profonds qu'ils ont source récente, Plébério, son père, n'ayant qu'à l'époque de sa naissance embrassé la religion du Christ. Ainsi...*

Mais la compagnie à la fin s'est installée, et l'on a décidé de mener les chiens dans la cour, de peur qu'ils n'aboient aux passages de passion, un joueur de viole a préparé les cœurs à la lecture qui commence. Et sans doute y a-t-il étrangeté de cette comédie après un discours de l'auteur demandant excuse de cette œuvre, argumentant contre lui-même, où rien n'est pour les yeux, les décors changent facilement d'un mot du lecteur, les personnages n'ont pas à se limiter en nombre, une seule voix les animant, d'une diversité de ton, qui vaut tous les acteurs du monde, et le Bachelier parle entre ses dents, alternant la gaieté, la passion, l'exaltation de l'espoir, avec la colère et la désespérance, faisant le valet et le maître, le naïf et le roué, la vieille pute et la jeune catin... riant, pleurant, parlant bas et haut tour à tour... Et nous voici dans le verger où Calixte poursuivant un de ses faucons a le bonheur ou le malheur d'y trouver Mélibée... pour passer dans la maison de ce jeune seigneur au milieu de ses valets... changer de quartier dans la ville, puis, au faubourg des tanneries, entrer chez la maquerelle, et l'en ramener... Cet acte, à lui seul, avec ses pauses, les jeux de scène, et les silences d'habileté du lecteur, va durer deux bonnes heures. Si bien qu'on imagine mal la représentation de la pièce, puisque, tout au moins selon notre écolier de Salamanque, son plein développement en exigerait bien quinze ou seize...

Qu'est-ce que tout cela signifie ? Et la richesse des draps, les meubles et les vêtements, le langage de société, tout un cérémonial incompréhensible, autour de cette récitation qui semble un défi... Où sommes-nous ? Le monde arabe ici régnait hier encore, dont rien ne reste que par la fenêtre un palmier. L'architecture triste et haute, l'inquiet regard entre ces hommes échangés, des conversations à mi-mots, rien n'est pour nous compréhensible. Est-ce l'avenir que je vois ? Ou le miroir a-t-il glissé qui se vantait de le réfléchir, donnant image d'angle inattendu à ce février de 1492, un présent inachevé, où tout semble surprise, et crainte, suite d'une histoire inconnue, à quoi je ne sais comment me tenir pour contemporain...

Or était la Comédie de Calixte et Mélibée *ainsi qu'à peine avait la belle au verger, pour trois mots dits de son amour, repoussé ce noble jeune homme, et par là même enflammé son âme et désespéré son cœur, que le dialogue entre lui et Sempronio, son valet, montre chez Calixte une folie semblable à celle du Fou de Grenade, qui de Mélibée va dire :* Pour Dieu la crois, pour Dieu je la confesse, et ne crois point qu'autre aux cieux soit de souverain, encore qu'elle vive parmi nous... *Qu'est-ce à dire ? Si de tels excès sous des religions ennemies enflamment le vieillard et l'enfant, y a-t-il vraiment communauté de pensées entre eux, qui révèle une permanence de l'homme, dans des peuples si différents ? Mais la pire inquiétude, Juif qu'il fût de père et mère, a saisi Diégo de Deza, bon théologien qu'il est, quand Sempronio accusant son maître de contredire la religion chrétienne, ce jeune seigneur hausse l'épaule, et le valet lui demande :* Mais n'es-tu point chrétien? *Calixte alors répond :* Moi ? Mélibéen je suis, et Mélibée adore, et crois en Mélibée, et l'aime seulement... *Oh, cela sent le feu, qui sait ? Peut-être, pour avoir écouté ces paroles, tout ce beau monde ici devra-t-il répondre aux juges du Saint-Office... Comme il a dit cela, cet imprudent enfant...* Mélibéen je suis... *Le frère s'est signé, qui lève son regard vers le Crucifié...*

La Célestine est là maintenant dans sa caverne, près des tanneries, au bord de la rivière, avec ses alambics, ses fioles, ses fards, ses eaux de beauté, ses parfums, ses philtres, son langage d'obscénité, ah, comment se peut-il qu'ainsi se métamorphose le lecteur, avec ses dix-sept ans, que sa bouche se fasse d'ordure, et se plisse de mille turpitudes ce jeune visage innocent. Où donc ai-je déjà vu cette vieille traîtresse ? Et le Medjnoûn se tord dans quelque rêve incompréhensible à qui l'entoure. Il ne voit plus le palais de Santangel, mais l'ombre gitane du Sacro-Monte, où le soir des chauves-souris s'égarent dans la grotte. Ah, te voilà, maquerelle, ah, te voilà ! Ce n'est pas la Célestine, mais la vieille qui prend la main du malade, pour y lire l'ave-

nir... Lui n'en comprend point la langue, ni ce qu'elle lui propose, regardant autour d'elle, si Zaïd ou le Tchipalo ne vont pas la surprendre, attirant Kéïs dans ses entreprises de mensonge... C'est pourtant Sempronio qui parle à l'entremetteuse et n'a point dégoût de l'embrasser — Hijo mio ! Rey mio ! Turbado me has. No te puedo hablar. Torna y doma otro abrazo... *— et il n'y a pas longueur à s'entendre et prendre chemin de la maison de Calixte... où Parmeno, son second valet, met celui-ci en garde d'elle... pour ce qu'il en sait, le puceau !*

Mais le lecteur s'est interrompu par humeur mauvaise, du bruit qu'a fait entrant un secrétaire au visage de qui se lit la consternation de la nouvelle apportée, et il lui a fallu déranger les gens pour approcher l'oreille du Chancelier. Santangel a pâli, s'est levé, tout le monde vers lui se retourne. Il s'agit bien de la vertu de Mélibée ! À cette heure, le seigneur Cristobal Colombo vient brusquement de quitter Grenade, irrité que les Rois ne se soient point pliés à ses exigences, il est parti sur sa mule, et sans esprit de retour... Aussi tous se sont levés, parlant à tort et à travers. Car il n'est pour personne ici secret des desseins du Chancelier, en qui réside le sort des Conversos, lui qui a su, pendant cette guerre de Grenade, écarter d'eux les dangers de l'Inquisition, nourrissant de sa caisse personnelle le trésor de l'armée, et prouvant ainsi aux Souverains que pour Juif que l'on soit de naissance, l'amour de Jésus peut être assez grand qu'on se dépouille à la gloire des Rois, au triomphe de la religion romaine. Mais aujourd'hui qu'il n'y a plus d'ennemis à combattre, et le Maure est soumis, les conseillers ne manquent point, qui envient la place tenue dans l'État par les Conversos de Castille et d'Aragon... il est sorti des consultations entre eux de ces hommes et de ces femmes, peut-être sincèrement unissant la cause du Christ et la leur, ce projet de soutenir de leurs deniers l'expédition du Génois, pour donner à la songerie d'Isabelle et de Ferdinand longue pâture, et les détourner d'où l'on voudrait les mener... Financer la flotte de Colomb, ouvrir par lui, en qui d'ailleurs ils ne sont pas seuls à reconnaître un homme de leur race, et bien que les Rois n'en soufflent pas mot... ouvrir par la science et l'audace d'un converti ces terres qui rejoignent Cipango, où par mystère tout change de sens et de nom, l'occident orient appelé... c'est là, c'est là sauver leur vie et leurs biens, prouver que sur eux se base la grandeur du Royaume Catholique, et si le Découvreur réussit dans sa merveilleuse entreprise, ne va-t-il pas rapporter l'or d'Ophir, qui permettra de se retourner vers Jérusalem, afin d'y délivrer le Saint-Sépulcre ? Et il y a cette idée entre eux qu'ils n'ont point besoin d'exprimer, qu'arracher à l'Islâm cette terre de leurs ancêtres, ne se peut qu'avec les armes chrétiennes, dans les temps où nous sommes, et d'ailleurs Jésus n'était-il point l'un des leurs ? Il faut à tout prix rattraper Colomb, le persuader de revenir... et que le messager lui puisse dire que à ses conditions consentent Leurs Altesses... — car vous savez combien cet homme a la tête obstinée...

« Mais vous n'y songez pas ! — *s'écrie Juan de Coloma,* — jamais les Rois ne se pourront plier à de telles extravagances ! Non seulement Colomb prétend au titre d'Amiral de Castille, mais il demande la vice-royauté des terres à découvrir, la dîme des profits tant du commerce que de la conquête... et deux millions de maravédis ! Il se dit l'égal de deux couronnes ! C'est folie, à lui de lier notre sort ! Et j'oubliais... il entend laisser à ses descendants à jamais l'héritage des Royaumes qu'il va fonder, pour l'éternité des siècles ! »

Cependant que Beatriz de Moya s'en aille parler à la Reine, le confesseur se joint à elle... L'argent, Santangel le donnera : ne s'agit-il plus que d'une question d'orgueil ? Il n'est pas humiliant pour de grands monarques, si le haut intérêt du royaume l'exige, de concéder des honneurs et des avantages sans rapport avec le succès de l'entreprise, sous la condition de ce succès...

Ah, c'est là tout autre théâtre que des amours de Calixte et de Mélibée ! Et si Fernando de Rojas avec dépit ramasse les feuilles du manuscrit inachevé, dont toute sa passion est de le lire, et de le lire encore à d'autres, déjà les intrigues se nouent, si l'on peut appeler intrigues ce qui se fait pour le bien des hommes et la gloire de Dieu. Isabelle a déjà pris sur elle ce que son époux peut-être eût refusé, mais l'affaire est maintenant d'atteindre le fugitif, auquel sur un cheval genet est dépêché un alguazil de la Reine, et par la fenêtre du Palais Santangel, de cette salle où désordre règne de la lecture interrompue, on voit l'émissaire monter en selle dans le patio où les valets gardaient les chiens, la porte s'ouvre et soudain le lévrier de Beatriz de Moya part à côté du genet comme une flèche qu'eût tirée à l'arc le désir même de sa maîtresse...

CHANT D'ÉGLAMOUR

Chasseur plus maigre que le Crucifié
Tu cours l'herbe à la façon d'une serpe
Et le cheval est pris de honte à se sentir lent et lourd
À côté de toi blond comme la lune à ses derniers jours
Quand elle décroît et devient transparente
C'est l'homme qui t'a fait pareil à l'écorce du citron

Je suis des yeux l'éclair mais non point le lévrier
Si rapide qu'il me coupe les cils
Et qu'importe qu'il ne sache point la raison de sa course
Franchissant Atarfé franchissant les ruines de l'antique Elvire
S'il entraîne ce cheval afin que Colomb soit atteint
Avant que le soir tombe et qu'il n'ait passé le Pont de Pinos
En route vers Cordoue à trois parassanges de Grenade
Son honneur est de courir et non point pour quoi cette fois il court
On ne sculptera pas son image à la porte du Nouveau Monde
Où Colomb baise la terre et lui donne le nom du Sauveur
Jamais on ne dira qu'il y eut d'abord ce chien puis l'Amérique
Il est en lui-même sa fin
Il n'a point demandé qu'on le fît Amiral
Il n'a ménagé rien ni son cœur ni sa langue

Et le voilà quand il s'arrête au pied du Découvreur
Haletant à en mourir comme celui qui pour boire a trop soif

Comme l'amant qui a donné sa vie avec sa semence
Tu es beau d'une beauté qui ne se décrit point
Plus que ne se décrit la générosité folle
Toi Slougui brusquement dans cette histoire au premier plan que j'imagine
Pareil à Églamour le chien des Marcenac si follement
Brûlant la terre si bien qu'à l'arrêt
Tu dois le porter comme un enfant aux yeux de gazelle
Car il n'a plus de peau sous ses pieds pâles

Je ne sais pas à courir ainsi quelle idée
Il se fait donc de l'avenir

V

Ô MON JASMIN

Moi pas plus que le chien je ne vois l'avenir
De ce que j'aperçois comment comprendre rien
Ni ce que dit le mot ou peut la main tenir
Le monde autrement roule et le mal et le bien
Qui furent miens sont souvenirs

À la grande rigueur dans les choses passées
Dont le temps à mon gré la barque m'abandonne
Je démêle mes traits fussent-ils effacés
Où le printemps d'autrui ressemble à mon automne
Comme une nuit recommencée

Mais qui vient après moi parle un autre langage
Sa vêture le fait animal inconnu

Les objets de sa vie ont couleur de son âge
Il a marque du siècle encore s'il est nu
Dans sa parole et son visage

Ni le jour ni la nuit la vitesse et la flamme
Il ne demeure rien du temps où je suis né
Je ne reconnais plus ni l'homme ni la femme
Il ne me sert de rien de les imaginer
Ô corps futurs dont autre est l'âme

Théâtre d'ombres sur la toile de demain
Songes d'aube muets dialogues de sourds
Gesticulations de la bouche et des mains
Sur vos chemins je cherche et me fuit cet amour
Sans qui pour moi n'est sens humain

Ô mon jasmin l'heure m'est proche où l'amertume
Immense de la mer va couvrir mon destin
Aux mèches de mon front en expire l'écume
Ô mon jasmin ma femme aux couleurs du matin
Dont le soir profond se parfume

VI

CHANSON POUR TOUCHER LA PIERRE

Je marche immobile à travers la durée
Je fais route immobile en tout sens et me portant partout
Je franchis ma journée à la façon du nageur qui ne sait s'il avance
Car l'eau des heures l'entoure et le lie
Et parfois la vague à rebours le verse et le renvoie
Entre hier et demain perpétuel naufrage
Immobile à la fois du désir et du désespoir écartelé

Je suis le feu dans le désert entouré des bêtes féroces
La prière arrêtée à la lèvre avec ces changements de dieu
Moi je n'ai point changé contre menue monnaie
Ton nom ma bien-aimée amant de la race ancienne
Et je n'ai
Que ton nom pour boussole au milieu de la mer

Je marche immobile à la recherche de moi-même
Seul si je suis sans toi sous les gravats des ans
J'écarte vainement les rideaux d'entre nous qui toujours se reforment
Les brumes du grand lit d'absence à jamais refermées
Je cours immobile où tu n'es pas je me perds
Où tu n'es pas d'où tenais-je
Cette foi de démence en ce qui vient mais d'où
Tenais-je pour certain que l'homme fût toujours progrès sur l'homme accélération vers toi sans retour

Ah la pierre ait pitié des genoux de mon âme

VII

LE SIÈCLE D'OR

Mon peuple dispersé comme un vol de perdrix
D'autres feux sont venus brûler dans tes villages
Parlant un autre Dieu dans un autre langage
Où t'en vas-tu cherchant d'illusoires patries

Ceux qui n'ont pas voulu monter sur les galères
Par leur pays traînant leurs ombres d'étrangers
Rêvent le temps d'Islâm sous des mots mensongers
Et l'ancienne grandeur nourrit neuve colère

Aben'amar Aben'amar
Moro de la moreria
El dia que tu naciste
Grandes señales habia

Dans votre morerie ô Maures vous rêviez
C'est toujours par chanter que les choses commencent
Et les rébellions succèdent aux romances
Ils sont venus vous pendre aux branches d'olivier

Siècle d'or siècle d'or de tous côtés qui brûle
Ô siècle des douleurs de tous côtés en sang
Le Roi d'Espagne a peur quand il voit le croissant
De la lune paraître avant le crépuscule

Aben'amar Aben'amar
Moro de la moreria
El dia que tu naciste
Grandes señales habia

Voici la grande nuit sans justice et sans fin
Il n'y aura pour vous ni grâce ni revanche
Et c'est de vous tuer qu'ils auront des dimanches
Pour prier leur Seigneur et dormir à leur faim

Leurs saints de pierre font des gestes pathétiques
Des bateaux sur les mers promènent leurs armées
Et partout à leurs pas des bûchers allumés
Ils font des vers ils ont de grands songes mystiques

Aben'amar Aben'amar
Moro de la moreria
Les grands signes qu'il se fit
Ce jour-là que tu naquis

VIII

DON JUAN AU SACRO-MONTE

Et la vieille en sa robe jaune d'or qui veille sur le Fou guette les mots de sa lèvre essuie à son front la sueur

Elle comprend obscurément ce mal en lui de l'avenir qui souvent vient à ceux dont sont comptés les jours et dans ses yeux dont elle voit lueur

Il n'est philtre à ce mal qui dans sa chaise l'homme soulage se tournant mille fois sans trouver la porte future

Que peut-elle pour lui n'ayant art que de tromperie elle qui fait métier de la bonne aventure

Elle a tiré d'un foulard dénoué ses cartes de couleur y cherchant la réponse au murmure des mots

Ah que va-t-elle d'autre inventer que mensonge à terre de ses tarots

C'est ici le livre de sagesse à travers les mers et les monts apporté par son peuple sombre on ne sait d'Égypte ou du Thibet venu

Compte à tes pieds suivant la loi du Jeu les vingt et deux images dont la dernière est une jeune fille nue

Tenant baguette à chaque main debout sur un seul pied l'autre jambe en arrière pliée

L'aigle le taureau l'homme et le lion l'entourent de leurs questions qui sont les quatre aspects du Sphinx

Et le Fou les voit vaguement pour qui la femme seule est signification des choses feintes

Qui peut entendre la devineresse à l'interrogation de l'amour ni ce qu'il est dans la fièvre aujourd'hui du blessé ni sa blessure

Ni ce songe en lui de ce qu'amour va devenir dont il se ronge et ne se sent que trop sûr

Car les champs qui s'ouvrent à son regard où tout l'attarde et tout l'égare

N'en ont pas plus que l'entremetteuse idée à qui la fin n'est que le vin versé l'homme et la femme dans le lit les draps froissés
Et dans la pièce à côté l'argent compté se poussant du coude des gens écoutent les soupirs et les cris des amants
Alors la déception commence où le mâle est roi qui s'en va besogne faite
Le règne de l'abus les siècles du mépris où le couple est dérision séduire encore seule fête
Défaite ma défaite ainsi le soleil futur me dément
Et c'était pure illusion que ce devenir chanté comme illusion ma Grenade
Au bout du compte n'étions-nous qu'une folle et noire manade
À qui l'histoire va n'offrir au mieux que le sort des taureaux
Hélas point ne m'est besoin des tarots pour voir à l'aise son visage à cette guerre où triomphe un étrange héros
J'ai marché dans l'avenir sans bouger de place et c'est demain la même grotte après demain plus tard plus tard où comme l'astronome
Du toit de sa maison qui s'en va familièrement dans les planètes et les nomme
Mon miroir courbe a pouvoir d'évoquer ceux qui vont venir où gît mon corps un jour ou l'autre dans les temps

Et le voici dans ce décor l'homme à qui l'ennemi c'est la femme ô Burlador un soir chez les Gitans
Quelle enfant l'y suit entre mille et une au clair de lune blonde ou brune et tapez des mains que l'on danse à sa honte
Lui que dit-il ce valet qui sans doute à Séville escompte à leur retour pour ses complicités se voir fait comte
— *Selle les chevaux Catalinon que l'aube se levant meure de rire à cette fourberie*
— *Une autre noce monsieur vous attend à Lebrija* dit le valet *consommez celle-ci sans tarder je vous prie*

Il fallut ce triomphe de la Croix Don Juan pour que tu fusses
Il fallut ce Dieu perfide comme l'autre et comme l'autre Janus

Ayant face à la fois du sublime et face de l'infamie
Il te fallut ce Dieu que tout te fût permis
Si bien qu'en ce temps de ton règne en ce temps de la femme humiliée en ce temps des baisers bafoués s'il se trouve
Au bout de ses propres dénis quelqu'un pour traiter ta soif de la chair comme une louve
Ce sera Dom Francisco de Quevedo Villegas seigneur de la Torre de San Juan de Abad Quevedo le sceptique à la fin qu'emporte la passion

Don Juan la cosa mas necia
De ámor es la pósesion

Ce qu'il y a de plus stupide en amour c'est la possession
Ô dialogue
Et nous qui ne sommes plus rien que le souvenir des choses par vous périmées
Comme de grands châtaigniers à leur pied qui laissèrent tomber leurs bogues
Je le crie à vous gens du Christ nous autres nous avons aimé

Mais quel sortilège Débauché dans cette grotte t'invite
Et ce mot qui disait l'amour à quoi personne plus ne croit
Maintenant qu'il est le manteau de ton épaule au matin froid
Que va-t-il donc signifier quand le petit jour voit ta fuite
Toute cette nuit qu'as-tu fait de la colombe oiseau de proie
Voilà qu'on dit *chevalerie* en Espagne pour inconduite
Est-ce vraiment l'univers à l'ombre amère de la Croix

Et l'avenir abusé pleure ainsi qu'une fille séduite
Don Juan Tenorio s'en va sur sa monture avec les agaves
Et les figuiers de Barbarie aux flancs du Sacro-Monte d'où les caves
Agitent vers le Séducteur l'au-revoir blanc de leurs mouchoirs de craie

Moi je marche immobile dans le temps pour en surprendre le secret
Ô Jean de l'Enfer montre-moi le Ciel tel qu'à l'envers il se peint sur tes traits

IX

JEAN DE LA CROIX

Grenade 1581
En l'an quinze cent quatre-vingt et un suivant le soleil du Christ marchant sur sa quarantième année
Aux cavernes des Égyptiens paraît un homme au-dessous de la moyenne en son capuce blanc
Au Couvent des Martyrs nouveau prieur des Carmes
Pour apaiser la soif dévorante du Seigneur chez ses fiancées
Qui fait de l'Alhambra construire un aqueduc
Il porte dans ses yeux la vision céleste et vient achever ici ce cantique à Tolède entrepris dans la prison
Gocémonos Amado familiarité de l'Âme envers Dieu son amant
Jouissons mon bien-aimé puis allons voir en ta beauté
Le mont et la colline d'où l'eau pure jaillit
Entrons au plus profond dans le profond taillis
Et d'abord aux cavernes hautes de la terre nous irons
Si bien dissimulés
Amour de Dieu furtif amour volé
Adultère du ciel et de l'âme ô rendez-vous divin ô divine bravade
Lieu de passe de l'enfer au paradis
Et nous y entrerons
Goûter le vin bourru de la grenade

Que dit-il au-delà des mots quel
Blasphème admirable ou sainte moquerie et pourquoi
Chez les Gitans cherche-t-il la couche obscène du Seigneur

Quel enseignement cherche-t-il parmi vous proxénètes
Qui dansez vos robes de couleur
Autour du couple mystique

Salut à toi Jean de la Croix les pieds nus t'en venant
Parmi ces enfants de l'Inde comme si
D'eux tu pouvais tirer leçon de sagesse anci-
Enne et comme si leur impiété même veillait sur une petite flamme
Ainsi qu'en portent les cœurs peints dans cette vie à l'étroit
Salut à toi Jean de la Croix je t'attendrai Que le répons au chant d'Islâm
De toi m'arrive et donne-moi neuve folie afin que j'y croie

Jean de la Croix ne voit pas le Fou près de cent ans en arrière
Jean de la Croix n'entend pas la question posée
Et tant que sur le front de la fleur la plus humble il luit une goutte de rosée
Jean de la Croix se défend dans sa parole à cause de la Sainte-Hermandad sans doute et sont les hautes cavernes selon lui
Des mystères divins La pierre dont il parle
Celle sur qui l'Apôtre a bâti son église et ce vin
Bourru qui sourd des graines de la grenade
Exprime ici que des merveilles de Dieu sort et s'essore
L'unique jouissance et délectation de l'âme

*

Jean de la Croix je te demande
Autrement qu'un corrégidor
Ce qu'est l'homme et ce qu'est l'amour
Ce qu'est la nuit ce qu'est le jour
Jean de la Croix

Il dit que l'âme est une lampe
Et d'elle ne vient point le feu

Il faut que quelqu'un le lui donne
La flamme d'amour est de Dieu

Jean de la Croix je te demande
Non des mots pour l'Inquisiteur
Mais d'éclairer la Nuit obscure
De ta lumière
Jean de la Croix

Il dit que la flamme couronne
La lampe comme le Saint-Esprit
L'apôtre et la lampe n'est lampe
Qu'autant que sa flamme a mûri

Jean de la Croix je te demande
Quelle est la sagesse secrète
Ainsi qui fait lampe la lampe
Jean de la Croix

La vive flamme de l'amour
Est pourquoi la lampe fut faite
Sans elle qui n'est qu'un plomb lourd
La flamme est l'avenir de l'âme

Jean de la Croix je te demande
De dire au clair ce qu'est la flamme
Elle est l'avenir de la lampe
Si je te crois

Il dit à nouveau que la lampe
Est l'âme et la flamme l'amour
Une autre fois je lui demande
D'où vient l'amour et qu'est la femme

Jean de la Croix je te demande
Qu'est l'avenir

Le jour vient de t'en souvenir
Jean de la Croix

*

Ubeda 1591

Et quand il est à s'en mourir
Jean de la Croix sur la montagne
Se souvient de la nuit gitane
Des enfants couleur de châtaigne

Et quand il est à s'en mourir
Mieux que prière et pénitence
Il se souvient des longues danses
Qui furent sa chapelle ardente

Et quand il est à s'en mourir
Au dernier moment de la cendre
La guitare entre dans sa chambre
Le feu reprend pour le chant sombre

Et quand il est à s'en mourir
Jean comprend sa douleur extrême
La nuit obscure de lui-même
Et les clous de Dieu dans son âme

Jean de la Croix

Jean de la Croix je te reconnais tu ressembles
À tous ceux pour qui le rite et le dogme étaient prisons
Et qui cherchèrent chemin droit vers Dieu laissant les lacets interminables de la raison
Jean de la Croix tu n'es que le nom chrétien de tous ceux qui se damnent d'amour
Jean de la Croix tu meurs autrement mais pourtant comme
Mansoûr al-Hallâdj hors de ta religion comme lui car la Loi

De Dieu toujours qu'il soit de Judée ou d'Islâm tu le sais met à mort les Saints
La Loi de Rome ou de La Mecque inexpiable tient l'excès d'aimer fût-ce Dieu Jean de la Croix
Et moi comme toi qui n'ai de passion mesure
Je passe le lit de tes douleurs au-delà de l'amour de Dieu
Car la réponse est de ce monde à la question que je suis
Qui s'en écarte se perd et ne trouve
Que l'abîme au bout du raccourci quand la réponse est en ce monde-ci
Dans ce monde-ci l'amour et l'accomplissement de l'homme
Jean de la Croix

X

JOURNAL DE ZAÏD

Par la soumission de ces Moslimîn qui se sont faits clients des Rois Catholiques, comme par la multiplicité des reniements, s'est vu le triomphe de Castille tant assuré qu'à Grenade où les Souverains tiennent maintenant leur cour, rien ne les arrête plus pour parfaire leur victoire, ni la parole donnée à Santa-Fé, ni les preuves de fidélité des Juifs convertis. Je me rends parfois en ville aux jours de marché pour avoir nouvelles de ceux-là que j'ai connus chez Ribbi Nahon Ben Samuel, dont plusieurs sont hommes de grand savoir et de cœur généreux : mais ils ne veulent rien entendre de se joindre à nous pour échapper à l'Inquisition, dont leur est menace. Il leur semble que ce soit fuir et d'avance par là légitimer les mesures contre ceux de leur race, à quoi d'ailleurs ils se refusent à croire. Ce peuple est celui de la Loi, qui ne peut comprendre qu'au bout du compte ce qui fut écrit ne triomphe, et non point comme il est naturel aux Gitans lesquels regardent le Mal pour la règle, et se rient des morales sédentaires, les tenant pour masque à la vie comme elle va.

Je vois bien que le temps est proche où les mesures déjà prises dans le reste de l'Espagne contre la nation de David vont être étendues au Royaume de Grenade, en attendant qu'elles frappent à leur tour les Maures qui semblent encore jouir de droits égaux avec leurs conquérants.

Dans les cavernes du Sacro-Monte, mon Maître est presque tout le temps en proie au délire, et ne s'en éveille que pour me demander. Quand les lueurs de sa raison le permettent, je l'entretiens de ce qu'il est advenu de Grenade, et il me répond par des manières de chansons, que je n'ai pas le cœur de noter, parce qu'elles sont pour moi trop déchirantes.

Mais je vois bien qu'il me cache certaines de ses pensées, je note parfois chez lui des mouvements d'impatience, qui ne se peuvent expliquer que par ma trop longue présence. Il vient auprès de son lit maintenant plusieurs femmes que je soupçonne de se livrer à sa demande à des conjurations, dont entre eux rient les Calès, mais où lui semble se complaire, et l'on voit bien par là qu'il n'est point des leurs. À rien ne sert de l'en vouloir dissuader. Il veut sonder l'avenir, il porte ses yeux en avant, sur des siècles qu'il traverse, semble-t-il, comme s'il fallait d'abord passer par ces longs déserts d'Elsa pour un jour arriver jusqu'à elle. Il lui est advenu de m'en parler, et mon incrédulité l'a fâché. Après tout, que ces vieilles de leurs tours peuplent les jours derniers qu'il lui reste à franchir !

. . . .

Les Rois Catholiques, m'annonce un fugitif, ont signé hier l'édit par quoi seront bannis les Juifs de leur Royaume. Nous sommes le deux de Djoumâdâ es-Sâni. Cependant personne encore des fils d'Israïl ne veut croire à l'évidence. Attendons, disent-ils, que la chose soit proclamée !

. . . .

Je ne sais si ces femmes lui ont fait boire un sortilège, une infusion de rommani-tchal, ou simplement du vin de Malaga, dont je crois bien qu'elles ont volé l'outre pendue au fond de la grotte, aujourd'hui j'ai trouvé mon Maître dans une agitation singulière : il ne me voit point, il n'entend pas mes paroles, mais semble converser avec des ombres que je n'aperçois point. Il pose soudain sur moi son œil vide, à quoi je suis transparent sans doute, puis, comme si quelque conscience en lui s'éveillait à ma présence, il m'appelle d'une voix étonnamment forte, on eût cru pour me faire de très loin venir.

« *Je suis là, ô Maoulâna,* — lui ai-je dit, — *est-ce que vous ne me voyez pas ?* »

Il a fait alors sur moi descendre ses yeux de quelque part au-delà des temps, et m'a dit : « *Te voilà, garçon ? Où donc étais-tu resté ? Quel jour sommes-nous à ton compte, et de quelle année ?* » Et quand j'ai répondu que nous étions le 20 de Djoumâdâ es-Sâni de l'an 897, il s'est emporté, criant que je suis fou, que nous sommes le onze de Mouharram de l'an 1223, qui est l'équinoxe de printemps pour l'an 1807 des Chrétiens, et que les vents viennent de détourner de Malaga vers l'Algérie le bateau sur lequel un voyageur arrivant de Tunis arpente le pont, cherchant des yeux la direction de Grenade... « *Mais*, dit-il, *pas plus que les miens ne parviennent à travers la confusion des temps à découvrir Elsa, ses regards ne peuvent y rencontrer Natalie... il ne sait point qu'elle accourt, blonde avec ses grands yeux noirs, dans Séville, s'en retournant de Cadix, aux jours qui précèdent les pâques chrétiennes, et tout ce qu'elle dit semble fait pour brouiller sa piste comme un oiseau tremblant qui redoute le chasseur et les chiens... Lui, sur le pont du voilier, dans l'odeur du goudron, appuyé à l'un des deux mâts, brûlé du soleil d'orient et du sel des vagues, jaune et maigre, ayant fait de cet amour qui lui est né, voyons, il y a de ça trois années, ce détour de huit mois par ce qui lui semble l'autre bout du monde... c'était vers elle qu'il allait à Jérusalem, vers elle qu'il tournait en Égypte, mais en voilà trop de cette boucle au large d'Andalousie, en voilà trop... comme si les vents prenaient parti de ce mari plus soucieux du qu'en-dira-t-on que de sa femme...* »

Il me semble, autant que j'en ai pu retenir les mots que ce délire aussi parlait des ruines de Carthage, et de mille choses dont je n'ai pu saisir les noms parce qu'ils étaient mouches brillantes dont on ne voit que le feu comme on n'en perçoit que le bourdon...

. . . .

Se peut-il que le Medjnoûn ait en si peu de temps traversé les siècles pour compter un à un les jours de ce Mouharram de 1223, sur les doigts d'à présent ? Le 30 à son compte, enfin, cette fièvre qu'il avait sembla s'apaiser, et lui disait : « Ils arrivent... » Qu'attend-il ? Ce n'est plus le Séducteur ou le Saint, mais un couple...

(Ce qui suit n'était point consigné dans le journal de Zaïd, il semble que ce soit pure imagination d'un commentateur de plus tard, car les sentiments ou les personnes n'ont ici rien à faire avec ce que Kéïs Ibn-Amir ou le Frère Jean de la Croix, l'un comme l'autre pouvaient entendre par la flamme et, de l'avenir de Don Juan blasphème, attendre. Au bout du siècle d'or, passe l'ombre beige du Chevalier de la Triste-Figure et l'on peut sans fin discuter si de l'amour c'est dérision que la transfiguration de Dulcinée du Toboso, si le Quixotte est oui ou non un progrès sur les Medjnoûn du passé, un pas vers l'homme de l'avenir, si son cheval dans les collines de la Manche, le porte dans le monde moderne où s'éteint l'ancienne romance. Mais plus de deux cents ans le séparent de cette rencontre des amants peut-être à Cordoue...)

XI

LES TRAVERSÉES

Celui qui passe les mers autrement que des reins de l'épaule
Et dans les îles du corail cette nage au fond des eaux
Il n'avait d'abord qu'une planche et pour se diriger la perche
Quand à la barque il eut donné la courbe même de son corps
Un jour vint de hisser la voile et de doubler tripler les rames
Si bien que ce fut une ville à la fin défiant la vague
D'où nécessité du sextant de la boussole et de la roue
Qu'à la semblance de l'esprit le navire pointe sa proue

Celui qui passe la terre éprouvant fatigue de la marche
Eut tôt la ruse d'accoupler sa force à celle du cheval
Mais le plus rapide coursier à qui le monte a souffle court
Le cavalier souffre la soif d'arriver au bout de son œil
Il se ronge à se voir toujours outrepassé par ses désirs
Et comment rivaliser pour la vitesse avec la lumière
Ah que pour compliquer les chars nous nous y prenons lentement
Les siècles à donner au fer la mémoire des mouvements

Celui qui passe le ciel et de lui l'alouette se moque
Il ne lui suffit de l'aigle à chevaucher ou de l'oiseau-roc
Ni d'imaginer les dragons
Mais déjà le rêve humain méprise un voyage de cigogne
Il fallut sans doute un amant séparé pour inventer le Tapis volant
Et quel cœur immense bat dans la poitrine qui se fait à la respiration des astres
L'homme ayant même oublié l'aile à perfectionner le feu
Le voilà sur le point d'atteindre où le bleu cesse d'être bleu

Mais ni cieux ni terres ni mer
Entre le futur et l'antan
Il n'est monture que chimère
À celui qui passe le temps

XII

LE RENDEZ-VOUS

Grenade 13 avril 1807
À force de rêver l'un de l'autre ô couple enfin qui prend forme

Et tout entre ses bras varie et prend couleur de passion
Le monde tient de lui son sens et sa transfiguration
Il est assez de deux amants pour changer la vie et ses normes
Toutes les ruses du bonheur se sont mises de la partie
Le double périple d'aimer a décrit ses routes secrètes
Ils se sont rejoints à Cordoue et Grenade pour eux s'apprête
Comme une chambre à leur mesure et malgré tous les démentis
Les voici seuls ayant laissé la beauté maure et les terrasses
Et les palais et la légende et les torrents dans les ravins
Le valet Julien dans un ventorrillo cuve son vin
La grotte où les attend l'avenir leur ouvre un havre de grâce

Impatience impatience et s'ils allaient se raviser en chemin
s'ils allaient vaciller renoncer revenir sur leurs pas
Tout ce qui les sépare tout ce qui
Les rattache ailleurs les attache ailleurs les enchaîne
Ailleurs les détourne les voue au vivre déchirés
S'ils allaient s'arracher l'un de l'autre et personne
Personne au rendez-vous
Que moi pour les attendre pour
La douleur de les attendre en vain d'abord comme un retard
Insignifiant d'abord puis qui s'accuse dure inexplicable-
Ment un temps mort un temps blessé faussé cassé dément
Un temps démembré démantelé démâté qu'on ne sait comment
Prendre ah comment le tenir le rouler dans ses doigts s'y brûler
Impatience impatience et s'ils allaient ne pas venir
Ne pas pouvoir ne pas vouloir venir où va leur destinée
S'ils allaient se partir avant de s'être joints
Avant d'être les doigts d'une même prière et le temps
Le temps se met dans ma gorge il m'étrangle il m'étreint il m'étrille il m'étrive il m'entrave il m'entraîne il m'entre au ventre il m'entraille l'entaille il me troue
Le soir fraîchit la lumière et le jour s'effrite
Le soleil effeuillé ressemble aux marguerites
À la folie et pas du tout
Ils ne vont pas venir après les hirondelles

Ils ne vont pas venir après la nuit qui descend
La guitare s'éteint Allumez les chandelles
La cendre est blanche et noir le sang

Natalie a l'éclat passager des vanesses
Elle change de robe et de nom tous les jours
En sa saison d'Espagne elle était Dolorès
Et lui va l'appeler Blanche dans ses amours
Je l'avais rencontrée en des temps homicides
Où les têtes tombaient tous les jours au tambour
Qu'apprit-elle à hanter l'atelier de David
Où l'on ne peignait pas que des bouquets de fleurs
Et les modèles nus y mimaient la douleur

Je me souviens Son frère est revenu d'Autriche
Qui voulait changer l'homme et le rendre plus pur
Elle tournait vers lui d'obliques yeux de biche
Pour l'écouter parler dans le grand parc obscur
Le babouvisme alors était leur jeune ivresse
Ils se grisaient tous deux avec des mots amers
Elle de ses cheveux faisait de longues tresses
Rêves de Méréville enfants d'avant Brumaire

Comme la vie eût pu se faire différente
Des Révolutions surgissent les Empires
Sous les cieux andalous la Dolorès errante
Tourne vers l'Orient son cœur et ses soupirs
C'est elle qui voulut soumettre à cette épreuve
Ce voyage à l'envers des Princesses lointaines
Le chevalier bouclé que dans l'Espagne veuve
Elle s'imaginait dans le jeu des fontaines

Ils ne vont pas venir je vous le dis ils ne v-
Ont pas venir ce soir avec des lèvres neuves
Redonner au baiser ses anciennes raisons
Ils ne vont pas rouvrir les yeux de l'horizon

Ils ne vont pas venir nous apporter la preuve
Qu'avenir n'est à l'homme et la femme au bout du compte une prison
Ils ne vont pas s'inscrire en faux contre celui qui ne voit grandeur qu'à séduire
Contre celui qui transpose à Dieu l'amour humain
Ils ne vont pas ce soir trouver enfin la route triomphale
Gitanes qu'aviez-vous besoin d'orner la caverne avec des tournesols et des belles-de-nuit
Fausses devineresses laissez de vos mains tomber l'interrogation des mains
Demain n'est pas pas encore aujourd'hui pour demain

Et comme je parlais ainsi par la sente où les pas sur la pierre étrangement déjà sentent la lavande
J'ai vu monter la rose double des amants
L'homme noir de soleil faisait la femme blanche
Dans le creux de son cœur et la nuit l'enfermant
Ils sont venus comme le chant profond de l'âme
Comme la musique de la chair comme la flamme
Comme un secret qui ne peut plus se contenir
Comme l'eau qui déborde à la lèvre de l'urne
Dansez la *romális* voici l'aube nocturne
La *media noche* que chantent les Gitans
Olebarátchi la minuit treize avril où le couple commence et s'ouvre l'avenir

XIII

LES TEMPS DU COUPLE
NE SONT PAS VENUS

Par les routes d'Espagne où vous avez passé
N'aviez-vous l'existence alors recommencée
Faut-il François-René Natalie de Noailles
De son côté chacun que l'un l'autre s'en aille
François-René ton cœur d'errer est-il lassé
Au feu d'amour tous deux ne fûtes-vous que paille

L'homme et la femme par la vie ainsi qu'au fond d'une immense forêt l'un vers l'autre s'en vont sans se voir sans savoir et d'abord il y eut de vagues aventures dont les secrets sont mal gardés d'un mariage et d'un couvent d'une sœur et d'un époux les reines passagères jusqu'à ce jour dans les jardins de Méréville où François-René vicomte de Chateaubriand découvre enchantement à travers le feuillage et ce sera la longue épreuve que par crainte étrange lui impose Natalie

Ô voyage il n'y eut d'abord que l'air léger
Et dans la nuit d'aimer ce songe partagé
Qui vous laisse au réveil le cœur et les mains vides
Mais pourquoi les chevaux étaient-ils si rapides
Et le printemps si prompt à donner son congé
Il leur semblait aller vers les jardins d'Armide

Rien ne se peut comprendre à cette histoire sans tout ce qui n'est pas les amants rejoints ce monde en mouvement qui naît des révolutions et des guerres les rois tombés les longs tambours les cavaliers chamarrés de sang la poudre et les bateaux à vapeur les métiers à tisser et les arbres coupés qui descendent les fleuves

Ce n'est que Méréville et ces lentes années
Où le ciel d'être deux va se découronner
Tout conspire à lasser les âmes d'être grises
Les oiseaux avant nous dévorent les cerises
Plus vite que les fleurs les baisers sont fanés
Et le vin s'évapore et le verre se brise

Longtemps ici cachez les mouvements de votre cœur amants chacun qu'un autre oblige aux pièges du silence et dis-moi cette femme-enfant qui fut la tienne ah pourquoi l'avoir arrachée aux demeures de Dieu Peut-être n'étais-tu qu'un monstre et le goût de séduire à présent te peint-il mensonge comme alors

Rien n'est plus que l'amour fragile dans nos mains
Il croyait s'endormir et s'éveiller demain
Pour saluer un jour pareil à la fenêtre
Pour éternellement de lui-même renaître
Et courir comme un fou par les mêmes chemins
Et sourire aux miroirs pour s'y mieux reconnaître

Que dis-tu j'avais cru Lucile et cette enfant n'avait pas dix-huit ans quand j'en pris le vertige Il y a comprends-tu dans l'homme entraînement que savais-je d'aimer c'était comme on joue avec une écharpe elle n'aura jamais pu m'être davantage et je fus à l'armée et j'ai connu l'exil rien n'est plus comme avant et se peut-on reprendre

Oui le charme est rompu qui vivre parfumait
Le temps de l'ancolie est mort au mois de mai
Le suivant de la rose a gardé l'espérance
Rien ne nous sera plus ce qu'il était Jamais
Et les plus beaux des soirs nous sont d'indifférence

Nous avons trop bien joué l'amitié négligente et trop bien pris le pli d'être des étrangers Vivre n'est pas cela qui se peut dire aimer Que faisais-tu quand tu partais sur ton cheval vers la Juine Oh tout ce que tu m'auras volé de tes regards

Cinq ans auront suffi pour nos pas égarer
Cinq ans furent assez pour nous désenivrer
Quand nous sommes-nous mis l'un devant l'autre à feindre
Qui le premier mentit à l'autre de l'étreindre
Qui se tut de savoir que l'autre avait pleuré
Qui prétendit partir et le prétendit plaindre

Tout se passe aisément pour des amants lassés on se rend un mouchoir on se rend une lettre ainsi l'amour sur ses pas revenu ne sera plus qu'une ancienne chanson dont parfois on va retrouver le murmure et tout est à merveille entre des gens bien nés rien ne doit plus garder d'autrefois son délire

Ce n'est que bien plus tard et lorsque la folie
Emporta Dolorès aux rives de l'oubli
Que René comprendra que de lui tout commence
Ah la nuit dans ses bras trouve-t-elle semence
De lui vient le malheur Lucile ou Natalie
Et que tout ce qu'il aime est frappé de démence

Non toutes ces amours qui furent paysages à ta jeunesse et te voilà les cheveux gris n'auront été que masque et diversion de cet amour brisé Tu le sais maintenant et que seule elle fut la réponse cherchée aux mystères de l'être ô Blanche ou Natalie Armide ou Cymodocée as-tu manqué ta vie interminable après As-tu manqué le ciel offert d'avant la tombe

Qu'était la nuit sans le matin
Qu'était l'amour s'il s'est éteint
Et si tu n'as fini le livre
Qu'as-tu fait seul à croire vivre
Une moitié de ton destin
Comme un homme ivre

XIV

Comme il approchait des temps où l'homme vole, une grande lassitude vint au Fou parce que le nombre des choses incompréhensibles croissait au lieu de diminuer comme il l'avait imaginé toujours. Les objets dont s'entouraient les gens prenaient des formes et des couleurs à quoi ne se reconnaissait point leur usage. Les mots intraduisibles dans le langage ancien se multipliaient sans cesse. Il y avait du feu sans feu et des paroles dans des boîtes. La musique se fit étrange autant que les vêtements. De toute chose naturelle, imitation de main d'homme donna surenchère, et l'on inventa le verre incassable, et des roses qui n'avaient pas d'odeur, et cela s'appelait le progrès, mais quant à l'amour durable cela semblait toujours chimère, on n'en trouvait pas le métal, il y avait toujours paille à la fonte, et les variations de rapport entre la femme et l'homme étaient questions de nuances. Il semblait plus urgent de vaincre le cancer ou de labourer sans laboureur que de fonder le couple et donner son équilibre pour moteur de cette société nouvelle dont il y avait de plus en plus bavardage.

Une grande lassitude vint à Kéïs. Car s'il voyait la différence des ustensiles inventés et des accessoires de son temps, il ne lui semblait percevoir aucune modification des maux essentiels à son siècle. Et l'angoisse le prit parce que c'était maintenant le siècle d'Elsa, et que plus on savait et moins on savait, que souffrir n'ayant point changé, ni mourir, il se mit à trembler pour elle. Pour ses faibles bras, pour ses belles mains, ses petits pieds étreints de chaussures insensées... Pour chaque tendre coin de son corps, ce qui se dérobe à l'œil, ce que ne peut savoir que la paume l'enserrant, les articulations fragiles... pour son parfum, pour sa lumière, mais plus que de tout pour son âme. Car on avait tant inventé de magies et de machines que cela ne pouvait que s'accompagner de nouvelles douleurs, et non seulement des os et des nerfs, mais de l'espoir et du désespoir, des inégalités du savoir, de nouvelles humiliations, que sais-je? La com-

plication des rouages humains broyait les sentiments, les connaissances accroissaient les zones obscures de l'inconnaissable à la taille de l'empire toujours étendu de la connaissance, et jamais la faim ni le mal d'amour n'avaient autant poussé l'être de chair et de pensée à la résolution d'en finir.

Une grande peur vint à Kéïs d'Elsa dans ce kaléidoscope de l'avenir. Chaque geste d'elle, chaque pas, chaque respiration l'épouvantèrent. Tout semblait avoir été combiné pour la blesser, la prendre au piège, la martyriser. De toute sa vie, il n'avait éprouvé ce sentiment panique : les chaînes, les voitures, les robinets d'eau chaude, les fils télégraphiques, les radars, tout élément banal de ces jours-là, dont l'énumération ne pouvait qu'accumuler pour lui les frémissements, tout dressait sa frayeur d'être le décor d'un temps où vivait prisonnière Elsa. Tout lui devint fer rouge de ce qu'elle pouvait toucher, aveuglant de ce qu'elle pouvait voir, déchirant de ce qu'elle pouvait entendre.

XV

JOURNAL DE ZAÏD

Il y avait deux mois environ que les persécutions contre les Juifs avaient commencé, quand An-Nadjdî connut une recrudescence de son délire. Il fallait parfois les plus forts des Gitans pour le maîtriser, les femmes ne suffisaient plus à sa garde. Il se soulevait sur sa couche, il voulait échapper à la surveillance, arrachait les bandes autour de ses plaies, et les mouches se mettaient sur lui. Ses paroles étaient d'incohérence, et le nom d'Elsa y passait comme l'appel d'un navire en détresse vers les récifs et les phares. L'été commençant promettait d'être torride, et déjà les paysans avaient pris l'habitude, au lieu de la voix du muezzin sur les terres des mosquées, d'écouter les cloches à la volée appelant à l'ouverture des aryks, si bien que l'eau coulait par les plantations toujours au commandement de Dieu, les prêtres changés, mais non point le mariage du ciel et de la terre.

Il était venu du Ponant d'Andalousie des nouvelles que des Calès apportèrent : au port de Balouch Enef, qu'on appelait maintenant Palos de Moguer, se préparait une mystérieuse expédition dont décision avait été prise par les Rois Catholiques dès le printemps. Les voyageurs contaient que les chefs de l'entreprise étaient des Juifs, qui recevaient des subsides des Conversos de Castille et d'Aragon. Ce qu'ils disaient des navires construits était merveille, et de l'agitation des chantiers, vers où venaient des marins de tous pays s'engager pour la Conquête des Indes occidentales. Et c'était comme aux jours de Noé, mais on ne prenait point à bord un couple de chaque espèce vivante : cependant il semblait bien que l'on cherchât à sauver d'un danger croissant les fils d'Israïl et ceux d'Ismaïl. L'Amiral avait fait venir des cartographes et des pilotes, juifs et moslimîn, qui se mêlaient aux hommes des Asturies, de Catalogne et de Navarre. De toutes parts, ceux pour qui la terre était marâtre, ou que chassait la crainte de la Sainte-Hermandad, venaient s'inscrire sur les rôles de l'expédition, et l'on disait que preuve était de Dieu venue, qu'au-delà des eaux recommençaient les continents par des montagnes toutes d'or et des fleuves roulant béryls et zoumourroud... Nos visiteurs allaient en porter annonce aux gitaneries dispersées : car, toujours, quand de grandes expéditions chrétiennes ou musulmanes se préparaient, il y avait dans ce peuple sombre une sorte d'espoir profond qui se réveillait, le goût nomade revenait à leur bouche, ils reprenaient l'ancien rêve, et s'ingéniaient pour embarquer avec les soldats et les marins, à la recherche d'une lointaine patrie, d'une vie autre, où l'espace ne serait plus limité par les mers.

Dans la caverne, les célibataires ramassent des ballots d'étoffes, des armes et des marteaux. Leurs mères crient et pleurent, sachant bien que c'est inutile, et fières au fond de penser que leurs fils vont peupler des contrées inconnues, et peut-être y prendre le pas sur les races pâles. Toute cette agitation semble se refléter dans la fièvre de mon Maître, et j'essaye de lui en expliquer l'origine. Mais il ne m'écoute point, prétendant être en l'an 1355 de l'hégire, qui est mil neuf cent trente-six de Bethléem, et parlant non point avec nous mais avec fantômes de ce temps futur, tente à son tour de m'expliquer les événements auxquels il assiste, une crainte s'empare de lui, parce que les signes d'une proche venue en Espagne d'Elsa se font plus fréquents alors que des mouvements souterrains y secouent les âmes, d'oppositions menaçantes et de partages dans le peuple et les seigneurs, que tout est comme à la veille d'un orage terrible, quand l'été flambe et les oiseaux volent bas, des nuages d'insectes désertent les marais vers les villes, une inquiétude prend les femmes dans leurs amours, et l'on ne sait si cela sera le déluge ou la guerre, si la mort va venir du ciel ou des eaux... Je ne comprends guère aux paroles du Medjnoûn, et que veut-il dire parlant du Royaume de la Région Côtière? Sans doute est-ce qu'il a oublié la chute de Grenade, et qu'il attend les soldats marocains comme sept à huit mois plus tôt l'espoir en était contre toute apparence au cœur de Boabdil, et croit-il que cet Émir va revenir d'Andrach avec des légions berbères levées par lui en Afrique? Je n'ose l'en dissuader, lui arracher cet espoir insensé. Mais il m'a semblé comprendre aujourd'hui qu'il envisage cette éventualité d'un tout autre œil: ce n'est point la Guerre Sainte et la revanche de l'Islâm qu'il prédit avec l'apparition des guerriers du désert, mais je ne sais quelle calamité, dont la péninsule entière risque d'être accablée: je comprends qu'An-Nadjdî n'est point du côté des envahisseurs, mais que son cœur bat avec celui du peuple d'ici, avec le temps devenu son peuple, à force de souffrir et de penser sous le même soleil, en qui tout le chant ancien est passé, portant son héritage de douleurs, au-delà de la race et de la religion, par une obscure complicité qui ressemble à cette conjuration profonde des forêts où l'arbre, l'oiseau, l'écureuil et la source ont à se dire des choses que ne comprend pas celui qui s'amène des lieux nus avec la hache et le tabac, l'oignon, le vin et le pain noir:

C'est toujours la même chose et la Grenade entre les factions partagée
Le peuple avec ses partisans dans l'al-Baiyazin comme lors de Boabdil
Et du Zagal les armes qu'on lui refuse encore et pourtant contre la ville
Avec des tabors mercenaires venant de Cordoue avance le danger
C'est toujours la même chose à l'heure où le pouvoir passe aux mains des calandars
Fils de l'homme à l'heure où l'avenir de défaite en défaite semble arrivé
Ô chant profond d'avant l'aurore il s'en fallait de peu pour que tout fût sauvé
Déjà le jour comme une joue et le songe est foulé sous le pas des soudards
C'est toujours la même chose il a fallu tant de temps pour préparer l'enfant
À l'amour pour y modeler sa chair et son âme tant de temps pour en faire
Une clef du ciel enfin qui s'ouvre tant de temps pour aboutir à l'enfer
À la géhenne à la jungle à la geôle à la genèse d'un monde étouffant
À l'agenouillement devant le meurtre à l'âge du mensonge et de l'outrage
C'est toujours la même chose ô paradis paradoxalement déjoué
Pour ce déjeuner de soleil vivre roué troué rabroué bafoué
Nous ne serons jamais que des Bânou Sarrâdj L'avenir de l'homme est naufrage
Et c'est toujours la même chose et sur les blés la grêle à l'heure de l'épi
Cet affreux panneau de l'espoir le fragile fatras fratricide des phrases

Le piège de promission le calvaire où la croix de croire nous écrase
Et pis la lutte au mieux pitoyablement qui va déboucher sur l'utopie
Raison donnée au monstre sur aimer raison donnée à l'hiver sur la rose
Vous paierez l'impalpable crime d'avoir rêvé son prix et son poids de sang
Que soient tous les baisers brisés et dans les bras rompus tous les bonheurs absents
À jamais maudit le tendre fruit de la femme Ah c'est toujours la même chose

. . . .

Ce matin, mon Maître a crié si fort, et si sauvagement couru vers la porte de la caverne, renversant tout, dispersant le feu, déchirant ses vêtements, qu'on a dû le saisir et l'attacher sur son lit, ses yeux étaient révulsés, ses membres tremblants. Et quand il parut s'apaiser, je compris ce qu'il disait : *Ils arrivent, ils arrivent !* De qui parlait-il ?

XVI

LES VEILLEURS

Ayant franchi l'ombre sans gué sauté les monts à la chicane
Sur des chevaux sanglés de lune au galop sanglant du sanglot
Ferrés d'étoiles sont venus à travers les siècles forclos
Avec des faucons et des fleurs les gens d'aurore à Maligrane

Ah quand Grenade au petit jour *Guitare ô cœur à mort blessé*
Dans les bras de brume des champs comme une brune en ses amours
Sommeille encore et le soleil à peine est rose sur les Tours
Ici qui vous fait accourir avec les chansons du passé

Ce sont fantômes qui s'en vont à ma rencontre ou papillons qu'attirent les dernières lampes
Et celui-ci marche sur la mer familier des dauphins
À l'un la mort l'autre la vie on voit le temps battre à leur tempe
Un tiers venu renverse au sol l'heure comme un verre de vin
Le poète est celui qui sait Le châ'ir d'avant l'Islâm savant ou devin
Les yeux au ciel c'est Salomon à sa propre flûte qui danse
Il y a sortant de l'enfer Orphée Arnaut Daniel dans le feu sous la barque
Où debout se tient Dante
Il y a Sénèque l'Espagnol et le Florentin Pétrarque
Il y a le prince de Cordoue Al-Mou'tamid il y a
Ibn-Hazm qu'on appelle Abenhazam et la foule des soûfis
La courtisane Hafsa bint al-Hâdjdj ar-Roukoûnîya
À jamais portant la nuit d'Aboû-Djafar qu'on crucifia
Mais les épines du matin déchirent peu à peu son deuil
Il se fait pâle il se fait tôt Le noir ferme son dernier œil
Poètes qui renaissez au velours d'aube à pas de loup
Est-ce pour moi que Djâmî quitte la Perse Et s'en retourne à Moursiya sa ville natale Ibn-Arabî l'Andalou

Qui murmure qui murmure
Que *ses yeux toute la nuit*
Deux chiens dans le verger furent
Et que *le vent quelquefois*
Est un tulipier d'effroi
Qui murmure qui murmure
Que *cauchemars font un mur*
Qui le sépare des morts
Et tous les morts sont des remords

Et voilà les morts d'après moi leur foule au-delà de ma vie
Leur cortège descend de la neige à l'orange et soudain reflue et gravit

Au-delà du Sacro-Monte ce sentier roux comme un renard
Qu'allez-vous faire cavaliers par la Sierra de Viznar
C'est un jour étouffant qui se lève où l'août est lourd et chaud
Comment y distinguer du Quixotte à cheval le manchot Cervantès et derrière eux Sancho
Ou de ce frère de la Merci Don Juan dont il est l'ombre
Thérèse de Jésus ou Marie Égyptienne quelle est cette femme au visage sombre ici du Carmel en chaise amenée
Marcher pêle-mêle avec les songes des siècles désordonnés

Avec les êtres de la légende avec les gens imaginaires
Que l'homme engendre par musique et qu'il anime de frissons
Avec les amants à mourir dont s'illumine un millénaire
Car toute la vie est un songe et les songes des songes sont
Chemine immense carnaval des abîmes de Dieu chemine
Il est mort le Comte d'Orgaz et s'époumonnent les Ménines
Et l'Histoire n'est qu'une histoire au plus bonne à faire chansons
Zurbaran passe et vient Goya Béliers pendus chèvres-caprices
À qui ces baroques bouquets à qui portez-vous ces pensées
Ces sauges ces *vergiss-mein nicht* ces œillets noirs et ces iris
Est-ce à ce jeune *cantaor* aux fleurs des fusils fiancé

Dessous l'arche d'Elvire
Je te veux voir passer
Pour connaître ton nom
Et me mettre à pleurer

À ta mémoire il n'y aura ni Gongora ni le porphyre
À par l'enfer vaincre l'enfer nul aujourd'hui n'y peut suffire
Et ne seront Rois mages de ta mort demain ni Mérimée
Ni Washington Irving ni l'amant de la triste Dolorès ni Maurice
Barrès qu'en vain j'appelle à toi sous les grands tamaris
Et les jasmins de Saint-Vincent dont fut ton âge parfumé

Tu n'avais qu'un an de moins que moi mais au grand jamais tu demeureras ce jeune homme
Éternellement ce jeune homme et nul ne verra tes cheveux blanchir ton front ridé
Dis à tes bourreaux merci de t'épargner ce déclin dont tu ne te fais pas idée
Federico Garcia Lorca puisque à la fin des fins il faut que ma bouche te nomme

Et le faucheur fauche le trèfle et du balcon cela se sent
Et l'enfant des oranges mange elles sont couleur de ton sang
Mais en vain tu faisais le vœu qu'on laissât le balcon ouvert
Quand tu mourrais *si tu mourais* comme il était dit dans tes vers

Ô l'odeur de la mort sur un mouchoir de vent
À ce destin de toi vient aboutir l'Espagne
Tout un monde à mourir s'avance et t'accompagne
Et celui qui marche devant
Plus rien de lui ni les fourmis de sa maison ne sait personne
Ni le figuier ni le taureau
Ignacio Sanchez Mejias à cinq heures du soir anonyme héros
Por que te has muerto para siempre
Como todos los muertos de la Tierra
Como todos los muertos que se olvidan
En un montòn de perros apagados
Car il est mort à jamais comme tous les morts de la Terre
Comme tous les morts qu'on oublie en un tas de chiens étouffés
Et sur ses pas s'avance un peuple d'hommes-fées
Les visages griffés les habits dégrafés l'âme décoiffée
Chantant les mots divins que tes lèvres chantèrent
Et ce sont sur des chars dont gémissent les freins
Les Gitans de Jerez avec des tambourins
À cinq heures du soir apportant du vin rouge
Comme T'en souviens-tu *Tchororo tchororo*
À cinq heures du soir quand meurt Juan de la Cruz

Et vient à reculons du temps Georges Borrow
Ô rendez-vous funèbre ô cruelle parade
Autre sens ont les mots que tu chantais avant
Tous les soirs dans Grenade
Tous les soirs il meurt un enfant

XVII

JOURNAL DE ZAÏD

Au dernier mois de la prime octave de leur année, en cette saison que par bizarre jeu de mots Chrétiens nomment le mois d'Auguste d'après un empereur païen, et qui, cette année 897 de l'hégire correspond à peu près à notre Chaououâl, fébrile qu'il soit toujours, An-Nadjdî dont les plaies sont tout à fait fermées a recouvré une sorte singulière de lucidité. Il a pu m'expliquer plus ou moins ce qu'est cette double vue du temps dont il se croit le siège, et comment ayant parcouru les siècles il a clarté du futur à la fois et du présent. La sombre caverne des Gitans où il vit s'est pour lui transformée en un lieu de lumière intense, un énorme miroir parabolique au foyer duquel il se tient, d'où les moindres oscillations lui donnent images d'autre époque. Il me voit, il me parle, il sait qui je suis, il tente de me faire partager ses visions, de m'entraîner dans ses voyages chroniques...

Il a près de lui maintenant pour le soigner un médecin juif, Ribbi Abraham Benmaïmon, qui s'est ici caché quand, au cinq de Chaououâl, est échu le délai donné par les Rois à son peuple pour quitter l'Espagne. Ce savant docteur étudie la démence de mon Maître, et dit que chez lui c'est le temps même qui est malade, ce qu'il m'est fort difficile d'entendre. Ribbi Abraham explique qu'au contraire du sentiment grossier que nous en avons, lequel nous fait croire que *notre* temps est celui de toutes les créatures, qu'il a valeur d'absolu pour ce qui se passe et ce qui ne se passe point, le temps est une notion relative à l'être, si bien que le temps de l'homme n'a rien à voir avec celui de la pierre, et que la valeur du temps dans les diverses espèces animales varie avec la *durée* de l'individu : ainsi l'éléphant dont l'existence est autrement longue que celle de l'homme se fait du temps une idée aussi différente du temps humain, qu'est différent ce temps même du temps de l'éphémère. À plus simplement en parler, le chien vit une année pour sept de l'homme, un chien de dix ans a la vieillesse de l'homme de soixante-dix. Il vit cependant autant que l'homme : mais chaque minute de sa vie en vaut sept de la nôtre. C'est pourquoi tout retard de la nourriture qu'on lui donne est sept fois plus douloureux que la faim humaine. Et de là les différences dans les sentiments du chien, la durée de ses colères, ses changements d'humeur par rapport aux nôtres. La psychose d'An-Nadjdî, selon Ribbi Abraham, tient à la coexistence chez lui du temps qui nous est normal et, par une sorte de clivage, d'un autre temps accéléré, une sorte de temps de chien, qui lui fait vivre parallèlement à sa vie réelle une existence imaginaire de rythme variable, lui a permis de traverser des siècles en quelques mois, et semble s'être ralenti récemment, une fois parvenu au siècle vingt des Chrétiens, à une équivalence entre nos jours d'aujourd'hui et les jours d'alors. C'est depuis que cet équilibre singulier s'est trouvé atteint, dit Ribbi Abraham, qu'An-Nadjdî peut converser avec nous de façon suivie, parce que ses deux temps coïncident pour la durée.

Ribbi Abraham dit encore que les variations de la valeur du temps ne devraient pas nous sembler ce qu'elles nous semblent, c'est-à-dire une imagination de faïlassouf, inconcevable pour le vulgaire : chacun de nous, en effet, éprouve dans sa propre vie ces variations... L'enfant n'a pas le temps de l'homme fait : le temps de l'horloge, pris comme temps objectif, n'a pas la même valeur subjective pour l'un comme pour l'autre, n'a pas pour l'un et pour l'autre même durée. Une heure est beaucoup plus longue pour l'enfant que pour l'adulte, infiniment plus courte pour le vieillard. Tout se passe comme si le sentiment de la durée changeait, s'accélérait, au fur et à mesure que diminue le temps qui reste à vivre à l'homme. Comme si l'homme avait conscience de cette diminution, et qu'il était pris d'une hâte intérieure tragique...

. . . .

Ribbi Abraham a veillé toute une longue nuit le Medjnoûn. Au matin, pâle des mots entendus, mais se perdant dans les interprétations qu'ils appelaient, il me dit qu'apparemment le malade *voyait*, au sens transcendant de ce verbe, une calamité sur Grenade qui avait l'éclat de l'orage et l'obscure pesanteur d'une nuée. Et parce qu'il était habité dans son ventre de l'horreur présente d'Israïl, il ne pouvait l'entendre comme vision d'au-delà notre mort, d'autant que lui en donnait certitude le nom de *Franco* dans la bouche torse du vieillard. C'est qu'à la fin de l'an passé un Juif nommé Youcé Franco, sur le territoire chrétien avait été faussement convaincu d'avoir on ne sait pourquoi volé une hostie consacrée et amené par la douleur à l'aveu d'un enfant tué pour consacrer son sang aux rites de sa religion. C'est de ce malheureux brûlé le seize de Mouharram dernier à Cordoue qu'argument fut tiré par quoi les Rois Catholiques décidèrent au printemps de l'expulsion des Juifs. Et Ribbi Abraham raconte cela, disant que le nom de Franco, qui est patronyme juif en Espagne, sera par le monde entier toujours vénéré d'Israïl à l'égal de Moché et de Daoud.

. . . .

Peut-être que, cette vision du temps, l'homme jeune n'y a point accès, car je m'y perds, et dans les propos de Ribbi Abraham, et dans les rêves de mon Maître. Je ne sais jamais s'il est question de cette saison qui est la mienne ou d'un siècle lointain. Qu'il est difficile, quand on s'est persuadé parvenu à ce que An-Nadjdî nomme *le siècle d'Elsa*, de se retrouver plongé dans ce lendemain de notre mort à Grenade !

J'entends ce que le médecin veut dire, mais je n'arrive pas vraiment à m'expliquer ce qui se passe dans mon Maître, à cette lumière encore pour moi fort obscure. Qu'est-ce que le double temps ? Comment peut-on voir à des siècles de distance, être à la fois en 1492 et en 1936 ? Et suivre en même temps jour à jour, seconde à seconde, l'angoisse des deux époques ? Et bien d'autres questions que je me pose, entendant les confidences d'An-Nadjdî sur l'avenir, et subissant ce présent atroce, d'autant plus atroce, avec l'éclairage de près de quatre cent cinquante années en avant, que quatre siècles et demi ne semblent pas avoir rendu sensiblement la vie plus supportable.

. . . .

C'est de quoi le Fou vient de m'entretenir, dans un moment d'étrange conscience de son mal, m'interrompant dans l'écriture de mon journal. Je reprends celui-ci pour noter ses propos.

. . . .

XVIII

FABLE DU NAVIGATEUR ET DU POÈTE

Les vois-tu sur les flots la *Fille* la *Fardée* et la *Marie-Galante*
Qui portent vers les plages du Non-où leurs bombardes et fauconnets
Ils ont fait voile avant l'aurore et comme cette mer leur paraît lente
Trois jours trois nuits de Palos sans partir parce que le Maître connaît
La malédiction qui s'attache à qui fait route au neuf du mois d'Ab
Lequel tombe exactement le vendredi deux du mois d'août cette année
Que de fois les calculs refaits et que de fois consulté l'astrolabe
Ces sept jours avant de parvenir au large des Îles Fortunées
La première terre devant eux après ces sept jours caniculaires
Et trois jours d'attente avant d'y débarquer à cause du calme plat
Ténériffe enneigé portant au-dessus d'eux sa nargue et son éclat

Menace court d'une attaque des Portugais et pas un souffle d'air
Et la *Fardée* a besoin d'accoster pour réparer ses avaries
Réparer déjà quand ce n'est ici que la porte de l'aventure
Eh bien quand elle pourra qu'elle entre au port de la Grande Canarie
Nous nous irons à Gomera vérifier les ris et la mâture
Le ciel et la mer sont de plomb le temps me pèse et l'on dirait qu'il bout
Ce n'est ici qu'une vague Thulé du commerce où se fait escale
L'inconnu ne commence qu'au-delà Toute patience est à bout
Le métronome bat d'une île à l'autre une mesure tropicale
L'heure est d'un an le jour d'un siècle Ah que ne puis-je marcher sur les eaux
Je donne à qui le veut ma part de paradis pour un souffle de brise
J'échange volontiers mon paradis contre ses ailes à l'oiseau
Les grenats de mon sang forment des fleurs et des étoiles sous ma peau
Il se fait dans mes yeux ouverts sur toute chose un manteau d'écarlate
Je ne dors plus je ne vis plus je suis horloge et tourne sans repos
Sur un cadran perpétuel mes bras d'aiguille ah j'éclate j'éclate
Je ne suis que l'image épouvantable et ressemblante de la vie
L'homme est toujours à sa dernière heure à sa dernière île de partir
Au seuil de ce qui vaut la peine et tout lui semble une table servie
Colomb n'est qu'une fable ou métaphore une façon de mieux mentir
Pour au vrai dire l'homme à qui toujours la vie est courte et le temps long
Et mon Federico chez les Rosalès écoute au deuxième étage
La nuit d'été comme un interminable silence des violons
À lui ni l'Inde ni l'Amérique à présent ne sont plus son partage

À lui s'achève ma Grenade et c'en est fini du romancero
À lui comme une écume noire vient expirer l'ancienne chimère
À lui le temps s'arrête immense afin que montent les pas du bourreau
Et c'est la mort qui vient ouvrir la porte à l'immensité de la mer

Tu vas t'asseoir dans ton destin
Parmi les autres sans figure
Ô poète ô lumière obscure
Un jour une nuit un matin

Avec eux tu creuses ta tombe
Avec eux compte les instants
Au fond de la combe du temps
Où s'étrangle un chant de colombe

Dis-moi t'es-tu souvenu là
De la douce musique étrange
Que pour les Gitans et les Anges
Jouait Manuel de Falla

Mais la musique et les poèmes
Se sont évanouis soudain
T'es-tu souvenu des jardins
T'es-tu souvenu de toi-même

Vivre ou mourir as-tu choisi
Mais noir au chemin de ta mort
Était le sang des zarzamores
Et qu'y pouvait ta poésie

Car qu'ils t'aient mis au pied du mur
Ou comme le gibier tiré
Que ce fût le val ou le pré
Les fruits de la ronce étaient mûrs

On ne distinguera jamais
Tes os blanchis entre les crânes
Et de Grenade ou Maligrane
Tes chants des champs que tu aimais

Par sa bouche déjà pénètre l'eau de pluie
Laissez ses yeux ouverts que son regard s'efface
Et pour qu'il s'habitue à cette mort en lui
Il ne faut pas cacher sous un mouchoir sa face

Et vous du fond des temps ô fantômes venus
Au-dessus de sa mort montez montez la garde
Chaque étoile est un pleur et le ciel vous regarde
Millions de douleurs qui gèlent dans la nue

Tout ce que l'homme fut de grand et de sublime
Sa protestation ses chants et ses héros
Au-dessus de ce corps et contre ces bourreaux
À Grenade aujourd'hui surgit devant le crime

Et cette bouche absente et Lorca qui s'est tu
Emplissant tout à coup l'univers de silence
Contre les violents tournent la violence
Dieu le fracas que fait un poète qu'on tue

Ah je désespérais de mes frères sauvages
Je voyais je voyais l'avenir à genoux
La Bête triomphante et la pierre sur nous
Et le feu des soldats porté sur nos rivages

Quoi toujours ce serait par atroce marché
Un partage incessant que se font de la terre
Entre eux ces assassins que craignent les panthères
Et dont tremble un poignard quand leur main l'a touché

Quoi toujours ce serait la guerre la querelle
Des manières de rois et des fronts prosternés
Et l'enfant de la femme inutilement né
Les blés déchiquetés toujours des sauterelles

Quoi les bagnes toujours et la chair sous la roue
Le massacre toujours justifié d'idoles
Aux cadavres jeté ce manteau de paroles
Le bâillon pour la bouche et pour la main le clou

Un jour pourtant un jour viendra couleur d'orange
Un jour de palme un jour de feuillages au front
Un jour d'épaule nue où les gens s'aimeront
Un jour comme un oiseau sur la plus haute branche

Et le plus simplement du monde il y aura
La jeunesse d'aimer et les yeux des pervenches
Des parfums plus profonds et des aubes plus blanches
Et le tendre infini dont m'entourent tes bras

. . . .

Où t'en vas-tu mon cœur à cette heure des larmes

XIX

JOURNAL DE ZAÏD

Je tente de comprendre où se trouve mon Maître. Il ne me suffit pas de l'explication folie. Les mots inconnus qu'il lui arrive d'introduire dans ses songes sont comme phares sur une mer semée de récifs. Ou noirs récifs, au contraire, dans notre jour jeté sur les choses. Langage du plus tard où celui qui parle s'avance, décrivent-ils vraiment un monde qu'il aperçoit ? Chacun d'entre eux exprime des rapports entre ce qui se passe *alors* et l'homme d'avant, mais ils me sont chimères à moi qui les surprend, sans pénétrer dans cet avenir... de plus en plus mêlant à notre parler d'Arabie un vocabulaire castillan, sa syntaxe, et ces flexions du temps dans la parole dont nous n'avions usage. Plus encore que ce calendrier aux mois fixes, qui décrit non plus notre histoire lunaire, à partir de l'hégire de Mahomet, mais les saisons du soleil en quoi se mêlent les mythologies d'avant et d'après leur Christ, la pensée d'Ibn-Amir prend cette forme *historique*, où les choses futures ont aspect d'abjuration perpétuelle, négation de ce qui fut la vérité, notre vérité relative à quoi nous donnions valeur absolue...

J'avais cru pouvoir suivre le Medjnoûn, tant que ce qu'il disait n'était pour moi qu'imagination pure. Son *avenir*, j'entends ce qu'il appelle ainsi, ne m'était encore qu'une sorte de poésie. Sombre aux autres, comme est toute poésie au vulgaire. Je m'efforçais d'en découvrir ou d'en inventer les données, comme une convention, un décor... Mais la difficulté gisait en ceci que ces données n'étaient point fixes, que les personnages évoqués, les rencontres du rêveur éveillé, supposaient leur variable univers, des événements qui étaient de leur conscience, et non de la mienne. Et non de la mienne.

Il manque aux moments surpris, aux êtres de chair surgis, *aux idées mêmes*, qui peuplent les visions du Fou, pour mes yeux à moi, et ceux de mon âme, cette longue explication de l'histoire, sans quoi pas un geste banal, pas une opération de l'esprit des hommes à une date, comme un palier du devenir, ne peut prendre sens, être autre chose que fumée. La lampe dont je me sers, ma sandale, le bonjour que je dis, tout cela n'a de signification qu'avec son contexte énorme du passé, et que se perde celui-ci, ce ne sont plus que les objets d'une archéologie obscure, une poussière, une odeur de tombeau. Entre ce que je vois, ce que j'ai vécu et ces scènes pathétiques où se débat Ibn-Amir, il me manque des chaînons de jours et de siècles, des dynasties de pensées, des Rois, des guerres, des peuples qui naissent et meurent, des migrations d'hommes, des religions et des sanglots.

Quand je lis un poète, je fais de l'arbitraire du poète un monde accepté de moi pour poursuivre ma lecture. Ce guide que je prends, m'attachant à lui par la corde des mots, m'entraîne hors du sens d'habitude des choses. Il confond la bouche et la rose, et cela devient pour moi la loi, ou je ferme le livre. Mais ce livre aux pages arrachées qu'est An-Nadjdî, que faire ? J'ai compris un beau jour que rien n'y était métaphore. Pour suivre mon Maître, il faut d'abord risquer cette hypothèse d'une réalité d'après nous, d'un voyage où je ne sais la langue, et ne la puis savoir, où me manque toute explication de ce qui est par ce qui fut.

. . . .

Une phrase que j'écrivais hier, à la relire, il me vient conception de ce que je tâtonne à exprimer : comprendre l'avenir, c'est l'archéologie à l'envers, une opération de l'esprit pourtant qui devrait être plus simple, comme plus simple, à partir du présent, de descendre le temps que de le remonter... Ce qui peut paraître un abus de l'image, car le temps n'est pas une montagne, et c'est manière de dire, monter, descendre : mais l'image est ailleurs, j'entendais qu'il est plus facile de rêver les développements de ce que je suis que de reconstruire à partir de sa poussière ce qui n'est plus comme si je n'avais pas été. Le mot *facile* aussi, dès que je le forme, sur ce fond, m'apparaît dérisoire, imaginaire. Relevant d'une catégorie rhétorique encore jamais décrite : l'image d'épithète. Comment m'expliquer ? Le rapport de la bouche et de la rose implique-t-il la parole, implique-t-il le baiser ?

. . . .

Depuis que le temps double d'An-Nadjdî marche d'un même pas sur ses deux claviers, mon Maître semble atrocement souffrir de sa lenteur. Comme si la douleur du temps qui ne passe pas était portée au carré. Plutôt que par deux multipliée. Le Fou, peut-être parce qu'il s'est habitué à ce vivre à deux volets, s'est mis à m'en parler, il a cessé de s'irriter de ce que je comprenne si mal ses propos, il cherche à les éclairer pour moi. Il dit que le voir double ne va pas sans vertige, que c'est comme passer trop rapidement de la lunette d'astronomie à l'œil de tous les jours sur le monde proche, et retour. Parfois les champs se confondent, d'autant que leur coïncidence, pour ce qui est des saisons de l'année, aide à cette confusion : par exemple, du fait que dans ce siècle où nous sommes, et dans ce lointain des temps où mon Maître parvient, surgit également la marguerite. Ainsi tout se passe comme dans une métaphore dont l'un des éléments m'est sensible, et fixe à la fois, et l'autre pour moi objet de conjecture, et variable.

« Que voulez-vous dire, ô Maoulâna ? »

Alors, avec patience, comme celui qui rend clair à l'enfant qu'un et un font d'eux, et non pas un et un, c'est-à-dire qui lui apprend que la juxtaposition n'est pas que la juxtaposition, qu'elle engendre un terme par quoi l'on se passe d'énumérer les composantes, et un et un font deux, un homme et une femme font un couple... cela pourrait nous entraîner très loin... avec patience, An-Nadjdî m'explique qu'il est comme un homme qui fait métaphore de la bouche et de la rose, étant d'un pays où la rose ne pousse pas, n'en ayant jamais vu, si bien que ce qui expliquait la bouche, pour lui, la complique... d'autant qu'il ne s'agit pas d'une rose qui soit une fleur, mais d'une rose qui est invention de l'avenir, dont toutes les qualités *par perfectionnement* peuvent être supprimées, s'en voir substituer d'autres, et cela le ramène à Elsa, qui, paraît-il, imagine des roses dont les qualités ne sont ni de forme, de couleur, ni de parfum, mais aussi d'un élément extérieur à la nature de la rose, et qui se trouve à notre connaissance dans la seule sphère des rapports humains, de ces rapports qui ont pour signe les monnaies... Une *rose à crédit*, par exemple... c'est là une métaphore de qualité, une image d'épithète... mais de plus, si je la fais rentrer dans cette histoire de la bouche, que devient la métaphore où le second élément ainsi *varie* ?

Pour moi j'essaye de noter ces propos, mais une rose m'est une rose, une bouche une bouche, et c'est déjà beaucoup me demander que cet accord musical entre ces deux éléments : la musique savante n'est pas de mon temps humain.

. . . .

Qu'était cette foule de gens venus de partout qui peuplait le ciel futur, autour du poète assassiné? De tant de noms la rêverie autour de Federico Garcia Lorca s'entourait, que je m'y perdais, ne distinguant pas les êtres réels des créatures de l'imagination... Ainsi qu'était ce Quixotte qui semble passer comme une découpure des cimes suivi d'un âne portant un tonneau dans le ciel intermédiaire des rêves et de la réalité, dans les propos mal éclairés du Medjnoûn? Et pourquoi l'ayant aperçu peut-être un siècle après nous, dans le monde espagnol, va-t-il le retrouver au XXe siècle chrétien sur les routes d'Andalousie? De ceci, comme de ce Chateaubriand l'Ifrandjî, je ne puis tirer explication de mon Maître... Je me sens devant lui comme ces pauvres de savoir dans la conversation, pris de court entre ouléma qui ont connaissance du passé, d'Égypte ou de Perse, et mêlent leurs propos de citations en langues mortes, d'allusions mythologiques, de comparaisons aux Écritures prises. Il faudrait trop m'en dire, et son regard passe mon épaule et ma tête, sa parole est de plain-pied avec l'avenir.

Et vinrent les jours de l'approche d'Elsa, quand se firent les fruits lourds, et gris bleu le gibier d'automne. Déjà l'année avait semblance d'une femme surprise en sa maturité, déjà les nuits se défaisaient comme chevelures, et laissaient aux matins cette insupportable soif de ce qui va mourir.

An-Nadjdî sautait dans la grotte, haletant, un gros hanneton blessé. Comment il expliquait cette venue et cette charrette sans chevaux qui roulait en direction du sud, comme une prière vers sa kibla, cela demandait tant de notions de l'avenir que je le comprisse, que je n'en ai rien retenu, que ce mot *camion* pour désigner le véhicule, pour ce qu'il me parût très beau, très dur et lourd, comme une pierre grossièrement taillée, une architecture de crâne humain, où la tempe est large et la mâchoire forte: et qu'il y eut barrages sur les routes, jaillissement d'hommes armés, des villages changés en fêtes, puis soudain dans le clair de lune en travers du chemin des hommes abattus, les poings liés.

La chaleur andalouse ne tombait pas encore avec l'ombre, et les Gitans sur le pas de la grotte à demi-nus parlaient entre eux de voyageurs surpris et de chevaux par ruse à minuit dérobés. Ribbi Abraham s'était endormi sur une selle de pierre, ayant sur les genoux la Tedkira d'Aboû'l-Alâ, je m'étais éloigné pour prendre l'air... Les femmes en avaient profité pour s'amonceler autour du Medjnoûn, comme un essaim de guêpes de couleur. Quand je revins, elles se dispersèrent, soudain silencieuses, avec des regards de voleuses. Que complotent-elles donc ?

. . . .

Serait-ce vraiment le déclin ? Mon Maître tient des propos étranges, d'où je crois comprendre que cet esprit si clair et si sain a pu se laisser emberlificoter par les diseuses de bonne aventure. Ne voilà-t-il pas qu'il parle sérieusement des pratiques de magie, dont je l'ai toujours entendu se moquer ! Sa conversation est pleine d'histoires touchant les figures qu'on trace pour évoquer les morts, et tout à l'heure il a émis l'hypothèse que ce qui peut se faire ainsi pour le passé pourrait se renverser, et permettre de faire venir à nous ceux qui ne sont pas encore nés... Il est triste de voir ce que la sénilité fait d'un pareil esprit.

. . . .

Il règne dans la grotte une écœurante odeur de sang. Les femmes ont saigné un chevreau, dont la pitoyable dépouille traîne à l'entrée. Le sang mis en fiole est mélangé d'herbes, pour quelque maléfice. An-Nadjdî est au comble de l'agitation : il dessine à terre des figures que Ribbi Abraham, à ce qu'il me dit, croit reconnaître pour sa science de la Cabale. Il n'y a point de doute que s'apprête une opération magique, et je ne sais si je dois m'y opposer : car, à tout prendre, s'il s'agit d'une mystification, la chose est innocente, et redonne espoir et force à mon Maître, lequel s'est, ce matin même, longuement évanoui... et si, vraiment, ces femmes ont pouvoir d'évoquer ici cette Elsa, qu'importe que ce soient là manœuvres d'enfer ?

. . . .

J'ai parlé avec la vieille qui semble tout mener, dans sa robe jaune et noire. Comme le malheureux Ibn-Amir n'entend point le rommani, elle s'est, à deux pas de lui, exprimée avec ce cynisme qui marque les conversations des Calès entre eux. Elle reconnaît que c'est pure duperie, et que nul n'a pouvoir ni de ressusciter les morts ni de susciter les gens de l'avenir, mais, ajoute-t-elle, si tu ne lui procures pas une image de son rêve, cet homme va mourir, et comme je la menaçais de révéler la vérité à mon Maître, elle a ajouté : « Tu es libre de le tuer... » Elle n'a pas voulu me dire le secret de ce qui, paraît-il, dans la langue d'Elsa, s'appelle leurs *manigances*. Mais je tâcherai d'en savoir plus long, par une petite biche qui me fait les yeux doux... la même qui m'a naguère prêté sa guitare.

. . . .

Une image de son rêve... c'est de cette enfant même que j'interrogeais qu'on veut la lui donner. Des simagrées que les femmes préparent doit en surgir une qui soit au Medjnoûn Elsa : il faut qu'elle soit blonde, et c'est parce que j'ai surpris ma biche à se décolorer les cheveux, qu'elle a dû m'avouer l'affaire. Une complicité des hommes obtenue, c'est tout le clan, mis dans la confiance hors de laquelle devions demeurer, Ribbi Abraham et moi-même. Pour donner à la cérémonie une plus manifeste noblesse, il a été convenu que le malade serait mené, dans une chaise au besoin, hors de la grotte, en vue de l'Alhambra et de l'al-Baiyazin. Là vont être pratiquées les conjurations, et par artifice d'un nuage, introduite la fausse Elsa, qui sera muette, car il lui faudrait autrement parler des langues qu'elle ne peut connaître. Je ne sais combien de temps elle doit demeurer parmi nous, mais toute une mise en scène est prévue, afin d'entourer sa disparition de telles merveilles, que le Medjnoûn ait de quoi songer jusqu'à sa dernière heure.

Dois-je lui révéler la supercherie ?...

XX

RITOURNELLE DE LA FAUSSE ELSA

J'étais celle que je suis
On me change pour mieux plaire
Puisqu'il m'en faut donner l'air
Où les nuages volèrent
Je remonte comme pluie

Je deviens ombre d'un songe
Son image à la pensée
Dans un ruisseau renversée
Ou dans le ciel éclipsé
La lune au soleil mensonge

Je suis la ruse effigie
La rose de l'apparence
L'impossible concurrence
Le piège de préférence
Le démon d'analogie

Fille-fleur ou chèvrefeuille
Quand je murmure je crie
Quand je sanglote je ris
Mômerie et mimerie
Trompe-l'âme et trompe-l'œil

Et l'amour qu'on abusa
Désirs déserts lèvres peintes
Baisers mentis plaintes feintes
Faux serments fausses étreintes
C'est ici la fausse Elsa

XXI

L'INCANTATION DÉTOURNÉE

Par quel miracle surhumain s'est-il réveillé de sa cendre
Comme un drapeau sur un fortin qu'on eût oublié de reprendre
Dans une maison démolie une fenêtre sans volets
Un haillon des vents déchiré le Fou couleur de la douleur
Et l'insensé traîne sa fièvre et l'insensé traîne ses plaies
Dans la colline Il va vers ce qui fut Grenade tout à l'heure
Et les chemins lacés au loin que suivent les pas des mulets

Le Medjnoûn est assis sur le rebord périssable de la beauté là où se voit le miracle jaillissant des fontaines
Ô pays d'eaux machinées où sans fin la soif de la terre est rassasiée avec les neiges lointaines
Les yeux tournés vers l'aventure de plus tard et pressentant la poussière dans sa bouche
Et le couple lui vivant le couple à la fin
Comme la solution de toute chose
Le couple va-t-il naître à la fin même lui mort
Il pressent tous ceux qui vont échouer d'aller ainsi par paire
Il pressent ce qui les disjoint dans un monde où l'amour ne sait
Survivre à l'étreinte
Il pressent le malheur de l'homme et de la femme ainsi perpétué
Témoin pathétique de la tentative sans fin qui se renouvelle
Pauvres enfants pauvres enfants que tout égare

Mais toi-même pourtant qui ne fus que toi-même

Que pouvait-il seul sans celle qui est le feu
Sans celle qui est la mer ah qu'est-ce qu'il peut

Voici qu'il trace des signes de cabale et de qui les tient-il mais rien ne le fait reculer ni l'enfer

L'incantation se lève à ses lèvres il faut

Que cette femme ici détournée avec tout le temps des siècles

Remonte à la source au mépris de toute loi naturelle Qu'

Elle s'en revienne de près d'un demi-millénaire à l'appel d'un fou qui regarde au loin poudroyer le Règne catholique

Et c'est une oraison de déraison qui vient à sa langue un bruit profond des ténèbres

Auront-elles pouvoir ces paroles de mal-amour contre le sens de la mort irréversible

Auront-elles pouvoir de ramener ici cette femme à la façon d'un fleuve vers sa source une chanson vers le musicien

MEDJNOÛN

Je tourne dans la lueur du jour et la conscience de la nuit

Je porte cette femme en mon sang comme une forêt porte son bruit

Comment pourrais-je de rien parler que ne se change en elle ma bouche

Elle est tout ce que je pressens tout ce que je sens tout ce que je touche

Toute rumeur m'est d'elle tout silence et tout frémissement

Mesure de ma vie ô peur à chaque fois de chaque mouvement

Cher sablier qui perds finement le bonheur minute après minute

Musique pour musique et cette fuite en moi de toi comme une chute

Mon immobile frénésie auprès de qui je meurs et je demeure

En proie à l'amour sans sommeil à cette perpétuelle clameur

De toi dans mon âme et ma chair dans ce désert immense de mes bras

Ah que ne puis-je à l'univers imposer partout le sceau de ton pas

Faire où je vais où je veux où je vis où je vois surgir ta présence

Et scandaleusement modeler l'argile des mots à ta semblance

C'est si peu que parler de toi si peu que l'image et l'obsession
Sans le pouvoir incantatoire et dire à l'objet de sa passion
Elsa sur le ciel dessinée ainsi que le signe au sortir de l'Arche
Elsa je te crée et te crie à la craie Elsa lève-toi et marche

L'AUTEUR

Pauvre dément debout dans ton âge et le décharnement de ce que tu fus tournant sur toi-même et sur toi-même appelant la dérision des regards que tu prétendis diriger sur ce que tu aimes

Medjnoûn ô survivant de ton poème ô fantôme de ta jeunesse halte ici

Tu ne passeras point le seuil de ce qui échoit à l'homme entre sa naissance et sa mort n'ayant finalement eu licence que d'emplir désespérément ses yeux de l'amère beauté du monde

Il te sera dénié le droit d'évocation majeure et dénié la faculté d'incarner l'inatteignable ici devant le paysage ouvert au-dessus du Darro dont la voix te raille

Tu n'es que ma créature et mon serviteur souviens-t'en qui n'a pouvoir que je ne lui donne et trop longtemps usé ma patience et du nom qui procure vie et créance à son amour trop longtemps ravagé de sa fiction la réalité déchirante

Emporte ces oripeaux ton cœur ta manie et ton vacarme

Je me dresse où tu te ruais oublieux d'être mon jouet

Et quand tu serais ma langue même est-ce que je ne peux pas me l'arracher qu'elle se taise et te voilà comme un paquet sanglant sur les cailloux

Ainsi non content de puiser en moi l'haleine et l'existence et non content de me prendre tout ce qui te confère apparence d'être et respirer de saigner d'aimer voilà donc imprudent oublieux que je puisse à mon gré soudain t'abandonner là comme une loque à terre voilà qu'abusant de ce que je t'aie incompréhensiblement autorisé par on ne sait quelle faiblesse quelle aberration de l'esprit à t'emparer du nom de mon tourment merveilleux à t'en faire parure de lèvre et de plaie ô carmin volé de ma vie

Voilà donc que tu prétends introduire avec toi dans la lumière de Grenade crucifiée avec le tournoiement d'un peuple au cercueil de sa fin le désordre d'une grandeur dispersée

Non plus comme un nom gémi dans le malheur et la guerre non plus comme un don de ma folie une erreur de miroir entre ton siècle et le mien

Mais comme une femme de chair une télévision du temps dans je ne sais quelle maudite pièce inventée

La fausse Elsa réelle devenue et peut-être qu'elle sera belle et qu'elle sera nue

Arrière à la fantasmagorie au faux-semblant à la nuée

Arrière il n'y a pas de place à deux femmes dans le cosmos et la durée

Arrière il n'y a pas de place à son reflet dans toute l'eau de la mer

Arrière il n'y a pas de place à ses pieds sacrés pour l'offense d'une ombre

Je t'ai laissé chanter partout tes amours par les miennes

Tant que la créature de ton vertige demeurait hors de vue où nul n'aurait rêvé la comparer à la vie à ma vie

Comprends-tu que je ne puis aucunement supporter ton ambition nouvelle Comprends-tu

Que si tu prends par la main cet être de magie

Si tu lui fais franchir la porte qui battait sur le rêve à minuit

Si tu lui donnes corps et mouvance au milieu des hommes

Comprends-tu que je ne puis plus supporter plus longtemps ce culte d'hérésie et que je vais disperser ta poussière et la sienne

Disperser ta flamme et ton feu piétiner jusqu'au noir les braises

Comprends-tu qu'il ne peut moi vivant ou mort y avoir qu'un seul miracle d'Elsa

Disparaisse avec toi ton peuple et Grenade au prix de sa seule présence

Amour qui fut mon horizon ma substance et ma tragédie

Au prix d'un signe d'un soupir d'un doute un geste un battement des cils

Périsse tout ce qui n'est pas mon soleil d'aujourd'hui

À commencer par toi fantoche de moi-même

Où j'étouffe l'impiété naissante Au chenil au chenil
Perversion de mon souffle Au chenil personnage échappé des liens imaginaires
Que sur chaque mot dit règne la seule Elsa

MEDJNOÛN

N'auras-tu point pitié des amants de Grenade Homme de l'avenir
À briser le miroir où tu te regardais qui penses-tu punir
Je ne suis que le reflet de toi la flamme au-dessus du cœur brûlé
C'est cette lampe à tes pieds qui me fait gesticulation doublée
Si tu l'éteins tu n'as plus d'ombre mais la nuit me venge et te dévore
Prends garde imprudemment à porter le couteau dans notre métaphore
Car ses membres écartelés perdent à la fois leur sens et ton sang
Qu'est un amour qui n'est plus une mer une parole sans l'encens
La pervenche meurt sous les yeux la musique s'évanouit des choses
Et toute lèvre se fane au baiser quand d'elle on arrache la rose
Voilà que tu m'as repris cet amour d'Elsa d'après ton amour peint
Si tu le veux romps-moi le cœur Le tien n'est-il pas fait du même pain
Est-ce que tu ne comprends pas qu'à m'arracher le dedans de moi-même
C'est l'avenir que tu détruis m'interdisant le chemin de qui j'aime
Tu m'as repris la main que je croyais tenir Et je suis demeuré
Seul absolument seul inutilement nu seul et désespéré
Tout ce que j'ai senti battre en moi n'était-il que vertige d'un songe

Toi-même alors et ce temps de longtemps après moi vous n'étiez que mensonges

CE TÉMOIN QUI N'EST L'UN NI L'AUTRE

Un tonnerre de silence est retombé sur l'homme de désillusion sur l'homme frustré du rayon sur sa marche
Sur l'homme à la perspective renversée
Un tonnerre de silence emplit cette ville aux plafonds qui défiaient les fleurs
Un tonnerre de silence a suspendu les gestes de la colère et les raisons mêmes que les gens avaient de mourir
Il n'y a plus de place ici que pour le commencement immense d'un sanglot
D'un sanglot qui monte du ventre à la lèvre épouvantable et brisé D'un sanglot
Qui ressemble à l'arrachement de l'âme et pire encore car l'on y survit D'un sanglot
Pour tout ce qui ne sera pas cette vie autre et vainement attendue et vainement vainement attendue
Pour tout ce chant répandu sans avoir été chanté
Ce bonheur étouffé dans la paume ainsi qu'un linge mouillé de larmes
Cette imagination jetée à bas à la façon de l'échafaudage et l'on voit que dans ses bras nulle maison n'avait été bâtie
Il n'y a plus de place ici que pour la parole à jamais étranglée
La dérision du destin qu'on se forgeait et qui s'est perdu comme s'oublie une musique

MEDJNOÛN

Et je suis là debout dans ce qui somme toute ne fut que ce qui fut
Près d'une fontaine Au coin d'une rue Ou dans un jardin délaissé
Je ne serai que ce que je suis je n'aurai jamais été que ce que je fus Rien d'autre

Seul inutilement seul et déchiré de mon rêve oh si cela pouvait saigner un rêve où se fait la déchirure mais non

Cela vous est emporté sans qu'on puisse dire où se fait le mal sans qu'on puisse

Avec son doigt vérifier la blessure et le sang

Va-t'en comme si l'on t'avait arraché la langue et les membres

Et pourtant tu marches tu parles tu sembles n'avoir en rien changé Les autres

Ne voyant ton infirmité te bousculent sans ménagement

Tu as si mal que tu ne peux crier ni pleurer ni gémir si mal

Que tu te conduis comme tous les passants Retombe

Dans le monde machinal où tout semble n'avoir que son but apparent limité médiocre

Et ce sera l'heure de manger ou celle de dormir ou celle à la fin

Qu'elle vienne qu'elle vienne à la fin qu'elle vienne ah

Ce retard d'elle à venir m'égorge

Je suis la bête où le couteau pénètre inexorablement mais

Si lentement n'aurez-vous pas l'humanité du moins de le repasser ce couteau qui coupe si mal ébréché sans doute

Aiguisez je vous en supplie un peu le couteau pour mieux m'achever

On ne me fera donc grâce d'aucun détail de la douleur d'aucune cruauté de l'acier la peau les muscles les nerfs le cartilage

Vous me tuez ignoblement vous me tuez à petit feu vous me laissez pourquoi me laissez-vous le temps de repenser à cette femme qui m'est enlevée

Comme si vous nous aviez surpris saisis départis dans l'amour l'un de l'autre et je vous crie ô bourreaux je vous crie

Attendez au moins que je meure d'elle que je meure en elle comme une clameur

XXII

Et Kéïs Ibn-Amir An-Nadjdî redit une phrase qui s'était déjà posée amèrement à sa lèvre: *Seul absolument seul inutilement nu*... Il la redit mesurant l'amertume, il la redit comme un poison de l'âme, et ce n'est point affaire de s'en griser, mais bien par confirmation du malheur, résolution de regarder le malheur en face, dans ses yeux et son étendue, le malheur qui ne se peut, lui, mesurer. Peut-être que si quelqu'un pouvait voir en Kéïs, à cette heure d'après Grenade, à cette frontière mortelle d'un peuple, à ce point de fusion de l'Islâm, et il y a sur chaque place, à chaque détour de rue, un mort qu'on ne prend plus soin de porter en terre, de la famine ou du couteau, d'une peste ou d'une rébellion, quand chaque homme et chaque femme sont assis dans une maison qui leur sera prise, et le regard porte sur un paysage déjà qui s'efface dans la chambre de l'œil, et déjà les navires sur la mer s'apprêtent, qui crouleront sous le poids des émigrations successives, du pont aux soutes où la fuite est parquée... peut-être que si quelqu'un voyait ce qui se passe en Kéïs, il dirait des mots de mépris, il hausserait les épaules de son jugement... peut-être Ou comprendrait-il que la ruine est la même, d'un homme et d'un peuple, qu'il n'y a point degré pour l'abîme, que la chute est d'égale atrocité quelle qu'en soit la raison. Car Kéïs Ibn-Amır An-Nadjdî résume aussi bien ici la destinée humaine que l'enfant qui choira de l'âme sur la route de l'exil, ou le Roi s'en allant mourir pour défendre un royaume africain contre ceux-là qu'il n'a point su du sien propre écarter...

Kéïs, car maintenant qu'il est seul il ne pense plus à lui-même sous ce nom de Medjnoûn qu'il s'était donné, il porte pour lui-même un nom que criait sa mère, ce nom de jeune homme, ce nom d'amoureux le soir dans l'ombre attendu... Kéïs rêve de ceux-là qui sont partis de lui dans le temps à venir, ce couple qui s'est détaché vers les jours où l'on ne saura plus qu'il fut un peuple mis à genoux, un homme à l'extrême du désespoir, à Grenade d'Andalousie, dont inexorablement le cœur retentit des funèbres tambours qui la parcourent au pas du vainqueur... ce couple à qui sera donné de *vieillir ensemble*...

D'où te vient cet écho dans les mots mariés, d'où cet écho d'une chose inouïe? Un poète appelé Paul plus tard. Mais c'était dans sa bouche un sanglot de l'homme dépareillé, déparié, déparé. La coupe du couple brisée, ô nuit qui commence à cette fin de novembre, nuit d'un seul, le jour de l'autre éteint: *Nous ne vieillirons pas ensemble*... Et de qui disait-il, et comment, cette phrase oubliée: *Il vit sans avenir?*

Kéïs Ibn-Amir An-Nadjdî s'est avancé jusqu'à ce balcon de colline, et d'où se voit encore, en avant de l'al-Baiyazin, le sillon du Darro, partageant la pente des jardins en terrasses, chacun dans ses murs privés, l'enclos de fleurs tourné vers la pente d'arbres et de remparts de l'autre côté qui grimpe vers l'Alhambra, Kéïs Ibn-Amir ne peut plus détacher du couple sa pensée, et ce n'est point le Darro comme une ride au coin de la bouche entre sa pente et lui tracée, entre elle et lui, qui l'en sépare ainsi que de l'Alhambra l'al-Baiyazin... mais le temps irréductible, le temps pas plus que le feu dont on ne joue en vain, le sillon terrible du temps qui ne se remonte point, ni ce regret profond profond, qui mûrit comme le fruit croissant des larmes, qui ne seront jamais qu'écorce, amorce d'armure, et à chaque erreur d'espoir, chaque pas qui se heurte au diamant dur, au mur de mort, chaque pas d'illusion déconcertée, il me revient seulement comme une mer à l'heure haute, une marée, ou est-ce une cloche en moi ce refrain, qui bat en moi, dans le grand bruit d'ailes d'un aigle en cage, où suis-je? et je disais... ces mots cruels et merveilleux, je me perds, tout ce que je puis encore opposer à l'inexorable, alors même qu'il ne s'agit plus de moi, ces mots démentiels, ces mots de ciel, *ils vont*... entends-tu bien ces mots, oreille intérieure? *ils vont*... oh je comprends enfin l'aveugle et pour lui ce que c'est, la lumière... vieillir... n'est-ce pas dans l'atroce qu'enfin seulement la beauté transparaît?... *vieillir*... rappelle-toi ce que ce mot signifiait pour toi dans le vertige dédaigneux de ta force (ta force, Amour!) et l'abstraction que c'était dans ta belle bouche d'enfant encore, ta jeunesse… *vieillir*… on t'aurait dit alors que vieillir serait un jour pour toi, ô chose amère, chose torse ! un sigle de vrai bonheur, vieillir, vieillir… mais comment disait l'autre ? quel était au bout de ce verbe un petit mot de plus, le mot qui lui donne goût de musique, qui le fait étinceler, lui procure désinence d'éblouissement, *vieillir*… amèrement ah tu disais d'eux qui s'aimèrent : *ils vont vieillir ensemble.*

Et toi, quand ce sera l'heure de mourir, *seul absolument seul inutilement nu*, que l'on tourne alors ta tête, non point vers ta kibla, les yeux au sud, mais vers ce couple de l'avenir, et ceux qui donneront à ton corps ablution et se partageront tes vêtements pour salaire de leurs soins, qu'ils regardent bien, là-bas, où s'en ira ton dernier long regard, le soleil et la lune, au loin *vieillir ensemble*… ils ne comprendront rien du rire inventé, rien des mots revenus à ton souffle dernier, mais quand ils auront lavé ton corps de leurs longues lourdes mains indifférentes, et d'un coton parfumé de nard bouché tes narines ta bouche et tes oreilles, et ces orifices inférieurs de l'impureté, je les en supplie au moins, qu'ils ne ferment point tes yeux sur le vide ouverts, toujours, même aveugles à la vie, qui verront le couple auquel est là-bas donné ce qui t'est refusé dans l'éternité même… ils rediront ces mots volés à ton souffle et sans y rien comprendre… Qu'a-t-il, qu'a-t-il, avant de mourir, était-ce le délire, encore répété, ou prière ou cantique… *ils vieilliront ensemble*…

Ensemble, ensemble, ah, voilà le mot que je cherchais comme un cœur perdu, un secret d'ombre, une clef tombée au fond de l'eau… *ils vieilliront ensemble.*

Et les femmes entreront dans la demeure et pourra bien commencer le cérémonial hurlé, oual-oual, où se déchirent les robes, l'ongle entre dans la joue, les cheveux se défont et s'arrachent à poignées, la lamentation s'élève, et la matrone chante et pleure, et que dit-elle du défunt ? qu'il fut bon, qu'il aima sa mère, obéissant et candide, et pieux d'une piété qu'on ne comprenait point peut-être, comme ses chants que suivaient les gamins par les rues, ne prenant des biens de ce monde qu'avec parcimonie et partageant son pain noir avec le pauvre… et dans la parole éperdue un événement minime va prendre une place disproportionnée, une histoire d'ailleurs dont le mort n'a plus souvenir, attendrissante, exemplaire, et fausse peut-être, pour que de lui rien ne reste que ce qu'il aurait pu, ce qu'il aurait dû faire et l'ordre sur toute chose enfin revienne, le scandale d'hier enfin dans une étoffe rude enveloppée en quoi se présenter devant Dieu, qu'on va trimballer lisant des vers religieux jusqu'à la tombe ouverte, par la ruse d'un détour, car voudrait-il, An-Nadjdî, de cette terre à son intention creusée, à la dernière minute ne va-t-il pas se retourner sur les épaules qui le portent, refusant par modestie, ou je ne sais quel sentiment confus, cette propriété qu'on lui donne, à moi l'indigne, à moi l'indigne, ou d'un seul coup le corps est versé... sur lui le sable où son pas s'efface, et sa musique, et les modulations de son âme, la polyphonie des mots prononcés, que l'écriture est incapable de perpétuer, malgré les inventions de grammairiens, cette ponctuation de l'air ajoutée aux consonnes... sur lui le sable comme la moralité de toute l'histoire de Kéïs et de son peuple, un sable infini, le souvenir souverain de l'origine, le retour au désert qui s'éteint aux confins de l'homme et de l'ange, un sable où chevauchent les étendards, le temps d'avant le Prophète, et les longs errements, sable d'Asie où les troupeaux émigrent vers les maigres pâtures d'un printemps dévasté, sable d'Afrique où les tribus tournent sur elles-mêmes avec le schisme et l'hérésie, et les grands sursauts puritains des lieux arides... sur lui, Kéïs, toute la chanson séchée aux vents du désert, toute la chanson du sable comme une persécution de ce qui fut, cette pierre effritée, emportée, éparpillée... sur lui le sable blanc fait d'ocre, de pourpre et de noirceur, d'éclat, de couleur divisée... sur lui, le sable du passé d'un coup d'aile qui retombe oiseau dans sa gorge blessée... où suis-je encore, à cet instant d'au-delà de moi-même par les mots, la poussière des mots, pétri, percé, pénétré... le tourbillon de sable... l'haleine de sable sur ma bouche et dans mes yeux sont torrent... où suis-je, et suis-je encore, à cette heure du sable où les mots se meurent? Et Kéïs n'est plus même douleur, plus même inconscience, plus réflexe, même reflet, plus rien que la proie ignorante du sable, plus, même, plus cela même, plus même ceci sur quoi le pied nu, tassant le sable, du fossoyeur, pèse, piétine, un instant encore insiste, que l'ouverture du néant soit comblée, affleurant avec exactitude le sol où marchent les vivants, et c'est enfin sur la plaie humaine, ainsi que cicatrice, l'excroissance du tombeau, la dalle retombant...

Mais on n'écrira point sur la pierre, au-dessous des grands arbres, où viendront un temps encore s'égarer les veuves et jouer les enfants, les caractères qu'il supplia de graver, à la dernière heure, et les savants n'ont su de quelle sourate pouvait bien être tiré ce membre de phrase arraché, mutilé, lui substituant un verset coranique... on n'écrira pas les mots mystérieux de sa dernière lèvre...

... ils vieilliront ensemble...

Et qu'importe d'ailleurs puisque demain tout sera dispersé, profané l'ombrage et le sépulcre, ici viendront s'asseoir les couples impies, les amoureux furtifs, l'adultère et la perversion, parlant une langue étrangère, ici l'obscur d'un autre peuple pour qui la tombe a les bras ouverts d'un supplicié, va s'étreindre, se caresser, se mesurer les paroles démonétisées du désir, sans savoir ce que signifient les caractères mensongers sur la dalle, ni qu'il fut un chanteur, ni qu'il fut une nuit dans sa voix répétant, de qui, de quel amour, ou peut-être d'un peuple entier, comme une raillerie du destin, le refrain d'un vœu déçu, la seule ambition de l'homme, le souhait immensément dérisoire de son cœur :

ils vieilliront ensemble.

XXIII

PARENTHÈSE DE LA FAUSSE ELSA

Ô petite fille pareille à la fleur subite de l'agave
Mensonge improvisé qui ne distingues point le jeu de la vie
Complice du crime innocent au milieu des rires soudain grave
On ne t'a pas donné d'entrer en scène Et quand la fausse Elsa vit
Qu'il n'y avait pas de rôle pour elle en ce méchant monde adulte
Elle s'est assise dans ses atours le fard coulant sur ses joues
Allez demander aux enfants d'accepter le déboire et l'insulte
Elle pleure d'être au grand jamais cette carte que nul ne joue
Et me voilà la tête jaune avec le tour des yeux peint en mauve
On va partout me montrer du doigt Comment échapper aux garçons
Où voulez-vous que je disparaisse où voulez-vous que je me sauve
Je les connais je les connais bien je ne sais que trop ce qu'ils sont

Les garnements ont couru derrière elle en criant des noms d'organes
Elle tordait ses petits pieds nus dans les chemins sans lendemain
Sa robe s'accrochait à la ronce ainsi qu'une chanson tzigane
Quand ils ont ramassé des cailloux elle a pris peur de ces gamins
Et quand ils les ont lancés sur elle ah la pauvre la pauvre biche
Son cœur s'est mis à battre tellement qu'elle ne comprenait plus
Si c'était la droite ou la gauche ou si c'est la montagne qui triche

Où sont le ciel et la vallée où les champs l'ornière et le talus
Et quand les pierres l'ont blessée et quand son sang couleur de la fraise
A coulé sur la tendre épaule ah qu'avons qu'avons-nous qu'avons-nous
Fait Une caille en criant s'envole et dans le ciel violent biaise
L'injustice est trop forte à l'enfant qui tombe sur ses deux genoux

Et si je vous raconte absurdement ici cette histoire à tout prendre hors de propos n'est-ce pas que j'ai vu bien plus tard dans le soleil d'un peuple traîner sur la place publique au milieu des cris d'obscures filles à soldats dont on rasait affreusement la tête
Et me soit cette fausse Elsa le lieu de dire que magie est crime imaginaire imaginaire aussi le droit qu'on s'arroge d'humilier la femme dans sa chair ou l'homme dans son âme
Et que ténèbres sont encore tant qu'est possible aux gens d'opposer à l'erreur et l'ignorance l'implacable soleil de la raison tant qu'est possible de tracer au travers de la nuit humaine abstraite ligne du mal et du bien
Et que le bras du Juste me frappe pour le dire il n'importe à présent que je suis outre-vivre où souffrir ne fait plus si mal que consentir
Et se ferme la parenthèse avec le soir qui vient sur la terre et s'éloigne ici le sanglot

XXIV

Quel être suis-je et d'où l'image
Quel homme suis-je ou son reflet quel est moi celui qui regarde et se tient au parvis des temps ou l'autre outre-miroir qui rêve
Suis-je celui qui se retourne et se cherche dans le passé suis-je celui qui marche à l'avenir le devançant dans sa folie

Suis-je dans ce qui fut ou dans ce qui sera
Suis-je qui l'invente ou le Fou

Quoi tu te suffirais d'une seule réponse
Et d'une seule vie et de n'avoir été
Que ce passant d'un seul chemin

J'ai patiemment inventé l'avenir j'ai passionnément inventé l'avenir qui ne s'atteint que pour te fuir qui recommence à chaque moment de lui-même
Et ne dis pas qu'il est déception perpétuelle il est
Déception perpétuelle mais
C'est de te décevoir qu'à chaque pas renaît l'horizon
J'ai patiemment inventé l'avenir à l'image du meilleur de moi-même est-ce que je me prends pour Dieu
J'ai patiemment créé l'homme futur à la différence de ceux que voici
Si beau C'est de l'âme que je dis si bon que tout le passé devant lui tombe à genoux
Je ne puis pourtant nul ne peut prédire qu'à deux pas de cette marche par quoi l'escalier aujourd'hui s'élève
Tout change si vertigineusement vite que l'aujourd'hui de mes données
Est départ dérisoire à mon pas dérisoirement aussitôt dépassé
Dépassé n'entends-tu pas le sens à ce mot jamais donné *dépassé* c'est-à-dire
Sorti du passé rejeté dans le passé par qui te dépasse
Alors pour que cet imaginaire avenir que je me donne ait profondeur et perspective
Qu'il ne soit pas que cette courte expérience du regard à l'être humain de l'hiver au printemps prévu
Je me suis rejeté dans le temps d'avant ma vie
J'ai reculé de quatre siècles sur ma naissance
Et j'ai cherché de Grenade perdue au siècle d'Elsa la loi du progrès le mécanisme

Par quoi l'homme dépasse l'homme et chaque génération
Est à l'échelle un barreau supérieur

J'ai réinventé le passé pour dépasser ce présent aussitôt dévolu aussitôt révolu
J'ai réinventé le passé pour voir la beauté de l'avenir
Et quand le miroir s'est tourné vers moi j'ai vu mon visage
Sillonné de vents et d'années
Taché talé de tant de siècles
Ô déchirures du drapeau
Avec toutes les tares de l'humanité sur la terre avec l'
Histoire écrite aux rides de ma peau
Comme un objet qui se rappelle en tout son bois sa traversée
Un vieux navire gémissant de tous les timons du passé
Et les orages les saisons les guerres les océans les maladies
Mais si tu fais dérouler la bande à l'envers c'est un chant d'oiseaux qui n'existent pas que tu as dit
Et quand le miroir s'est tourné vers moi j'y ai vu la hideur de mon visage

Voilà que l'heure est venue où l'un après l'autre les compagnons du voyage
S'arrêtent soudain l'un dans un lit qui n'est pas le sien l'autre dans l'escalier
Ou ce n'était pas à proprement parler l'escalier les nouvelles vont si vite
Mais le palier ou pas même le seuil la chaise à côté de la porte il s'était levé pour chercher les journaux et puis tout à coup le silence un silence qui se prolonge et devient le silence
La lèvre pâle de parole et l'œil d'une absence baigné
Pourquoi ce jour-ci pourquoi ce moment leur est-il soudain le dernier
Quelle est cette fatigue subite et quel est ce renoncement
Ils n'ont pas voulu ils n'ont pas pu marcher plus loin disant qu'après tout
Après eux le futur commence

Et vais-je aussi comme eux m'asseoir tout à coup voyant devant moi l'immensité de l'étendue
Désespérant de l'effort si grand pour avancer si peu
Pourtant donne-moi ta main qu'ensemble ensemble
Allons veux-tu bien jusqu'au tournant peut-être après
Le paysage change-t-il et ce sera bien assez de voir qu'il change
Même si c'est la mer toujours la mer ou qu'on ne sort pas de la forêt
La route est dure et tu t'arrêtes
Si du moins elle ne montait pas ce serait plus facile dis-tu mais voilà
Précisément elle monte ô mon amour elle monte essayons
De monter avec elle un peu si peu que ce soit ce sera toujours plus près des étoiles
Qui sait là-bas pas loin ce pli de terrain cela va
Cette fois être le sommet Toute ma vie
J'ai désiré cette minute enfantinement désiré cette minute
Où voilà c'est enfin le sommet
Et maintenant qu'importe au-delà cette route que je vois descendre
Puisque je l'ai vue à perte de vue descendant facile
Ah facile maintenant pour les autres sans moi
Facile et que de moi maintenant ils se passent

J'ai toujours cru de mon devoir d'atteindre le sommet
Comme si je portais avec moi l'humanité tout entière
Comme si je la menais avec moi vers ce belvédère sur demain
Comme si de la mener ici j'aurais rempli ma tâche
Ah quel enfant quel enfant nous sommes
Quel pauvre petit enfant dans la foule qui joue avec des chiffons de couleur

Et quand il y aurait un sommet qu'on l'atteigne et quand tu l'atteindrais ce sommet-là toi qui riais
De ceux qui perdent leur vie à grimper une montagne
Tout ce mal qu'on se donne et tout ce dont on se fait un Himalaya

Et l'abîme où tombe de la cordée un homme on ne lui donnera même pas son nom

Et quand tu l'atteindrais ce sommet de convoitise entre l'avenir et le passé

Ce n'est que l'endroit de la halte sans départ et toute la foule ici continue

Qu'il monte le chemin qu'il monte ou qu'il dévale

La foule au-delà de toi déjà le bruit s'en fait imperceptible à ton oreille

La foule oubli qu'on nomme humanité

Pourtant c'est le sommet ici le sommet du moins de moi-même et moquez-vous de moi mais j'y suis parvenu

J'ai jusqu'ici roulé sous les pieds de la foule

Elle s'en va sans moi qui n'avancerai plus

Je n'attendais rien d'autre

Et si j'étais le Fou si j'étais ce qu'il rêve

Ou si c'est à l'inverse et j'ai rêvé de lui

Cela m'importe moins que le parfum de l'ombre

Et ce nom dans mon cœur sans oreilles et sans yeux

Épilogue

(1492-1495)

CHANTS DU VINGTIÈME SIÈCLE

C'est ici que dans moi s'arrête cette histoire et s'efface Grenade et je ne suis que moi c'est ici qu'à la fin je mesure ma force ou du moins ma faiblesse et l'homme limité c'est ici qu'à la fin j'accepte à toute chose en moi sa limite et le jour qui s'achève et la pierre à mes pieds de fatigue et peut-être pas seulement de fatigue à la fin qui retombe inutilement plus loin si peu plus loin portée

Je déchire mes oripeaux je foule ma jonchée ah je tourne tourne la page de qui tu fus ouvre la radio du monde où sont les autres

Le temps d'en tirer morale il n'y a plus de fable il n'y a plus besoin de la métaphore que le monde emporte il n'y a plus que la perpétuelle tragédie

Et que ce soit le jour ou la nuit l'Espagne et l'Amérique il n'y a

Plus que la perpétuelle tragédie

Tu es assis dans une maison de ville écrivant des mots à ta semblance articulant une phrase qui te mène on ne sait où

Tu luttes contre le temps devant une table et tu crois par moments le renverser le traverser le dépasser

Tu formes sur le papier des constellations de signes pour guider un voyageur qui ne viendra pas ou qui passera sans te voir ou qui fera de ton âme au plus sa cigarette

Tu crois tenir un secret majeur tu crois avoir trouvé la pierre philosophale non pour l'or mais pour

L'homme et tu te lèves comme un cri dans la pièce arpentée enflant ta voix dans la pièce vide où tu vas et viens parmi les vocables vains de ta lèvre aux murs jetés au décor de ta vie

Tu t'arrêtes dans un geste et tu ris de toi-même sans miroir et tu n'as point achevé ton rire que cela te reprend comme une fièvre ô pantin de toi-même

Cependant tu craques de tous tes os Vingtième Siècle ici comme ailleurs et la peste à peine a changé de nom la mort de chemise et brusquement les chiens sont lâchés sur le fugitif la rue a des convulsions l'ombre même est percée il n'est laissé nulle place à tes pas égarés compte à tout bout de champ demandé de tes rêves

Tu es comme une mère qui a tant d'enfants qu'il y en a toujours un quelque part qui meurt

Tu t'es donné six mois pour te mettre en chansons et puis voilà quelque part qu'une guerre est soudain comme une voile des mâts tombée une révolution la famine un peuple brisé

Et toi tu n'as perdu pendant ce temps-là que ta vie

*

Il ne pleut pas Le vent s'est tu La nuit profonde
Est pleine comme un cœur de grands cris étouffés
Tout ce qu'on ne dit pas retombe sur le monde
Cendres de nos longs jours ô paroles biffées
C'est l'heure où mes regards ne trompent plus mon âme
Rien ne m'égare plus la lumière ou le bruit
Une science atroce en moi brûle sans flammes
Je guette l'univers en moi qui se détruit
Le temps passe à regret sa main sur mon visage
Et plus que lui déjà cent fois je suis pressé
Qu'il passe et qu'il efface et la mémoire et l'âge

Et l'amour maladroit qui semble un chien blessé
Un instant sur les toits roule un train de charrette
Il faut croire au dehors que le ciel continue
Cela s'approche et croît diminue et s'arrête
Et l'avion s'en va comme il était venu
Voilà ma vie Il faut que j'en prenne mesure
Que je calme en mon sein cet oiseau qui bondit
Mais toi qui dors mais toi mon rêve et mon azur
Toi ma chanson ma peur toi mes quatre jeudis
À ma fièvre toujours qui me fus une eau pure
Ma chère déraison ma sagesse et mon vin
Toi mon sang comme lui qui fuis à la coupure
Et je le rebuvais toujours qu'il me revînt
J'écoute respirer près de moi ton absence
Dis quel rivage habites-tu sans que j'y sois
Quelles fleurs cueilles-tu dont je n'ai connaissance
Où t'assieds-tu le soir sans que je m'y assoie
Déjà déjà sans moi près de moi tu reposes
À cette école ici qu'est-ce qui se dénoue
Ah qu'il est malaisé de se faire à ces choses
Elles ressemblent trop à ce qui vient sur nous

*

Dieu nous gard' de vivre cent ans
Dans le bruit des vers de la prose
Si la mort m'en donne le temps
Ce sera toujours même chose
Cent fois la turquoise et la rose
Cent fois *Je t'aime* et *Je t'attends*
Cent fois *Je veille et tu reposes*

Cent fois les rimes tant connues
Cent fois la nuit cent fois le jour
Cent fois les baisers revenus
Cent mille et une fois l'amour

Le printemps vert et le plomb lourd
Soufflent les vents passent les nues
Crient les cigognes sur les tours

Vivre ou mourir quel est plus lent
Vivre ou mourir quel est plus vite
Les mots sont si peu ressemblants
Les cieux sont devenus redites
Et ce bouquet de marguerites
Son cœur jaune et son collier blanc
Y faut-il jouer double ou quitte

Avons-nous perdu la raison
Tout chemin dévie à l'amorce
Toute phrase est hors de saison
Et toute parole est sans force
Ainsi que font l'arbre et l'écorce
La fumée avec la maison
Le sens et la lèvre divorcent

Ne riez pas des lieux communs
Qui dans mes vieilles mains se fanent
Ils sont nécessaires comme un
Refuge au cœur que tout profane
Léger celui qui les condamne
Leur préférant autre parfum
Comme le twist à la pavane

J'ai cherché pour toi J'ai trouvé
À la fois pour vous et moi-même
Le secret de vivre et rêver
À vous comme à moi le problème
Ne se résout que par poème
Méprisez-moi si vous savez
D'autre façon dire *Je t'aime*

Quand vous auriez bras de nylon
Yeux de radar et sang d'atome
Amours vous seront bruns ou blonds
Baisers seront morsure ou baume
À tout cœur sera métronome
À tout sera cœur étalon
Vous écouterez nos fantômes

*

Nous étions deux nous n'étions qu'un du moins du moins
J'ai pu le croire
Nous je dis nous dans mon vertige et près ou loin
J'aurai vécu j'aurai passé jours blancs ou noirs
À tes genoux

Nous je dis nous pour être heureux nous étions deux
Je n'ose dire
Comment comment voudriez-vous qu'on fût heureux
Pour le meilleur les yeux ailleurs voyant le pire
Pauvres amants

Pour être heureux ne faut-il pas des yeux fermés
Ne rien entendre
Mais aujourd'hui quand il est tant de mal-aimés
Que vivre brûle et que les vents ont goût de cendre
Le sang nous bruit

Tout le bonheur ô mon bonheur on l'aurait pris
Par ignorance
Mais d'ignorer peut-on vraiment payer le prix
Le monde est là Nous sommes part de sa souffrance
Bon gré maugré

Il n'y a pas d'amour heureux vous le savez
Cela se chante

À qui l'a dit on le reproche et veut prouver
Par notre exemple qu'il y eut dans la tourmente
Un paradis

Sous la nuée ah croyez-le le ciel est bleu
À votre guise
Faites couplets du beau soleil alors qu'il pleut
Comme aux jeudis de mi-carême on se déguise
S'il vous en plaît

Enfants enfants tant que l'on meurt que l'on gémit
Et que l'on pleure
Qu'y faire si mon double-cœur que l'on a mis
Comme un miroir amer au centre des douleurs
Se fend ainsi

*

Je nomme *présent* ta présence
Entre le songe et la mémoire
Nuit et jour s'y contrebalancent
S'y limitent dormir et voir

Je n'ai mémoire que d'absence
Ou *passé* que de désespoir
Tout ce qui fut je le repense
À partir de toi pour miroir

Et j'imagine à ta semblance
Un *avenir* pour t'y savoir
Je n'ai rêve que d'espérance
Je n'ai qu'amour à demain croire

Aimer n'y sera plus démence
Et ce sera notre pouvoir
Contre la mort qu'être romance
Aux amants d'après notre soir

JOURNAL DE MOI

Ce qui vient je n'en ai que vue obscure où sont les couleurs éclatantes

Tant qu'à faire l'imaginer il me le faut plus beau plus pur ou comment vivre et tant pis si mon rêve avec moi se périme

L'avenir c'est nous dépassés Des jours comme du linge propre

. . . .

Pourtant si les gens d'autrefois nous avaient vus *leur avenir*

Croyez-vous qu'ils auraient aimé ce qui nous fait autres qu'eux-mêmes

. . . .

Et nous appelons le progrès ce changement qui rend nos rêves inutiles

. . . .

Ce qui est devant ressemble à la mer et vais-je la trouver moins belle d'être mon naufrage

Aveugle de ne pouvoir rien concevoir qu'à partir de moi sourd à la phrase dont je ne suis que la modulation

Et comment pourrais-je me contenter quand le temps m'aura si bien lavé de n'être plus qu'un peu de ce goût de sel que la mer ajoute aux noyés

. . . .

Je m'étais levé comme presque toujours à l'aube et le jour naissant me blessait admirablement la vue et rien ne faisait chant de moi parce que déjà chantait sans moi le silence et ce que j'écrivais se brisait dans mes doigts comme nacre

Et le songe écaillé se caille dans mon cahier

Il y a comme cela des matins où rien ne rime ne s'ordonne

Incomparables moments perdus

. . . .

J'étais pourtant venu pour dire bleu sur blanc ce qui comme toujours me fait les yeux trop clairs dans l'ombre et je me tourne dans ma pensée à n'en pouvoir plus supporter les draps

J'étais venu pieds nus ébouriffé sans passer la critique de l'eau sur mon visage

J'étais venu dans la peur d'oublier cet enchaînement de moi-même

Cette construction fragile en moi comme les vers que fait un prisonnier qui n'a que mémoire pour écrire

Et se raccroche à la merveille consonnante un choc de mots comme cristal dont la banalité l'enchante

Avenir et souvenir comme si ces deux-là ne s'étaient jamais accouplés

Ô les jambes d'hier et demain fébrilement entrelacées

. . . .

Je dérive Il faudrait peindre d'après nature et s'en tenir là mais cela

M'est impossible

. . . .

J'ai devant le matin l'étonnement des oiseaux Cela n'est pas sérieux à mon âge

. . . .

Ce que j'ai de la vie appris je le désapprends à vue d'œil N'aurait-il pas fallu demeurer dans l'ombre avec tous ceux qui dorment encore et moi soudain je ne le pouvais plus j'étouffais d'être immobile et de reprendre sans fin ce que j'avais pensé pour ne pas le perdre essayant comme des gants une constellation de paroles après l'autre il aurait fallu me surprendre sans bouger Ce qui bouge en moi comme la tête sur l'oreiller Ce qui fuit en moi ce lézard de moi-même ô comparaisons inutiles comparaisons

. . . .

Je n'ai pas fini de m'étonner infiniment du silence Il n'y a pas de silence à craindre avec ce qui me tient éveillé le silence au bout du compte n'est que ce bruit majeur en moi de ce qui pense et bourdonne alors plus haut que tout

Expliquez-moi pourquoi je vais à la ligne au lieu de me demander compte des virgules

Tout d'un coup je me fâche de la puérilité des préoccupations d'autrui Je me fâche au rouge sombre Ou du moins j'imagine car

Le miroir est derrière moi

Qui joue à je ne sais quoi de narquois sans le dire

. . . .

Après la défaite d'Ohod, Mahomet se retranche dans Médine, qu'il entoure d'un Fossé. La douleur inattendue aux assiégés, c'est qu'en ce temps-là coutume était chaque soir de sortir de la ville où il n'y avait point commodités pour cela, les gens allant faire leurs besoins dans le désert. Le Fossé, du point de vue de la guerre, était un progrès, *mais, comme tout progrès, il engendrait un mal imprévu, parce qu'on ne peut penser à tout.*

Quand les Rois Catholiques viennent devant Grenade et l'enserrent, quelles que soient les horreurs du siège, l'abomination de Médine est une chose lointaine à quoi nul ne pense bien que ne soit encore inventé le principe des fosses septiques. Si les Grenadins étaient justes, ne devraient-ils pas alors, *c'est-à-dire dans la famine et la peste, et la mort sur eux, reconnaître qu'il y a eu progrès depuis les temps du Prophète ?*

Si je regarde en arrière, le détail de la vie ancienne me rend sensible les grands changements qui se sont faits. On n'a plus nécessairement froid l'hiver, et si un tiers de l'humanité n'a pas encore à manger, cela représente une amélioration fantastique de la condition humaine. Tourner mes yeux sur le passé, c'est du coup croire au mieux.

Mais si, non plus imaginant l'avenir, mais le voyant, je jugeais en avant, et non point en arrière... Que penserait de moi le Medjnoûn ? Mon pauvre double, aurait-il ivresse vraiment des avions et de l'électricité ? Lâchez-le dans Paris, en ce siècle d'Elsa, il va se croire en enfer. Ce qui est le progrès pour moi, pour lui relève du martyre. L'homme de jadis, fût-il alors à l'avant-garde, *comme nous disons avec notre parler militaire, a été façonné pour le monde à quoi se sont faits aussi bien sa chair que ses songes. Notre progrès est son épouvante. Je ne sais pas ce que Mahomet aurait pensé du tout-à-l'égout.*

Et c'est pourtant là le progrès.

Aussi bien, qui me reproche de tourner mes regards vers le passé ne sait-il pas ce qu'il dit et fait. Si vous voulez que je comprenne ce qui vient, et non pas seulement l'horreur *de ce qui vient, laissez-moi jeter un œil sur ce qui fut. C'est la condition première d'un certain optimisme. Et cela vaut peut-être mieux que l'utopie, source de la désillusion des hommes, cette sorte de science-fiction qu'on préférera sans doute au roman historique, pour peu qu'on soit homme d'action.*

. . . .

Une seule chose à travers le temps comme une grande voile blanche une seule chose et le vent peut tourner s'égarer le bateau
Une seule chose à travers le temps une seule chose de fraîcheur une seule eau toujours transparente
Passent les lois passent les façons de mettre à mort ou la forme aux chaussures donnée
Ce qui comptait plus que la vie à des lumières différentes
Les dieux assis sur les hauteurs les Rois pesant les destinées
Et plus un mot ne chantera qui tirait les larmes des pierres
Une chose d'enivrement qui ne se puise que d'un chais
Une seule chose survit dans la maison de mille étages
Une seule chose violente et douce et qui fait à toute raison passagère échec
Une seule chose à l'échelle toujours de ce qui change une seule chose en vain qu'on saccage
Et cette terre toujours après le feu même a refleuri
Une seule chose Amour et c'est à vous de la décrire
Si les mots ont gardé le dessin de la lèvre et du ventre sort le cri
Une seule chose par quoi m'est langage au-delà de la mémoire et de l'invention
Une seule chose énorme à tous et son vertige
Une seule chose Amour et chavirent les yeux
Bâtissez des tours Il y aura sur la plus haute
Encore ce soupir et cette attente et dans les clartés ou la nuit
Percez les continents pour deux mains qui se cherchent
Offrez chance d'un bal masqué follement à ceux qui se fuient

Détournez détournez les saisons pour la saison de mon amour
À la saison de mon amour que soient les routes balisées
Et fleuve il n'y aura qu'à ta soif et la plus petite cerise
Encore à ta bouche image ira parler du baiser

Une seule chose à la mesure sans mesure de l'homme
Une seule chose à la taille de vivre et de mourir
Et ni le pauvre ni le riche et ni le sage ou le dément
Une seule chose qui de tout fasse une danse
Une seule chose parfaite et qui n'est qu'émerveillement

. . . .

Voici venir le temps de l'impossible
Ô nouvelle Nativité
Et déjà les révolutions de l'homme ont battu la Terre et le Soleil
Tu prends à revers les planètes
Tu vas bientôt te faire une cravate avec la Voie Lactée
Mais pourras-tu jamais traverser la plaine immense
Parcourir le chemin sans chemin toujours recommencé
Connaître le secret sans clef de ton amour
Ô mon amour j'étais fait pour ce ciel à quoi ne suffit point la vie

. . . .

Que disent-ils que disent-ils L'éternité
N'est pas assez n'est pas assez pour que j'oublie
Et si j'ai choisi la folie
Comme le mil soit aux oiseaux raison jetée

*

Je ne sais pas vraiment pourquoi je continue
Le chemin de nulle part On vient comme on part
À quoi bon de là-bas être pourtant venu

On meurt comme on vit où est le mérite
On vit comme on meurt changer de guérite

Ou n'en pas changer ou que tout de suite
On meurt comme on meurt la partie soit nulle

Ai-je peur de mourir ou quoi par quel calcul
Ou lâcheté devant le geste irréversible
J'ai toujours cru qu'un jour je claquerais la porte
Je me voyais à la fois la flèche et la cible
Je ne suis pas le prisonnier des autres

Je ne suis pas non plus mon propre prisonnier

Si longtemps j'ai cru transformer en or
Ce que je touchais d'une aile ou parole
Si longtemps j'ai cru que j'avais la force
Que j'avais l'alcool que j'étais la flamme
Et parfois parfois je le crois encore

À la fin j'ai vu qu'à la dérobée
Ta main sous tes yeux leur volait des larmes
Et moi que pouvais-je aux larmes tombées
Des gouttes de sang que pensent les armes

Un jour je partirai pour un sanglot de toi
Un jour comme les autres jours je me lèverai de table
Un jour pour un sanglot tout me sera finalement
Insupportable

On ne comprendra jamais que j'aurai péri d'une goutte d'eau
D'un cheveu Il s'en sera fallu d'un *je veux*
Pour une phrase inachevée ah comme pour un mot tu
Je comprends celui qui
M'entends-tu
Tes yeux un instant étrangers
Et moi qui ne puis rien rien même
Partager ce cœur partager

Le temps s'arrête d'y songer
Les mots sont lourds d'être légers

C'est si peu dire que *je t'aime*

Comme une étoffe déchirée
On vit ensemble séparés
Dans mes bras je te tiens absente
Et la blessure de durer
Faut-il si profond qu'on la sente
Quand le ciel nous est mesuré

C'est si peu dire que je t'aime

Cette existence est un adieu
Et tous les deux nous n'avons d'yeux
Que pour la lumière qui baisse
Chausser des bottes de sept lieues
En se disant que rien ne presse
Voilà ce que c'est qu'être vieux

C'est si peu dire que je t'aime

C'est comme si jamais jamais
Je n'avais dit que je t'aimais
Si je craignais que me surprenne
La nuit sur ma gorge qui met
Ses doigts gantés de souveraine
Quand plus jamais ce n'est le mai
C'est si peu dire que je t'aime

Lorsque les choses plus ne sont
Qu'un souvenir de leur frisson
Un écho des musiques mortes
Demeure la douleur du son
Qui plus s'éteint plus devient forte

C'est peu des mots pour la chanson
C'est si peu dire que je t'aime
Et je n'aurai dit que *je t'aime*

*

Maintenant tout se passe comme si
J'avais perdu le droit de souffrir à voix haute
Il n'y a plus besoin de rimes quand les vers ont faute d'oreilles
Il n'y a plus besoin de mesure à ce qui n'est de personne mesuré
Et c'est par une dérision du silence que je vais en moi-même à la ligne
Que je choisis d'aller
À la ligne de moi-même comme un poisson qui mord
Et la ligne casse et s'enfuit l'idée

Maintenant je ne peux même plus te montrer cette étoile de mer
Qui se forme à mon pied quelque part sur la plage
Intérieure où je me perds
Tu n'écouteras plus même à côté de toi mon âme comme
Une eau qui goutte
Au bout de la vie ainsi monte entre nous je ne sais quelle brume
Quelle pudeur du cri

Maintenant chaque mot a peur que tu le juges
S'il allait te déplaire et trop tard pour se corriger
S'il allait te blesser
Ce n'est rien de blesser quand on a devant soi l'existence
Et que l'on peut guérir le mal que l'on a fait
Ce n'est rien chanter faux avec des lèvres fraîches
Ce n'est rien de jeter au feu ce que l'on peut recommencer

Maintenant je garderai pour moi mes constellations noires
Je ne t'ouvrirai plus mon enfer je vais seul y brûler

Ce sont les premiers secrets que j'ai de toi sur cette terre
Quelque chose comme le contraire des aveux
Je me promènerai sans toi dans ces chambres condamnées
Les yeux ouverts pour un autre sommeil

Attendant qu'une fois il n'ait plus limite de l'aube
Maintenant je vais apprendre à me taire
Et qui me l'enseignerait mieux que toi vers qui je meurs comme le bruit de la mer
Toi qui m'es raison de la pensée et du murmure
Sans qui former une phrase m'est vain
Toi sans qui seulement j'ai miroir de mon être
Toi mon jugement dernier

Maintenant je suis à l'école de ce qui va venir
Je m'habitue à l'horreur pour qu'elle me devienne insensiblement insensible
Il faut apprendre cela chacun pour soi puisque c'est là
Le but de cet enseignement cruel et qu'il n'est pas donné de diviser comme le pain
Même en deux
Où ferais-je mieux exercice de ne plus être qu'en ce poème qui me nie
J'efface chaque jour un peu mon ombre et ma trace Il n'y aura
Pas derrière moi cette rumeur indecente de l'agonie

Maintenant je détourne de toi ce qui pourtant pour toi seule existe
Ce qui tire de toi ma substance et mon chant
Je te cacherai toi-même au fond de moi je te
Déroberai désormais au langage je t'
Étoufferai dans ma bouche et tu seras là palpitante à ma lèvre
Ainsi que le refus douloureux d'un baiser tu seras
Mon insomnie

Et je craindrai plus que tout bougeant près de toi de t'éveiller
Amour ô ma femme ô mon unique parole

Maintenant je m'exerce à cette nuit de nous

JOURNAL D'ON NE SAIT QUI

Quand, au-dessus de Maligrane, il avait au Medjnoûn fallu renoncer aux maléfices pour attirer dans l'œil ténébreux de leur caverne avec la complicité des Gitans l'incarnation de son amour, dans une nuit de Valence au siècle vingt, où les carrefours étaient d'aigue-marine, les maisons d'aquarium dans l'artifice des lumières d'alerte... et c'était que l'on croyait se suffire de ce sulfatage pâle pour écarter le vol des oiseaux gammés, peut-être par souvenir de mes vingt ans où l'on habillait d'*horizon* les soldats que les ennemis ne les vissent... aux miliciens bleus dans ce bleu, et l'acier corbeau des fusils, le camion venant du nord avait demandé son chemin.

C'est ainsi que vers Madrid fut déroutée en plein ciel terrestre Elsa de la voie andalouse, et jamais ne parvint à Grenade asservie, où pleurait dans ses oripeaux de stratagème une enfant à son faux-semblant que pierres avaient défigurée, et l'avaient en sang poursuivie une troupe de garnements... Et pour cela se vêtit désormais de noir, et vécut comme une souris dans un royaume de chats, celle qui l'espace d'un jeu de marelle s'était faite imaginaire Elsa.

Ô confusion, misère et merveille du Temps-double !

An-Nadjdî avait repris place en la caverne, à la façon d'un

astronome aveugle au milieu d'instruments que plus personne après lui ne saura manier. Et bien qu'il asphyxiât dans la durée, incapable de retrouver dans cette prison les barreaux sciés, la corde à nœuds ou les souterrains débouchant sur l'avenir ou le passé, il ne parvenait pas plus à mourir qu'à vivre, ne laissant de son délire intérieur que sourdre brusquement une fleur, une musique étouffée aussitôt. Comme ce jour où il se souvint d'écrire et, traçant caractères de langues inconnues, orna d'indéchiffrables Elsa sa solitude en un lieu noir, soudain grava dans la pierre en lettres coufiques admirablement formées une phrase que Zaïd seul, bien plus tard, à moins que ce ne fût le frère de Natalie de Noailles, Alexandre de Laborde, en son itinéraire d'Espagne ou quelque ethnographe des fourgons napoléoniens, parvint à lire, plus à la lueur de son âme que d'un briquet :

AMOVR AH POVR
HEVREVX SE DIRE
QUEL ÉGOÏSME SINGULIER

Qui fut tout ce que l'on sut pendant trois ans de la flamme en lui qui le dévorait sans jamais de lui par le nez ou l'oreille à défaut du parler ressortir. Il vivait dans un rêve renversé, comme une table qu'on n'a jamais desservie.

Au dehors les saisons passaient dans leurs habits de prostituées. Nouvelles mœurs se faisaient d'Andalousie et qu'il serait trop long d'entreprendre conter. Il y avait des musiciens errants qui mêlaient en des chants déchirants les musiques du bout du monde. La légende poussait entre les marbres renversés, son herbe folle s'enfuyait par-dessus les murs, les terrasses... Et par un curieux retour était ce culte maudit d'une femme de chair, aux yeux musulmans, non plus d'idolâtrie à cette heure du Christ, mais de *résistance*, mais négation de l'Église-Reine, à son parfum charriant l'Islâm, et contrebande des temps maures devenu. Si bien qu'ainsi prenait sens une chanson qu'on fit sur les yeux d'Elsa.

Tant se répandirent les chants de cette femme, et ceux qu'on avait retenus d'Ibn-Amir dans les versions calligraphiées de Zaïd, tant grandit le cycle morisque des vers sans fin recopiés, vrais ou apocryphes, souvent ingénument entendus, que les autorités catholiques s'en émurent. Et le Cardinal de Mendoza fit rechercher le chanteur des rues qui semblait avoir disparu dans les jours de la Reconquête, et son compagnon Zaïd, le scribe, dont il était signalé présence aux alentours de Grenade, où l'avaient reconnu des Moslimîn convertis, prompts à donner preuve de leur dévouement aux vainqueurs.

Cependant, de longtemps, ils ne furent ni l'un ni l'autre découverts, même pas lorsque des cavaliers de la Sainte-Hermandad vinrent un jour aux abords de la gitanerie s'emparer de Ribbi Abraham Benmaïmon, dénoncé par des paysans qu'il avait eu faiblesse de soigner. C'est vers ce temps que le Medjnoûn dans son délire fut laissé sans surveillance d'un médecin, que cette fille défigurée où l'on avait jadis inventé de voir la Fausse Elsa vint humblement demander à Zaïd d'accepter qu'elle soignât son Maître. Et désormais, aux côtés de la couche où dans son inconscience An-Nadjdî se débattait parmi ses fantômes, on voyait toujours accroupie, et patiemment à quelque travail d'étoffe ou de tapis, la Fausse Elsa sans visage qui veillait sur le vieillard, accomplissant les plus rebutantes besognes, et de son mieux s'efforçant d'éviter, quand l'agitation s'emparait de lui, que l'on dût, comme cela survenait, le lier sur ce lit d'herbes où il reposait, à quoi pour conjurer l'horreur elle mêlait secrètement la fraîcheur des menthes.

. . . .

Deux hivers avaient ainsi passé. Zaïd, à son côté, portait la guitare de la Fausse Elsa, que celle-ci n'avait jamais voulu reprendre. Et dans son cœur le jeune deuil de Simha. Il allait au dehors faire argent de sa voix pour les noces : la peur s'était calmée, apparemment l'oubli sur cet enfant dangereux qu'on avait recherché. Qui l'eût à dix-huit ans reconnu dans cet homme accompli ? Mais, au printemps de 1494, quand Yoûssef ben Koumiya, le hâdjib, trahit Boabdil, et le mit devant le fait d'une vente aux Rois Catholiques des biens par eux dans les Capitulations à l'Émir consentis, il se fit une telle amertume dans l'ancien Royaume, à son départ d'Andrach, parmi les Maures demeurés, et ceux-là mêmes qui avaient ri de voir chasser les Juifs, et ceux qui avaient embrassé la Croix, se mirent à craindre le revers de leur fortune. Quand Boabdil se fut embarqué pour l'Afrique, on craignit en haut lieu le soulèvement des Moslimîn, et l'on se mit à consulter fiévreusement les dossiers qu'on en avait, beaucoup d'entre eux devenus introuvables, éparpillés dans les montagnes, ou cachés dans des villages perdus.

C'est alors que le *polgar*, c'est-à-dire le chef de clan de la gitanerie du Sacro-Monte, se trouva prévenu par des Calès qui avaient repris en ville travail de fabrication des armes, sur la petite place maintenant appelée Saint-Michel, dans l'ancien Alcazar démantelé des Rois Zîrites, dont on disait qu'il communiquait par souterrains avec l'al-Kassaba: un *tchipalo* ayant commerce avec la femme d'un gardien de la prison avait su qu'une expédition se préparait contre le Sacro-Monte afin d'y enlever le Medjnoûn dont la cachette avait été révélée par un ivrogne. Il y eut assemblée des hommes qui délibéra s'il fallait livrer le Fou, dont après tout les jours étaient comptés, et qui ne valait point les malheurs que sa présence allait déchaîner sur la gitanerie. Mais il y avait Zaïd, qu'on suspectait de sang rom... On décida de les acheminer, par une petite caravane, que des cavaliers garderaient, vers les Albacharât, où moreries et gitaneries étaient moins facilement à portée du Saint-Office.

Au cours du voyage, un parti d'alguazils attaqua le convoi qui, par un détour de ruse, évitant la grande voie du Pont de Tablete, avait remonté le Xénil vers sa source, pour franchir à revers le Cholaïr. Le Xénil naît de ce que les Espagnols nomment l'*umbria* de la Sierra-Nevada, que Maures disaient *Nofra-Djihena*, c'est-à-dire le Val d'Enfer. Deux cavaliers escortant An-Nadjdî que portait une sorte de chaise attelée de deux mules, avec sa servante aux vêtements noirs, prirent un chemin de cimes pour passer du côté du soleil. Cependant, Zaïd avec ses autres compagnons avait dressé une embuscade à l'entrée du Val, afin d'attaquer les alguazils et d'au moins les retarder, le temps que le Fou fût mis à l'abri. Mais cela tourna fort mal : l'expédition castillane, qui s'était renforcée après avoir constaté au Sacro-Monte la fuite de ceux qu'elle recherchait, mit en pièces les défenseurs et s'empara de Zaïd, vilainement blessé. Mais les alguazils n'osèrent pas s'avancer dans les roches de la montagne, et tinrent leur tâche pour remplie, ayant mis la main sur le jeune homme, autrement dangereux que ce vieillard, dont tout le monde disait qu'il avait perdu la raison.

C'est ainsi que Zaïd tomba aux mains de l'Inquisition.

. . . .

Dans le petit ribât aux environs de Cadiar, où des Moslimîn cachant leur fidélité au passé sous visage de *Mudejares* et trouvant en An-Nadjdî vestige de la grandeur grenadine l'avaient installé avec les deux Gitans qui l'accompagnaient, et cette fille presque muette qu'il avait pour servante, le Fou vécut toute une année, et les gens d'alentour venaient le voir, le croyant un soufî, duquel ils attendaient miracles. Nouvelles de Zaïd n'étaient jamais parvenues jusque-là, dont dans son silence pleurait la Fausse Elsa, de qui le cœur était parti avec sa guitare.

Elle voyait chaque jour décliner celui que, comme Zaïd, elle appelait respectueusement *Maoulâna*, mon Maître. Or, il y avait un secret dans son sein : chose n'était qu'elle ne fît pour rendre vigueur au Medjnoûn, cherchant aliment dans les villages, mêlant pour lui le lait qui rend sage au vin qui rend fou, — suivant conseil qu'elle tenait de Ribbi Abraham — car elle n'avait rêve que de rouvrir au Medjnoûn la porte de l'avenir afin qu'il pût retrouver la véritable Elsa.

Dans sa simplicité, ne lui semblait-il point que si le Maître ne pouvait plus, comme naguère, voyager par le temps, franchir le Cholaïr des siècles, chevaucher les cimes de l'avenir, c'était seulement par manque de force et mauvaise fièvre. Et tout ce qu'elle savait des simples et de leurs vertus, tout ce qu'elle avait appris des vieilles femmes, maintenant lui servait au moins à maintenir l'espoir qu'elle avait de voir le Medjnoûn appeler à lui cette Elsa, de qui elle avait remords de l'avoir voulu singer, s'il ne pouvait pas *plus simplement*, sur le cheval-temps, s'en aller la rejoindre.

. . . .

Peut-être les charmes opéraient-ils. C'était un jour d'été, beau comme un coq. La Fausse Elsa, dans l'œil du Fou, depuis une semaine ou presque, avait vu se lever une aurore. An-Nadjdî déplongeait des ténèbres, parfois un mot reconnaissable affleurait sa lèvre, il avait pu se soulever sur sa couche... De quoi cette prunelle au loin cherchait-elle intelligence ? Remontait-elle vers cette source d'Elsa, ces jours où le camion s'était tourné de Valence vers Madrid, au cœur d'une incompréhensible guerre ? Ou vers ce pays des Ifrandj, qui passait pour son jardin ?

« Où es-tu, Maoulâna ? » suppliait la servante.

Il ne le disait pas, et que de tous côtés autour de lui avaient resurgi les Veilleurs, ceux-là qui étaient venus de tous les temps, Salomon, Dante, Orphée... et le Quixotte et Thérèse de Jésus... tous... qui étaient venus assister à la mise à mort du chanteur, et dont les ombres s'effilaient au-dessus du vallon de Viznar, où Garcia Lorca servait de cible aux tueurs comme l'oiseau de fer-peint sur les champs de foire... Pour qui cette fois-ci arrivez-vous de l'au-delà, grands cavaliers funèbres ? Est-ce pour moi, pour moi qui vais enfin mourir ? Mais il sentait pourtant sa fougue dans ses veines... Et son regard se détournait d'Espagne, et passait Sicile et la mer... Comme un navire par le vent déporté, je ne sais quelle Arche de Noé qu'un déluge au Caucase entraîne... Où va-t-il ?

« Où vas-tu, Maoulâna ? » répétait la servante.

Or, il avait perdu de vue al-Andalous, et le pays des Ifrandj, et même, l'Euphrate remonté, la Syrie... Où va-t-il ? Il a tourné les monts où l'Arche échoue, il arrive dans un pays de tout autre splendeur. Hérât ! ô ville de Timoûr ! Et le voici devant le catafalque... et j'entends s'étrangler sa gorge, et j'entends répété ce nom qui semble devenu sanglot *Djâmî ! Djâmî ! Djâmî !*

« Que dis-tu, Maoulâna ? » murmure la servante.

An-Nadjdî s'est tourné devant le catafalque à Hérât du poète de *Medjnoûn et Leïla*, et le deuil est conduit par l'ancien Wazîr du Timouride ici régnant, al Moukarrab-al-Khazrât, qui est le poète Mîr Ali Chîr Névâyî. Djâmî, le grand Djâmî dont l'avenir oublie qu'il s'appelait Noûr ed-Dîn 'Abdou-r-Rahmân, vient de mourir, le peuple se prosterne dans ses vêtements blancs, ah! quelque chose se brise au cœur du chanteur de Grenade, tout ce qui fut écho dans lui de cette voix lointaine... Aussi n'a-t-il plus d'yeux que pour sa douleur, ni d'oreilles : il ne voit plus se réunir autour de lui ceux qui vinrent autour de Federico, comme pour en témoigner, à l'heure de sa mort. La source de sa pensée est tarie. Le sol où se posait son pied nu, brûlé. La poitrine de son souffle ne respire plus. Comment trouvera-t-il désormais vers Elsa ce chemin d'ailes et de vent, qu'il devait à la vivante poésie, à la musique inspirée, au délire de feu de Djâmî? J'étais la flèche et toi le bras qui tend la corde, et la force qui me faisait voler à travers l'orage vers l'Aimée. À présent, l'arc est détendu, le ciel obscur, les feuillages de la forêt refermés... Djâmî! Djâmî! de qui je n'étais que le chant prolongé!

Ta secrète beauté m'a fait ce que je suis
Elle était la substance au cœur de la parole
Ta musique profonde est source de mon bruit
Et qu'est l'amour s'il ne me vient de ton école

Ton miroir fut le cœur immense qui saisit
La lumière et la fait Leïla sur les choses
Derrière lui la nuit des hommes se dispose
Ce qu'on appelle Dieu n'est que ta poésie

J'ai compris par tes mots la couleur des turquoises
Qui change de toucher la peau des bien-aimées
Ta lampe en moi s'éteint rien ne m'est plus rimé
Les pas de ma douleur comme des mains se croisent

Fontaines taisez-vous et vous chardonnerets
Ah si Djâmî n'est plus que suis-je qui demeure

Ma lèvre est pâle de silence et mes yeux meurent
Ah si Djâmî n'est plus que me sont les forêts

Journal d'on ne sait qui... car qui fut témoin des derniers jours ? Ou pure invention morisque... On ne peut le savoir. Sinon qu'imaginer ces pages comme parole révélée. Ou peut-être des Veilleurs, de l'un d'eux à sa façon qui témoigne ?

An-Nadjdî, cet été de 1495, est entré dans ses jours d'agonie : ce qui suit est tout ce qui nous est resté de sa mort, et nous n'en connaissons ni la main qui l'écrivit, ni ses raisons de l'avoir fait

APOCRYPHES DES DERNIERS JOURS

I

... ET SI BEAU QUE ME FÛT LE JOUR

Je bats la peau de l'altambour avec l'agilité de mes doigts
C'est une pluie après tout qui bondit sur le temps et le toit
Une grêle de grains durs tombant dans le silo du silence
Le sel au-dessus du feu tout à coup qui grésille et s'élance
Un mot pour cacher la peur insupportablement répété
Une rumeur des troupeaux Une mer assiégeant la jetée
Le pas du malheur et le poids du ciel tout ce que l'homme porte
Marche à la mort qu'on nomme vie
Ô frappement de chaque instant
Entends la tempe éteinte éteins ta lampe avance vers ce qui t'attend

Qui vient vers moi qui me ressemble au miroir de ce matin blême
Je bats l'altambour de mon cœur montant à l'assaut de moi-même
De qui suis-je donc le soldat qui me fait mon propre ennemi
Si je respire c'est brûler du feu qu'en moi-même j'ai mis

Si je parle je me détruis et ce que je dis est ma cendre
Et la ténèbre devant moi c'est ma lumière qui l'engendre
Et le néant naît de ma force et j'ai ma perte dans le sang
Et je suis le ver qui me ronge et le sépulcre où je descends
Et du plus loin qu'il me souvienne
et si beau que me fût le jour
C'est vers cette bouche de terre et sa morsure que je cours
Sombre altambour rien ni l'amour ne ralentit ta batterie
Retombe enfin comme un drap lourd sur les amants et sur leurs cris
Roule ton bruit sur les parfums où les baisers se décomposent
Sur les charniers et sur les lits où se défont toutes les choses
Corps enlacés plaisirs lassés bonheur bonheur recommencé
La longue étreinte comme un chiffre dans la chair aux yeux versés
Ô vie ô mort n'arrête pas tes bruits égaux dans l'ombre égale
Frappe plus fort d'autant plus fort que c'est ici le dernier bal
Des bras unis et désunis frappe la dernière insomnie
Ô vie ô mort double déni que se fasse en nous l'harmonie

II

LE VRAI ZADJAL D'EN MOURIR

Ô mon jardin d'eau fraîche et d'ombre
Ma danse d'être mon cœur sombre
Mon ciel des étoiles sans nombre
Ma barque au loin douce à ramer

Heureux celui qui meurt d'aimer

Qu'à d'autres soit finir amer
Comme l'oiseau se fait chimère
Et s'en va le fleuve à la mer
Ou le temps se part en fumée

Heureux celui qui meurt d'aimer

Heureux celui qui devient sourd
Au chant s'il n'est de son amour
Aveugle au jour d'après son jour
Ses yeux sur toi seule fermés

Heureux celui qui meurt d'aimer

D'aimer si fort ses lèvres closes
Qu'il n'ait besoin de nulle chose
Hormis le souvenir des roses
À jamais de toi parfumées

Heureux celui qui meurt d'aimer

Celui qui meurt même à douleur
À qui sans toi le monde est leurre
Et n'en retient que tes couleurs
Il lui suffit qu'il t'ait nommée

Heureux celui qui meurt d'aimer

Mon enfant dit-il ma chère âme
Le temps de te connaître ô femme
L'éternité n'est qu'une pâme
Au feu dont je suis consumé

Heureux celui qui meurt d'aimer

Il a dit ô femme et qu'il taise
Le nom qui ressemble à la braise
À la bouche rouge à la fraise
À jamais dans ses dents formée

Heureux celui qui meurt d'aimer

Il a dit ô femme et s'achève
Ainsi la vie ainsi le rêve
Et soit sur la place de grève
Ou dans le lit accoutumé

Heureux celui qui meurt d'aimer

JEVNES AMANS VOUS DONT C'EST L'AAGE
ENTRER LA RONDE ET LE VOÏAGE
FOV S'ESPARGNANT QVI SE CROIT SAGE
CRIEZ À QUI VOVS VEVT BLASMER

HEVREVX CELUY QVI MEVRT D'AIMER

III

Ô IMPIE

Et dans une heure de faiblesse il rêva qu'il était assis près du jujubier tu sais celui dont une fois il est parlé comme pour t'arracher l'âme
Près du jardin de la Maroua
Un arbre mauve et roux au vent mauvais de la grand'route
Il se rappela ce qu'il est dit de celui qui oublie Allah et s'en fait oublier
Et peut-être que toute sa vie a failli de porter ses baies
Peut-être que ses pas se sont perdus faute de croire
Voilà que descend sur lui l'envergure d'un grand oiseau
Je le reconnais je le reconnais à force de l'avoir attendu
Ou ce n'était que l'ombre précédant l'homme
Quand il est entré dans la chambre avec la fatigue du voyage
Et j'entendais ses pieds nus sur les dalles brûlées

Il est entré dans la chambre il a chassé la servante
Et dit de cette voix qui vient de très loin dans le désert
Laissez-moi seul avec celui que j'ai créé

Te voilà donc ô Dieu qui me ressembles
Si bien que devant toi c'est me prosterner devant le miroir
Ou si tu es mon père pour cette parole dite
Alors raconte-moi le plaisir de ma mère à l'instant que tu m'as engendré
Avait-elle ces yeux renversés comme un vin de violettes
Et toi tu savais bien que tu brisais ta propre loi
Car elle était la femme d'un autre et je suis le fils du péché divin
J'ai passé ma vie à te renier

Écoute À l'heure où je m'échappe enfin crois-tu que la vérité ne soit pas sur ma lèvre Écoute
Je peux te le dire en face enfin que tu n'existes pas
S'il y avait un Dieu comment se pourrait-il que son image meure
Tu es le sable que disperse mon pied périssant
Mon triomphe est ce dernier souffle qui t'efface ainsi qu'une preuve donnée
Agite-toi tant que tu peux dans la chambre avant que je ne sois plus que silence
Agite-toi visiteur de la dernière minute
Toi qui viens pour remettre l'ordre et lever l'équivoque au sourire du mort
Toi qui confonds enfin la parole et tire du soupir ultime un avantage de voleur
Et si tu t'assieds alors sur ma poitrine tu peux bien
Peser de tout ton poids Néant ce n'est pas de lui que vont s'affaisser mes côtes
Ni ma bouche se tordre d'un nom qui n'est pas le tien
Est-ce que vraiment tu t'infliges peine à chaque homme
De venir ainsi donner sens à son départ et prendre ton jour de sa nuit

Ah tu ne peux pas comprendre en moi la raillerie
Et cette joie étrange que sans moi l'eau continue à couler dans le verger
Sans moi l'aube à venir s'accouder aux collines

J'ai moi passé ce monde sans avoir prouvé Dieu Comprends-tu
Cette fête à ma dernière oreille Je l'ai
Si longtemps si longtemps guetté ce moment de moi-même
Ce moment de me rejeter comme des vêtements d'être
À la fin si parfaitement nu
Seul avec ma mémoire où vont s'évanouir mes yeux d'avare
Sur tout ce que j'ai vu tout ce que j'ai aimé
Tout ce que j'ai gardé pour moi seul de ce monde

Et ne t'y trompe pas ce que tu prends pour la douleur
C'est encore une fois le cri de la chair qui te nargue
Ô mort ô Dieu de quelque nom que tu t'appelles
Tu peux garder pour toi ta peur ton paradis

Or encore une fois il a levé la pierre de ses paupières
Tout était à son ordinaire dans la maison
Quelqu'un chantait dans le jardin ou si c'était un feu de feuilles
Il se leva regarder toute chose en sa place et sourit
Puis sans prendre même soin de se vêtir il écrivit ce verset d'une sourate imaginaire *Ô impie*
Tu ne blasphémeras pas le nom du Seigneur puisqu'il n'existe point

LEXIQUE ET NOTES

Ce lexique ou ces notes, comme on voudra appeler la chose, exige quelques explications ou excuses. Tout d'abord le caractère arbitraire de la transcription des mots arabes. Ce n'est point mépris de l'appa reil de signes des islamisants. Mais, pour le lecteur, dont il s'agit de faciliter la lecture, en s'en tenant grossièrement à une prononciation simplifiée, purement française, il fallait par exemple, d'une part réduire à la lettre k *les sons multiples (la lettre* qôf, *notamment) qui s'en rapprochent : toutefois, pour des mots d'usage dans la littérature française, comme* cadî *ou* calandar *que l'on connaît par les* Mille et Une Nuits *depuis plusieurs siècles avec un* c *dur, l'auteur a fait preuve d'inconséquence dans l'orthographe. De même le mot* vizir *ou* visir *étant depuis longtemps de notre dictionnaire, je ne me suis pas résigné à écrire, comme j'aurais dû le faire,* ouazîr, *qu'on n'aurait jamais reconnu : j'ai adopté* wazîr, *où le* w *rappelle le* v *de la transcription classique, et devrait se prononcer comme dans* wallon... *C'est là une dérogation aux principes orthographiques auxquels l'auteur se tient généralement, faisant systématiquement disparaître toutes les transcriptions qui ont pour base les langues étrangères, l'anglais et son* sh *qui doit céder la place à un* ch, *son* th *imprononçable ou confondu avec la transcription du grec (comme dans* théâtre*) auquel nous avons substitué la seule sifflante* (s), *l'allemand avec son* sch *réduit au* ch *français, son* ck *inutile dans notre langue où le* k *se suffit, etc. La lettre* j *souvent employée dans les transcriptions avec sa sonorité anglaise est ici traduite par deux lettres équivalentes* dj. *Hugo, au reste, écrivait* djinn *et non* jinn, *etc. Il va sans dire que tout cela implique pas mal d'arbitraire, un arbitraire qui se complique du fait que certains mots nous sont venus de l'arabe par l'espagnol et qu'on n'a pas* cru devoir écrire al-Ham'râ quand nous sommes habitues à dire Alhambra, n'empêche pas que nous avons écrit zam'ra à l'arabe, quand l'espagnol appelle cette danse zambra, etc. Par contre, nous avons choisi al-Baiyazin de préférence à Albaïcin, nous avons écrit en titre Alcacéria pour annoncer dans les vers la Kaïssâriya arabe ; et les noms des villes ont été généralement donnés avec leur forme arabe (Talaïtoula pour Tolède, Kortouba pour Cordoue, etc.), tout au moins tant que les cités en question sont part du Dâr-al-Islâm ou que c'est un Maure qui parle. Dans les bouches espagnoles, ou une fois qu'elles sont aux mains espagnoles (je devrais dire castillanes ou aragonaises, puisque les Maures d'Espagne se disaient eux-mêmes Espagnols), les villes reprennent la forme qu'elles ont à notre époque. Et c'est ainsi que, de même que par les noms de Saint-Pétersbourg, Petrograd ou Léningrad on peut reconnaître l'année où on se trouve en ce siècle-ci, quand Basta se mettra à s'écrire Baza, ce sera que les Maures n'en sont plus maîtres, et que nous sommes au moins en 1489.

Exception a été pourtant faite ici ou là dans les vers, où l'on voudra admettre que c'est l'auteur qui se substitue au Maure ou au Castillan, et pour ce qui touche Grenade, qu'on eût pu appeler à l'espagnole Granada, ou à l'arabe Garnâta. Il est vrai que, suivant la commodité, dès qu'il se trouve chez les Gitans (mot qui ne devrait jamais être employé pour désigner ceux qui s'appellent eux-mêmes les Calès, les Roma), l'auteur a appelé Grenade Maligrana, francisant le mot en Maligrane. Il aurait pu lui donner le nom d'avant l'invasion arabo-berbère, Arromana, pendant qu'il y était, mais la ville que nous appelons Grenade pouvait tout autant alors être Elvira (Illiberis) ou Casthilla, aussi bien que Garnatha, dont mention pour la première fois est faite dans un texte de l'an 961 de N.-S.

De même fallait-il écrire pour la rivière qui passe au sud de cette ville Xénil ou Genil ? Genil est purement espagnol ; Xénil est une transcription hispano-française où l'X correspond à la fois à la chuintante ch, à la jota espagnole ou au kh slave, au tch gitan, anglais ou russe, aussi l'ai-je préféré, bien que je n'appelle pas cette jeune femme du harem de Boabdil Xarifia comme dans le Romancero morisque, mais Charifa. Nous écrivons xérès (prononçant kérès) pour le vin que les Anglais appellent sherry (car leur ch serait un tch...). Or la ville de Xérès (Jérès ou Jerez), ici, se nomme à l'arabe Charich... avec notre ch et ainsi de suite. Telles sont les inconséquences de l'auteur, et mieux vaut ne pas les lui compter, mais se servir du lexique pour s'y retrouver.

Ah, ne faut-il point ajouter que cette chute d'accents circonflexes *sur les mots n'est point d'oiseaux* ‘abâbîl *(voir ce mot), mais donne valeur de syllabes longues à celles qui en sont affligées.*

Je ne dis rien des noms de personne, sauf où entre en composition l'article al (el *en Afrique du Nord) et ses variations* as, an, *etc. L'écriture arabe n'a point de majuscules, et c'est par respect de nos mœurs qu'on en met une aux noms propres, mais j'ai écrit l'article avec une minuscule dans le corps d'un nom (par exemple:* Kéïs Ibn-Amir *an-*Nadjdî*) alors que je capitalise le même article quand* An-Nadjdî *est employé sans son contexte. Avec les noms géographiques, j'en reste à la minuscule (*as-Sebika, as-Safrâ, al-Maroua, *etc.). D'ailleurs, si je mets une grande lettre à certains mots (comme la* Sounna, *la tradition), il faut suspecter un peu mes intentions ou arrière-pensées sacralisatrices.*

A

Ab: mois du calendrier hébraïque dont en 1492 le 9 tombe le 2 août. Le 9 d'*Ab* est le jour de l'exode des Juifs d'Espagne et l'anniversaire de la première destruction du Temple de Jérusalem par Nabuchodonosor, de la deuxième par Titus, des exodes juifs d'Angleterre en 1290 et de France en 1306. Colomb, le 9 d'*Ab*, en 1492, fait embarquer son monde à Palos de Moguer, mais par superstition ne donnera l'ordre de faire voile que le 3 août, une demi-heure avant le lever du soleil.

‘abâbîl (Oiseaux): qu'Allah précipite sur les envahisseurs abyssins, pour lâcher une pluie de pierres et les mettre en déroute, quand ceux-ci en l'an 570 après Jésus-Christ s'avancent vers La Mecque pour y détruire la Ka'ba. Les commentateurs du Coran estiment que ces oiseaux sont des Anges, et que ce sont eux qui soutinrent Mahomet lors de la bataille de Bedr *(voir ce mot).*

‘Abd al-Kerîm az-Zegri: chef militaire du djound *(voir ce mot)* de Boabdil, du clan des Banoû-Zegri.

Abencérages: transcription française de *Banoû-Sarrâdj* ou *Ibn-es-Serrâdj*, nom d'un clan grenadin (espagnol, *Abencerrajes*).

Abenhazam: (voir Ibn-Hazm).

Aboû-Amir (‘Abd-er-Rahman): l'un des Amirides, hâdjib du calife de Cordoue Hichâm II (début du XIe siècle), *voir Sanchol.*

Aboû-Dja'far: poète grenadin, au milieu du XIIe siècle ministre d'un roi almohade de Grenade. Célèbre par ses amours avec la poétesse Hafsa bint al-Hâdjdj, dont ce roi devint amoureux. Cette rivalité lui fit accepter de se joindre à la révolte de Valence contre les Almohades. Il fut exécuté en 1163.

Aboû-Djahl ben Hichâm : Koraïchite, qui avait insulté Mahomet près du roc d'as-Safâ, à La Mecque plus tard, conducteur d'une caravane que le Prophète fit attaquer par les Médinois.
Aboû-Hâmid Mouhammed al-Gazâlî : (voir Al-Gazâlî).
Aboû'l-'Alâ al-Ma'arrî : poète, de Syrie, connu sous le nom d'*Al-Maarî* (973-1048), libre penseur et matérialiste, abusivement rapproché des soûfis ou des brahmines.
Aboû'l-Hassân : roi de Grenade de 1465 à 1482, détrôné par son fils Boabdil (Mohammed XI), mort en 1489.
Aboû'l-Kâssim'Abd al-Mâlik : personnage historique, ici volontairement confondu avec Aboû'l-Kâssim ben Egas, wazîr du précédent par une simplification de l'histoire, et wazîr de ville du temps de Boabdil, qui négocia la reddition de Grenade en 1492.
Aboû'l-Oualid Mohammed ben Mohammed ben Ahmed ben Ahmed Ibn-Rochd : (voir Averroès).
Aboû-Yoûssôf Ya'koûb al-Mansoûr : calife almohade de Marrâkech de 1184 à 1199, déclare la Guerre Sainte contre les Chrétiens d'Espagne en 1190.
Acharites : disciples d'Aboû'l-Hassân al-Ach'arî (né à Bassorah en 873) qui, s'écartant du mou'tazilisme *(voyez ce mot)*, prêchait un Dieu abstrait n'ayant aucune responsabilité du mal en ce monde, pour créer la théologie dogmatique ou *kalâm*, basée sur un retour à la lettre du Coran, suivant laquelle Dieu veut que le mal existe sans être lui-même le mal pour cela.
'adl : arabe, pluriel : *'oudoul (voyez ce mot).*
Aflatoûn : arabe, pour Platon.
Agemiès : allogènes chrétiens, juifs ou musulmans avant l'invasion arabe de l'Espagne.
ahâdîth : pluriel de *hadîth (voyez ce mot).*
Aïcha az-Zegri : femme d'Aboû'l-Hassân et mère de Boabdil, de la tribu des Banoû-Zegri.
aïloûl : septembre dans le calendrier syriaque, employé poétiquement dans l'arabe classique pour signifier les saisons que n'impliquent pas les noms de mois dans le calendrier lunaire des Arabes, variant chaque année de telle sorte que les mois lunaires ne coïncident pas avec la floraison des plantes.
akbâ : arabe, pluriel de *kabâ*, robe-cotillon s'ouvrant de haut en bas, de façon que la danseuse se montre nue en l'ouvrant.
akbar : arabe, grand (comparatif).
'alâm al-khayâl : arabe, monde de l'imagination.
Albacharât : arabe, les pâturages, nom de la région montagneuse au

sud de Grenade, d'où venait une grande part du ravitaillement de la ville, monts Alpujarras des Espagnols, en français les Alpuxaras (correspondent à la province d'Alméria, entre la Sierra Nevada et la Méditerranée).

Albaïcin : espagnol, pour *al-Baiyazin (voir ce mot).*

al-Baiyazin : arabe, quartier de Grenade sur la rive droite du Darro, face à l'Alhambra, qui tire son nom des fauconniers qui y demeuraient.

Alcaïceria : espagnol, pour *kaïssâriya (al-)*, en arabe, marché des étoffes à Grenade.

Alcala-la-Real : espagnol, pour Kal' at' Yahsoub, ville située au nord-ouest de Grenade.

Alhama : ville du royaume de Grenade, l'*Artigi* des Romains, l'*Alhamma* des Arabes (c'est-à-dire les bains chauds). Sa chute, sous Aboû'l-Hassân, marque le tournant de la guerre au profit des Castillans.

Alhambra : palais des rois de Grenade, en arabe *el* (ou *al-*)*-Ham'râ*, le Rouge.

Alhaurin : mines de sel dépendant des Albacharât (orthographe espagnole).

'Alî : quatrième calife orthodoxe, après Mahomet, cousin du Prophète, pris par lui dans sa maison et plus tard son beau-fils (ayant épousé Fâtima). Assassiné en 661 par un Khâridjite *(voyez ce mot)*, eut pour successeur Mo'âouiya, fondateur de la dynastie des Oméiyades. Le schisme chiite se réclame de lui.

'Ali Atar : père de Zoraiyma, femme de Boabdil, gouverneur de *Loucha* (Loxa), tué à la bataille de Lucena (1483).

al-Kassaba : arabe, en espagnol Alcazaba, forteresse de l'Alhambra.

Allah akbar : arabe, Dieu est grand.

Almankab : arabe, en espagnol *Almunecar (voir ce mot).*

al-Mansoûr : arabe, le Victorieux, surnom de divers califes, rois, émirs ou généraux.

Almohades ou *Unitaires :* dynastie d'émirs berbères fondée en 1121 par Ibn-Toumert, le Mahdî, qui déclare la Guerre Sainte contre les Almoravides ; les successeurs de celui-ci envahirent l'Espagne, s'emparant de Grenade dont ils sont définitivement maîtres en 1162.

Almoravides : dont le nom signifie *Gens de « Ribât » (voir ce dernier mot)*, dynastie berbère fondée au XIe siècle en Afrique, dont l'armée entra en Espagne à l'appel des Rois de Taïfas, s'emparant de Grenade d'où les Almohades les chassèrent. Ce sont originairement des Sanhâdja *(voir ce mot).*

Al-Mou'izz : calife fâtimide, petit-fils du Mahdî Obéïd-Allâh (ne pas confondre avec le Mahdî almohade), imâm d'Ifrikiya en 953, transporta le califat en Égypte en 972, abandonnant l'Ifrikiya à la dynastie zîride.

Al-Mou'tamid (Aboû'l-Kâssim Mohammed II): prince de Séville (1088-1091) qui, ayant appelé contre le roi de Castille les Almoravides (lesquels s'emparèrent de toutes les villes à princes musulmans), fut envoyé par eux comme prisonnier au Maroc où il mourut en 1095. Poète, célèbre par sa liaison avec Ibn-Amir *(voir ce nom)* et ses amours avec la poétesse Ar-Roumaikiya qu'il épousa.

Almunecar: nom espagnol d'*Almankab* (ou *Hizm-al-Monacab)*, port de la Méditerranée au sud de Grenade.

Alnayar (Cid): fils d'Aboû'l-Hassân et de la Chrétienne, convainquit son père d'abdiquer au profit du Zagal, se convertit et fit souche chrétienne sous le nom de Don Pedro de Grenade.

Al-Ozza: « La Toute-Puissante », divinité préislamique dont le temple était à Nakhla (entre Taïf et La Mecque), adorée également à La Mecque, si bien que le jeune Mahomet lui fit sacrifice.

Alpujarras (Monts): nom espagnol des *Albacharât (voir ce mot).*

altambour: arabe, tambour.

amân: arabe, sécurité, garantie par passeport, donne à l'étranger *moustâ'min* le statut de *dimmi* (tributaire) renouvelable chaque année.

amîn: arabe, prud'homme d'une corporation.

Amirites: clan bédouin auquel appartenait Kéïs, l'amoureux de Leïlâ, aux temps préislamiques.

'amma: arabe, la plèbe.

Andalous (al-): l'Andalousie.

Andrach: arabe, en espagnol *Andarax*, ville et château des Albacharât, chef-lieu de *taa* (district).

Anjou (René d'): (1408-1480), roi de Naples et de Sicile. Chassé d'Italie, se retire à Aix. C'est en 1472-1473 que Colomb entre à son service dans la lutte contre Ferdinand le Catholique.

Ankor iécho ankor: en russe, *un « encore » encore un « encore »...* titre d'un tableau du peintre Fédotov (1815-1852).

Ansâr: nom des Compagnons du Prophète, à Médine, desquels la dynastie grenadine des Nasrides est considérée comme descendante (singulier : *Ansarî*).

Antequerra: forteresse entre Grenade et Malaga.

Arnaut Daniel: poète d'Oc, de la seconde moitié du XIIe siècle, né près de Ribérac, inventeur du *trobar clus*, que Pétrarque et Dante ont considéré comme leur maître. *Voir* La Leçon de Ribérac *in* Les Yeux d'Elsa *de l'auteur de ce livre.*

Aromali : gitan, en vérité.

ar-Rachid (Haroun) : calife 'abbâsside de Bagdad de 786 à 809, rendu célèbre par les *Mille et Une Nuits*.

arrobe : en espagnol *arroba*, en arabe *roub'*, unité de poids et de contenu d'une valeur variable de 12 à 15 kg.

Arromana : la grenade, dans la langue des Agemiès *(voir ce mot)*, nom ancien de Grenade, avant l'invasion du djound de Damas.

as-Safâ : rocher au-dessus de La Mecque *(voir Aboû-Djahl ben Hichâm)*.

as-Sebika : quartier et montagne au nord de la colline du Nadjd, aux abords de Grenade. Nom qui signifie *argent fondu* en arabe : il s'y trouvait une villa des émirs et le cimetière royal des Nasrides (*macâbir*, mot pluriel).

'Assi (Al-) ben Hichâm : remplaçant, pour 4 000 dirhams, de l'oncle de Mahomet, Aboû-Lahab, dans la troupe des Koraïchites qui prit part à la bataille de Bedr, et dont Mahomet prit le sabre comme « préciput » (prime) à sa quinte-part du butin.

Atarfé : ville entre Grenade et Alcala-la Real, à mi-chemin de Grenade et du Pont de Pinos.

At-Taïf : ville du Hedjaz, dans le haut pays, en arrière de La Mecque, où était adorée Al-Lât, divinité préislamique.

Averroès (Ibn-Rochd) : (1126-1198), philosophe, né à Cordoue. Écrivit en 1153 pour le calife almohade de Marrâkech un commentaire d'Aristote, fut l'introducteur de la philosophie grecque non seulement pour le monde arabe, mais pour l'Europe chrétienne. Cadî de Cordoue, puis de Séville, puis médecin du calife de Marrâkech. En 1196, lors de la Guerre Sainte contre les Chrétiens d'Espagne, est emprisonné pour donner satisfaction aux dogmatiques. Libéré, il ira finir ses jours à Marrâkech (1198). Taxé d'impiété pour avoir entrepris de concilier la philosophie grecque et la religion musulmane

Avicenne : nom latinisé d'*Aboû-'Alî Ibn-Sînâ*, philosophe, né en 979 à Afchané près de Boukhara sous la dynastie des Sâmânides ralliés à l'Islâm. Après leur chute, se réfugie à Gorgândj, capitale du Khorezm. Passe en Iran en 1012, vit à Ispahan, puis à Hamadân (l'ancienne Ecbatane), médecin, puis vizir du prince Bouyide de cette ville. Faveur et disgrâce alternent dans sa vie. Mis en prison à Gorgândj, il sera gracié et sera enterré dans cette ville (1037). C'est une légende sans fondement que son séjour en Andalousie. Avicenne considère que le mal est nécessaire pour que le bien subsiste, et qu'il n'y a pas de mal absolu (si ce n'est l'inexistence). Il a tenté une synthèse de l'aristotélisme et du platonisme, et s'est opposé aux *motékallimîn*. théologiens dogmatiques qu'il considérait comme des sophistes

Ayât : arabe (pluriel d'*aya*) ; versets du Coran, mot qui signifie aussi miracle ou signe accompli par Mahomet par délégation d'Allah.
'azib : arabe, célibataire.
azulejos : espagnol, carreaux glacés de faïence. En arabe, *zoulaïdj*. Le mot *azulejo* signifie aussi bleuet.

B

bâb : arabe, porte. La forme *bîb* en est une forme parlée.
Bâb ach-Chari'ya' : Porte du champ de foire, à Grenade, dont on traduit généralement, et à tort, le nom par Porte de la Justice.
Bâb al-Beïra : Porte d'Elvire, à Grenade.
Bâb al-Bounoûd : Porte des Étendards, à Grenade.
Bâdîs (Ibn-Haboûs) : roi zîride de Grenade (1038-1073). Sous son règne, Joseph Ibn-Nagrila, son wazîr, qui était juif, s'étant rendu impopulaire, est tué par les Sanhâdja le 30 décembre 1066 et c'est le signal du pillage de la ville et du massacre de 4 000 Juifs.
Bain turc (Le) : tableau d'Ingres (musée du Louvre).
Bakhtchissaraï : ville de Crimée, siège au début du XVIe siècle du khan 'Abdoul-Sakhal-Hiré, où se passe le poème de Pouchkine, *La Fontaine de Bakhtchissaraï* (1827).
Balansiya : nom arabe de Valence.
Balkîs : Reine des Sabâ.
Ballach : arabe, port, nom porté par Velez Melaga.
Balouch Enef : port sur l'estuaire du Rio Tinto, d'où Colomb partit pour l'Amérique (en espagnol : *Palos de Moguer*).
Banoû'l-Ahmar : clan des Rois Nasrides, dernière dynastie de Grenade, descendants de Sa'd ben Obadah, compagnon du Prophète.
Banoû-Sarrâdj : voir *Abencérage*.
Banoû-Zegri : clan grenadin d'où est issue Aïcha, mère de Boabdil.
Barabîr : arabe, berbère.
Barrès (Maurice) : écrivain français (1862-1923).
Basta : nom arabe de Baza.
Baza : ville du Royaume de Grenade prise en 1489 par Ferdinand le Catholique, à un peu plus de 100 kilomètres au nord-est de Grenade.
Bedr : où Mahomet livra bataille à la caravane des Koraïchites revenant de Syrie sous le commandement d'Aboû-Sofiyân, point d'eau au sud-ouest de Médine.
Bétique : nom de l'une des deux provinces romaines qui formèrent le Royaume de Grenade.

Bianca : héroïne du *Dernier Abencérage*, de Chateaubriand, en quoi se reconnaît une transposition de Natalie de Noailles.

Bibarambla : porte méridionale de Grenade, au-delà du Darro et du Pont du Peuplier *(Kantarat al-Oûd)*, dont le nom signifie de la Sablonnière.

bigaradier : oranger porteur d'oranges amères, dont la culture initialement était bannie en Andalousie, comme portant malheur ; mais cette superstition avait disparu bien avant le XVe siècle.

Bira (Beïra) : nom arabe d'Elvire, l'ancienne Illiberis qui, avant que Grenade la supplante comme capitale du royaume, était une ville peuplée de Juifs en majorité.

Boabdil : contraction du nom de Mohammed XI, dernier émir nasride de Grenade.

Borrow (George) : écrivain anglais (1803-1881), linguiste et ethnographe, surtout connu pour ses livres concernant la vie des Gypsies, Tsiganes et Gitans.

Bounoûd : pluriel de *band* : étendard.

Burlador : espagnol, séducteur, abuseur. Épithète appliquée à Don Juan Tenorio, d'après le titre de la *Comédie fameuse* de Tirso de Molina : *L'Abuseur de Séville et l'invité de pierre* (écrite vraisemblablement entre 1618 et 1623, imprimée pour la première fois en 1639).

Busno : gitan, pluriel : *Busné*, désigne qui est étranger à la race tsigane ou gitane. Nous écrivons phonétiquement *bousno*, *bousné*, quand le mot est hors d'une phrase gitane.

C

cadî : juge suprême de la ville, remplissant des fonctions à la fois civile et religieuse.

Cadîal-djoumâ'a : cadî présidant l'assemblée populaire du vendredi.

Cadia, chef-lieu d'un des taa ou districts des Albacharât à une cinquantaine de kilomètres à l'est de la route de Grenade à Motril, audessus de la rivière qui porte son nom.

Cadix (marquis de) : général des Armées catholiques, prête sa tente au camp de Santa-Fé à la reine Isabelle, réclamera par la suite la répression contre les Juifs.

calandar : calender ou *kalenderî*, en Orient derviche ou soûfi, qui a décidé de rejeter les règles de politesse de la conversation, ayant fait vœu de pauvreté et se contentant de la quiétude du cœur. Ce mot, en Occident, est étroitement lié aux récits des *Mille et Une Nuits*.

Calès : gitan, pluriel de *Calo*, gitan (ce mot étant une appellation espagnole que les Gitans n'emploient pas), s'appelant eux-mêmes *Calès* ou *Rom-Mouni*.

Calixte : voir *Mélibée*.

cantaor : espagnol, chanteur, trouvère.

Catalinon : masculin de *Catalina*, espagnol pour Catherine. Prénom du valet de Don Juan dans le *Burlador de Séville*.

Cathay : nom médiéval de la Chine.

chah : mot persan, en arabe, roi de Perse, roi d'échecs.

chah-mât : arabe, échec et mat (littéralement, *le chah est mort*).

châ'ir : poète aux temps antéislamiques.

Chaloûbiniya : arabe, pour *Salobreña*, espagnol, forteresse sur le littoral à l'ouest d'Almeria. Mines de cinabre et de tuthie (mercure et zinc).

Chandja : nom arabe de Don Sanche, fils d'Alphonse X le Pieux, roi de Castille et de Léon. Il s'insurgea contre son père en 1281 et s'allia avec l'émir nasride de Grenade. L'histoire à l'espagnole en a fait un personnage légendaire, dont la légende demande à être revue. Don Sanche en 1284 succède à son père sous le nom de Sancho IV ; il ne saurait être considéré plus que celui-ci, qui s'était allié contre lui avec le Sultan mérinide de la région côtière, comme un traître à la chrétienté. (*Chandja* est une version arabe de Sanche.)

Chanil : l'un des noms arabes du Xénil.

chaououâl : dixième mois de l'année musulmane

chari' : figuier.

Charich : nom arabe de Xérès.

Charifa : nom donné ici à l'une des femmes de Boabdil.

Chateaubriand (François-René, vicomte de) : écrivain français (1768-1848), vint à Grenade en 1807, à l'issue de son voyage à Jérusalem, écrivit peu après *Le Dernier Abencérage*, qui ne devait paraître qu'en 1826. Que Natalie de Noailles s'y trouvât en même temps que lui est contesté par divers auteurs.

châtibi : papier fabriqué à Châtiba, nom arabe de Jativa, ville de la province de Valence.

cheikh : arabe, originellement : vieillard, a pris le sens de *senior*, qui a donné seigneur, bien que nous traduisions toujours *cheikh al-djebel* par *Vieux de la Montagne*. Prend souvent le sens de chef religieux

chiboleth : hébreu, épi, en quoi l'on voit l'étymologie de Séville.

Chico (el) : espagnol, le gamin, surnom de Boabdil. En arabe, *as saguir*.

Chnyl : l'un des noms arabes de Xénil

Cholaïr : arabe, nom abrégé de la Sierra Nevada, *Djebel Cholaïr as-sadj (Montagne du Soleil et de la Neige).*
Choubroub : arabe, pour Segorba *(Segobriga)*, ville de la province de Valence.
chueta : espagnol, descendant des Juifs convertis, dans les îles Baléares.
Cid Alnayar : fils d'Aboû'l-Hassân et de la Chrétienne, demi-frère de Boabdil, persuada son père d'abdiquer en faveur du Zagal, se convertit et devint Don Pedro de Grenade.
Cid Campeador : surnom de Ruy Diaz de Bivar (ou Rodrigue), mercenaire qui avait servi Alphonse VI aussi bien que les Banoû-Hoûd de Saragosse, s'emparant de Valence en 1094, mourut en 1099 après sa défaite par les Almovarides. Devenu le héros du Romancero, et d'un grand « Poème du Cid » ; idéalisé plus tard par Corneille.
Cid Yaya : frère du précédent, converti secrètement, après avoir rendu Guadix à Ferdinand le Catholique, négocia la reddition du Zagal et prit le nom de Don Alonzo de Grenade.
Cipango : nom médiéval d'une contrée fabuleuse, généralement considérée comme étant le Japon.
Coïn : ville d'Andalousie, à l'ouest de Malaga, à 27 kilomètres au nord de Marbella.
Coïn ne orobiéla ne oropiéla : proverbe gitan, « qui ne pleure pas ne tète pas ».
converso : espagnol, converti, ici surtout appliqué aux Juifs baptisés
corral : espagnol, cour.

D

dakakın. arabe, désigne en Andalousie des banquettes de maçonnerie le long des murs extérieurs de la mosquée.
Dâoûd : David.
Dâr-al-Islâm : la Maison de l'Islâm, ensemble des régions occupées par l'Islâm.
dâr-al-kharâdj : arabe, Maison publique, littéralement : maison de l'impôt (maison soumise à l'impôt).
Darro : nom espagnol de l'Ouâdi Hararrouh, affluent du Xénil, qui traverse Grenade entre l'Alhambra et l'Albaïcin.
dervîche : expression persane et turque pour l'arabe *fakîr (voir ce mot)*. Nous transcririons *dérouîch.*
despoblado : espagnol, pays inhabité.
dimmî : arabe, tributaire (chrétien ou juif, en général gentil), jouissant de la protection ou dimma de l'État musulman.

dirham : pièce de monnaie, de valeur, de poids et de métal variables. Pluriel : *darâhim*.

Dja'far : intendant du Palais du calife Haroun-ar-Rachid, que celui-ci fit mettre à mort après lui avoir donné sa confiance pendant dix-sept années. C'est la Giaffar des *Mille et Une Nuits*.

djâhiliya : état de ceux qui vivent dans l'ignorance des lois divines, désigne les non-musulmans, gentilité.

Djaiyân : nom arabe de Jaen.

Djâmî (*Nour ed-Dîn Abdoû-r-Rahmân*, dit) : poète persan (1414-1495) né à Djâm (Khorassan), étudie le soûfisme à Hérât, fait des vers à la cour de plusieurs sultans. De retour à Hérât en 1473, après le pèlerinage de La Mecque, y est protégé par Mîr, Alî Chîr Névâyî, qui conduisit dans cette ville son deuil public en 1495. Auteur du *Medjnoûn et Leïlâ* dont il est parlé dans ce livre et d'autres grands poèmes, il est un des plus grands poètes de la Perse.

djihâd : guerre sainte.

djinn : arabe, être intermédiaire entre l'homme et l'ange, esprit qui pénètre dans l'homme et le met en état de possession. Les poètes sont tous supposés habités d'un *djinn*.

djoumâ'â : arabe, vendredi.

djoumâdâ al-aounouâl (djoumâdâ 1er) : cinquième mois du calendrier musulman.

djoumâdâ as-Sâni (djoumâdâ 2e) : sixième mois du calendrier musulman.

djound : division militaire, corps d'élite. Nom des groupes de combattants venus en Andalousie de Syrie ou d'Irak.

Dolorès : nom pris par Natalie de Noailles, pendant son voyage en Espagne, et dont elle signait sa correspondance.

doûl : arabe, féminin de *djinn*.

doû'l hidjdja : douzième mois de l'année musulmane.

doû'l ka'da : onzième mois de l'année musulmane.

Dryden (John) : poète et dramaturge anglais (1638-1700).

E

ech-chitrandj : arabe, les échecs.

el-Djézaïr : arabe, plus justement *al-Djézaïr*, les îles, d'où Alger. Mais l'auteur a choisi la version *el* de l'article, usuellement employé dans l'Algérie moderne, sans doute par suite d'une obsession naturelle à l'époque où le poème fut écrit.

Elvira, ou *el-Beïra* : chef-lieu de cora (province) et forteresse, sur la route de Grenade à Alcala-la Real, dans la Véga, au pied de la sierra, entre Atarfé et Pinos Puente. Le djound de Damas s'y était établi à son arrivée en Andalousie.

En-xa : vietnamien, Elsa, suivant la transcription du poète Xuan Dièu, auteur d'un poème intitulé *A-ra-gông và En-xa,* publié à Hanoï, et daté du 6 février 1962.

F

fahhâm : arabe, pluriel : *fahhâmoûn*, charbonnier.

faïlassouf : arabe, singulier de *falâssifa (voir ce mot).*

fakhkharîn : arabe, potiers, voir *Rabad al-Fakhkharîn.*

fakih : arabe, pluriel *foukahâ*, savant, sage, juriste.

fakîr : arabe, pauvre, abréviation de *fakîr'ilâ-Llâh* (pauvre envers Dieu), moine errant ayant fait vœu de pauvreté *(fakr)*, pluriel : *foukarâ*, équivalent du persan *dérouîch* que nous écrivons derviche.

falâssifa : arabe, pluriel de *faïlassouf*, tenants de la *falsafa*, c'est-à-dire de la philosophie grecque.

Falla (Manuel de) : musicien espagnol, né à Cadix en 1876, mort à Grenade en 1946.

Fâtima : fille de Mahomet et de Khadidja, née à La Mecque en 606, épouse d'Alî, morte six mois après son père (633).

febrero : espagnol, février.

Ferdinand le Catholique : (1452-1516), en 1468 roi de Sicile, sous le nom de Ferdinand V roi d'Aragon, marié en 1474 à Isabelle la Catholique, reine de Castille.

Fontaine de Bakhtchissaraï : voir *Bakhtchissaraï.*

Fontaines de Guëtar : lieu où Ferdinand le Catholique établit son camp dans la Véga de Grenade en 1490, et où sera élevée la ville de Santa-Fé après l'incendie de ce camp en 1491.

Fortunées (îles) : ancien nom des îles Canaries.

foukahâ : pluriel de *fakih.*

foundoûk : arabe occidental, auberge (équivalent de caravansérail en Orient).

Franco (Youcé) : Juif exécuté le 16 novembre 1491, sous la double accusation de pratique de la religion hébraïque et de profanation de l'hostie, en même temps que son père et le *converso* Benito Garcia. Cette affaire donnait argument à Thomas Torquemada, inquisiteur général du Royaume, pour obtenir des souverains l'expulsion des Juifs d'Espagne.

Futur : cette forme verbale n'existe pas en arabe, elle s'exprime par d'autres moyens comme il nous arrive de le faire en français. Quand une mère crie sur la plage : *On s'en va !* et que l'enfant répond : *Je viens !* ni l'un ni l'autre ne bougeant, ce ne sont pas là des mensonges, mais des formes du futur employant le présent. Certains verbes au présent, servant d'auxiliaire à un infinitif, ont en français même caractere intentionnel ou immédiat, *je vais venir*, par exemple. Dans ce poème, l'auteur s'est abstenu des formes propres du futur en sa langue, sauf quand il fait parler des non-Arabes. Il doit avouer qu'il a étendu cette particularité grammaticale au-delà de la lettre, et il faut entendre cet emploi figuré de l'absence de futur comme ce qu'il est, c'est-à-dire une image. Souvent abusive comme c'est le propre des images. Pour être complet, il faudrait dire ici que le concept du futur se traduit en arabe par deux mots, l'un qui signifie proprement ce qui pourra (ou peut) *venir devant*, *almoustakbal*, l'autre, grammaticale, *al-moudâri'*, qui signifie *semblable à...* et envisage donc l'à-venir comme une répétition de ce qui fut, comme le printemps d'une année l'est de celui d'une autre. À ce futur spatial et à ce futur de répétition, il est d'évidence que l'esprit arabe ajoute un concept informulé, qui les rapproche de notre futur, mais de toute façon, en Andalousie à la fin du XVe siècle, l'auteur se croit autorisé à donner à l'expression *ne pas avoir de futur* une signification immédiate pour le peuple grenadin.

G

Gandja : ville d'Azerbaïdjan, où naquit Nizâmî.

Garnatâ : arabe, Grenade.

Gatchapla : gitan (espagnol : *copla*), couplet.

Gazâlî (al-) : (Aboû-Hâmid Mohammed de Gazâla, près de Toûs, Khorassan) philosophe persan (1059-1111), attiré par le soûfisme, qu'il concilia avec la théologie orthodoxe ou *kalâm*, à laquelle il donna forme définitive.

Gazel : pièce de vers de la poésie persane ou turque consacrée à la poésie amoureuse, où il est de règle que le nom du poète se trouve au dernier vers. Le nombre des vers, dont ici les deux hémistiches sont rendus comme deux vers français, y est de cinq à six, limite à laquelle l'auteur ne s'est pas tenu : mais n'accusait-on pas Hâfiz lui-même, qui fut le grand maître du gazel, de ne pas en respecter les règles ? Dans le gazel classique, la rime ne change pas, chaque hémistiche la comporte.

Gomera : île des Canaries.

Gongora y Argote (Luis) : poète espagnol (1561-1627). Le gongorisme (ou *estilo culto*) vivement combattu par Quevedo et Cervantès est généralement considéré comme synonyme d'afféterie. Gongora est un très grand poète dont l'influence n'a pas fini de se faire sentir. Il est fait ici allusion au sonnet qu'il écrivit pour épitaphe au Greco :

Esta en forma elegante, o'peregrino,
De porfyro luziante dura llave
El pincel niega al mundo mas suave,
Que dio espiritu el leño, vida al lino...

(Ce monument majestueux, ô voyageur — Cette dure clé de porphyre brillant — Refuse au monde le pinceau le plus suave — Qui donna l'âme au bois et la vie au lin...)

Gouzmân (ou *Kouzmân*, suivant la transcription) : Juif qui combattit à Bedr aux côtés de Mahomet.

Goya y Luciente (Francisco de) : peintre espagnol (1746-1828).

Grande Canarie : la plus grande des sept îles habitées des Canaries, habituellement nommée Ténériffe.

Guadix : ville située à l'est de Grenade, en arabe *Ouâdi'Ach.*

Guëtar : voir *Fontaines de...*

guilâla : arabe, pluriel : *gala'îl*, tunique.

H

hadîth : arabe, littéralement : récit, pluriel : *ahâdîth*. Les ahâdîth, récits des témoins de la vie de Mahomet, transmis après sa mort par eux à ceux qu'on appelle les *Suivants*, constituent un complément et un commentaire du Coran, qui en éclaire les parties obscures. L'ensemble des ahâdîth forme la *Sounna* (tradition) réunie au IXe siècle dans des recueils, où les auteurs justifient leurs sources en en donnant l'*isnâd*, c'est-à-dire la *chaîne des appuis*, la référence des transmetteurs successifs. Les ahâdîth ont été à leur tour objets de commentaires. Un certain nombre des recueils qui en furent faits ont reçu l'approbation de tous les docteurs orthodoxes (*idjmâ'*).

hadjdj : arabe, pèlerinage. Ne s'emploie que pour le grand pèlerinage de La Mecque au mois de ramadân.

hâdjib : en Orient intendant du Palais, en Andalousie ministre d'État. Ce terme a varié de signification suivant les époques et les dynasties : répondant au *wazîr* des califes 'abbassides de Bagdad, c'est d'abord un suppléant du souverain, il est le wazîr le plus proche de celui-ci. La charge de *hâdjib* fut parfois supprimée. Sous les Rois des Taïfas au XIe siècle, le titre en fut même porté par les souverains eux-mêmes à l'exclusion des noms de sultan ou de roi. Au XVe siècle, à Grenade, il a valeur de « premier ministre ».

Hafsa bint al-Hâdjdj : poétesse grenadine (? 1135-1190 ou 1191), à la fin de la domination almoravide et au début de la domination almohade. Maîtresse du poète Aboû-Dja'far ben Sa'îd *(voir ce nom)*, que le jeune roi, gouverneur de Grenade, nomma wazîr, elle eut vers 1158 environ une liaison avec ce roi, dont le père, le calife de Cordoue 'Ab dal-Mou'mîn, lui donne par brevet la bourgade de Roukoûna, près de Grenade, sans doute en raison du nom de son père, *ar-Roukoûnî* (venant sans doute d'une fraction zénète des environs de Marrâkech), et la poétesse prend le patronyme d'*ar-Roukoûnîya*. Après l'exécution d'Aboû-Dja'far en 1163, le deuil d'Hafsa s'exprime dans ses poèmes malgré sa liaison royale. Elle quitta Grenade et dirigea l'éducation des princesses, dans le harem du calife de Marrâkech, Ya'koûbal-Mansoûr, on estime qu'elle mourut au plus tard en 1191.

hakîm : juge secondaire, désigné par le cadî, chargé du tribunal civil, dont le rôle (suivant Ibn-'Abdoûn de Séville) était essentiellement la réconciliation des parties.

Hamâssa : « La vaillance », recueil des poésies du désert célébrant la bravoure des Bédouins, constitué au début du IXe siècle, à Bagdad, sous le calife 'abbasside, 'Abd'allâh al-Ma'moûn.

Hamet ben Sarrâdj : personnage qui figure dans les auteurs espagnols sous l'orthographe Hamet Abenzarah, Abenzarrax, ben Zarax, ben Zarag, ben Zarah, etc. Ce serait le fakîr, auteur de la prédiction faite à Aboû'l-Hassân touchant l'avenir de Boabdil, qu'on retrouve sous le règne de celui-ci, dans les moments troublés, comme agitateur populaire. Son caractère semi-historique a donné à l'auteur de ce livre l'audace, en le faisant purement romanesque, de modifier son nom, d'une façon qui en fait un Abencérage, ce à quoi les variations graphiques donnent quelque vraisemblance.

hammâm : bains à étuves.

Hanbalites disciples d'Ahmad Ibn-Hanbal, contemporain des 'Abbassides au IXe siècle, dont le rite (ou école) florissant en Syrie et en Mésopotamie est le plus rigoureux. Ach'ari *(voir ce nom)* finit par s'y rattacher.

harîssa : bouillie de blé, viande hachée et graisse, plat populaire dans tout l'Occident musulman.

hassîb : singulier de *houssab (voir ce mot)*.

Hérât : ville du Khorassan (aujourd'hui nord-ouest de l'Afghanistan), à l'époque de ce poème siège des Timoûrides.

Hims : nom poétique de Séville, en raison de la fixation dans cette ville avec le djound de Damas des gens de Hims (l'ancienne Émèse, plus tard Homs) en Syrie.

Histoire : mot français, désignant dans *tous* les pays du monde une justification d'apparence scientifique des intérêts d'un groupe humain donné par le récit ordonné et interprété de faits antérieurs. Devrait un jour changer de nom (comme l'alchimie se mua en chimie) lorsqu'il y aura glissement suffisant de cette discipline d'état vers la science à proprement parler.

houssab ou *koussas* : arabe, conteurs des rues. Singulier : *hassîb*.

Huescar : ville du nord-est du Royaume de Grenade, à 50 kilomètres de Baza.

I

Ibn-'abbas : cousin de Mahomet, ancêtre des Califes 'abbassides, l'un des plus grands docteurs de l'Islâm, qui fait autorité en matière de tradition. Les 'Abbassides fondèrent leur pouvoir sur son autorité. Il semble bien que le texte d'Ibn-Hodeïl, en épigraphe à la partie IV du poème, soit l'exemple d'un recours analogue à cette autorité par le nationalisme andalou.

Ibn-'Ammâr (Aboû-Bakr) : poète, né près de Silves en 1031, d'une famille pauvre, devint l'ami intime du Prince de Séville, Al-Mou'tamid, quand celui-ci n'avait que douze ans, et qui le fit plus tard son wazîr dans sa ville natale, prise par les Sévillans. Exilé par le père de son ami, il fut rappelé par Al-Mou'tamid, d'abord comme gouverneur de Silves, puis comme hâdjib à Séville. Au cours des guerres qui opposèrent entre eux les Rois de Taïfas, comme de celle que Al-Mou'tamid eut à mener contre le Roi de Castille, les entreprises d'Ibn-'Ammâr, dont le caractère aventurier tourne vite à l'ambition personnelle, amenèrent des brouilles avec son souverain, qui devait finir par le tuer de sa main.

Ibn-'Arabî (Mouhyi-d-dîn) : l'un des plus grands mystiques arabes, né à Murcie en 1165, qu'on appela parfois le fils de Platon, *Ibn-Aflatoûn* ; après la mort d'Averroès (1198), il quitta l'Andalousie pour l'Orient, où il se fixera à Damas, et y mourra en 1240.

Ibn-Badjdja : philosophe, médecin et poète du XIe siècle qui vivait à Saragosse. Il est connu sous le nom espagnol d'*Avenpace*. Ses études sur la philosophie grecque le firent considérer comme un mécréant. C'est tout récemment qu'un islamiste d'Espagne, E. Garcia-Gomez, a émis l'hypothèse qu'Ibn-Badjdja serait l'inventeur du zadjal, qu'il aurait créé à la fin du XIe siècle ou au début du XIIe.

Ibn-Hazm (dit *al-Andaloussî*, que les Espagnols appellent *Abenhazam*) : théologien, juriste, historien et poète, né à Cordoue en 993, mort près de Badajoz en 1064. Fils d'un wazîr des Oméiyades, il fuit sa ville natale à la chute de cette dynastie et mène une vie agitée, emprisonné plusieurs fois pour ses sympathies oméiyades, dans les diverses villes où il séjourne, et à Cordoue même quand il y est revenu. C'est de son livre *Le Collier du pigeon* ou *De l'Amour et des amants* que le Medjnoûn tire la longue citation qu'il en fait, lui qui va être l'objet d'un procès d'idolâtrie pour avoir aimé *autrement qu'en Allah*. Comme théologien Ibn-Hazm se rattache au zahirisme, qui se réclame du sens extérieur du Coran. Le dernier Oméiyade, Hichâm III, lui interdit pour cela de professer à la Grande Mosquée de Cordoue, ses livres furent brûlés à Séville.

Ibn-Hodeïl (dit *al-Andaloussî*) : né vers 1329, d'une famille implantée à Grenade après l'expulsion des Musulmans de Valence par Don Jaime d'Aragon. Son œuvre la plus importante est un traité de la guerre sainte islamique, *L'Ornement des âmes et la devise des habitants d'al-Andalous*. Il vivait encore à la fin du XIVe siècle, sous le règne des émirs nasrides.

Ibn-Nagrîla (*Joseph Ha-Lévy*, dit) : succéda à son père comme ministre de Bâdis, roi zîride de Grenade, mais se rendit impopulaire et fut assassiné par les Berbères, à qui cette exécution politique donna l'occasion de piller les Juifs dont 4 000 furent massacrés à Grenade (1066).

Ibn-Rochd : voir *Averroès*.

Ibn-Sînâ : voir *Avicenne*.

Ibn-Zaïdoûn (Aboû'l-Oualid) : (1007-1071) poète, que R. Dozy appelle *le Tibulle de l'Andalousie*, amant de la poétesse de Cordoue *Oualada*, fille d'un calife oméiyade empoisonné quelques années auparavant ; et le père d'Aboû-Bakr Ibn-Zaïdoûn, wazîr d'Al-Mou'tamid et adversaire d'Ibn-'Ammâr *(voir ces noms)*.

Ichbiliya : nom arabe de Séville.

Ifrandjî : (pluriel masc. : *Ifrandj*, féminin : *Ifrandjiyât*), franc, français, terme qui désigne en Andalousie à la fois les Français d'outre-Pyrénées, les Catalans et les habitants des comtés pyrénéens. Parfois même les Aragonais.

Ifrikiya : la Tunisie, à quoi s'ajoutaient à l'ouest les royaumes de Bougie et de Dellis (c'est-à-dire les petites et grandes Kabylies), jusqu'au voisinage d'Alger (El-Djézaïr) à l'ouest, s'étendant à l'est jusqu'à Tripoli.

Ignacio Sanchez Mejias : personnage d'un poème de Federico Garcia Lorca *(Chant funèbre pour I.S.M.)*, toréro andalou tué pendant une corrida.

Illora : ville à 32 kilomètres au nord-ouest de Grenade.

imâm : chef religieux, celui qui dirige la prière. Nom également donné au chef suprême du pouvoir exécutif, au calife.

Infant Don Juan : fils de Ferdinand et Isabelle, prince des Asturies (1478-1497), marié à Marguerite, fille de Maximilien d'Autriche, le 3 avril 1497, mort le 6 octobre de la même année d'avoir, dit-on, trop aimé sa femme.

Irving (Washington) (1783-1859) : écrivain américain qui, s'étant rendu en Espagne en 1824 pour étudier les documents récemment découverts sur Christophe Colomb à Grenade, y loua l'Alhambra et y écrivit sa *Conquête de Grenade* qui parut en 1829, l'année où il quitte l'Espagne. Ses *Contes de l'Alhambra* virent le jour en 1832.

Isfandj : littéralement éponge, beignets de pâte à pain molle et très levée qu'on frit à l'huile

Islâm : religion des musulmans, s'emploie aussi pour désigner l'ensemble des peuples musulmans, et signifie *soumission* (à la volonté divine).

Isna peskaro ker : gitan, *voici sa maison.*

J

Jaen : ville d'Espagne à 100 kilomètres au nord de Grenade, latin : *Gienna*, arabe : *Djaiyân.*

Jean de la Croix (*Juan Yepez*, dit) : théologien et mystique espagnol, canonisé en 1726 (1542-1591). Entré dans l'ordre des Carmes, ami spirituel de Thérèse d'Avila, fonda l'ordre des Déchaux (Carmes déchaussés), mais sa réforme lui vaut l'inimitié des anciens Carmes Emprisonné comme fugitif et apostat, pendant neuf mois à Tolède, est libéré sur l'intervention de sainte Thérèse. Vicaire provincial d'Andalousie en 1585, « définiteur de l'Ordre » en 1588, se voit, pour s'être opposé à la volonté des supérieurs de l'Ordre, envoyé en 1591 dans un couvent de la Sierra Morena, puis au monastère d'Ubeda où il meurt à la fin de cette même année. Il y a un certain rapport entre lui et les mystiques arabes. Pour lui comme pour eux se pose la question de la *valeur* de sa poésie par les non-mystiques.

Juan de la Cruz : voir *Jean de la Croix.*

Juan (*Don*, infant de Castille et d'Aragon) : voir *Infant Don Juan.*

Juan (Don) : voir *article suivant.*

Juan Tenorio : personnage de *L'Abuseur de Séville* de Tirso de Molina, prototype du Don Juan.

K

kaaba (ou *ka'ba*) : temple sacré de La Mecque, où se trouve la pierre noire, vers quoi le musulman doit se tourner pour la prière. Avant l'Islâm, sanctuaire polythéiste où étaient adorées les divinités préislamiques, appelées *ilahât* (fém. plur.) par le Coran.

Kadis : nom arabe de Cadix.

Kairouân : ville d'Ifrikiya, capitale des Fâtimides.

Kaïssâriya (al-) : voir *Alcaïceria.*

kalâm : arabe, la parole. Signifie aussi théologie dogmatique. Voir *mou'tazilite.*

Kal'at Yahsoub : arabe, *Alcala-la Real.*

kâmil : ou vers parfait, mètre de la poésie arabe.

kanoûn : les deux mois de kanoûn, dans le calendrier syriaque, correspondent à décembre et janvier.

kantarat : arabe, pont. *K. al'Oûd*, pont du peuplier, à Grenade sur le Darro, en face de la *Bâb ar-Ramla* ; *K. Ibn-Rachik*, pont d'Ibn-Rachik, sur le Darro (aujourd'hui pont des Chalumeaux, *puente de las Chiriminos* à l'entrée du *Paseo de los Tristes*) mène du pied de l'Alhambra vers la Bâb al-Bounoûd (porte des Étendards) et l'Albaïcin.

Khadidja : première femme de Mahomet, qui avait vingt ans de plus que lui. Il était entré à vingt ans chez cette riche veuve. Elle lui donna un ou trois fils morts en bas âge, et quatre filles dont seule Fâtima naquit après la révélation. Khadidja meurt en 620.

khâna : arabe, cabaret généralement tenu par une femme, où l'on buvait du vin.

kharâdj : arabe, impôt.

kharâdj (dâr-al-) : arabe (maison de l'impôt) ; appellation courante des maisons publiques, pour ce qu'elles payent contribution.

kharadjera : femme du dâr-al-kharâdj, prostituée.

khâridjites (arabe : *khâridjî*, pluriel : *khaouâridj*) : c'est-à-dire les révoltés, rebelles activistes ou sécessionnistes qui créèrent un schisme au temps du Calife, 'Alî, celui-ci ayant accepté l'arbitrage entre lui et Mo'âouiya l'Oméiyade (quand il appartient à Dieu seul de juger) par quoi 'Alî avait été déclaré déchu du califat. Ils enseignaient que le califat est accessible à tous par élection (même à un esclave abyssin). Puritains fanatiques, ils tinrent pour infidèles aussi bien les 'Alides que les Oméiyades, déchaînèrent le terrorisme en Irak et assassinèrent 'Alî en 661.

Khosroû (Chosroès) : nom de plusieurs rois persans. Il s'agit ici de l'Émir Khosroû de Delhi (1253-1325), pendant l'occupation mongole, qui donna du *Khamsèh* de Nizâmî une version indo-persane, plus claire mais édulcorée, comprenant, bien entendu, un *Medjnoûn et Leïlâ*.

kibla : arabe, originellement : *ce qui est devant...* par extension : *ce qui doit être devant durant la prière*. Par conséquence, direction de La Mecque et (en Andalousie) le sud.

Koraïchites : arabe (de *koraïch*, diminutif de *kirch*, requin, désignant un groupe de familles), membre de la tribu de Koraïch. La famille de Mahomet, les *Banoû-Hâchim*, était koraïchite. La Mecque était sous la domination des Koraïchites. Après la révélation, c'est contre eux que le Prophète réfugié à Médine entreprit les combats pour le triomphe de sa doctrine.

kourrâdj : persan, poulain. *Jeu de kourrâdj* : se fait avec des pièces taillées dans le bois, figurant des chevaux-jupons. « Les danseuses, écrit Henri Pérès, les suspendaient à leurs robes-cotillons *(akbâ)* pour signifier les cavaliers autour de la danse, au cours de laquelle ces robes s'ouvraient et les montraient nues. »

Kourtouba : nom arabe de Cordoue.

L

Laborde (Alexandre, comte de) : archéologue et homme politique français (1774-1842), servit dans l'armée autrichienne contre la France, mais y rentra en 1797 sur l'instance de David chez qui il était supposé étudier la peinture comme sa sœur Natalie. Séduit par les théories de Babeuf, déposa en faveur de l'accusé Ceretti au procès des Poignards, puis accompagna Lucien Bonaparte en Espagne, où il entreprit son *Itinéraire descriptif de l'Espagne*.

Lebrija (ou *Lebrixa*) : ville de la province de Séville. Le texte de Tirso de Molina dit : ... *Allà en Lebrixa, — senor, nos esto arguardendo — otra boda... (Là-bas, à Lebrixa, — monsieur, nous attend — une autre noce...)*.

litâm : arabe, pluriel : *litâmât*, voile de bouche porté par les femmes, et par les *Sanhâdja*, Berbères du désert.

Livre de la Bravoure et des Braves : plus exactement : *« L'étude de la Bravoure et des Braves »*, un des ouvrages qu'Ibn-Hodeïl donne pour source à son *Ornement des Âmes*.

Livre des Dormeurs : plus exactement : *« L'Éveil du dormeur en vue d'exercer le Cavalier à la Guerre Sainte »*, même remarque que pour le précédent.

Loja : ville du Royaume de Grenade à 45 kilomètres au sud-ouest de la capitale, prend ce nom en 1486 quand Ferdinand le Catholique s'en empare. En arabe, *Loucha*.

Lopera : ville du Royaume de Grenade où les Maures d'Aboû'l-Hassân furent défaits par Ferdinand, quand Boabdil libéré s'était réfugié à Alméria.

Lorca (Federico Garcia) : poète espagnol (1898-1936), exécuté dans la Sierra de Viznar par les activistes franquistes de Grenade.

Loucha : arabe, *Loja*.

Loxa : autre orthographe de *Loja*.

Lucena : ville du Royaume de Grenade, à 62 kilomètres au sud-est de Cordoue. Tombe aux mains des Chrétiens en 1483, quand Boabdil est fait prisonnier et son beau-père, 'Alî-Atar, est tué.

M

madjara-tchibel : gitan, midi.

mafâ'ilatoun ou *moustaf'iloun...* : schémas de groupes de syllabes (composés de la racine arabe *fa'ala*, agir, faire) employés dans les mètres arabes.

Mahdî (al-) : surnom signifiant en arabe « guidé par Dieu », donné à divers personnages, messie attendu de la fin des temps. Ce rôle devait être tenu par Ismaïl, septième imâm 'alide des Ismaéliens (secte chiite formée au IXe siècle) si cet événement s'était produit. Il s'agit ici d'Obéidallâh, le Mahdî fâtimide, qui se déclare près de Kairouân, et fonde en 909 la dynastie des califes fâtimides.

Mahradjân : forme andalouse de *Mihradjân*, fête persane célébrée en Orient au mois de septembre, et en Espagne le 24 juin, se confondant ainsi avec la Saint-Jean.

Maïmonide (Moûssâ Ibn-Maïmoûn ou *Moïse ben Maïmoûn)* : théologien, philosophe et médecin juif, né à Cordoue en 1139, se fit, à l'arrivée des Almohades qui persécutaient ses coreligionnaires, passer pour musulman, alla avec sa famille au Maroc, puis s'en fut en Palestine où il se déclara de religion juive. Par la suite, étant en Égypte, comme médecin de Saladin et d'El-Mêlik el-Aziz, il faillit être arrêté comme renégat ; mais, protégé par les Sultans, fit connaître Averroès et sauva ses œuvres de la destruction, et ainsi l'aristotélisme. Son *Guide des Égarés* consacre le rôle des Juifs comme intermédiaires entre Arabes et Chrétiens.

Malaga : port à 82 kilomètres au sud-ouest de Grenade où se trouvait un arsenal pour la construction des navires corsaires.

Maleha Salines, dépendant des Alpujarras.
Maligrana : gitan, Grenade.
Mansoûr Hallâdj (Houssaïn ben Mansoûr al-Hallâdj) : l'un des plus grands mystiques musulmans (exécuté à Bagdad en 922).
Manuch tu hal busno? : gitan, *Homme est-ce que tu es un étranger* (non-gitan)?
maoulâna : arabe, *mon maître* ou *notre maître*.
Maouror (Rabad) · faubourg montagneux de Grenade au sud de l'Alhambra, sur la rive gauche du Darro en face de l'Albaïcin.
maravedi : espagnol, en français *maravédis*, ancienne monnaie espagnole de peu de valeur, liard. En arabe, *mourabetîn*. Le mot passe pour une altération d'*Almoravide*.
Marboulla : arabe, en espagnol *Marbella*, ville sur la côte au sud-est de Malaga.
Marcenac (Jean) : poète français contemporain, auteur du *Cavalier de Coupe*.
mardj : arabe, pré ; par ce mot est désigné le grand verger qui traverse d'est en ouest le Royaume de Grenade (en espagnol : *vega*).
Marie-Égyptienne (Ste Marie l'Égyptienne) : (345-421), prostituée pénitente, passa les quarante-sept dernières années de sa vie au désert.
Maroua (al-) : avec as-Safâ l'un des rocs près de La Mecque, et sanctuaires de la *'oumra (voir ce mot)*.
marriben : gitan, la mort.
méchoui : arabe moderne, mouton grillé.
medianoche : espagnol, minuit.
Medjnoûn ou *madjnoûn* : arabe, fou, possédé. Surnom de l'Amirite Kéïs an-Nadjdî, poète préislamique bédouin, et personnage de divers poèmes (Nizâmî, Djâmi, etc.) portant le titre *Medjnoûn et Leïlâ*. Dans ce poème-ci, surnom donné au Fou de Grenade, Kéïs Ibn-Amir an-Nadjdî, appelé le *Fou d'Elsa*.
Medjnoûn et Leïlâ : voir *Medjnoûn*.
Me hum calo pralo : gitan, *je suis calo* (gitan), *camarade*.
Mélibée : héroïne de la *Tragi-Comédie de Calixte et Mélibée* (connue sous le nom de *La Célestine*) de Fernando de Rojas. À l'époque de ce poème n'en était encore écrit que le premier acte, sous le nom de *Comédie de Calixte et Mélibée*, dont attribution était faite à divers auteurs. Ce n'est que plus tard que Fernando de Rojas avoua seulement avoir « achevé » en seize actes la pièce qu'il aurait trouvée à Salamanque. Celle-ci garde son nom de *comédie* dans l'édition originale de 1499, et celle de Tolède en 1500. Le mot de *Tragi-Comédie* n'apparaît que dans l'édition de Séville en 1502, avec diverses modi-

fications et vingt et un actes, dont le XIXe interpolé sous le nom de *Traité du Centurion*. On estime de nos jours que la pièce est entièrement l'œuvre du « Bachelier » de Rojas. Ramon Menandez Pidal date le premier acte de 1490. C'est celui-ci que son auteur anonyme vient ici lire à Santa-Fé en février 1492. Rojas et sa vie sont demeurés ignorés jusqu'au début de ce siècle quand Serrano y Sanz découvrit qu'il était un *converso*, d'où l'explication des mystères entourant l'œuvre à son début, d'autant que suivant une thèse plus récente (due à Ramiro de Maeztu) l'intrigue même de la pièce aurait pour ressort caché l'opposition de la famille chrétienne de Calixte et de la famille juive de Mélibée, de conversion récente.

Mendoza (Pedro Gonzales de) : grand cardinal d'Espagne depuis 1473, archevêque de Séville (1474) puis de Tolède (1482). Homme d'État castillan, dévoué à Isabelle, il freina de 1477 à 1479 l'institution de l'Inquisition, recommandant à l'égard des Juifs des méthodes purement pédagogiques. Dès le début, seconda les projets de Christophe Colomb. Certains auteurs disent que sa famille était juive d'origine. Il mourut en 1495.

Méréville : localité de Seine-et-Oise où la famille de Laborde avait un château, bâti au XVe siècle et reconstruit au XVIIIe par l'architecte Bellanger pour le marquis Jean-Joseph, père d'Alexandre et de Natalie. C'est où Chateaubriand fit connaissance de celle-ci

merla : tsigane, la mort.

mesjid : arabe, mosquée (étymologiquement : lieu de prosternation).

Mo'âoûiya ben Aboû-Sofyân : premier calife oméiyade, et poète, fils du chef koraïchite Aboû-Sofyân qui commandait les Mecquois contre les Médinois à Ohod, et livra plus tard La Mecque au Prophète. Après avoir fait la guerre à 'Alî, il lui succéda quand celui-ci eut été assassiné par un Khâridjite (été 661). Se signala par son indulgence envers les Chrétiens et mourut à Damas en 680.

Moché : hébreu, Moïse (arabe : *Moûssâ*).

Moclin : ville d'Andalousie.

Mohammed XI : Boabdil, roi de Grenade sous ce nom.

Mohammed Ibn-Zayân : chef militaire du djound de Boabdil, d'origine marocaine (de la tribu berbère des Banoû-Zayan, d'où est issu l'Almohade 'Abd al-Mou'mîn qui la fit entrer dans son djound en Espagne).

Mohtassib ou *mouhtassib :* arabe, a deux sens : juge chargé de maintenir les droits corporatifs et de réprimer les fraudes commerciales et artisanales et, d'autre part, général d'armée et inspecteur de tout ce qui concerne la guerre.

Molinet (Jean) : poète et prosateur français (1435-1507), l'un des grands rhétoriqueurs du XVe siècle, disciple de Georges Chastellain, chroniqueur de la Maison de Bourgogne, attaché à Charles le Téméraire, Maximilien d'Autriche et Philippe le Beau. Envoyé en Espagne par Maximilien, assista au siège de Grenade. Y retourna pour le mariage de Marguerite d'Autriche avec l'infant Don Juan.

Montechicar : arabe, pour *Monte-Sacro (Sacro-Monte).*

Monte-Sacro ou *Sacro-Monte :* montagne au nord de l'Albaïcin, siège au IXe siècle de sanglants combats quand la forteresse de *Montechicar* passa de mains en mains entre Arabes du djound de Damas et Espagnols (c'est-à-dire Agemiès, habitants musulmans, juifs et chrétiens de la péninsule avant l'occupation arabe). Les grottes du Sacro-Monte sont devenues le siège d'une gitanerie au XVe siècle et demeurent aujourd'hui encore la résidence des Gitans de Grenade.

Morisques : nom donné aux Maures demeurés en Espagne apres la conquête de Grenade.

Môsen : titre militaire aragonais.

Moses ben Maïmon : voir *Maïmonide.*

moslim : arabe, musulman. Pluriel : *moslimîn.*

moucharabieh : tenture ou grillage en bois placé en avant d'une fenêtre sur la rue, ou à l'intérieur des maisons entre le harem et la partie où pénètrent les hommes.

moudabbar : esclave affranchi par la mort de son maître.

moudehar : altération de l'arabe *moudjadân,* tributaire ; espagnol : *mudejar.* Maure ayant reçu un tribut de protection du gouvernement chrétien.

moudjabanna : arabe, beignets au fromage.

moudjâhidîn : pluriel de *moudjâhid,* combattant de la Guerre Sainte.

mouharram : premier mois de l'année musulmane.

Moukarrab al-Khazrât (al-) : titre donné par le Sultan de Hérât à Alî Chîr Névayî *(voir ce nom)* lors de sa disgrâce ; *Celui qui est le plus près de Sa Majesté.*

Moukhaïrik : Juif qui a combattu pour Mahomet a Ohod bien que la bataille fût un samedi. Il y fut tué

Moursiya : nom arabe de Murcie, anciennement *Toudmîr.*

moustâ'min : arabe, infidèle, ou rebelle bénéficiant de l'*amân* (sauvegarde). Autre forme *moustâ'man.*

moutakabbil : arabe, perceveur de taxe ou gabelle, contrôleur du fisc.

Mou'tamid : voir *Al-Mou'tamid.*

Mou'tazilite : membre d'un parti religieux se tenant à l'écart des deux grands partis religieux de l'Islâm (chiites et khâridjites), considérant la raison comme l'auxiliaire de la foi, s'appuyant sur la philosophie grecque (sans opter pour tel ou tel système comme les falâssifa) affirmant le libre arbitre de l'homme et déclarant le Coran création d'Allah, et non pas ayant toujours été. Doctrine officielle à Bagdad au IXe siècle sous les califes 'abbassides Al-Ma'moûn et son successeur, écartée au milieu du siècle par Al-Motaouakkil retournant à la *Sounna* (tradition). En Espagne, le mou'tazilisme pénètre à la fin du IXe siècle, par les voyageurs venant d'Orient. Au Xe, il disparaît ou se confond avec le *massarisme* (doctrine d'Ibn-Massara, ermite de la Sierra de Cordoue), partisan du libre arbitre, reconnaissant une matière spirituelle commune à tous les êtres, Dieu excepté. Au XVe siècle, *mou'tazilisme*, *mou'tazilite* sont en Andalousie employés en mauvaise part contre le libéralisme en matière doctrinale. Les mou'tazilites se défendent contre les orthodoxes et les hérétiques par une dialectique dont la science est appelée *'ilm al-Kalâm* (science de la parole), ceux qui la professent, mou'tazilites ou non, sont appelés *motékallimîn.*

Mozarabes : nom donné aux membres des communautés chrétiennes en territoire musulman. Cependant les transfuges mozarabes dans les domaines des Rois chrétiens ont gardé au moins un certain temps un statut spécial et le droit de pratiquer leurs rites.

Murcie : capitale du Royaume de ce nom, anciennement Royaume de Toudmîr, à l'est du Royaume de Grenade.

N

nadjd : arabe, hauteur.

Nadjd (Rabad an-) : colline à l'est de Grenade sur la rive droite du Genil.

Nadjd ou *Nedjd :* région centrale de l'Arabie (entre le Hedjaz à l'ouest et le Bahraïn à l'est, au sud du Néfoud) entièrement désertique. Habitée par les Bédouins.

naïssan : avril, dans le calendrier syriaque.

nâ'oûra : arabe, noria.

Nasride : dynastie grenadine qui règne de 1232 à 1492. Ce mot signifie *Auxiliaire.* Les rois de cette dynastie sont issus de Sa'd ben Obâdah, compagnon du Prophète (*Ansâr*) qui faillit être calife à la mort de Mahomet, par la tribu des Banoû'l-Ahmar.

Natalie de Noailles : (1774-1835) née de Laborde, duchesse de Mouchy. Sœur d'Alexandre de Laborde, élève de David, mariée à Charles de Noailles, duc de Mouchy (1771-1834). Rencontre Chateaubriand en 1804. En 1807, celui-ci passe à Méréville avant son départ pour Jérusalem et donne à Natalie rendez-vous à Grenade au printemps suivant. Cette rencontre a été contestée, mais non point que Natalie et Chateaubriand aient voyagé ensemble d'Andalousie à Madrid. Leur liaison se défait en 1812 sur l'initiative de Natalie. Celle-ci, dont les malheurs conjugaux semblent avoir ébranlé la raison, devait être internée en 1817, et ne mourut qu'en 1835 sans avoir repris une vie normale.

Névâyî (Mîr 'Alî Chîr): poète et homme d'État (1441-1501), né à Hérât, fils d'un gouverneur de Césarée pour le compte d'un Timoûride. Il est attaché à la cour d'un sultan qui lui donne en 1472 le titre d'émir (d'où le mot *Mîr* joint à son nom). Lié à Djâmî, duquel il apprend à connaître le soûfisme, l'avicennisme, les conceptions d'Ibn-Arabî. Un certain temps écarté de Hérât par des intrigues, il y revient et reçoit le titre d'*al-Moukarrab al-Khazrât (voir ce mot)*, quand Djâmî meurt en 1495. Sous la signature de *Fanî*, il avait écrit des vers en persan, mais introduisit dans la poésie la langue turque orientale (langue de Djagataï). Son œuvre abondante comporte un *Medjnoûn et Leïlâ* et une réponse au poète soûfi Farid-Ouddîn' Attâr, auteur du *Mantic Outtaïr*, dont il semble que le Medjnoûn ait eu connaissance, à en juger par son *Cantique des Cantiques*.

Nizâmî (*Nizam ed-Din Aboû-Mohammed Elias Ibn-Yoûssoûf*, dit): poète azerbaïdjanais, né à Gandja en 1141, qui vécut à la cour de plusieurs princes persans, mort entre 1203 et 1211. Auteur du *Khamsèh*, recueil de cinq poèmes dont l'un est un *Medjnoûn et Leïlâ*. Son soûfisme a le caractère des soûfis de cette époque, et il semble avoir été lié avec l'organisation des akhî (frères) qui constituait des sortes de communes de travail, dont les membres étaient tenus à ne vivre que du travail de leurs mains.

Noailles: voir *Natalie de Noailles*.

Noria: mot espagnol et français, arabe, *nâ'oûra*.

O

oborothniya (la lettre): transcription d'aspect arabe du nom de la lettre de l'alphabet cyrillique qui s'appelle en russe l'é *oborotnoe*, première lettre d'Elsa.

Occidentale (mer): océan Atlantique.

Ohod (Djebel): montagne au nord de Médine, au pied de laquelle les Koraïchites commandés par Aboû-Sofyân livrèrent bataille aux Médinois de Mahomet et leur infligèrent une défaite qui était la revanche de Bedr.

olébaratchi : gitan, minuit.

'Omar : second calife après Mahomet (634-644) qui créa le *diouân*, administration gérant la caisse des taxes de guerre et la répartition des butins (on écrit aussi *diwân*).

Oméiyades : dynastie califienne fondée par Mo'âouiya, tient son nom du Koraïchite Ommeya, cousin du grand-père de Mahomet. Quatorze califes oméiyades régnèrent à Damas qui conquirent la Transoxiane, l'Afrique du Nord, l'Espagne, la Sicile et l'Asie Centrale, et poussèrent jusqu'à Tours où Charles Martel arrêta leurs armées. Le dernier d'entre eux vaincu en 749 par les 'Abbassides se réfugie en Égypte, et son petit-fils 'Abd-ar-Rahman, passé en Espagne, y fonde la dynastie des Oméiyades espagnols, califes de Cordoue (756-1031) dont à la mort du dernier l'héritage se trouve dispersé entre des petits états musulmans sous les *mouloûk at-taouâif* (rois de Taïfas).

Ophir : région où les navires de Salomon partant de la mer Rouge allaient chercher l'or, et que Colomb croyait atteindre par l'ouest.

Orgaz (comte d') : personnage du célèbre tableau du Greco : *L'Enterrement du comte d'Orgaz* (au musée du Prado, à Madrid).

Orthographe : pratique variable de l'écriture des mots et des noms, sorte d'alchimie encore fort loin de l'état de science.

Ouâdi Ach : Guadix.

Ouâdi Hadarrouh : le Darro.

Ouâdi'l-Kabîr : le Guadalquivir.

oualoual : voir *walwal*.

'oumra : arabe, petit pèlerinage, se distingue du grand pèlerinage appelé *hadjdj*, en ce qu'il n'est pas d'obligation, et peut se faire à divers moments de l'année.

P

Padul : montagne et ville du même nom, à une vingtaine de kilomètres au sud de Grenade, sur la route de Motril, premier contrefort de la Sierra Nevada, où se trouve le *Puerto del Sospiro*, où légende veut que Boabdil se soit arrêté pour pleurer en sortant de Grenade.

Palos de Moguer : voir *Balouch Enef*.

parassange : de l'espagnol *parasange*, mesure itinéraire employée par les Maures, un peu moins d'une lieue (étymologiquement, provient du persan *farsakh*).

Paul (un poète appelé) : Paul Éluard, poète français (1896-1952) ; il est ici fait allusion à un poème de 1947, signé par lui Didier Desroches.

Pays du Sud pacifié : Vietnam.

penar badji : gitan, dire la bonne aventure.

Peregrinus Protée : philosophe cynique (105-165), né à Lampsaque, mort à Olympie. Lucien de Samosate dit qu'il s'était fait chrétien et qu'excommunié il se rallia à la philosophie cynique. Aux Jeux Olympiques, ayant annoncé qu'il se lancerait vivant aux flammes, il comptait, dit-on, que le peuple l'en retiendrait. Mais la foule n'ayant point bougé, il se jeta dans le feu et périt pour n'en pas avoir le dédit.

Pétrarque (Francesco) : poète italien (1304-1374), rencontre Laure de Noves à Sainte-Claire d'Avignon, le 6 avril 1327 ; Laure mourut de la peste le 6 avril 1348.

polgar : gitan, chef de clan.

Porcuna (château et ville de) : province de Jaen, à 63 kilomètres à l'est de Cordoue. C'est où fut signé l'accord entre les Rois Catholiques et Boabdil par quoi celui-ci, fait prisonnier à la bataille de Lucena, recouvra la liberté.

Q

Quevedo y Villegas (Francisco Gomez de) : poète et prosateur espagnol (1580-1645), un des esprits les plus singuliers du Siècle d'Or. adversaire de Gongora, et en général de l'idéalisme. On n'en peut presque plus rien écrire que n'y soit apporté le démenti d'un autre texte dans son œuvre même.

R

Rabad : arabe, faubourg.

Rabad al-Fakhkharîn : faubourg des Potiers à Grenade, quartier de cette ville communiquant avec le *Rabad al-Maouror* par la *Bâb al-Fakhkharîn.*

Rabad al-Maouror : voir *Maouror.*

rabb : maître, en sont issues les formes *Rabbi*, *Ribbi*, etc.

rabî al-aououâl (rabî 1er) : troisième mois de l'année dans le calendrier arabe.

rabî as-sâni ou, suivant les transcriptions, *rabî eth-Thâni* (c'est-à-dire *rabî 2e) :* quatrième mois de l'année du calendrier arabe.

Racine (Jean-Baptiste) : poète et dramaturge français (1639-1699). La tragédie de *Bajazet* est de 1672. Les faits qui en sont l'origine se situent en 1638, pendant le siège de Bagdad, que l'auteur orthographie *Babylone.*

radjab : septième mois de l'année du calendrier arabe.
raïhan : arabe, myrte, pluriel : *rayâhîn*.
ramadân : neuvième mois de l'année du calendrier arabe, où se fait le grand jeûne annuel, d'obligation, à partir de quatorze ans, du lever au coucher du soleil.
ramal : vers orné, mètre du vers arabe.
rayâhîn : pluriel de *raïhan*.
Région Côtière (Empire de la) : le Maroc. En arabe, *Bar el'-adoua*, continent de la rive, c'est-à-dire le bord sud du détroit de Gibraltar.
Reynaud (Paul) : homme politique français, né en 1878. Président du Conseil en 1940 après la chute du cabinet Daladier, démissionnaire le 17 juin, arrêté en juillet, l'un des accusés du procès de Riom, déporté en Allemagne en 1943.
Ribât : ermitage, poste frontière.
Rif : massif montagneux dans le nord du Maroc, siège de la résistance contre Espagnols et Français lors de la guerre de 1924-1926.
Rio-Tinto : petit fleuve d'Espagne qui se jette dans l'océan Atlantique à l'est de Huelva ; son estuaire aujourd'hui partiellement ensablé baignait à la fin du XVe siècle le port de Palos de Moguer. À son débouché, se situe le monastère de la Rabida où Colomb trouva appui pour ses projets.
Roderic : dernier roi wisigoth d'Espagne (770-771).
Rojas (Fernando de) : auteur de la *Tragi-Comédie de Calixte et Mélibée*, voir *Mélibée*.
rom : gitan, époux, se dit pour désigner un Gitan. Pluriel : *roma*. Féminin : *romî*.
româlis : gitan, danse gitane.
romanî ou *rommani* : gitan, langue des Gitans.
romani-chal : gitan, herbe dont les Gitans font une tisane.
Rondah : arabe, Ronda, place forte la plus avancée vers l'Occident du Royaume de Grenade.
Rosalès : riche famille de Grenade, dont les fils en 1936 sont dans la Phalange. L'un d'eux, Luis, poète, se considère comme un disciple de Federico Garcia Lorca, et c'est chez les Rosalès qu'aux derniers jours de juillet, Federico menacé trouve refuge, 1 calle de Angelo. Il y demeure jusqu'au 18 août, où un chef de section de l'Escouade Noire vient l'arrêter.
roûm ou *roûmi* : arabe, romain, et par extension : chrétien.

S

Sacro-Monte : voir *Monte-Sacro.*
sadj' : prose rythmée employée dans le Coran.
safar : deuxième mois de l'année dans le calendrier arabe.
sâhib al-baïyazira : chef fauconnier.
sâhib al-madîna : préfet de police.
Sainte-Hermandad : « Ligue fraternelle », milice fondée en 1486, en principe contre les voleurs et malfaiteurs.
Salobreña : voir *Chaloûbiniya.*
Samhar : région d'Abyssinie, face à l'Arabie. *Ceux qui font honneur aux lances de Samhar*, citation du poète Ka'b ben Zoheyr. Il s'agit des Ansâr, compagnons du Prophète ou de leurs descendants, les émirs nasrides de Grenade, dont Boabdil est le dernier.
Sanchol (l'infant) : voir *Chandja.* Il est à noter que celui qui parle ici fait une confusion entre deux personnages, l'infant Chandja (Don Sanche, fils d'Alphonse X, roi de Castille et de Léon, qui, en 1284, succède à son père sous le nom de Sanche IV), et Sanchol, fils du grand Al-Mansoûr et d'une fille du Roi Sanche de Navarre, lui-même hâdjib du Calife de Cordoue, Hichâm II, au début du XIe siècle.
Sandjil : l'un des noms arabes du Xénil.
Sanhadjî : pluriel *Sanhâdja.* Les Sanhâdja sont l'une des plus grandes tribus berbères, qu'on admet être issue d'Arabie yéménite. Leur pays est le Magrib central, d'Alger à Bougie (Kabylie). Leurs soixante-dix branches sont les unes fixées dans l'Ifrikiya, les autres vivent sous la tente du désert. La rivalité entre Sanhâdja et Berbères zénètes a mis les premiers du Parti des Fâtimides et les seconds de celui des Oméiyades d'Espagne. Les Zirides, successeurs des Fâtimides, étaient des Sanhâdja. Les Berbères appelés en Espagne au début du XIe siècle, un Zîride y fonde une dynastie à Grenade, qui subsistera jusqu'à la venue des Almoravides (1090). Les Sanhâdja porteurs de litâm (*Lamtoûna* et autres), ou *Moletthemîn*, avaient fondé l'empire du désert qui s'étendait du sud de Tripoli à l'Abyssinie et au Mali. Les Almoravides furent le parti qui combattit ceux d'entre eux qui ne voulurent pas se rallier à l'Islâm. La dynastie almoravide conquiert le Magrib et fonde Marrâkech (1062) et, ayant passé en Andalousie à l'appel d'Al-Mou'tamid contre Alphonse VI, s'empara des royaumes musulmans d'Espagne. Au milieu du XIIe siècle le parti des Almohades subjugue l'Afrique du Nord et, ayant vaincu les Almoravides, rallie les Sanhâdja. Ceux-ci combattirent en Espagne sous 'Abd-el-Moumîn. La domination almohade en Espagne s'effrite au début du

XIIe siècle et les derniers Almohades régnèrent encore au Maroc jusqu'en 1275, où s'établit la dynastie mérinide. C'est dès l'époque des rois zîrides de Grenade, que les anciens djounds andalous ont vu se pratiquer leur *berbérisation*, par un recrutement intensif en Afrique du Nord et, dans les siècles suivants, les Sanhâdja font en Andalousie figure de mercenaires.

Santa-Fé : ville construite sur l'emplacement du camp de Ferdinand et Isabelle devant Grenade, en 1491, après l'incendie.

sarâouîl : arabe, culottes bouffantes (singulier : *sirouâl*).

Sénèque (Lucius Annaeus Seneca) : philosophe, moraliste et dramaturge espagnol, de langue latine, né à Cordoue (4 av. J.-C.), exilé de Rome sous l'empereur Claude, en Corse de 41 à 49, écrivit probablement ses tragédies à son retour à Rome, quand Agrippine ayant obtenu sa grâce le prit comme précepteur de Néron, lequel l'ayant fait impliquer dans la conspiration de Pison lui enjoignit l'ordre de se tuer. Il s'ouvrit les veines (an 65). Le passage auquel on se réfère ici est dans *Médée* (vers 374 à 380).

... Venient annis
saecula seris quibus Oceanus
vincula rerum laxet et ingens
pateat bellus Tethysque novos
detegat orbes nec sit terris
ultima Thule

(Viendront les temps où dans un certain nombre d'années l'Océan relâchera les liens des choses et la terre apparaîtra immense et un Téthys découvrira de nouveaux mondes et ne sera plus d'entre les terres la dernière Thulé.)

Sépharad : nom hébraïque de la péninsule hispano-portugaise, d'où *Séphardîm*, Juifs de cette péninsule.

Sîmhâ : hébreu, la joie. Prénom féminin.

Sîmorg : oiseau fabuleux que — dans le *Mantic Outtaïr (Le Langage des oiseaux)* de Farid-Ouddin'Attar (1119-1230), poète persan de Nichapour, massacré à l'âge de cent onze ans par les soldats de Gengis Khan, — la huppe propose aux oiseaux comme roi. Sîmorg, vivant au Caucase, et dont le nom signifie *Trente oiseaux*, est une allégorie de Dieu, et signifie l'unité de Dieu et des êtres existants.

sîn : s dur de l'alphabet arabe, consonne solaire.

slougui : lévrier arabe (le dictionnaire exige que nous l'orthographiions sloughi, comme il écrit *Maghreb*, mais nous ne lui obéirons pas, le *gh* étant absent de notre transcription).

Soljénitsyne : écrivain soviétique contemporain, dont le roman *Une*

journée d'Ivan Denissovitch, publié à la fin de 1962, est précédé dans la traduction française d'une préface de Pierre Daix (1963).
souk : arabe, marché.
soumânâ : arabe, caille.
Svetlov (Mikhaïl) : poète soviétique contemporain.
Syrienne (mer) : l'un des noms de la Méditerranée, dans le monde arabe.

T

taa : district.
Tablate (Pont de) : sur la route de Grenade à Motril, entrée des Albacharât.
tabor : corps de troupe marocain, encadré par des officiers étrangers
Tagr : arabe, frontière, ville frontière du Dâr-al-Islâm.
Taïfas (Royaume des) : nom donné aux petits royaumes musulmans du XIe siècle en Espagne, résultant du morcellement du califat oméiyade. *Taïfa* (arabe, au singulier) signifie « part », il y a une *taïfa* andalouse, une *taïfa* berbère, une *taïfa* esclavone ; pluriel : *taouâ'ïf*.
taïlassan : « ample pièce d'étoffe jetée sur les épaules ou posée sur la tête » (Lévi-Provençal).
Tajo : espagnol, du nom commun signifiant *coupure*, ici il s'agit du vallon abrupt formé par la rivière qui traverse et coupe Rondah
tammûz : juillet, dans le calendrier syriaque.
taouil : vers long, l'un des modes du vers dans la métrique arabe.
Targuî : Berbère du centre saharien et des steppes qui séparent le Sahara du Soudan. Pluriel : *Touareg*.
Tarik ben Ziyâd : commandant du corps expéditionnaire de 300 Arabes et 7 000 Berbères qui envahit l'Espagne au printemps 711.
tchabo : gitan, garçon, enfant.
tchipalo : gitan, forgeron.
tchororo : gitan, pauvre.
Ténériffe : la plus grande île des Canaries ou *Grande Canarie*.
Thérèse de Jésus (sainte) : mystique espagnole, née à Avila, carmélite qui réforma son ordre (1515-1582), canonisée par l'Église catholique.
Thulé : nom romain d'une des îles Shetland (plus tard donné à l'Islande), supposée être la dernière terre du Nord. Aussi *Thylé*.
tibr : arabe, argent (métal, souvent *lingot d'*).
Timoûr : Timoûr-leng ou *Tamerlan*, conquérant tartare né près de Samarkand (1336-1405).
Tiphys : nom du pilote qui conduisit les Argonautes dans l'expédition de la Toison d'or.

touboûl : tambourins (au singulier : *tabl*).
Toudmîr : arabe, ancien nom de Murcie, par la suite demeuré comme nom du Royaume de Murcie.
Toulaïtoula : arabe, Tolède.
tû : français, participe passé du verbe *taire* dont le dictionnaire dénie l'existence au masculin.

U

Ubeda : ancienne cité maure de la Sierra Morena, où mourut Jean de la Croix le 14 décembre 1591.

V

Véga : nom espagnol du *mardj* andalou, verger central du Royaume de Grenade.
Véléz Blanco : ville de la province d'Alméria, dans la corne septentrionale de celle-ci (entre les Royaumes de Grenade et de Murcie) à 63 kilomètres à l'est de Baza en passant par Véléz Rubio.
Véléz Malaga (arabe, *Ballach*, c'est-à-dire le port) : port situé sur la Benamargosa de Véléz à une lieue de la mer, à une vingtaine de kilomètres à l'est de Malaga.
ventorillo : cabaret de rouliers, guinguette.
Viznar : localité située à une lieue et demie au nord-est de Grenade, donnant son nom à un ravin et une sierra où eurent lieu les exécutions du 18 août 1936.

W

walwal : arabe, prononcer *oualoual*, youyou.
wazîr : arabe, prononcer *ouazîr*, visir, et de même :
wazirat : fonction de visir *(ouazirat)*, forme française, en arabe : *wizâra*.
Wieland (Christophe-Martin) : écrivain et poète allemand (1733-1813)
wouzarâ : arabe, pluriel de wazîr *(ououazarâ)*, visirs.

X

Xénil : rivière d'Andalousie, naissant de la Sierra Nevada et se jetant dans le Guadalquivir, passe au voisinage de Grenade. Espagnol, *Genil* ; arabe, *Sandjil*, *Chanil*, *Chnyl*.

Xérès : forme française de l'arabe *Charich*, espagnol *Jerez* ; ville forte d'Andalousie, célèbre par ses vins et jadis ses fromages.

Y

Yaya (Yahiya) : ici l'un des fils d'Aboû'l-Hassân et de la Chrétienne, par la suite converti sous le nom de Don Pedro de Grenade.

Yémen : ou *Arabie Heureuse*, royaume côtier de la mer Rouge, au sud-ouest de la péninsule arabique.

Yoûssef ben Aboû'l-Hassân : fils d'Aboû'l-Hassân et frère de Boabdil, tué par le Zagal à Al-Mariya en 1484.

Yoûssoûf ben Koumiya : wazîr, puis hâdjib de Boabdil, l'un des négociateurs de la capitulation de Grenade, suit son maître à Andrach, et, le trahissant, vend à Ferdinand le Catholique les derniers domaines que la capitulation avait laissés à l'émir déchu.

Yoûssoûf le Nasride : Yoûssoûf Ier (1333-1354), émir de Grenade, qui entreprit la construction de l'Alhambra.

Z

zadjal (transcription espagnole : *zédjel*) : forme proprement andalouse de la poésie arabe. Nous ne l'avons pas le moins du monde imitée ici, nous en rapprochant seulement dans *Le Vrai Zadjal d'en mourir.* C'est une forme populaire (par la langue) qui, en général, après un distique introductif se compose de quatrains, eux-mêmes constitués par un tercet monorime et un quatrième vers rimant obligatoirement avec le distique introductif. Nous avons ici accepté l'hypothèse récente de E. Garcia-Gomez qui fait d'Ibn-Bâdjdja l'inventeur du *zadjal* à la fin du XIe siècle ou début du XIIe. On ne saurait parler de cette sorte de poèmes sans se référer à Ibn-Kouzman (ou Gouzman) de Cordoue qui en fit de ville en ville un genre dépassant le chanteur de rues (XIIe siècle). C'est au XIVe seulement que le *zadjal* passe en langue castillane. Par le contenu, notamment pour ce qui a trait au *houbb al-mouroua* d'Espagne, que E. Lévi-Provençal considère comme l'équivalent de « *l'amour courtois* », les diseurs de zadjal peuvent se comparer aux troubadours, même si on n'accepte pas l'étymologie hypothétique qui fait venir *troubadour* non de *trobar* (trouver), mais de l'arabe *tarab* (joie).

Zagal (al-) : Aboû' Abdallâh Ibn-Sa'd (frère de l'Émir de Grenade Aboû'l-Hassân et oncle de Boabdil) dit le *Zagal*, c'est-à-dire le Téméraire ; sous le nom de Mohammed XII, détrône son neveu en 1485. Le reste de l'histoire est raconté dans ce poème.

Zahrâ' : l'une des femmes du harem de Boabdil.

Zaïd : personnage fictif, dans son enfance ou volé à ses parents par des Gitans, ou perdu par ses parents gitans. Devient à Grenade le serviteur et le secrétaire de Kéïs Ibn-Amir an-Nadjdî.

Zaïd ben Harissa (aussi transcrit *ben Haritha*) : jeune esclave donné par Khadidja à Mahomet, originaire d'une tribu chrétienne de la steppe syrienne, sera adopté par le Prophète dont il est le disciple, et par la suite chef de ses armées.

Zaïdé : l'une des femmes du harem de Boabdil.

Zaïdoûn (Ibn-) : voir *Ibn-Zaïdoûn*.

zambra : voir *zam'ra*.

zam'ra : arabe, danse grenadine, et séance de danses à Grenade, cor respond à l'espagnol *zambra*.

Zanatî, pluriel *Zanâta* : en français *Zénète*, *Zénètes*, tribú berbère ayant fourni des mercenaires aux djounds des rois de Taïfas. et plus tard à l'armée grenadine.

Zandjabil : un des fleuves sortant de sous le trône d'Allah et arrosant son paradis.

zarzamores : mot espagnol (*zarzamora*) ici francisé, mûres sauvages.

zéïn : lettre de l'alphabet arabe, consonne solaire, *z*.

Zirîdes (Rois) : rois d'Ifrikiya qui succédèrent aux Fâtimides, et dynastie grenadine (*Banoû-Zîrî*) qui régna de 1012 à 1090 et fut renversée par les Almoravides.

Zogoïbi (az-) : arabe, surnom de Boabdil, *l'infortuné*.

Zoraiyma : femme de Boabdil, fille d'Alî-Atar.

zoulaïdj : arabe, voir *azulejos*.

zoumourroud : arabe, émeraude.

Zurbaran (Francisco) : peintre espagnol (1598-1662).

Il se rencontrera des contradictions orthographiques entre le texte du poème et celui du lexique, tant par fantaisie que par négligence : le lecteur est prié de toujours donner raison au lexique qui lui permettra de corriger les erreurs, volontaires ou non.

EXCUSEZ LES FAUTES DE L'AUTEUR.

NOTE

Aragon a dit dans le numéro des Lettres françaises *du 15 novembre 1962 l'importance capitale qu'avait eue à ses yeux l'œuvre de Louis Massignon et tout lecteur du* Fou d'Elsa *aura profit à se reporter aux livres de ce grand spécialiste de la civilisation musulmane. Par ailleurs, dans les entretiens avec Dominique Arban publiés sous le titre* Aragon parle *(Seghers, 1968) et surtout dans les* Entretiens avec Francis Crémieux *(Gallimard, 1964), Aragon commente* Le Fou d'Elsa.

I

GRENADE

CHANTS DU MEDJNOÛN

II

VIE IMAGINAIRE DU WAZÎR ABOÛ'L-KÂSSIM 'ABD AL-MÂLIK

III

1490

PARABOLE DU MONTREUR DE BALLETS

IV

1491

V

LA VEILLE OÙ GRENADE FUT PRISE

VI

LA GROTTE
(1492)

ÉPILOGUE
(1492-1495)

DU MÊME AUTEUR

Dans la même collection

LE ROMAN INACHEVÉ. *Préface d'Etiemble.*

LE MOUVEMENT PERPÉTUEL *précédé de* FEU DE JOIE *et suivi* d'ÉCRITURES AUTOMATIQUES. *Préface d'Alain Jouffroy.*

LES POÈTES.

LE CRÈVE-CŒUR. LE NOUVEAU CRÈVE-CŒUR.

ELSA. *Postface d'Olivier Barbarant.*

Dans la Bibliothèque de la Pléiade

ŒUVRES POÉTIQUES COMPLÈTES *(2 volumes).*

DERNIÈRES PARUTIONS

325. António Ramos Rosa	*Le cycle du cheval*
326. Paul Celan	*Choix de poèmes.*
327. Nâzim Hikmet	*Il neige dans la nuit.*
328. René Char	*Commune présence.*
329. Gaston Miron	*L'homme rapaillé.*
330. André Breton	*Signe ascendant.*
331. Michel Deguy	*Gisants.*
332. Jean Genet	*Le condamné à mort.*
333. O. V. de L. Milosz	*La Berline arrêtée dans la nuit.*
334. ***	*Anthologie du sonnet français de Marot à Malherbe.*
335. Jean Racine	*Cantiques spirituels.*
336. Jean-Pierre Duprey	*Derrière son double.*
337. Paul Claudel	*Bréviaire poétique.*
338. Marina Tsvétaïéva	*Le ciel brûle* suivi de *Tentative de jalousie.*
339. Sylvia Plath	*Arbres d'hiver* précédé de *La Traversée.*
340. Jacques Dupin	*Le corps clairvoyant.*
341. Vladimír Holan	*Une nuit avec Hamlet.*
342. Pierre Reverdy	*Main d'œuvre.*
343. Mahmoud Darwich	*La terre nous est étroite.*
344. ***	*Anthologie de la poésie française du XX*[e] *siècle*, I.
345. ***	*Anthologie de la poésie française du XX*[e] *siècle*, II.

346. Pierre Oster	*Paysage du Tout.*
347. Édouard Glissant	*Pays rêvé, pays réel.*
348. Emily Dickinson	*Quatrains et autres poèmes brefs.*
349. Henri Michaux	*Qui je fus* précédé de *Les Rêves et la Jambe.*
350. Guy Goffette	*Éloge pour une cuisine de province* suivi de *La vie promise.*
351. Paul Valéry	*Poésie perdue.*
352. ***	*Anthologie de la poésie yiddish.*
353. ***	*Anthologie de la poésie grecque contemporaine.*
354. Yannis Ritsos	*Le mur dans le miroir.*
355. Jean-Pierre Verheggen	*Ridiculum vitae* précédé de *Artaud Rimbur.*
356. André Velter	*L'Arbre-Seul.*
357. Guillevic	*Art poétique* précédé de *Paroi* et suivi de *Le Chant.*
358. Jacques Réda	*Hors les murs.*
359. William Wordsworth	*Poèmes.*
360. Christian Bobin	*L'Enchantement simple.*
361. Henry J.-M. Levet	*Cartes Postales.*
362. Denis Roche	*Éros énergumène.*
363. Georges Schehadé	*Les Poésies*, édition augmentée.
364. Ghérasim Luca	*Héros-Limite* suivi de *Le Chant de la carpe* et de *Paralipomènes.*
365. Charles d'Orléans	*En la forêt de longue attente.*
366. Jacques Roubaud	*Quelque chose noir.*
367. Victor Hugo	*La Légende des siècles.*
368. Adonis	*Chants de Mihyar le Damascène* suivi de *Singuliers.*
369. ***	*Haiku.* Anthologie du poème court japonais.
370. Gérard Macé	*Bois dormant.*
371. Victor Hugo	*L'Art d'être grand-père.*
372. Walt Whitman	*Feuilles d'herbe.*
373. ***	*Anthologie de la poésie tchèque contemporaine.*
374. Théophile de Viau	*Après m'avoir fait tant mourir.*

375. René Char — *Le Marteau sans maître* suivi de *Moulin premier.*
376. Aragon — *Le Fou d'Elsa.*
377. Gustave Roud — *Air de la solitude.*
378. Catherine Pozzi — *Très haut amour.*
379. Pierre Reverdy — *Sable mouvant.*
380. Valère Novarina — *Le Drame de la vie.*
381. *** — *Les Poètes du Grand Jeu.*
382. Alexandre Blok — *Le Monde terrible.*
383. Philippe Jaccottet — *Cahier de verdure* suivi de *Après beaucoup d'années.*
384. Yves Bonnefoy — *Les planches courbes.*
385. Antonin Artaud — *Pour en finir avec le jugement de dieu.*
386. Constantin Cavafis — *En attendant les barbares.*
387. Stéphane Mallarmé — *Igitur. Divagations. Un coup de dés.*
388. *** — *Anthologie de la poésie portugaise contemporaine.*
389. Marie Noël — *Les Chants de la Merci.*
390. Lorand Gaspar — *Patmos* et autres poèmes.
391. Michel Butor — *Anthologie nomade.*
392. *** — *Anthologie de la poésie lyrique latine de la Renaissance.*
393. *** — *Anthologie de la poésie française du XVI*e *siècle.*
394. Pablo Neruda — *La rose détachée.*
395. Eugénio de Andrade — *Matière solaire.*
396. Pierre Albert-Birot — *Poèmes à l'autre moi.*
397. Tomas Tranströmer — *Baltiques.*
398. Lionel Ray — *Comme un château défait.*
399. Horace — *Odes.*
400. Henri Michaux — *Poteaux d'angle.*
401. W. H. Auden — *Poésies choisies.*
402. Alain Jouffroy — *C'est aujourd'hui toujours.*
403. François Cheng — *À l'orient de tout.*
404. Armen Lubin — *Le passager clandestin.*

405. Sapphô — *Odes et fragments.*
406. Mario Luzi — *Prémices du désert.*
407. Alphonse Allais — *Par les bois du Djinn.*
408. Jean-Paul de Dadelsen — *Jonas* suivi des *Ponts de Budapest.*
409. Gérard de Nerval — *Les Chimères,* suivi de *La Bohême galante, Petits châteaux de Bohême.*
410. Carlos Drummond de Andrade — *La machine du monde* et autres poèmes.
411. Jorge Luis Borges — *L'or des tigres.*
412. Jean-Michel Maulpoix — *Une histoire de bleu.*
413. Gérard de Nerval — *Lénore* et autres poésies allemandes.
414. Vladimir Maïakovski — *À pleine voix.*
415. Charles Baudelaire — *Le Spleen de Paris.*
416. Antonin Artaud — *Suppôts et Suppliciations.*
417. André Frénaud — *Nul ne s'égare* précédé de *Hæres.*
418. Jacques Roubaud — *La forme d'une ville change plus vite, hélas, que le cœur des humains.*
419. Georges Bataille — *L'Archangélique.*
420. Bernard Noël — *Extraits du corps.*
421. Blaise Cendrars — *Du monde entier au cœur du monde* (Poésies complètes).
422. *** — *Les Poètes du Tango.*
423. Michel Deguy — *Donnant Donnant (*Poèmes 1960-1980).
424. Ludovic Janvier — *La mer à boire.*
425. Kenneth White — *Un monde ouvert.*
426. Anna Akhmatova — *Requiem, Poème sans héros* et autres poèmes.
427. Tahar Ben Jelloun — *Le Discours du chameau* suivi de *Jénine* et autres poèmes.
428. *** — *L'horizon est en feu.* Cinq poètes russes du XXe siècle.
429. André Velter — *L'amour extrême* et autres poèmes pour Chantal Mauduit.
430. René Char — *Lettera amorosa.*

431. Guy Goffette — *Le pêcheur d'eau.*
432. Guillevic — *Possibles futurs.*
433. *** — *Anthologie de l'épigramme.*
434. Hans Magnus Enzensberger — *Mausolée* précédé de *Défense des loups* et autres poésies.
435. Emily Dickinson — *Car l'adieu, c'est la nuit.*
436. Samuel Taylor Coleridge — *La Ballade du Vieux Marin* et autres textes.
437. William Shakespeare — *Les Sonnets* précédés de *Vénus et Adonis* et du *Viol de Lucrèce.*
438. *** — *Haiku du XXe siècle.* Le poème court japonais d'aujourd'hui.
439. Christian Bobin — *La Présence pure* et autres textes.
440. Jean Ristat — *Ode pour hâter la venue du printemps* et autres poèmes.
441. Álvaro Mutis — *Et comme disait Maqroll el Gaviero.*
442. Louis-René des Forêts — *Les Mégères de la mer* suivi de *Poèmes de Samuel Wood.*
443. *** — *Le Dîwân de la poésie arabe classique.*
444. Aragon — *Elsa.*
445. Paul Éluard & Man Ray — *Les Mains libres.*
446. Jean Tardieu — *Margeries.*
447. Paul Éluard — *J'ai un visage pour être aimé.* Choix de poèmes 1914-1951.
448. *** — *Anthologie de l'OuLiPo.*
449. Tomás Segovia — *Cahier du nomade.* Choix de poèmes 1946-1997.

Ce volume,
le trois cent soixante-seizième de la collection Poésie,
a été composé par Interligne
et achevé d'imprimer sur les presses de CPI Bussière
à Saint-Amand (Cher),
le 10 mai 2009.
Dépôt légal : mai 2009.
1er dépôt légal dans la collection : octobre 2002.
Numéro d'imprimeur : 091565/1.
ISBN 978-2-07-042411-5./Imprimé en France.

169751